U0145945

表面缺陷智能检测方法与应用

颜云辉　宋克臣　著

科学出版社

北　京

内 容 简 介

本书是作者近年来在工业领域表面缺陷智能检测方面理论研究和实际应用技术成果的全面总结，涉及有限样本和小样本条件下的检测理论和方法、人类视觉机制及多模态融合的相关基础理论和实际应用技术。全书分二维图像篇、三维点云篇、光度立体篇、多模态融合篇等四个篇章对相关理论和方法进行系统介绍。

本书可供工业缺陷检测、机器视觉智能检测、智能制造等相关领域的研究人员和工程技术人员学习和参考，也适合作为高等学校研究生和高年级本科生的教学用书。

图书在版编目（ＣＩＰ）数据

表面缺陷智能检测方法与应用 / 颜云辉，宋克臣著. —北京：科学出版社，2024.6
ISBN 978-7-03-077868-0

Ⅰ. ①表… Ⅱ. ①颜… ②宋… Ⅲ. ①计算机视觉–应用–工业产品–缺陷–检测–研究 Ⅳ. ①F405-39

中国国家版本馆 CIP 数据核字(2023)第 248740 号

责任编辑：刘凤娟 孔晓慧 / 责任校对：高辰雷
责任印制：张 伟 / 封面设计：无极书装

科 学 出 版 社 出版
北京东黄城根北街 16 号
邮政编码：100717
http://www.sciencep.com
北京富资园科技发展有限公司印刷
科学出版社发行 各地新华书店经销
*
2024 年 6 月第 一 版 开本：720×1000 1/16
2024 年 6 月第一次印刷 印张：26 1/2
字数：519 000
定价：148.00 元
(如有印装质量问题，我社负责调换)

序

制造工业是国民经济的主体，是立国之本、兴国之器、强国之基，是实现转型升级的国之重器。先进质量管理既是国际前沿的重要研究方向，也是国家实现制造强国、质量强国的战略基础，能够满足国家工业智能化与精细化发展战略和重大需求。对于制造工业的质量管理，一般是从产品、过程、设备三个视角，按照感知、发现、决策、执行四个递阶层次开展研究。产品的表面质量问题不仅影响其性能和寿命，还对用户的安全构成潜在威胁。为了应对这一挑战，表面质量检测已经成为工业生产过程中产品质量感知的重要环节。在众多检测方式中，基于机器视觉的表面缺陷检测技术具有无接触、速度快、精度高等优势，近年来得到了广泛的研究和应用。基于机器视觉的表面缺陷检测可以进行自动检测和智能分类，使得产品质量的实时监测和追踪变得更加可行，这对增强产品质量控制、实现智能制造具有重要意义。

颜云辉教授团队对机器视觉表面缺陷智能检测理论、方法和相关核心技术进行了深入的研究，提出了具有理论创新和实用价值的检测方法和技术，并取得了一系列研究成果，这本著作就是其创新研究成果的集成。我们知道，产品表面缺陷检测是涉及多学科交叉的技术领域，包括机械工程前端技术、光学和图像传感器技术、三维成像技术、图像标注和数据集构建，以及计算机视觉技术、图像处理技术和深度学习技术等方面。该书作者以深入浅出的方式引领读者穿越这些学科的边界，系统阐述了一个完整的表面缺陷检测系统的组织构成和运行机理，为产品质量表面缺陷检测领域的探索提供了全面而实用的指导。

该书的独特之处在于将理论与实际相结合。作者将其多年来的理论研究和实践经验整合到了一个系统化的框架中，使读者能够深入理解表面缺陷检测的关键原理和方法。书中不仅介绍了最新的机器视觉和深度学习技术，还提供了大量的实际案例，有助于提升读者将理论知识转化为实际应用的能力。

广泛应用深度学习技术解决实际检测问题是该书的另一特色。随着算力的提升和大模型的建立，深度学习已经深入影响了人们的日常生活。深度学习在机器视觉领域同样有着成功的应用，基于深度学习的表面缺陷检测技术不仅提高了检测的准确性，还能够应对复杂和多变的表面缺陷情况。

此外，书中还以多个行业的实际案例为依托，完整介绍表面缺陷智能检测的相关技术，并展示了这些技术在不同环境下的适用性。这些特色和优点能够帮助读者获取知识、启发思考，并积累实践经验，为相关表面缺陷智能检测的实际应用提供了有力的支持。

    表面缺陷智能检测是一个不断发展的领域，充满着潜力和机遇。由中共中央、国务院印发的《质量强国建设纲要》中强调了产品质量检测在国家发展中的重要性，包括产品制造过程的质量控制。这一政策鼓励企业采用先进的检测技术，以确保产品符合标准。书中深入探讨了表面缺陷检测的关键问题和发展趋势。我相信，这本学术专著的出版一定能够激发学术界和工业界相关领域学者的兴趣和热情，为改善产品的表面质量、提高生产效率和推动科技创新贡献一份力量。

中国工程院院士   唐立新

前　言

工业产品加工制造过程中，由于原材料、制造设备和工艺流程等原因，无法实现 100%无缺陷产品的生产，因而不可避免地会产生各种各样的缺陷。很多情况下，表面缺陷都对产品的质量产生重大影响。世界各国大型企业不惜投入人力和财力重点开发产品表面缺陷智能检测装备。工业和信息化部等七部门联合印发的《智能检测装备产业发展行动计划（2023—2025 年）》指出，智能检测装备作为智能制造的核心装备，已成为稳定生产运行、保障产品质量、提升制造效率、确保服役安全的核心手段。基于机器视觉的表面缺陷检测装备，作为智能检测装备的关键成员，具有检测准确、识别力强、可靠性高、实时高效等特点，已成为当前智能检测装备领域的研究热点。深入研究表面缺陷智能检测方法与应用装备，对加快制造业智能化发展，支撑质量强国建设具有重要意义。

作者从事机器视觉检测领域已有二十五年，见证了该领域的快速发展。回顾这二十五年来的研究进程，可以将其分为以下两个阶段。第一个阶段主要针对钢铁工业的板带钢产品质量检测需求，从机器视觉的硬件与软件设计、质量评价方法等方面开展了系统性的研究，并将这些理论创新研究成果和实用技术凝聚成了著作《机器视觉检测与板带钢质量评价》，于 2016 年由科学出版社出版。第二个阶段是从 2015 年开始，随着深度学习技术在图像分析处理中展现出的先进性，我们将其引入表面缺陷检测领域，并针对该技术需要大量缺陷图像样本而实际却很难获得的问题，从小样本学习理论的角度开展了研究；三维深度信息是表面缺陷检测的关键要素，我们分别从结构光三维重构以及光度立体两个角度深入研究了三维深度信息的获取技术；二维缺陷图像与三维深度信息的融合检测可以更全面地分析和识别缺陷的类型及定量地表征缺陷的尺寸，我们还深入研究了多模态图像融合检测方法。上述一系列关键理论和技术的研究成果，发表在了相关领域的顶级期刊上，研究成果也得到了大量国内外知名同行学者的正面评价。本书是对上述第二个阶段取得研究成果的整理和总结。全书共七章，根据数据维度的不同，可分为二维图像篇（第 2~4 章）、三维点云篇（第 5 章）、光度立体篇（第 6 章）和多模态融合篇（第 7 章）。

在本书即将付梓之际，作者深深感谢科技部、国家自然科学基金委员会、辽宁省科技厅等部门的支持，特别感谢东北大学工业智能与系统优化国家级前沿科学中心、智能工业数据解析与优化教育部重点实验室的支持，以及对我们研究团队在该研究领域的持续资助：

国家自然科学基金重大项目"制造循环工业系统管理理论与方法"，项目编号
72192830；国家自然科学基金重大项目课题"制造循环工业系统的管理模式、计
划与调度"，课题编号 72192831；

国家重点研发计划项目"复杂断面型材智能化生产及应用示范"，项目编号
2017YFB0304204；

国家自然科学基金项目"面向金属板表面非完整信息目标的识别方法研究"，
项目编号 51374063；

国家自然科学基金项目"大型高温结构件表面缺陷三维动态检测理论与识别
方法研究"，项目编号 51805078；

中央引导地方科技发展资金项目"多维工业视觉感知与高精度智能检测关键
技术研究"，项目编号 2022JH6/100100023；

辽宁省科技厅省级创新平台运行后补助项目"节能冶金装备与智能检测技
术"，项目编号 20201015；

交通工程结构力学行为与系统安全国家重点实验室开放课题"高速铁路钢轨
表面缺陷快速检测判别机理研究"，项目编号 KF2023-09。

还要特别感谢赵永杰博士、温馨博士、刘惠宇博士、何彧博士、牛孟辉博士、
张德富博士、董洪文博士，王妍妍博士生、马帅博士生、田洪坤博士生，以及十
余名硕士生，是他们刻苦努力，勤奋钻研，才取得了相关的研究成果。

作者由衷感谢中国工程院院士唐立新教授百忙之中审阅了全部书稿并为本书
作序。

作　者

2023 年 10 月于沈阳

目　　录

三维点云篇

光度立体篇

多模态融合篇

第 1 章 绪 论

1.1 工业缺陷检测的背景意义

制造业是我国的支柱性产业，也是提升国际竞争力的先导力量。随着科学技术的发展进步，企业对制造过程中的产品质量要求也越来越高。由于在生产过程中原材料品质难以把控和生产工艺复杂等原因，产品的表面往往不可避免地产生缺陷。不同的材质会出现各种各样的纹理缺陷，如钢板划痕[1,2]、木材干节[3,4]、织物疵点[5,6]、机械零件磨损[7,8]等。如图 1.1 所示，尽管不同材料的纹理表面缺陷有着不同的定义，但一般来说，纹理缺陷是指在产品表面，出现局部纹理颜色或结构与周围不一致的区域。其不仅会影响产品的美观和舒适度，而且这些区域通常是物理损坏或化学腐蚀的始发点，对质量和使用性能也带来了不利的影响。目前，制造业对于表面缺陷检测技术愈发重视，以便及时发现表面缺陷并有效保障产品质量，同时根据检测结果推断缺陷形成的原因，并改进生产工艺，从而减少或杜绝缺陷的出现。

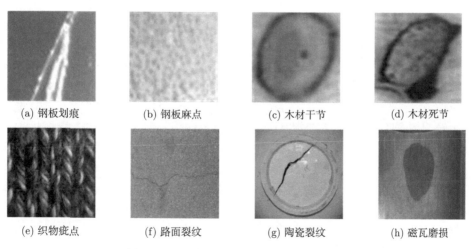

(a) 钢板划痕　　　　(b) 钢板麻点　　　　(c) 木材干节　　　　(d) 木材死节

(e) 织物疵点　　　　(f) 路面裂纹　　　　(g) 陶瓷裂纹　　　　(h) 磁瓦磨损

图 1.1　不同材料的纹理表面缺陷图像实例

表面缺陷检测技术是伴随着生产而逐步发展起来的。按照缺陷的检出方式，表面缺陷检测技术主要可分为人工目检和自动检测。人工目检是表面缺陷最原始的检测方法，不仅准确性低、主观性强、可靠性差，易发生漏检和误检，而且长时间的工作还会危害质检员的视力和身心健康。随着计算机技术和传感器技术的发展，目前已形成了以机器视觉检测法为主流的多种自动检测方法，包括涡流检测法、红外检测法、漏磁检测法和机器视觉检测法等[9]。基于这种技术的缺陷检测方法，能在很大程度上克服上述人工目检的弊端，具有精度高、相对客观、非接触、自动、成本低廉等优点，已逐渐成为生产线上的主流检测方法[10-13]。目前，绝大多数基于计算机视觉的缺陷检测方法都是基于手工特征（hand-crafted features）进行构建，大致可分为三个步骤：①图像预处理；②手工特征设计并提取；③构建缺陷分类器或检测器。在整个算法过程中，能否设计出合适的手工特征，往往是决定检测成功与否的关键，因此基于手工特征的算法也称为"特征工程"。本质上，此类算法是根据人的设计准则来寻找特征，不仅高度依赖设计者的知识与经验，而且需要大量的重复性实验来进行调参，掺杂了过多的人工干预。这种由人设计的特征在绝大多数情况下，并非是纹理缺陷天然具有的特征属性。这就导致了模型的泛化性和通用性非常差，通常每种算法只适用于某一类纹理表面甚至是某一批次产品。尽管特征工程方法使得很多企业摆脱了"人力检测"，并实现了"自动检测"，但距离"智能检测"还相去甚远。

近年来，深度学习（deep learning，DL）技术在许多计算机视觉任务中取得了巨大成功，拓宽了人工智能的领域范畴，使得许多机器辅助应用成为可能。正如 Landing.AI 公司首席执行官（CEO）、著名的人工智能专家吴恩达在 2018 工业互联网峰会上所认为的："人工智能是新电能，一百年来，电能为很多企业带来了大量的改变，今天人工智能也会对这些企业带来一样的改变。"深度学习是实现人工智能的核心技术，能为工业表面检测领域带来全新的改变。如图 1.2 所示，深度学习与传统的检测方法是截然不同的，一张输入图像，经过卷积神经网络（convolutional neural network，CNN）处理，能够直接输出预测值，实现端到端（end-to-end）过程。整个过程中，特征提取和模式识别一步到位，无须设计手工特征和制定人工规则，便可从原始数据中直接学习特征。而且，深层次的网络结构能够对数据进行高维且抽象的表达，并在不同的数据上学习不同种类的特征，因此提取到的深度特征具有远高于传统手工特征的特异性、泛化性和通用性[14]。卷积神经网络应用到表面缺陷检测领域，不仅可以获得更高的检测精度，而且同一模型适用于不同材料的纹理表面，节约了大量的算法开发成本，同时又摒弃了烦琐且专业性强的特征设计过程，避免了人工的过多干预。毫无疑问，基于深度学习的缺陷检测技术是使制造业从"自动检测"向"智能检测"升级和转变的关键技术，同时也是本书的主要研究对象。

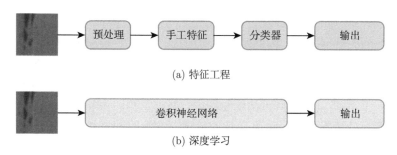

图 1.2 基于特征工程与基于深度学习的检测方法对比

1.2 缺陷检测研究国内外现状

1.2.1 基于二维图像的缺陷检测研究现状

1. 基于手工特征的缺陷分类与检测算法研究现状

基于手工特征的方法大多是面向样本数量较少的数据集，这不仅是因为在工业领域中，数据的采集十分困难，也是由于受到了计算机算力和性能的制约，以及传统机器学习模型不适用于训练大规模数据[15]。在这样的条件下，模型无法自主地从数据中提取特征，而要依靠人类经验设计手工特征来表征纹理表面，即纹理分析技术。据统计[16-18]，根据使用的纹理分析技术的不同，常用的缺陷分类与检测方法主要包括：基于统计分析的方法、基于几何结构的方法、基于滤波器的方法和基于模型的方法。

（1）基于统计分析的方法是通过选择不同的统计量，来提取反映图像中像素灰度值的分布与相互关系的统计特征。例如，Ravikumar 等[19]利用直方图统计的方法来提取机械零件表面纹理特征，并使用决策树模型进行缺陷分类；Huang 等[20]提出一种柔性电路板表面缺陷检测方法，利用灰度共生矩阵（gray level co-occurrence matrix，GLCM）[21]提取纹理特征，并结合 BP（back propagation）神经网络完成检测任务；Niskanen 等[22]使用局部二值模式（local binary pattern，LBP）[23]来描述木材表面纹理缺陷，然后使用无监督的聚类方法进行缺陷检测。基于统计分析的方法是从整体上对纹理表面进行分析，试图发现其内存在的某种规律性，因此该类方法的应用范畴无规律可循，每种方法只适合于特定的纹理表面。

（2）基于几何结构方法的重点是寻找图像中的纹理基元，并研究纹理基元间的结构关系以此描述纹理特征。例如，Chen 和 Jain[24]提出一种基于集合结构的纹理分析方法，认为纹理是由骨架和背景基元按一定的放置规则组成的，从纹理背景中学习缺陷特征，并取得良好的检测结果；Mallik-Goswami 和 Datta[25]用激光束照射织物表面，用光学方法获得其衍射图样，将具有结构元素的形态学操作应用于织物纹理缺陷识别。几何结构方法只适用于具有规则和周期性人工纹理的表面（如织物)。对于不规则的自然纹理，由于基元之间的排布复杂，难以用明确的数学模型描述基元间的结构关系，因此基于几何结构的方法在实际中很少使用。

（3）基于滤波器的方法，顾名思义就是利用滤波器或滤波器组对纹理特征进行描述的方法，主要包括傅里叶分析、伽博（Gabor）变换和小波变换等。例如，Tsai和 Hsieh[26] 使用傅里叶变换重构织物图像，并求重构图像和原始图像的差值来检测缺陷。傅里叶变换只适合有方向性的纹理，在缺陷和背景的频率产生交替的场景则无法使用；张学武等 [27] 采用高斯（Gauss）金字塔分解和 Gabor 滤波器在铜带表面提取缺陷特征，最后使用马尔可夫模型进行缺陷分类任务；Zhang 等 [28] 利用小波变换提取多个谱特征，然后输入支持向量机（support vector machine，SVM）中实现金属表面的缺陷检测。基于滤波器的方法主要是利用了频谱域中的全局信息来表征纹理缺陷，因此常用于识别点状或划痕类细小缺陷，但当图像中存在尺寸较大的缺陷时，该类算法通常会失效。

（4）基于模型的方法是通过对缺陷特征的多个属性或特定分布进行建模来描述纹理模式，常用的模型包括分形体、随机场模型、扩散模型。例如，Conci 和Proenca[29] 提出一种盒子计数算法来提取分形特征，研究了分形维数在缺陷识别领域的应用，并将该方法应用在织物缺陷分类中；Tsai 提出了一种基于非负矩阵分解（NMF）的全局图像恢复方案，可用于自动检测定向纹理表面上的缺陷 [16]；Chao 和 Tsai[30] 构建了一种各向异性扩散模型来提取液晶屏表面缺陷，并结合粒子群优化算法来执行缺陷检测。基于模型的方法计算量大，并且对于某些复杂的纹理难以用模型进行表达。

综上，传统的缺陷检测算法通过分析纹理的结构、分布、属性等设计各种各样的手工特征。基于提取的特征来区分缺陷和背景区域，进行模式识别。因此，算法的性能高度依赖对手工特征的判别能力，其决定了检测的成功与否。但是，设计手工特征是一项极度消耗时间和精力的工作，它并不像算法和模型那样具有明确的执行步骤，更多的是设计者主观上的经验和权衡，并且需要大量的实验进行参数调整，不具备客观一致的方针指导。这就造成了大多数情况下，一种手工特征只能适用于一种材料的纹理表面，甚至还会出现不同批次的产品在使用相同的手工特征时，其内部参数不同的情况。

2. 基于深度特征的缺陷分类与检测算法研究现状

与类型五花八门的手工特征不同的是，基于深度特征的方法是特指使用深度神经网络模型进行特征提取的方法，如图像领域最常用的卷积神经网络。卷积神经网络被认为是最接近生物神经系统的机器学习模型，具有与之相似的深层次的层级结构，甚至可以用来帮助模拟和复现生物大脑的区域与功能 [31]。通过在大量的数据上学习和挖掘有价值的知识，提取并整合来自低层级的特征信息，使得模型本身就具有特征提取、特征选择和特征分类的能力，无需人工干预。也正因如此，卷积神经网络对于训练样本的要求更加严格，不仅要保证数量上充裕，而且要求每张样本的标签完备，标签的形式应与任务的需求相对应。本书所面向的缺陷分类任务需要对每张缺陷图像标注类别，这种标签称为图像级标签（image-level label）；缺陷检测任务需要对每张缺陷图像中的每个缺陷目标标注类别和位置，这种更复杂的标签称为实例级标签（instance-level label）。通过上文的研究分析可知，有限样本的实际情况已经限制了卷积神经网络在工业检测领域的应用与拓展推广，在这样的条件下，目前基于深度特征的方法主要是基于三种不同的学习方式：监督学习、无监督学习、半监督或弱监督学习。

（1）监督学习（supervised learning）是对标记数据进行训练的一类算法。模型可以在学习过程中，根据真实值和预测值之间的差异调整模型参数。监督学习对于训练样本的要求很高，每张样本都需要标记对应的真实值标签。因此，在训练基于监督学习的缺陷检测模型时，几乎都会面临标记样本不足的问题。为解决这一问题，目前相关的监督方法主要基于两种思路：自训练方法和基于迁移学习的预训练方法。自训练方法的原理就是缩小网络层数和复杂性，从而降低模型训练对样本规模的需求。例如，Zhou 等[32] 设计了一个只有五层的小型卷积神经网络，对热轧钢板表面进行缺陷的分类；Huang 等[33] 简化了全卷积网络[34]，将其应用在地铁盾构隧道墙面的缺陷检测，简化的网络规模只有原来的四分之一；Li 等[35] 简化了 AlexNet 模型[36] 的参数用于缺陷分类，并在两个不同的钢板表面缺陷数据集上进行实验。由于卷积神经网络的性能与其深度和复杂度密切相关，因此基于自训练的方法只适用于目标缺陷比较简单的纹理图像。预训练方法是利用迁移学习技术，将已在大规模的通用数据集上训练完成的网络模型迁移到小规模的专用数据集上进行再次训练的方法。其中，最常用的通用数据集就是 ImageNet，该数据集具有 1000 个类别的约 120 万张图像，每个类别有 1000 张左右。在经过这种大型数据集的预训练之后，模型相当于获得了一个良好的参数初始化过程，所以预训练模型在迁移到专用数据集（如缺陷数据集）上再次训练时就更加容易收敛，从而降低了对于训练样本的原始需求。例如，Natarajan 等[37] 使用经过微调训练的 VGG 模型[38] 提取深度特征，并使用线性支持向量机（SVM）在多个金属表面进行纹理缺陷的分类；Chen 和 Ho[39] 直接使用基于卷积神经网络的 OverFeat 模型[40] 进行缺陷分类，将 OverFeat 的最后一层连接 LBP 算法，并在两种不同的金属纹理缺陷数据集上进行实验；Ren 等[41] 将图像块导入迁移的 ZFnet 预训练模型[42] 中进行微调，并在热轧钢板、焊接、木材、钛合金风扇叶片等不同的纹理表面进行缺陷分类。监督学习实现简单、精度可靠，是目前缺陷检测算法使用最广泛的学习方式，以卷积神经网络为代表的深度网络模型都可以通过监督训练来获得。但是，这种方法对训练样本的要求极为苛刻，缺陷样本又是较为珍贵、难获取的工业数据，因此其在很多样本不足的实际检测任务中难以应用。不仅如此，由于缺陷检测任务的标签标注信息更加具体、复杂，一旦实例级标签不完备，则基于监督学习的缺陷检测算法很难实现。

（2）无监督学习（unsupervised learning）是指对无标记数据进行训练的一类算法。在学习过程中，模型没有受到真实值标签信息的指导，在训练过程中挖掘数据的内在特性和规律，其代表性的方法就是聚类。聚类虽然也能达到类似分类的效果，但在精度上与监督分类算法相差甚远。很大程度上是由于缺乏真值输出的指导，模型无法对数据进行准确的表达。例如，Mei 等 [43] 提出一种通过聚类图像块的无监督缺陷检测方法，在不同等级的高斯金字塔上，使用卷积降噪自编码器重建并合成图像块，然后将重建残差作为模型训练的指导，最后组合每个通道中合成的重建残差图，生成最终检测结果。在实验部分，该方法可以在多种织物、液晶显示器（LCD）、人造纹理等多种纹理表面上使用。无监督学习方法使用的是相对最容易获取的无标记样本，完全避免了繁重且专业性强的标签标注工作，这使得模型可以摆脱标签的桎梏，极具研究意义。然而，目前无监督缺陷检测方法尚不具备应用条件，原因在于其算法过程复杂、烦琐，尤其是精度极不稳定，例如上述的无监督方法，在某些纹理缺陷数据集上只有不到 20% 的检测精度。

（3）半监督学习（semi-supervised learning）是监督与无监督相结合的学习方式，是指同时使用少量标记数据和大量无标记数据进行模型训练的一类算法 [44]。半监督学习方法大多是基于流形假设，即相同类型的标记数据和无标记数据会具有相似的属性，因此二者的标签也应是相同或相似的。半监督方法具有比监督方法更宽松的样本要求，以及比无监督方法更稳定的算法精度，其大多应用于分类任务中。由于卷积神经网络不具备处理无标记样本的能力，因此模型的半监督训练大多是通过伪标签（pseudo label）法来实现的。该方法通过某种规则为无标记样本分配伪造的真值标签进行训练，通常在标记数据上训练一个（如 self-training[45]）或多个（如 co-training[46] 和 tri-training[47]）分类器模型，然后对无标记数据的类预测值分配对应的伪标签。例如，He 等 [48] 提出一种基于 self-training 的半监督钢板缺陷分类方法，使用一个自编码器对无标记样本进行类别预测，并根据结果分配对应的类别标签；Gao 等 [49] 同样是基于 self-training 来构建半监督学习框架，不同的是，其使用卷积神经网络进行类别预测。一个良好的初始训练过程是 self-training 方法成功所必不可少的前提，因此需要数量充足的初始标记样本。与 self-training 只使用单个模型不同，co-training 和 tri-training 使用了多个模型来进行预测，这种方式生成的伪标签可信度更高，然而，二者也有各自的局限性：co-training 方法要求数据集具有两个充分冗余且满足条件独立性的视图，而缺陷数据集一般只有单视图数据；tri-training 方法需要三个模型在三个不同的子数据集上训练，这就要将本就数量不多的缺陷数据集裁成三个子集，使得卷积神经网络无法进行充分训练，导致网络过拟合。弱监督学习（weakly-supervised learning）同样是介于监督和无监督学习之间的一种学习方式，是使用标签不完备的样本进行模型训练的方法。弱监督学习本质是为了减少样本标注的成本，是在半监督学习基础上的发展[50]。由于将无标记样本直接用于检测任务的难度太高，因此半监督方法大多只适用于分类任务。而在标签不完备的情况下，目标检测算法大多是基于弱监督学习来进行构建。在样本及其标签数量双双匮乏的情况下，唯一的解决办法就是用相对容易获取的图像级标签来代替实例级标签，进行弱监督缺陷检测。这种思路下的弱监督检测系统主要有两类：一类是基于多实例学习[51]，另一类是基于类激活图（class activation map）[52]。例如，Zhang 等[53]就是使用一种简化的类激活图弱监督方法，进行钢板表面的缺陷检测，该方法使用卷积神经网络的最后一层的激活图来定位缺陷。半监督学习和弱监督学习方法，其目的都是为了取代繁重的标签标注工作，减少前期投入成本，这对于标签昂贵的工业检测领域具有很高的研究价值。但目前基于半监督或弱监督的纹理缺陷分类与检测算法还非常少，一方面是因为其精度相比于监督方法还是略有不足，另一方面是需要数量更多的无标记样本来挖掘其中有价值的信息。

基于深度特征的方法的优势是其强大的泛化性和通用性，无论使用何种学习方式，缺陷分类或检测网络都可以同时在不同材料的纹理表面上应用。监督方法精度更高也更稳定，但样本的收集和标注的成本太高，很多时候难以实现；无监督方法对于初始样本要求更宽松，但算法操作复杂且精度过低；半监督或弱监督方法的性能介于二者之间，看似是样本需求与精度要求之间最佳的折中，但实际上此类方法也受到样本数量的制约，网络的构建颇具难度。因此，在这样的有限样本条件下，利用现有数据集，依据纹理表面实际情况和任务需求，选择或设计合适的网络模型，并开发基于不同学习方式的纹理缺陷分类或检测算法，这才是更加合理和明智的选择。

1.2.2 基于三维点云的缺陷检测研究现状

1. 结构光三维重构方法

结构光三维（3D）重构方法是主动视觉三维重构技术中最常用的一种类型，其基本原理是向被测物体表面投射主动光源。通常是投射带有编码信息的图案，通过相机获取图像，并利用编码信息求解得到物体的三维形貌。典型的结构光系统示意图如图 1.3（a）所示[54]。结构光三维重构方法能够对环境光和噪声的干扰具有一定的鲁棒性，而且能够抵抗被测物体表面的反射与纹理等因素的影响，因此该方法已经成为高精度三维重构领域中最常使用的方法之一[55-58]。

编码图案的投射是结构光三维重构方法的重点研究内容，目前人们已经研究了各种各样的编码方法，这里根据编码特征将这些方法分为三类并分别进行分析，即统计随机编码、傅里叶变换轮廓术、多幅相移编码。

1）统计随机编码

统计随机编码采用统计学原理生成一幅随机分布的编码图案，并利用其编码信息重构获得物体的三维形貌。利用该编码方式开发的产品目前已经成功在实际中应用，比较常见的有 Microsoft Kinect V1、Intel RealSense R200、iPhone X，如图 1.3（b）所示。尽管这种编码图案具有执行简单、运行快速等优点，但是该编码方式的空间分辨率较低，重构精度不高，且对噪声比较敏感，不适合应用在复杂的工业环境中。

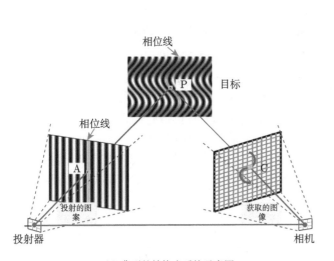

(a) 典型的结构光系统示意图   (b) 几种实用的随机编码图案

图 1.3   典型的结构光系统示意图和随机编码图案（彩图见封底二维码）

2）傅里叶变换轮廓术

傅里叶变换轮廓术（Fourier transform profilometry，FTP）是 Takeda 和 Mutoh[59] 在 1983 年提出的，即采用傅里叶分析法重构物体表面的三维形貌。该方法投影的图案是正弦条纹图案，通过相机采集物体高度分布调制的变形条纹图像，并将图像进行快速傅里叶变换、滤波和傅里叶逆变换，计算获得物体的三维形貌。与统计随机编码图案相似，该方法的图案也只需投射一幅条纹图案，因而适合在线三维重构和动态物体形貌轮廓的三维重构。

目前对 FTP 的研究主要包括：提高重构精度以及扩宽 FTP 的应用领域。在提高重构精度方面包括 [60,61]：用准正弦投影和二相移技术减少频谱混叠，选择适当的抽样频率以防止周期间的频谱混叠，采用二维（2D）汉宁滤波窗口来减少散斑噪声的影响，用条纹的数字加权处理来减少泄漏，采用迭代算法消除条纹不连续对测量的影响，等等。在扩宽该方法的应用领域方面包括[62,63]：将傅里叶变换轮廓术用于复杂物体的三维面形测量，将多频率傅里叶变换轮廓术用于高度不连续变化或表面孤立物体的三维面形测量，等等。

3）多幅相移编码

与前两种编码方式仅用一幅图案不同，多幅相移编码则是投射多幅条纹图案来重构物体表面三维形貌。由于多幅相移编码能够使得解码结果更为精确，抗外界干扰（环境光反射和噪声）能力更强，应用性更强，已成为结构光栅三维重构研究领域最为瞩目的焦点。目前国内外研究者对该方法已经开展了许多研究。

早在 2006 年，Zhang 和 Yau[64] 在三步相移相位基础上，实现了实时计算并显示每秒 40 帧的动态三维形貌数据（图像分辨率为 532 像素 × 500 像素），但是该方法对于复杂形状物体并不适用。为了解决该问题，Zhang 等对相位展开这一关键技术进行了大量的研究，提出了复合相移[65] 和相位编码[66,67] 等多个方法，实现了任意复杂形状三维测量。此外，Liu 等[68] 也实现了每秒 200 多帧实时动态物体三维重构（图像分辨率为 640 像素 × 480 像素），但是该方法至少需要五张图像进行三维重构。而且，以上方法在计算过程中需至少一张额外的图像以提高重构精度，从而降低了测量速度。

近几年，国内的很多研究人员在多幅编码方法方面也取得了许多研究成果。李中伟和钟凯等[69] 基于相移和三视张量的对应点查找方法实现了 220 帧的动态三维重构，并深入研究了 GPU 加速方法[70]。左超等[71] 采用三步相移实现了在 644 像素 × 484 像素的测量分辨率下每秒 120 帧的动态三维测量，且对动态的反光物体表面重构[72] 进行了研究，并利用超高速相机实现了每秒一万帧的图像获取速度[73]。此外，东南大学达飞鹏[74] 和四川大学苏显渝[75] 等课题组在编码方法方面也进行了相关研究。

但是以上方法在重构速度方面还需要提升，并且在重构稳定性方面仍然易受到环境光、条纹周期数与图像噪声等因素的影响，在工程实用性上还需要进行改进和提高。

2. 立体匹配方法

立体匹配方法是被动双目立体视觉系统中的核心步骤，其结果的好坏直接影响到最终的重构效果，因而需要对立体匹配方法的研究现状进行深入分析。立体匹配方法的研究在 20 世纪 80 年代后期进入了最为快速的发展时期，涌现了各种各样不同类型的匹配方法，其中 Koschan[76] 综述了 1989~1993 年的各种匹配算法。而在 2002 年，Scharstein 和 Szeliski[77] 对立体匹配方法进行了全面的梳理总结，提出了一套标准测试平台（Middlebury Stereo Evaluation）来评价各种立体匹配方法的性能，该平台现在已经成为立体匹配方法研究的重要数据库，目前该平台已经更新到 3.0 版本 [78]，即提供了更多更复杂条件获取的立体图像对供研究人员实验。此外，Scharstein 等还对立体匹配过程中的主要步骤进行了划分，分为四大模块：匹配代价计算、匹配代价聚合、视差优化、视差后处理（或精细化）。

根据不同的划分标准，可以将各种立体匹配方法划为不同的类别。比如，可以根据立体匹配中所用的基元不同，将其分为基于区域的匹配方法、基于特征的匹配方法、基于相位的匹配方法。如果根据立体匹配所生成的视差结果不同，可以将其分为基于稀疏视差的匹配方法、基于稠密视差的匹配方法。此外，Scharstein 等 [77] 根据匹配方法中使用的优化策略不同，将其分为基于局部的匹配方法、基于全局的匹配方法、基于半全局的匹配方法。不同的分类方法中，最常使用的是 Scharstein 等的分类方法，这里将立体匹配方法分为以下三大类：基于局部的匹配方法、基于全局的匹配方法、其他匹配方法。

1）基于局部的匹配方法

基于局部的匹配方法是立体匹配方法中最早出现也最常见的匹配方法。由于该方法计算简单、速度快，因而早期被广泛地应用于实时立体匹配工程项目中。该方法最核心的思想是局部窗口的匹配，也就是通过在左右两个待匹配图像中各取同样的窗口，然后根据提取到的窗口内的图像信息进行匹配。因此，窗口的选取是该方法的关键环节，不仅影响匹配的速度，还直接影响最终的匹配效果。例如，小窗口可以提高匹配的速度，但是受噪声的影响比较大；而大窗口抵抗噪声影响的能力较强，但是其提取的目标边界模糊，且速度较慢。早期的研究中，设置的窗口都是固定的，即基于固定窗口（fixed window）的局部匹配。该窗口类型的前提假设是目标的表面都是前端平行的，由于忽略了视差不连续区域，其效果非常不好。为了改进该窗口，Veksler[79] 提出了一种可变窗口（variable window）的匹配方法，通过变化的窗口使得该方法的误匹配率大大降低了；Hirschmüller 等 [80] 提出了多窗口的自适应窗口的立体匹配方法。此外，除了各种窗口的改进，学者们还研究提出了自适应权重的方法以改善匹配的性能。Yoon 和 Kweon[81] 提出了基于颜色信息和距离信息的自适应权重立体匹配方法；Tombari 等 [82] 提出了基于图像分割的自适应权重立体匹配方法，虽然该方法获得了较好的匹配效果，但是其计算复杂度很高，削弱了基于局部的匹配方法匹配速度快的优点。

整体上看，基于局部的匹配方法中窗口的提取速度较快，提高了整体的匹配速度，但是该方法的匹配原理是根据窗口内信息的相关性进行匹配，要求图像中的纹理信息比较丰富，进而导致该方法在遮挡和深度不连续处误匹配率较高。

2）基于全局的匹配方法

基于全局的匹配方法是将匹配问题变为一个求解能量泛函的最优化问题，即通过优化求解得到的结果就是匹配的结果。但是该类方法首先需要构建一个能量泛函模型，然后还需要寻找相对应的数学求解方法以获得全局最优解，因而该类方法的运行时间比基于局部的匹配方法要长，但是其结果整体上要好于基于局部的匹配方法。

最早应用于全局匹配的优化方法是动态规划方法。动态规划方法中，搜索范围、空间和效率非常重要，研究人员在这些方面做了很多研究工作。Ohta 和 Kanade[83] 将二维的搜索空间扩大到了三维，且匹配的基元选取了边缘特征以提高匹配的精度。Cox 等 [84] 从匹配约束角度入手，提出了融合的水平和垂直方向连续性约束，降低误匹配率，进而改善了整体的匹配结果。而 Birchfield 和 Tomasi[85] 重点解决了动态规划的计算复杂度问题。Gong 和 Yang[86] 则利用了可靠度的相关理论，提出了一种匹配可信度计算方法获取更加可靠的匹配效果。Lei 等 [87] 改进了搜索结构，构建了树形结构与动态规划融合的匹配框架，弥补了二者的缺点，进而提升最终的匹配效果。

为了解决动态规划方法中的各种问题，研究人员将图分割（graph cut，GC）方法引入立体匹配中。Veksler[88] 在其博士学位论文中首次采用了基于图论的能量最小化理论对立体图像进行匹配计算，获得了不错的匹配结果。Boykov 等 [89,90] 分别从构图标号函数和路径扩张方式等两个方面提出了自己的改进方法。而王年等 [91] 则针对 Boykov 的标号集的范围问题，用二维向量的形式进行了扩展。

除了上述两种类型的全局匹配方法，研究人员还利用其他理论方法构建匹配优化模型，寻求解决优化中存在的问题 [92]，这些理论方法包括：遗传算法 [93]、协作算法 [94]、非线性扩散方法 [95]、置信度传播方法 [96]。

3）其他匹配方法

除了基于局部的匹配方法和基于全局的匹配方法之外，Hirschmüller[97] 提出了半全局的匹配（semi-global matching，SGM）方法，该方法使用多个一维（1D）方向的优化来逼近全局匹配方法的二维优化，获得了较好的匹配结果。此外，随着深度学习方法的快速发展，一些研究人员开始使用监督式学习的方法研究立体匹配问题，其重要的基础操作就是利用深度学习方法中的卷积神经网络进行监督学习匹配代价，以替代传统方法中人工设计的匹配代价计算准则。目前，基于深度学习的立体匹配方法主要分为两大类：基于卷积神经网络的匹配代价计算、基于卷积神经网络的端到端立体匹配方法。

基于卷积神经网络的匹配代价计算，研究的重点是如何在立体匹配过程中快速有效地计算得到匹配代价。Žbontar 和 LeCun[98,99] 利用训练的网络模型来预测匹配代价以替代传统方法中人工设计的准则，并提出了两种监督学习网络，即快速网络 MC-CNN-fst 和精确网络 MC-CNN-acrt。而在同一时期，Luo 等 [100] 和 Chen 等 [101] 也分别设计了自己的匹配代价计算网络，以获得更好的匹配效果。此外，Shaked 和 Wolf[102] 提出了一个高速通路的网络来计算匹配代价，通过多个层级的加权残差块来提取特征，并且在训练过程中利用了交叉熵损失（cross entropy loss）和合页损失的混合损失。

然而上述方法只是在匹配代价的计算过程中使用了 CNN，后续的操作依然采用的是传统方法的操作。为了实现完整端到端的立体匹配方法，Mayer 等 [103] 在全卷积网络（fully convolutional network，FCN）的启发下第一次将端到端的神经网络引入光流估计和视差中，提出了 DispNet 网络。随后，Pang 等 [104] 在 DispNet 网络的基础上设计了一个含有两阶段的级联网络 CRL（cascade residual learning），并将两个阶段的输出相加得到最终的视差图。同年，Kendall 等 [105] 则充分考虑了立体图像中的上下文信息和场景几何信息，构建了 GC-Net 网络，获得了不错的匹配效果。最近，Liang 等 [106] 将传统方法中的四个主要操作步骤进行了整合，提出了一个新的端到端网络 iResNet，实现了全过程的网络操作。

尽管基于深度学习的立体匹配方法普遍获得了比传统方法更好的结果，但是该类方法需要大量的训练图像作为构建网络模型的基础，而实际工业现场中却只能获得很少的样本图像，因此基于深度学习的立体匹配方法目前还不适用于复杂的工业环境中。

1.2.3　基于光度立体的缺陷检测研究现状

相比单纯被动式视觉或三维点云，光度立体视觉技术最适合感知复杂特征。光度立体问题兴起于 20 世纪 90 年代。伍德姆（Woodham）[107] 通过朗伯反射率假设率先提出了解决了光度立体问题的思路，然而，由于大自然中广泛存在不符合该假设的非朗伯材质，这种技术的应用受到了很大限制。自然地，非朗伯光度立体视觉开始成为学者们研究的重点问题。早期的一类工作将非朗伯像素作为异常点（outlier）。这些方法通过找到不符合朗伯反射的像素点并试图通过异常点拒绝 [108-111] 来抑制其影响。但是，仅当非朗伯像素是整个图像的少数时，这些方法才有效。某些算法尝试使用数学模型来建模非朗伯反射，例如，Torrance-Sparrow 模型 [112]、Ward 模型 [113]、双变量 BRDF 模型 [114] 等。这些方法尝试建立起比朗伯模型更复杂的非线性反射模型以逼近真实材质的反光特性。然而，由于自然界的万千种材质具有许多复杂的反射特性，很难用简单且可解的数学模型（如果数学模型足够精确却不可解，就失去了意义）来描述所有材料，因此这些方法依赖于只能处理有限几种类别材料的手工设计模型。

尽管人们仍然对非深度学习算法进行了广泛的研究，但基于深度学习的算法却越来越频繁地更新最先进的（state of the art，SOTA）性能记录。这里将其分为两类：逐像素（pixel-wise）算法和空间（spatial）算法。

逐像素算法独立对待每个像素。最初的逐像素算法源自 Santo 等 [115] 提出的 DPSN。它的想法很简单，它由非常大的全连接层（fully connected layer）组成，这些层具有随机失活（drop out）层，以防止过拟合并模拟投射阴影（casted shadow）。

来自具有相同行列位置的不同图像的像素被连接到输入向量中，输出是三维的法向向量。用于训练的数据集是由简单的几何形状和来自三菱 MERL[116] 数据库中的 BRDF 数据渲染而成。非常大的全连接层很难收敛且容易过拟合，这限制了 DPSN 的性能。Ikehata[117] 提出了具有卷积层的 CNN-PS，对于每个行和列的位置，所有图像中的相应像素都映射到观察图中，包含光源和像素亮度信息的图像被输入一组卷积层中，最后传递到完全连接的层中以进行回归。这项工作中使用的数据库是通过光线追踪技术渲染的，其中包含投射阴影和相互反射。CNN-PS 在 DiLiGenT[118] 数据集上取得了出色的性能。但是，观察图（observation map）的密度取决于光的分布。在某些情况下，卷积层无法处理非常稀疏的观察图，因此算法的性能不稳定。Zheng 等根据 CNN-PS 提出了 SPLINE[119]。他们专注于稀疏的光度立体问题，其中光源分布稀疏，提出了一种光插值网络来填充稀疏观测图，以便该网络可以很好地处理稀疏光。总体来说，逐像素算法独立处理每个像素的表征，无法利用像素点所在的物体表面点附近的空间信息（spatial information），这限制了逐像素算法的性能。

空间算法为了利用空间信息，必须同时考虑附近的多个像素。但是，光度立体输入由多个图像组成，每个像素具有三个坐标，即光源（或光照）、行和列，因此拥有三个维度的信息。原生二维卷积神经网络通常用于处理二维信息。为了处理这个二维到三维的差距，一些算法 [120,121] 将图像沿通道维度堆叠。这样网络能够完全获取所有三个维度的信息，然而，它们违反了输入图像顺序的排列不变性。在测光立体问题中，输入图像的顺序以及相应的光源信息不应影响法线图（normal map，NM）的估计。这背后的直觉是，以何种顺序拍摄图像，并不会改变任何一张拍摄出的照片，更不会改变被测物体的形状。如果网络违反了该不变性，则输入图像的顺序可能会影响结果。例如，将同一组光度立体数据变换图片顺序，这类算法可能产生不同的输入结果。尽管在训练时使用随机排列的光源顺序可以减轻此缺点所带来的影响，但不可避免地要花费额外的时间并影响训练过程的稳定性。为了解决这个问题，Chen 等 [122] 提出的 PS-FCN 可以使用共享表征提取器网络独立处理图像，所有图像的提取表征通过对应元素（elemental wise）最大池化层融合，而后通过转置卷积层（transposed convolutional layer）预测法线图。该方法满足排列不变性，并且输入图像的数量是灵活的。但是，由于来自不同输入图像的被提取表征仅在更深层相遇，因此较低级别的表征很难保留（例如一些细节信息、纹理信息等）。与卷积或全连接层相比，最大池化层仅提取有限的信息，因此限制了 PS-FCN 的性能，与卷积或全连接层相比，最大池化层仅提取有限的信息。尤其是测试数据与训练数据的光源分布不同时，会限制 PS-FCN 的性能。

综上所述，无论是逐像素算法还是空间算法，现有的研究都无法在满足输入图像顺序的排列不变性的同时有效利用像素点周围的空间信息。因此，需要提出一种能够充分利用所有维度信息，同时又满足输入图像顺序的排列不变性的光度立体视觉算法。

1. 基于法线图的复杂特征关键点测定技术

复杂特征关键点测定问题是根据输入数据回归出复杂特征关键点坐标的问题，因此属于关键点回归问题。关键点回归问题的相关研究可分为两类：将二维原始图像[123,124]作为输入和将三维点云[125]作为输入。以三维点云作为输入的关键点回归问题可以直接得到关键点的三维坐标，然而，获取复杂特征的三维点云是十分困难的。因此，这里重点讨论以二维图像作为输入的关键点回归技术。其中，经典算法包括标记识别[124]和手工设计的表征识别[123]。然而，这个领域最近被深度学习方法所主导[126]。基于深度学习的关键点回归方法可以分为两类：直接回归[127-129]和热图估计[130-132]。直接方法通常使用卷积层提取表征，然后将它们与一组完全连接的层连接，以直接使坐标回归。在此基础上，使用了诸如从粗到细搜索[128]、迭代误差反馈[127]和利用人体结构的先验知识[129]之类的技术。基于热图的模型通常使用完全卷积神经网络。标签设置为热图，其通道服从以关键点为中心的二维高斯分布。Newell 等[130]提出的沙漏网络是一个典型的基于热图的模型，在其他工作中被广泛用作骨干架构[131,132]。

复杂特征在原始图像下的表征不明显，基于原始图像的关键点回归问题难以达到令人满意的精度[133]。研究[134]表明，相比原始图像，复杂特征的法线图含有更丰富的信息。然而，大多数关键点回归任务是基于原始图像作为输入，这限制了现有关键点回归方法在复杂特征检测问题上的应用。因此，有必要提出一种针对法线图作为输入的关键点回归方法。

2. 样本受限的复杂特征测定技术

近年来，性能最好的关键点回归问题的研究大多是基于深度学习，而其中大多数是监督学习[135]。监督学习的训练过程往往需要大量有标记的数据，标记标签的工作往往只能手工进行。在针对复杂特征检测的关键点回归问题中，监督学习的这个弊端更为严重。相比原始图像，表面法线图的获取需要付出更多成本（多张图像、多光源以及光度立体算法所需的运算都要耗费大量的时间与资源），标签所需的精度较高，因此需要使用精密仪器对每一组标签进行测量。如何在有限的有标签样本下，完成基于法线图的关键点回归任务，这是一个重要的问题。如果可以利用较容易收集的无标签数据进行学习，将提升复杂特征测定技术在样本受限的条件下的性能。

利用无标签数据进行学习的研究属于自监督学习的范畴。自监督是一种学习框架，它会自动创建针对"前置任务"的监督信号（进而导出损失函数）并学习可用于解决实际下游任务的表征[136]。作为一个通用框架，自监督有着从机器人技术到图像理解的广泛应用。自监督任务的设计要基于某种"事实",该任务的目的是让神经网络学习基于这个事实背后隐藏的知识。例如,在机器人技术中,传感器采集的数据是与世界互动的结果,多个感知模态同时获得感官输入的事实是强烈的信号(例如某一事件发生的时候,机器人会同时收到来自多个传感器的信息[137]。不需要标注也可以知道,此时来自各个传感器的信号对应同一个事件),可以被利用来创建自监督的任务[138-141]。同样,从视频中学习表征时,可以利用同步的跨模式音频、视频和字幕流[142-145]或时间维度的一致性[146]。

本书提到的自监督技术专注于图像数据,不涉及视频或多传感器数据。这些技术在学习高级图像表征方面已展示出令人印象深刻的结果。受到来自无监督方法的启发,自然语言处理领域依赖于从上下文中预测单词[147],Doersch 等[148] 提出了一个预测图像分块的相对位置的任务作为自监督学习的前置任务。这项工作催生了基于补丁的自监督视觉表征学习方法中的研究工作。其中包括文献[149],该文献中的模型可以预测从完整的图片所创建的"拼图游戏"的排列,以及其近年的一些变体[150,151]。

与基于分块的方法相比,某些方法会生成经过精心设计的图像级分类任务。Caron 等[152] 使用图像的聚类创建类标签,将分类任务作为前置任务。另一类前置任务包含具有高密度的空间输出的任务。典型的例子是图像修复[153]、图像着色[154] 和运动分割预测[155] 等。还有一些方法在表征空间上施加结构约束。

尽管自监督学习的相关研究取得了令人满意的效果,但以上方法均不适用于基于法线图的关键点回归问题。现有研究大多是使用原始图像进行自监督学习,并且下游任务也同样在原始图像上进行。本书中的自监督必须在原始图像中进行,而下游任务需要在法线图中进行。原始图像与法线图来自两个不同的"域",两个域分布的差距称为"域差距"(domain gap),这使得自监督学习到的表征在下游任务中表现不佳。域差距影响下游任务的原因是,常规自监督学习提取出的表征会含有域信息。因此为了解决基于法线图的关键点回归缺少数据的问题,需要提出一种域无关的自监督学习。

1.3 本书结构及宗旨

本书旨在总结归纳工业缺陷检测的行业发展,并将作者所在研究团队近年的研究成果结集成书,内容涉及基于二维图像、三维点云、光度立体以及多模态融合等多种数据维度的工业缺陷检测技术及其应用。通过本书,我们希望能够给从事机器视觉及工业缺陷检测的读者提供启示和借鉴,同时也为相关问题的研究提供一定的参考。如图 1.4 所示,全书共七章,根据数据维度的不同,可分为二维图像篇(第 2~4 章)、三维点云篇(第 5 章)、光度立体篇(第 6 章)和多模态融合篇（第 7 章），具体内容安排如下所述。

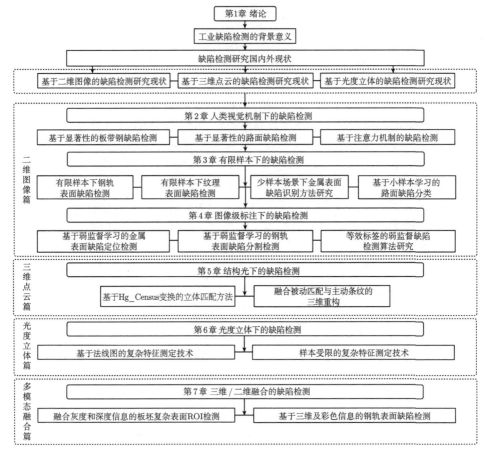

图 1.4　本书章节结构图

第 1 章，绪论。本章首先概述工业缺陷检测的研究背景，明确其研究意义，并结合应用背景，深入分析目前工业缺陷检测的发展动态，主要包括基于二维图像、三维点云及光度立体的缺陷检测等三方面；最后交代本书的主要工作和章节安排。

第 2 章，人类视觉机制下的缺陷检测。本章重点介绍基于人类视觉的工业缺陷检测方面的研究成果。这些研究分别从多约束及改进纹理特征、注意力引导多尺度特征信息融合、模仿人类视觉对不同场景的分类选择处理等角度出发，探究高效的缺陷检测新方案。

第 3 章，有限样本下的缺陷检测。本章围绕工业缺陷样本难获取这一检测难点，主要介绍有限缺陷样本条件下的最新工业缺陷检测技术，包括有限样本下钢轨表面缺陷检测、有限样本下纹理表面缺陷检测、少样本场景下金属表面缺陷识别方法研究、基于小样本学习的路面缺陷分类。

第 4 章，图像级标注下的缺陷检测。本章详细介绍基于弱监督学习的金属表面缺陷定位检测及钢轨表面缺陷分割检测等方面的研究进展，为解决工业缺陷标注难的问题提供新的解决思路。

第 5 章，结构光下的缺陷检测。本章主要介绍基于结构光的缺陷检测方面的研究成果，主要涉及基于 Hg_Census 变换的立体匹配方法，以及融合被动匹配与主动条纹的三维重构。

第 6 章，光度立体下的缺陷检测。本章以白车身尺寸控制测量为例，重点介绍基于法线图的复杂特征测定技术和样本受限的复杂特征测定技术。

第 7 章，三维/二维融合的缺陷检测。本章着重介绍基于三维与二维信息融合的缺陷检测方面的研究成果，主要包括融合灰度和深度信息的表面 ROI 检测，以及基于三维及彩色信息的表面缺陷检测，并以板坯和钢轨表面缺陷为例展示了检测结果。

参 考 文 献

[1] 颜云辉. 机器视觉检测与板带钢质量评价 [M]. 北京: 科学出版社, 2016.

[2] 王震宇. 基于机器视觉钢板表面缺陷检测技术研究 [J]. 计算机与现代化, 2013(7):130-134.

[3] 王克奇, 马晓明, 白雪冰. 基于分形理论和数学形态学的木材表面缺陷识别的图像处理 [J]. 森林工程, 2013, 29(2):48-50, 53.

[4] 郭慧, 盛振湘, 王霄, 等. 基于机器视觉的刨花板表面缺陷检测系统 [J]. 木材工业, 2019, 33(3):18-22.

[5] 袁端磊, 宋寅卯. 基于最优 Gabor 滤波器的织物缺陷检测 [J]. 中国图象图形学报, 2006, 11(7): 954-958.

[6] 景军锋, 刘娆. 基于卷积神经网络的织物表面缺陷分类方法 [J]. 测控技术, 2018, 37(9):20-25.

[7] 杜柳青, 佘骋南, 余永维. 一种基于混沌特性的磁瓦表面缺陷视觉提取方法 [J]. 仪器仪表学报, 2013, 34(11):2620-2625.

[8] 黎明, 马聪, 杨小芹. 机械加工零件表面纹理缺陷检测 [J]. 中国图象图形学报, 2004, 9(3):318-322.

[9] 阮秋琦. 图象处理和计算机视觉检测技术在美国 [J]. 北方交通大学学报, 1992, 16(3):8-14.

[10] 张文景, 张文渊, 苏键锋, 等. 计算机视觉检测技术及其在机械零件检测中的应用 [J]. 上海交通大学学报,1999, 33(5):635-638.

[11] 先武, 张裕. 机器视觉检测滚子表面缺陷 [J]. 轴承, 1991(6):39-43.

[12] 张谦, 裴海龙, 史步海, 等. 无纺布成品表面污渍机器视觉检测系统的设计 [J]. 华南理工大学学报 (自然科学版), 2012, 40(3):81-87.

[13] 王丹民, 康勇. 钢板表面质量机器视觉检测系统设计 [J]. 自动化仪表, 2011, 32(3):44-46.

[14] LeCun Y, Bengio Y, Hinton G. Deep learning[J]. Nature, 2015, 521(7553):436.

[15] Boyd S , Parikh N , Chu E , et al. Distributed optimization and statistical learning via the alternating direction method of multipliers[J]. Foundations and Trends in Machine Learning, 2011, 3(1):1-122.

[16] Chen C H. Handbook of Pattern Recognition and Computer Vision, Chapter Texture Analysis[M]. Singapore: World Scientific, 1993: 235-276.

[17] 罗菁, 董婷婷, 宋丹, 等. 表面缺陷检测综述 [J]. 计算机科学与探索, 2014, 8(9):1041-1048.

[18] 刘晓民. 纹理研究综述 [J]. 计算机应用研究, 2008, 25(8):2284-2288.

[19] Ravikumar S, Ramachandran K I, Sugumaran V. Machine learning approach for automated visual inspection of machine components[J]. Expert Systems with Applications, 2011, 38(4):3260-3266.

[20] Huang J X, Li D, Ye F et al. Detection of surface defection of solder on flexible printed circuit[J]. Optics and Precision Engineering, 2010, 18(11):2443-2453.

[21] Haralick R M, Shanmugam K, Dinstein I. Textural features for image classification [J]. IEEE Transactions on Systems, Man, and Cybernetics, 1973, SMC-3(6):610-621.

[22] Niskanen M, Sliven O, Kauppinen H. Color and texture based wood inspection with non-supervised clustering [C]. Scandinavian Conference on Image Analysis (SCIA), 2011: 336-342.

[23] Ojala T, Pietikäinen M, Harwood D. A comparative study of texture measures with classification based on featured distributions[J].Pattern Recognition, 1996, 29(1): 51-59.

[24] Chen J, Jain A K. A structural approach to identify defects in textured images[C]. Proceedings of the 1988 IEEE International Conference on Systems, Man, and Cybernetics, Beijing, 1988: 29-32.

[25] Mallik-Goswami B, Datta A K. Detecting defects in fabric with laser-based morphological image processing[J]. Textile Research Journal, 2000, 70(9):758-762.

[26] Tsai D M, Hsieh C Y. Automated surface inspection for directional textures[J]. Image and Vision Computing, 1999, 18(1):49-62.

[27] 张学武, 丁燕琼, 段敦勤, 等. 基于视觉仿生机理的铜带表面缺陷检测 [J]. 中国图象图形学报, 2011, 16(4):593-599.

[28] Zhang X W, Ding Y Q, Lv Y Y, et al. A vision inspection system for the surface defects of strongly reflected metal based on multi-class SVM[J]. Expert Systems with Applications, 2011, 38(5):5930-5939.

[29] Conci A, Proença C B. A fractal image analysis system for fabric inspection based on a box-counting method[J]. Computer Networks and ISDN Systems, 1998, 30(20-21):1887-1895.

[30] Chao S M, Tsai D M. Anisotropic diffusion with generalized diffusion coefficient function for defect detection in low-contrast surface images[J]. Pattern Recognition, 2010, 43(5):1917-1931.

[31] Lotter W, Kreiman G, Cox D. A neural network trained for prediction mimics diverse features of biological neurons and perception[J]. Nature Machine Intelligence, 2020,

2(4):210-219.

[32] Zhou S, Chen Y, Zhang D et al. Classification of surface defects on steel sheet using convolutional neural networks[J]. Materiali in Tehnologije, 2017, 51(1):123-131.

[33] Huang H W, Li Q T, Zhang D M. Deep learning based image recognition for crack and leakage defects of metro shield tunnel[J]. Tunnelling and Underground Space Technology, 2018, 77:166-176.

[34] Long J, Shelhamer E, Darrell T, et al. Fully convolutional networks for semantic segmentation[J]. IEEE Transactions on Pattern Analysis & Machine Intelligence, 2016, 39(4):640-651.

[35] Yi L, Li G, Jiang M. An end-to-end steel strip surface defects recognition system based on convolutional neural networks[J]. Steel Research International, 2017, 88(2):176-187.

[36] Krizhevsky A, Sutskever I, Hinton G E. ImageNet classification with deep convolutional neural networks[C]. Neural Information Processing Systems (NIPS), Lake Tahoe, NV, USA, 2012(2):1097-1105.

[37] Natarajan V, Hung T Y, Vaikundam S, et al. Convolutional networks for voting-based anomaly classification in metal surface inspection[C]. 2017 IEEE International Conference on Industrial Technology(ICIT), Toronto, Ontario, Canada, 2017: 986-991.

[38] Simonyan K, Zisserman A. Very deep convolutional networks for large-scale image recognition[C]. International Conference on Learning Representations (ICLR), 2015:1-14.

[39] Chen P H, Ho S S. Is overfeat useful for image-based surface defect classification tasks? [C]. 2010 IEEE International Conference on Image Processing(ICIP), Phoenix, Arizona, 2016: 749-753.

[40] Sermanet P, Eigen D, Zhang X, et al. OverFeat: Integrated recognition, localization and detection using convolutional networks[C]// International Conference on Learning Representations (ICLR). Eprint Arxiv, 2013, arXiv:1312.6229.

[41] Ren R, Hung T, Tan K C. A generic deep-learning-based approach for automated surface inspection[J]. IEEE Transactions on Cybernetics, 2018, 48(3):929-940.

[42] Zeiler M D, Fergus R. Visualizing and understanding convolutional networks[C]. European Conference on Computer Vision(ECCV), Zurich, Switzerland, 2014: 818-833.

[43] Mei S, Yang H, Yin Z. An unsupervised-learning-based approach for automated defect inspection on textured surfaces[J]. IEEE Transactions on Instrumentation and Measurement, 2018, 67(6):1266-1277.

[44] Hady M F A, Schwenker F. Semi-supervised learning[J]. Journal of the Royal Statal Society, 2006, 172(2):530.

[45] Scudder H. Probability of error of some adaptive pattern-recognition machines[J]. IEEE Transactions on Information Theory, 1965, 11(3):363-371.

[46] Blum A, Mitchell T M. Combining labeled and unlabeled data with co-training[C]. Proceedings of the Eleventh Annual Conference on Computational Learning Theory, 1998: 92-100.

[47] Zhou Z H, Li M. Tri-training: Exploiting unlabeled data using three classifiers[J]. IEEE

Transactions on Knowledge and Data Engineering, 2005, 17(11):1529-1541.

[48] He D, Xu K, Zhou P, et al. Surface defect classification of steels with a new semi-supervised learning method[J]. Optics and Lasers in Engineering, 2019, 117(6):40-48.

[49] Gao Y, Gao L, Li X, et al. A semi-supervised convolutional neural network-based method for steel surface defect recognition[J]. Robotics and Computer-Integrated Manufacturing, 2020, 61: 10825.

[50] Zhou Z H. A brief introduction to weakly supervised learning[J]. National Science Review, 2018, 5(1): 44-53.

[51] Bilen H, Vedaldi A. Weakly supervised deep detection networks[C]. Computer Vision and Pattern Recognition(CVPR), Las Vegas, NV, USA, 2016: 2846-2854.

[52] Zhou B, Khosla A, Lapedriza A et al. Learning deep features for discriminative localization[C]. Computer Vision and Pattern Recognition(CVPR), Las Vegas, NV, USA, 2016: 2921-2929.

[53] Zhang Y, Li W, Song Y H, et al. Weakly supervised CNNs-based surface defect localization and recognition[C]. "第十届中国钢铁年会" 暨 "第六届宝钢学术年会" 论文集, 2015.

[54] Zhang S. High-speed 3D shape measurement with structured light methods: A review[J]. Optics and Lasers in Engineering, 2018, 106:119-131.

[55] Salvi J, Fernandez S, Pribanic T, et al. A state of the art in structured light patterns for surface profilometry[J]. Pattern Recognition, 2010, 43(8): 2666-2680.

[56] Su X, Zhang Q. Dynamic 3-D shape measurement method: A review[J]. Optics and Lasers in Engineering, 2010, 48(2): 191-204.

[57] Zhang S. Recent progresses on real-time 3D shape measurement using digital fringe projection techniques[J]. Optics and Lasers in Engineering, 2010, 48(2): 149-158.

[58] van der Jeught S, Dirckx J J J. Real-time structured light profilometry: A review[J]. Optics and Lasers in Engineering, 2016, 87: 18-31.

[59] Takeda M, Mutoh K. Fourier transform profilometry for the automatic measurement of 3-D object shapes[J]. Applied Optics, 1983, 22(24): 3977-3982.

[60] Zhang Q, Wu Z. A carrier removal method in Fourier transform profilometry with Zernike polynomials[J]. Optics and Lasers in Engineering, 2013, 51(3): 253-260.

[61] 张启灿, 苏显渝. 动态三维面形测量的研究进展 [J]. 激光与光电子学进展, 2013, 50(1): 4-17.

[62] 张启灿. 动态过程三维面形测量技术研究 [D]. 成都: 四川大学, 2005.

[63] Takeda M. Fourier fringe analysis and its application to metrology of extreme physical phenomena: a review[J]. Applied Optics, 2013, 52(1): 20-29.

[64] Zhang S, Yau S T. High-resolution, real-time 3D absolute coordinate measurement based on a phase-shifting method[J]. Optics Express, 2006, 14(7): 2644-2649.

[65] Zhang S. Composite phase-shifting algorithm for absolute phase measurement[J]. Optics and Lasers in Engineering, 2012, 50(11): 1538-1541.

[66] Hyun J S, Zhang S. Superfast 3D absolute shape measurement using five binary patterns[J]. Optics and Lasers in Engineering, 2017, 90: 217-224.

[67] Hyun J S, Chiu T C, Zhang S. High-speed and high-accuracy 3D surface measurement using a mechanical projector[J]. Optics Express, 2018, 26(2): 1474-1487.

[68] Liu K, Wang Y, Lau D L, et al. Dual-frequency pattern scheme for high-speed 3-D shape measurement[J]. Optics Express, 2010, 18(5): 5229-5244.

[69] Li Z W, Zhong K, Li Y F, et al. Multiview phase shifting: A full-resolution and high-speed 3D measurement framework for arbitrary shape dynamic objects.[J]. Optics letters, 2013, 38(9): 1389-1391.

[70] Liu X, Zhao H, Zhan G, et al. Rapid and automatic 3D body measurement system based on a GPU-Steger line detector[J]. Applied Optics, 2016, 55(21): 5539-5547.

[71] Tao T, Chen Q, Da J, et al. Real-time 3-D shape measurement with composite phase-shifting fringes and multi-view system[J]. Optics Express, 2016, 24(18): 20253.

[72] Feng S, Chen Q, Zuo C, et al. Fast three-dimensional measurements for dynamic scenes with shiny surfaces[J]. Optics Communications, 2017, 382: 18-27.

[73] Zuo C, Tao T, Feng S, et al. Micro Fourier Transform Profilometry (µFTP): 3D shape measurement at 10,000 frames per second[J]. Optics and Lasers in Engineering, 2018, 102: 70-91.

[74] 达飞鹏, 盖绍彦. 光栅投影三维精密测量 [M]. 北京: 科学出版社, 2011.

[75] 赵文静, 陈文静, 苏显渝. 几种时间相位展开方法的比较 [J]. 四川大学学报（自然科学版）, 2016, 53(1): 110-117.

[76] Koschan A. What is new in computational stereo since 1989: A survey on current stereo papers?[D]. Berlin: Technische Universität Berlin, 1993.

[77] Scharstein D, Szeliski R. A taxonomy and evaluation of dense two-frame stereo correspondence algorithms[J]. International journal of computer vision, 2002, 47(1-3): 7-42.

[78] http://vision.middlebury.edu/stereo/eval3/.

[79] Veksler O. Fast variable window for stereo correspondence using integral images[C]. 2003 IEEE Computer Society Conference on Computer Vision and Pattern Recognition, Wisconsin, United States, 2003: 556-561.

[80] Hirschmüller H, Innocent P R, Garibaldi J. Real-time correlation-based stereo vision with reduced border errors[J]. International Journal of Computer Vision, 2002, 47(1-3): 229-246.

[81] Yoon K J, Kweon I S. Adaptive support-weight approach for correspondence search[J]. IEEE Transactions on Pattern Analysis and Machine Intelligence, 2006 (4): 650-656.

[82] Tombari F, Mattoccia S, Di Stefano L. Segmentation-based adaptive support for accurate stereo correspondence[C]//Pacific-Rim Symposium on Image and Video Technology. Berlin, Heidelberg: Springer, 2007: 427-438.

[83] Ohta Y, Kanade T. Stereo by intra-and inter-scanline search using dynamic programming[J]. IEEE Transactions on Pattern Analysis and Machine Intelligence, 1985, 7(2): 139-154.

[84] Cox I J, Hingorani S L, Rao S B, et al. A maximum likelihood stereo algorithm[J]. Computer Vision and Image Understanding, 1996, 63(3): 542-567.

[85] Birchfield S, Tomasi C. Depth discontinuities by pixel-to-pixel stereo[J]. International Journal of Computer Vision, 1999, 35(3): 269-293.

[86] Gong M L, Yang Y H. Fast unambiguous stereo matching using reliability-based dynamic programming[J]. IEEE Transactions on Pattern Analysis and Machine Intelligence, 2005, 27(6): 998-1003.

[87] Lei C, Selzer J, Yang Y H. Region-tree based stereo using dynamic programming optimization[C]. 2006 IEEE Computer Society Conference on Computer Vision and Pattern Recognition, New York, United States, 2006(2): 2378-2385.

[88] Veksler O. Efficient graph-based energy minimization methods incomputer vision [D]. Ithaca: Cornell University, 1999.

[89] Boykov Y, Veksler O, Zabih R. Fast approximate energy minimization via graph cuts[J]. IEEE Transactions on Pattern Analysis and Machine Intelligence, 2001, 23(11): 1222-1239.

[90] Boykov Y, Kolmogorov V. An experimental comparison of min-cut/max- flow algorithms for energy minimization in vision[J]. IEEE Transactions on Pattern Analysis and Machine Intelligence, 2004, 26(9): 1124-1137.

[91] 王年, 范益政, 鲍文霞, 等. 基于图割的图像匹配算法 [J]. 电子学报, 2006, 34(2): 232-236.

[92] 白明, 庄严, 王伟. 双目立体匹配算法的研究与进展 [J]. 控制与决策, 2008, 23(7): 721-729.

[93] Gong M, Yang Y H. Genetic-based stereo algorithm and disparity map evaluation[J]. International Journal of Computer Vision, 2002, 47(1-3): 63-77.

[94] Zitnick C L, Kanade T. A cooperative algorithm for stereo matching and occlusion detection[J]. IEEE Transactions on Pattern Analysis and Machine Intelligence, 2000, 22(7): 675-684.

[95] Scharstein D, Szeliski R. Stereo matching with nonlinear diffusion[J]. International Journal of Computer Vision, 1998, 28(2): 155-174.

[96] Sun J, Zheng N N, Shum H Y. Stereo matching using belief propagation[J]. IEEE Transactions on Pattern Analysis and Machine Intelligence, 2003, 25(7): 787-800.

[97] Hirschmüller H. Stereo vision in structured environments by consistent semi-global matching[C]// 2006 IEEE Computer Society Conference on Computer Vision and Pattern Recognition (CVPR'06). IEEE, 2006, 2: 2386-2393.

[98] Žbontar J, LeCun Y. Computing the stereo matching cost with a convolutional neural network[C]. 2015 IEEE Conference on Computer Vision and Pattern Recognition, Boston, Massachusetts, United States, 2015: 1592-1599.

[99] Žbontar J, LeCun Y. Stereo matching by training a convolutional neural network to compare image patches[J]. Journal of Machine Learning Research, 2016, 17(2): 1-32.

[100] Luo W, Schwing A G, Urtasun R. Efficient deep learning for stereo matching[C]. 2016 IEEE Conference on Computer Vision and Pattern Recognition, Las Vegas, United States, 2016: 5695-5703.

[101] Chen Z, Sun X, Wang L, et al. A deep visual correspondence embedding model for stereo matching costs[C]. 2015 IEEE International Conference on Computer Vision, Santiago, Chile, 2015: 972-980.

[102] Shaked A, Wolf L. Improved stereo matching with constant highway networks and reflective confidence learning[C]. 2017 IEEE Conference on Computer Vision and Pattern Recognition, Honolulu, United States, 2017: 4641-4650.

[103] Mayer N, Ilg E, Häusser P, et al. A large dataset to train convolutional networks for disparity, optical flow, and scene flow estimation[C]. 2016 IEEE Conference on Computer Vision and Pattern Recognition, Las Vegas, United States, 2016: 4040-4048.

[104] Pang J, Sun W, Ren S Q, et al. Cascade residual learning: A two-stage convolutional neural network for stereo matching[C]. 2017 IEEE International Conference on Computer Vision, Venice, Italy, 2017: 878-886.

[105] Kendall A, Martirosyan H, Dasgupta S, et al. End-to-end learning of geometry and context for deep stereo regression[C]. 2017 IEEE International Conference on Computer Vision, Venice, Italy, 2017: 66-75.

[106] Liang Z, Feng Y, Guo Y, et al. Learning for disparity estimation through feature constancy[C]. 2018 IEEE/CVF Conference on Computer Vision and Pattern Recognition, Salt Lake City, United States, 2018: 2811-2820.

[107] Woodham R J. Photometric method for determining surface orientation from multiple images [J]. Optical Engineering, 1980, 19(1): 191139.

[108] Wu L, Ganesh A, Shi B, et al. Robust photometric stereo via low-rank matrix completion and recovery [C]. Proceedings of the Asian Conference on Computer Vision, 2010:703-717.

[109] Ikehata S, Wipf D, Matsushita Y, et al. Robust photometric stereo using sparse regression [C]. 2012 IEEE Conference on Computer Vision and Pattern Recognition, 2012:318-325.

[110] Ikehata S, Aizawa K. Photometric stereo using constrained bivariate regression for general isotropic surfaces [C]. 2014 IEEE Conference on Computer Vision and Pattern Recognition, 2014:2179-2168.

[111] Quéau Y, Wu T, Lauze F, et al. A non-convex variational approach to photometric stereo under inaccurate lighting [C]. 2017 IEEE Conference on Computer Vision and Pattern Recognition, 2017:99-108.

[112] Torrance K E, Sparrow E M. Theory for off-specular reflection from roughened surfaces [J]. Journal of the Optical Society of America, 1967, 57(9): 1105-1114.

[113] Chung H S, Jia J Y. Efficient photometric stereo on glossy surfaces with wide specular lobes [C]. 2008 IEEE Conference on Computer Vision and Pattern Recognition, 2008:1-8.

[114] Alldrin N, Zickler T, Kriegman D. Photometric stereo with non-parametric and spatially-varying reflectance [C]. 2008 IEEE Conference on Computer Vision and Pattern Recognition, 2008:1-8.

[115] Santo H, Samejima M, Sugano Y, et al. Deep photometric stereo network [C]. 2017 IEEE International Conference on Computer Vision Workshops, 2017:501-509.

[116] Matusik W. A data-driven reflectance model [D]. Boston: Massachusetts Institute of Technology, 2003.

[117] Ikehata S. CNN-PS: CNN-based photometric stereo for general non-convex surfaces [C]. Computer Vision-ECCV 2018: 15th European Conference, 2018:3-18.

[118] Shi B, Wu Z, Mo Z, et al. A benchmark dataset and evaluation for non-lambertian and uncalibrated photometric stereo [C]. 2016 IEEE Conference on Computer Vision and Pattern Recognition, 2016: 3707-3716.

[119] Zheng Q, Jia Y, Shi B, et al. SPLINE-Net: Sparse photometric stereo through lighting interpolation and normal estimation networks [C]. 2019 IEEE/CVF International Conference on Computer Vision, 2019:8549-8558.

[120] Hold-Geoffroy Y, Gotardo P F, Lalonde J F. Deep photometric stereo on a sunny day [J]. Arxiv preprint arXiv: 1803.10850, 2018.

[121] Taniai T, Maehara T. Neural inverse rendering for general reflectance photometric stereo [C]// International Conference on Machine Learning. PMLR, 2018:4857-4866.

[122] Chen G, Han K, Wong K Y. PS-FCN: A flexible learning framework for photometric stereo [C]. Computer Vision-ECCV 2018: 15th European Conference, 2018:3-18.

[123] El-Sawah A, Georganas N D, Petriu E M. A prototype for 3-D hand tracking and posture estimation [J]. IEEE Transactions on Instrumentation and Measurement. 2008, 57(8): 1627-1636.

[124] Kyriakoulis N, Gasteratos A. Color-based monocular visuoinertial 3-D pose estimation of a volant robot [J]. IEEE Transactions on Instrumentation and Measurement, 2010, 59(10): 2706-2715.

[125] Guo Y, Bennamoun M, Sohel F, et al. An integrated framework for 3-D modeling, object detection, and pose estimation from point-clouds [J]. IEEE Transactions on Instrumentation and Measurement, 2015, 64(3): 683-693.

[126] Asadi-Aghbolaghi M, Clapés A, Bellantonio M, et al. A survey on deep learning based approaches for action and gesture recognition in image sequences [C]. 2017 12th IEEE International Conference on Automatic Face & Gesture Recognition, 2017:467-483.

[127] Carreira J, Agrawal P, Fragkiadaki K, et al. Human pose estimation with iterative error feedback [C]. 2016 IEEE Conference on Computer Vision and Pattern Recognition, 2016:4733-4742.

[128] Toshev A, Szegedy C. Deeppose: human pose estimation via deep neural networks [C]. 2014 IEEE Conference on Computer Vision and Pattern Recognition, 2014: 1653-1660.

[129] Sun X, Shang J, Liang S, et al. Compositional human pose regression [C]. 2017 IEEE International Conference on Computer Vision, 2017:2602-2611.

[130] Newell A, Yang K, Deng J. Stacked hourglass networks for human pose estimation [C]. European Conference on Computer Vision, 2016:483-499.

[131] Chu X, Yang W, Ouyang W, et al. Multi-context attention for human pose estimation

[C]. 2017 IEEE Conference on Computer Vision and Pattern Recognition, 2017:1831-1840.

[132] Chen Y, Shen C, Wei X S, et al. Adversarial posenet: A structure-aware convolutional network for human pose estimation [C]. 2017 IEEE International Conference on Computer Vision, 2017:1212-1221.

[133] Liu H, Yan Y, Song K, et al. Efficient optical measurement of welding studs with normal maps and convolutional neural network [J]. IEEE Transactions on Instrumentation and Measurement, 2020, 70:1-14.

[134] Liu H , Yan Y , Song K , et al. Optical challenging feature inline measurement system based on photometric stereo and HON feature extractor [C]. Optical Micro- and Nanometrology, 2018,7:1067812.

[135] Dang Q, Yin J, Wang B, et al. Deep learning based 2D human pose estimation: A survey [J]. Tsinghua Science and Technology. 2019, 24(6): 663-676.

[136] Jing L, Tian Y. Self-supervised visual feature learning with deep neural networks: A survey [J]. IEEE Transactions on Pattern Analysis and Machine Intelligence, 2020, 43(11):1-24.

[137] Kolesnikov A, Zhai X, Beyer L. Revisiting self-supervised visual representation learning [C]. 2019 IEEE/CVF Conference on Computer Vision and Pattern Recognition, 2019:1920-1929.

[138] Jang E, Devin C, Vanhoucke V, et al. Grasp2Vec: Learning object representations from self-supervised grasping [C]. Proceedings of the 2nd Conference on Robot Learning, 2018:99-112.

[139] Sermanet P, Lynch C, Hsu J, et al. Time-contrastive networks: Self-supervised learning from multi-view observation [C]. 2017 IEEE Conference on Computer Vision and Pattern Recognition Workshops (CVPRW), 2017:486-487.

[140] Lee M A, Zhu Y, Srinivasan K, et al. Making sense of vision and touch: Self-supervised learning of multimodal representations for contact-rich tasks [C]. 2019 International Conference on Robotics and Automation (ICRA), 2019:8943-8950.

[141] Ebert F, Dasari S, Lee A X, et al. Robustness via retrying: Closed-loop robotic manipulation with self-supervised learning [C]. Proceedings of the 2nd Conference on Robot Learning, 2018: 983-993.

[142] Owens A, Efros A A. Audio-visual scene analysis with self-supervised multisensory features [C]. European Conference on Computer Vision (ECCV), 2018:631-648.

[143] Sayed N, Brattoli B, Ommer B. Cross and learn: Cross-modal self-supervision [C]. German Conference on Pattern Recognition, 2018: 228-243.

[144] Korbar B, Tran D, Torresani L. Cooperative learning of audio and video models from self-supervised synchronization [C]. Proceedings of the Advances in Neural Information Processing Systems, 2018:7774-7785.

[145] Wiles O, Koepke A, Zisserman A. Self-supervised learning of a facial attribute embedding from video [J]. arXiv preprint arXiv:180806882, 2018.

[146] Sermanet P, Lynch C, Chebotar Y, et al. Time-contrastive networks: Self-supervised learning from video [C]. 2018 IEEE International Conference on Robotics and Automation (ICRA), 2018:1134-1141.

[147] Zahran M A, Magooda A, Mahgoub A Y, et al. Word representations in vector space and their applications for arabic [C]. International Conference on Intelligent Text Processing and Computational Linguistics, 2015: 430-443.

[148] Doersch C, Gupta A, Efros A A. Unsupervised visual representation learning by context prediction [C]. 2015 IEEE International Conference on Computer Vision, 2015: 1422-1430.

[149] Noroozi M, Favaro P. Unsupervised learning of visual representations by solving jigsaw puzzles [C]. European Conference on Computer Vision, 2016:69-84.

[150] Mundhenk T N, Ho D, Chen B Y. Improvements to context based self-supervised learning [C]. 2018 IEEE/CVF Conference on Computer Vision and Pattern Recognition, 2018:9339-9348.

[151] Noroozi M, Vinjimoor A, Favaro P, et al. Boosting self-supervised learning via knowledge transfer [C]. 2018 IEEE/CVF Conference on Computer Vision and Pattern Recognition, 2018:9359-9367.

[152] Caron M, Bojanowski P, Joulin A, et al. Deep clustering for unsupervised learning of visual features [C]. Computer Vision-ECCV: 15th European Conference, 2018:132-149.

[153] Pathak D, Krähenbühl P, Donahue J, et al. Context encoders: Feature learning by inpainting [C]. 2016 IEEE Conference on Computer Vision and Pattern Recognition, 2016:2536-2544.

[154] Zhang R, Isola P, Efros A A. Colorful image colorization [C]. European conference on computer vision, 2016:649-666.

[155] Pathak D, Girshick R, Dollár P, et al. Learning features by watching objects move [C]. 2017 IEEE Conference on Computer Vision and Pattern Recognition, 2017:2701-2710.

二维图像篇

第 2 章　人类视觉机制下的缺陷检测

2.1　基于显著性的板带钢缺陷检测

2.1.1　基于多约束及改进纹理特征的显著性检测算法

基于多约束及改进纹理特征的显著性检测（multiple constraints and improved texture features，MCITF）算法，能够有效凸显板带钢表面缺陷目标，同时尽可能抑制背景信息，从而获得高质量的显著图。首先，这里精心设计了 83 维纹理特征，目的是提取板带钢表面缺陷图像中有效的纹理信息，并结合超像素分割技术获取每个子区域的特征向量。然后基于多示例学习框架，将原图中所有的超像素进行分类，获得标签矩阵，该标签矩阵能够粗略地反映缺陷目标的位置。

其次，引入了拉普拉斯正则项（视作平滑约束），用于增大缺陷目标与背景之间的差异，以及引入高层先验（背景、目标、中层特征）约束，目的是均匀高亮完整的缺陷目标，同时有效抑制复杂背景的显著值。最后由扩散函数将它们整合在一起，并通过优化求解获得封闭形式的最优解，得到单尺度下的初始显著图。之后对在多尺度超像素分割下获得的检测结果进行简单的线性加权求和，从而生成最终高质量的显著图。

MCITF 算法框架如图 2.1 所示。下面将对该算法的各个模块分别进行详细阐述。

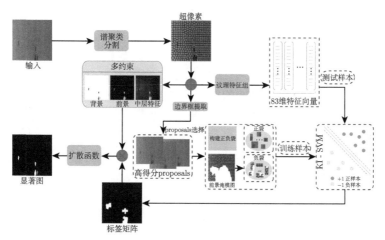

图 2.1　MCITF 算法框架

1. 基本模型公式

给定一张板带钢表面缺陷图像 Input，首先通过超像素分割的方式将图像划分成 K 个不重叠的子区域，表示为 $\mathcal{P} = \{P_1, P_2, \cdots, P_K\}$。然后从每个子区域 P_i 中提取 D 维特征向量，定义为 $f_i \in \mathbb{R}^D$。那么特征向量的集合就构成了图像 Input 的矩阵表示，定义为 $\boldsymbol{F} = [f_1, f_2, \cdots, f_K] \in \mathbb{R}^{D \times K}$。受眼动注视点预测模型 [1] 的启发，显著性目标检测问题可以被看作一个任务，去设计一个有效的模型。该模型能够用来获取一系列潜在的视觉显著种子点，即感兴趣区域 (region of interest, ROI)，其将看作检测模型重要的初始信息。显著种子点可以通过充分利用特征矩阵 $\boldsymbol{F}$ 中的固有信息来获取，然后用于构建二值化的标签矩阵，定义为 $\{\boldsymbol{L} = [l_{ij}]_{m \times n}, l_{ij} \in \{1, -1\}\}$。在标签矩阵 $\boldsymbol{L}$ 中，$l_{ij} = 1$ 表示 ROI 对应缺陷目标，而 $l_{ij} = -1$ 表示冗余信息部分对应非显著的背景。

然而，仅通过显著种子点获得的显著性检测结果，由于没有充分考虑图像的结构信息，比如像素和区域之间邻接空间的相似性和模式的一致性，因此很难得到满足预期的实验结果。为了准确地将缺陷前景目标从背景中分离出来，有必要加入一些约束去限制由显著种子点中获得的标签信息的扩散，以便于精确地从图像中恢复出完整的缺陷目标。这些约束能将子区域之间的空间联系以及特征的相似性充分考虑在内，不仅促进局部关联的超像素分享相似的显著值，而且能够尽可能增大显著缺陷目标与背景之间的差异，进一步提高显著图的质量，生成更有竞争力的结果。

基于以上的分析，可以采用一种新的基于显著性传播模型的检测算法即 MC-ITF，该检测模型可定义如下：

$$\min_{\boldsymbol{S}} \Theta(\boldsymbol{S}, \boldsymbol{L}) + \mu \Psi(\boldsymbol{S}) + M(\boldsymbol{S}) \tag{2-1}$$

式中，$\boldsymbol{S}$ 表示显著图，定义为 $\boldsymbol{S} = [s_1, s_2, \cdots, s_K]^{\mathrm{T}} \in \mathbb{R}^K$，其中 s_i 表示每个子区域的显著值；$\boldsymbol{L}$ 是由学习的显著种子点获得的标签矩阵；$\Theta(\boldsymbol{S}, \boldsymbol{L})$ 是一个交互正则项，目的是最小化 $\boldsymbol{S}$ 和 $\boldsymbol{L}$ 之间的偏差，简单来说，标签矩阵 $\boldsymbol{L}$ 中的 ROI 倾向于获得更高的显著值，抛弃较低的显著值；$\Psi(\cdot)$ 表示平滑约束项，目的是促进生成连续的显著值；$M(\cdot)$ 表示多约束，目的是充分挖掘图像 Input 中的结构信息，以均匀高亮缺陷目标并有效抑制非显著的背景区域；μ 是一个正的权衡参数。

2. 标签矩阵的构建

标签矩阵的构建过程是至关重要的一环，它将作为初始重要的信息用于指导显著值的分配。这个阶段主要包含两个部分：第一个部分关注于从每个超像素中提取 83 维精心设计的特征向量，用于生成测试样本；而第二个部分是去构建正负袋作为核心示例支持向量机 (key-instance support vector machine，KI-SVM)[2] 的训练样本，目的是获取当前输入图像的模型参数。之后根据训练好的 KI-SVM 模型对所有的测试样本进行二分类，可以获得二值化的标签矩阵。

3. 纹理特征提取

中值鲁棒邻接估计局部二值模式 (MRAELBP) 是一种改进的局部二值模式 (LBP) 描述子，它拥有更好的辨别力和鲁棒性。受 Jiang 等 [3] 的工作启发，这里构建了一个 83 维的纹理特征组，用于编码图像 $\boldsymbol{I}$ 的纹理信息。

1）MRAELBP 纹理描述子

首先，将每个图像样本 Input 归一化得到有着均值亮度为 128，标准差为 20 的图像矩阵 $\boldsymbol{X}$，这将一定程度上削弱噪声的影响 [4]。然后通过镜像复制的方式扩展矩阵 $\boldsymbol{X}$ 的边界值，获得其 t 对称扩展矩阵，定义为 $\boldsymbol{E}_{\boldsymbol{X}}^t = [e_{ij}]_{(m+2t)\times(n+2t)}$，如公式（2-2）所示：

$$
\begin{bmatrix}
x_{tt} & \cdots & x_{t1} & x_{t1} & x_{t2} & \cdots & x_{tn} & x_{tn} & \cdots & x_{t(n-t+1)} \\
\vdots & \ddots & \vdots & \vdots & \vdots & \ddots & \vdots & \vdots & \ddots & \vdots \\
x_{1t} & \cdots & x_{11} & x_{11} & x_{12} & \cdots & x_{1n} & x_{1n} & \cdots & x_{1(n-t+1)} \\
x_{1t} & \cdots & x_{11} & \boldsymbol{x_{11}} & \boldsymbol{x_{12}} & \cdots & \boldsymbol{x_{1n}} & x_{1n} & \cdots & x_{1(n-t+1)} \\
x_{2t} & \cdots & x_{21} & \boldsymbol{x_{21}} & \boldsymbol{x_{22}} & \cdots & \boldsymbol{x_{2n}} & x_{2n} & \cdots & x_{2(n-t+1)} \\
\vdots & \ddots & \vdots & \vdots & \vdots & \ddots & \vdots & \vdots & \ddots & \vdots \\
x_{mt} & \cdots & x_{m1} & \boldsymbol{x_{m1}} & \boldsymbol{x_{m2}} & \cdots & \boldsymbol{x_{mn}} & x_{mn} & \cdots & x_{m(n-t+1)} \\
x_{mt} & \cdots & x_{m1} & x_{m1} & x_{m2} & \cdots & x_{mn} & x_{mn} & \cdots & x_{m(n-t+1)} \\
\vdots & \ddots & \vdots & \vdots & \vdots & \ddots & \vdots & \vdots & \ddots & \vdots \\
x_{(m-t+1)t} & \cdots & x_{(m-t+1)1} & x_{(m-t+1)1} & x_{(m-t+1)2} & \cdots & x_{(m-t+1)n} & x_{(m-t+1)n} & \cdots & x_{(m-t+1)(n-t+1)}
\end{bmatrix}
$$

$$(2\text{-}2)$$

式中，$1 \leqslant t \leqslant \min(m,n), t \in \mathbb{Z}^+$；粗体部分表示扩展矩阵的中心矩阵，定义为 $(\boldsymbol{E}_{\boldsymbol{X}}^t)_{\mathrm{C}}$，与矩阵 $\boldsymbol{X}$ 大小一致。之后本节引入中值滤波 ϕ_w 去增强纹理描述子的鲁棒性。其中中值滤波的原理就是取滤波窗口所覆盖元素的中间值作为当前该点的像素值，考虑到在工厂环境下，会存在一些粉尘，因此采集得到的缺陷图不可避免地会受到随机噪声的干扰，典型表现为椒盐噪声。而椒盐噪声在图像上存在的形式为随机分布的极化噪点，即 0 或 255。基于相邻局部区域像素值模式一致的假设，通过中值滤波处理可以很大程度上抑制极化噪点，从而获得更接近于原始的图像像素值。令 $\boldsymbol{Z} = \phi_w(\boldsymbol{E}_{\boldsymbol{X}}^t)$，其中 $w \times w$ 表示滤波器窗口的大小，同样地，$\boldsymbol{Z}_{\mathrm{C}}$ 表示滤波响应之后的中心矩阵。在本节中，设置 $t = R+1(R$ 表示采样半径) 和 $w = 3$。

正如 CLBP[5](完整局部二值模式) 所描述的那样，中心灰度级 (Cl) 和局部差异可以充分抓取图像的局部结构信息。此外，局部差异可以进一步被分解为符号

(Sym) 和振幅 (Amp) 成分。最终，所提出的 MRAELBP 中的 3 种纹理操作子定义如下：

$$
\begin{cases}
\mathrm{MRAELBP\_}C_{P,R} = s(z_\mathrm{c} - \alpha_w), \quad s(x) = \begin{cases} 1, & x \geqslant 0 \\ 0, & x < 0 \end{cases} \\[2ex]
\mathrm{MRAELBP\_}S_{P,R} = \displaystyle\sum_{p=0}^{P-1} s(a_p - z_\mathrm{c})2^p \\[2ex]
s_p = s(a_p - z_\mathrm{c}), \quad m_p = |a_p - z_\mathrm{c}| \\[2ex]
\mathrm{MRAELBP\_}M_{P,R} = \displaystyle\sum_{p=0}^{P-1} t(m_p, \tau)2^p, \quad t(x,c) = \begin{cases} 1, & x \geqslant c \\ 0, & x < c \end{cases}
\end{cases}
\tag{2-3}
$$

式中，$s(x)$ 表示符号函数；z_c 表示中心矩阵 $\boldsymbol{Z}_\mathrm{C}$ 的元素。P 个采样点是等距离分布在以 z_c 为中心，R 为半径的圆上。如果 z_c 的坐标为 $(0,0)$，那么第 p 个采样点的坐标给定为 $(-R\sin(2\pi p/P), R\cos(2\pi p/P))$，具体采样方式如图 2.2 所示，本节设置采样点 $P = 16$ 和采样半径 $R = 2$。其中第 p 个采样点的邻接估计灰度值是设置为其八邻域（3×3 的估计窗口）的平均值不包括估计中心值，定义为 a_p。s_p 和 m_p 为两种互补成分，分别表示符号和振幅差异。阈值 α_w 等于图像矩阵 $\boldsymbol{Z}_\mathrm{C}$ 中所有元素的均值。τ 是设置为整幅图像上 m_p 的均值，即 $\tau = \sum_{i=1}^{N} m_i/N$，这里 N 为板带钢表面图像 $\boldsymbol{I}$ 的像素总数。

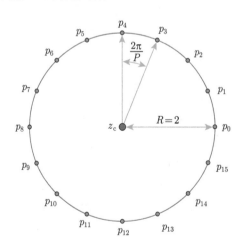

图 2.2　MRAELBP 的局部采样方式示意图

标准的旋转不变统一模式 (riu2) 的编码策略（含有 $P + 2$ 种模式）可以尽可能消除由光照不均以及任何单调的灰度级变换所带来的影响[4]。然后根据文献 [5]

中所描述的特征组合策略,可以将公式(2-3)中所述的 3 种纹理操作子联结地融合成一个新的描述子,用于编码更强有力的纹理特征,该特征将含有 $2(P+2)(P+2)$ 种特征维度,定义为 MRAELBP_S/M/C。为了证明所提出 MRAELBP 的合理性,这里在公开数据库 Outex_TC_00010(TC10)[6] 上做了一系列的分类实验,实验结果显示在表 2.1 和表 2.2[7,8] 中,其中 ρ 表示椒盐噪声级别,信噪比 (signal-to-noise ratio, SNR) 表示高斯噪声级别。具体来说,ρ 代表图像中有该比例的像素被噪点所取代;而 SNR 表示正常信号受干扰信号的影响程度,其值越大,表明受噪声干扰程度越小。

　　图 2.3 展示了部分受不同程度高斯噪声和椒盐噪声影响的缺陷图,从图中可以明显地看出,椒盐噪声对缺陷图的质量影响很大。在 20% 椒盐噪声的干扰下,缺陷几乎完全被噪点所淹没。而高斯噪声也很大程度上模糊了图像的细节,使得检测的难度增加。

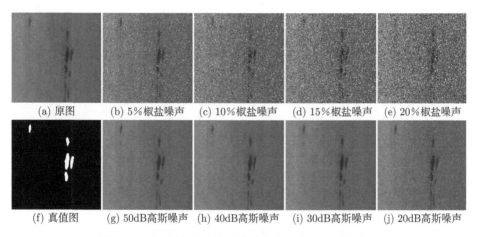

| (a) 原图 | (b) 5%椒盐噪声 | (c) 10%椒盐噪声 | (d) 15%椒盐噪声 | (e) 20%椒盐噪声 |
| (f) 真值图 | (g) 50dB高斯噪声 | (h) 40dB高斯噪声 | (i) 30dB高斯噪声 | (j) 20dB高斯噪声 |

图 2.3　受不同程度高斯噪声和椒盐噪声影响的缺陷图

　　从表 2.1 和表 2.2 可以直观地看出,MRAELBP 的表现优于其他几种先进方法,尤其是对椒盐噪声的鲁棒性。并且,轻微的椒盐噪声,如 $\rho=5\%$,都明显使得其他几种先进的纹理描述子的分类表现急剧下降,这主要是由于它们在计算每个像素点的编码模式时,都没有考虑到异常点的情况,而这些异常点恰恰并不符合相邻局部区域像素值模式一致的假设,因此不可避免地产生较差的表现。而MRAELBP 描述子采用中值滤波的方式,首先剔除异常点的干扰,然后再对每个像素点计算其模式值,因此获得了较好的分类精度。而对于模糊细节的高斯噪声而言,MRAELBP 描述子考虑了像素点两层邻域的灰度值分布情况,因此能够获得更好的上下文信息,从而弥补高斯噪声所带来的细节丢失,也一定程度上提高了分类精度。

表 2.1　在 TC10 上受不同程度椒盐噪声腐蚀的分类精度

(P, R) 椒盐噪声程度	(8, 1)					(16, 2)					(24, 3)				
	0	5%	10%	15%	20%	0	5%	10%	15%	20%	0	5%	10%	15%	20%
LBP	84.82%	25.86%	11.95%	9.04%	6.56%	89.40%	21.04%	14.43%	7.47%	4.35%	95.08%	23.26%	7.97%	4.17%	4.17%
CLBP_S/M/C	96.56%	17.42%	17.40%	12.19%	5.70%	98.72%	40.00%	7.79%	4.82%	4.17%	98.93%	38.28%	4.35%	4.17%	4.17%
AECLBP_S/M/C	97.58%	23.02%	4.22%	4.17%	4.17%	98.80%	22.71%	4.24%	4.17%	4.17%	99.19%	23.91%	7.60%	6.90%	4.17%
MRAELBP_S/M/C	97.01%	96.41%	95.78%	93.57%	88.20%	98.93%	98.70%	98.23%	97.24%	95.13%	99.22%	99.19%	99.11%	98.91%	98.10%

表 2.2　在 TC10 上受不同程度高斯噪声腐蚀的分类精度

(P, R) 信噪比/dB	(8, 1)				(16, 2)				(24, 3)			
	50	40	30	20	50	40	30	20	50	40	30	20
LBP	34.66%	30.52%	13.28%	12.47%	87.11%	84.06%	41.28%	8.33%	93.59%	92.27%	57.19%	8.31%
CLBP_S/M/C	92.21%	90.52%	32.01%	8.33%	98.33%	98.15%	65.16%	8.15%	99.01%	98.85%	80.96%	11.28%
AECLBP_S/M/C	97.45%	96.93%	76.64%	15.52%	99.04%	98.78%	92.21%	25.52%	99.14%	99.22%	98.20%	34.69%
MRAELBP_S/M/C	97.55%	97.40%	96.15%	35.60%	98.93%	98.88%	97.86%	49.43%	99.09%	99.14%	98.91%	72.06%

2）纹理特征组

由于使用超像素而不是像素作为图像处理的基本单元，可以更好地保留图像的结构信息，同时抽象掉不必要的细节，这有助于降低计算代价。因此，本节首先利用线性谱聚类 (linear spectral clustering, LSC)[9] 超像素分割算法将图像 Input 划分成 K 个感知均匀的子区域，即 $\{P_i | i = 1, 2, \cdots, K\}$。考虑到板带钢数据库具有复杂的背景和丰富的纹理变化，可以采用从超像素分割图中提取有辨别力的纹理特征的方法。这些纹理特征是基于三种区域显著性特征描述子，即区域对比度 (regional contrast)、区域背景 (regional backgroundness) 和区域性质 (regional property) 描述子。本节所构建的纹理特征组详细展示在表 2.3 和表 2.4 中。其中，d 表示向量之间的 l_1 范数距离，定义为 $d(\boldsymbol{x}_1, \boldsymbol{x}_2 = \sum_i |x_{1i} - x_{2i}|$；$\chi^2$ 表示纹理基元响应的卡方距离，定义为 $\chi^2(\boldsymbol{h}_1, \boldsymbol{h}_2) = \sum_{i=1}^{b} (h_{1i} - h_{2i})^2 / (2(h_{1i} + h_{2i}))$，这里 b 表示直方图区间（bins）的数量；而 var 表示在经过滤波响应之后，每个超像素内包含的所有像素点的灰度值方差。

表 2.3　区域对比度和区域背景描述子

纹理特征	计算方法	维度	对比度描述子	背景描述子
MR8 滤波器绝对响应	d	8	$c_1 \sim c_8$	$b_1 \sim b_8$
Schmid 滤波器绝对响应	d	13	$c_9 \sim c_{21}$	$b_9 \sim b_{21}$
G5 滤波器绝对响应	d	5	$c_{22} \sim c_{26}$	$b_{22} \sim b_{26}$
G5 和 Schmid 滤波器最大响应直方图	χ^2	1	c_{27}	b_{27}
MRAELBP 特征直方图	χ^2	1	c_{28}	b_{28}

表 2.4　区域性质描述子

纹理特征	计算方法	维度	性质描述子
MR8 滤波器方差响应	var	8	$p_1 \sim p_8$
Schmid 滤波器方差响应	var	13	$p_9 \sim p_{21}$
G5 滤波器方差响应	var	5	$p_{22} \sim p_{26}$
MRAELBP 特征方差	var	1	p_{27}

这里首先利用超像素分割方法将图像划分为结构紧凑的子区域，如图 2.5(c) 所示，其能够很好地抽象出局部纹理细节，此外，为了抓取图像全局外形变化，本节利用一些稠密的纹理描述子（即在每个像素上编码信息），包括 MR8[10]、Schmid[11]、Gabor[12] 滤波器，加上所提出的 MRAELBP 描述子，其能够获取每个像素点的编码模式值。通过将两者有效地融合在一起，可以更好地抓取图像的全局外形和局部纹理变化，并且，后续实验也证明了该组合策略的合理性。

具体来说，MR8 从总体包含 48 个滤波器的 Leung-Malik Filter Bank (LM)[13]

集合中生成了 8 维最大的滤波响应,其中包括 6 维各向异性滤波响应(3 种尺度,每种尺度下含 2 个各向异性的滤波器)和 2 维各向同性滤波响应; Schmid 集合包含 13 个旋转不变的 Gabor-like 滤波器; 而对于总体包含 40 个滤波器(5 种尺度变化和 8 种方向变化)的 Gabor 滤波器组,如图 2.4 所示,本节从每个尺度下的 8 个方向中获取最大响应,组成了 5 维最大的滤波响应,定义为 G5。这不仅能有效降低特征的维度,减小计算复杂度,而且可以获得更有辨别力的特征描述,类似于 MR8。在获得所有的纹理特征响应之后,根据 (discriminative regional feature integration, DRFI)[3] 的特征计算策略,从每个超像素中提取出 83 维 (2×28+27) 特征向量,视作测试样本(初始不包含标签信息),定义为 $\boldsymbol{F} = [f_1, f_2, \cdots, f_K]^{\mathrm{T}} \in \mathbb{R}^{K \times 83}$,其中 K 表示图像实际被划分的超像素子区域的个数。

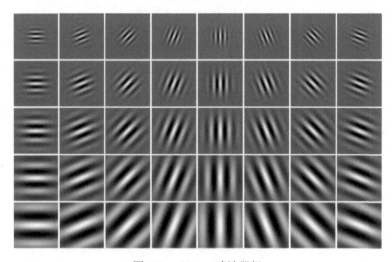

图 2.4　Gabor 滤波器组

4. 构建袋和标签生成

由于标签矩阵 $\boldsymbol{L}$ 的构建在所提出的模型中具有重要的基础性作用,对此,可以采用基于多示例学习[14] 的核心思想,通过构建可靠的正负袋作为 KI-SVM 的训练样本去获得一个强有力的分类器,然后用来对测试样本中每个特征向量(即示例)赋予标签。值得注意的是,每次对于当前输入的单张图片,上述过程将完整执行一次,也就是说,单张图片对应一个训练好的 KI-SVM 分类器。这样做的目的是能够更好地适应图像复杂的变化,如背景变化、缺陷形状、位置等变化,从而获得更好的检测效果。

首先,利用 Edge Boxes[15] 方法从板带钢表面图像 Input 中提取一系列的候选边界框 proposals(视作袋),得到初始边界框集合 $\varGamma_0$ 以及每个边界框中包含缺陷目标的概率值, 其目的是进一步提高缺陷检测的效率, 避免进行耗时的全局目标搜索。Edge Boxes 的基本原理是充分利用图像中稀疏但信息量丰富的边缘信息, 并根据边界框中所包含的轮廓数量来指示其可能包含目标的概率[15]。通过边界框选择策略筛选出初始边界框集合 Γ_0 中可能包含缺陷的边界框, 得到筛选后的边界框集合 Γ 。具体来说, 这里基于两个原则[16] (即剔除过大过小和舍弃不含显著种子点的边界框) 从中筛选出高得分的 proposals。其中显著种子点为有很高概率包含缺陷目标的超像素。筛选策略具体包括: 计算初始边界框集合中每个边界框 κ 包含的像素个数 p_κ, 若 $0.2N \leqslant p_\kappa \leqslant 0.7N$, 则边界框 κ 为可能包含缺陷的边界框, 保留边界框; 若 $p_\kappa < 0.2N$ 或 $p_\kappa > 0.7N$, 则边界框 κ 为冗余无效的边界框, 剔除边界框 κ; 其中, N 为板带钢表面图像 Input 的像素总数。边界框选择策略之所以要将冗余无效的边界框 (即过大和过小的边界框) 剔除, 主要是出于两个原因: ①虽然过大的边界框能够覆盖缺陷目标, 但是同时会包含大量非显著的背景区域, 影响最终的检测效果; ②过小的边界框绝大多数不包含缺陷目标, 因此有必要予以剔除, 且对结果影响甚微。执行边界框选择策略后得到的边界框集合 Γ 如图 2.5(b) 所示。

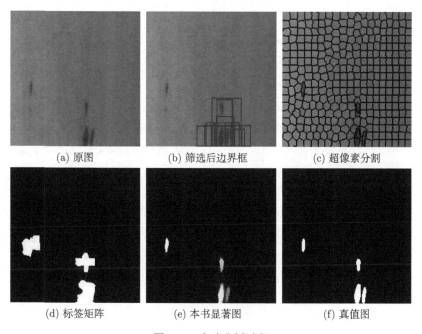

(a) 原图   (b) 筛选后边界框   (c) 超像素分割

(d) 标签矩阵   (e) 本书显著图   (f) 真值图

图 2.5 实验分析过程

值得注意的是, 当图像 Input 遭受严重的噪声干扰时 (常见为椒盐噪声), Edge Boxes 将无法生成目标 proposals, 本节使用 DAMF[17] 方法去削弱高密度噪声的影响。之后，正袋可以根据高得分的 proposals（即最可能包含缺陷目标的边界框）被合理地构建，定义为 $\mathrm{Bag}^+ = \{\varphi_1, \varphi_2, \cdots, \varphi_{n+}\}$。其中 φ_i 表示第 i 个正袋，由对应的边界框内所包含的全部超像素的 83 维特征向量组成。而负袋可以根据公式（2-4）计算得到：

$$
\begin{cases}
\mathrm{Obj}(p_i) = \displaystyle\sum_{j=1}^{N_S} Q(\kappa_j)\eta(p_i \in \kappa_j) \\[2mm]
F_{\mathrm{mask}}(p_i) = \begin{cases} 1, & \mathrm{Obj}(p_i) \geqslant T_{\mathrm{obj}} \\ \mathrm{Obj}(p_i), & \text{其他} \end{cases}
\end{cases}
\tag{2-4}
$$

式中，N_S 为经过筛选后 proposals 的数量。当像素 p_i 被包含在 proposal κ_j 内时，$\eta(p_i \in \kappa_j)$ 的值为 1，否则为 0。$Q(\kappa_j)$ 表示目标得分，反映了边界框 κ_j 内包含缺陷目标的概率，该概率可由 Edge Boxes 方法直接获得。由此，本节可以获得目标得分图 Obj，然后对该得分图进行归一化处理到 $[0,1]$ 范围，并进一步用于构建前景掩模图 F_{mask}，如图 2.1 所示。$T_{\mathrm{obj}} = (\beta/N)\sum_{i=1}^{N} \mathrm{Obj}(p_i)$ 表示成为前景目标的阈值，这里参数 β 控制前景掩模的大小，N 是图像 Input 中包含的像素总数。

之后，令 $F_{\mathrm{mask}}(P_i)$ 表示前景得分，定义为前景掩模图中超像素 P_i 内包含的所有像素的均值。然后设置一个自适应阈值 T_{neg} 去判断超像素是否来自背景区域，那么负袋可以通过归组所有满足条件 $(F_{\mathrm{mask}}(P_i) < T_{\mathrm{neg}})$ 的超像素特征向量的方法构建。最后，将正袋标记为 $+1$，负袋标记为 -1，作为 Bag-KI-SVM[2] 的训练样本去获得针对当前输入图像的最优分类器。KI-SVM 的基本原理如图 2.6 所示。具体来说，决策边界或者超平面可以获得通过正确划分核心示例（即由每个正袋中获得的最可能为正的示例或者 ROI）到正的半空间，而正袋中其余的示例对决策边界有很小的影响。同时，负袋中所有的示例将划分到负的半空间。然而，这样仍然不能完全确定决策边界的位置。因此，分类器的决策边界也需要最大化核心示例和负示例之间的距离，由此可以唯一确定决策边界的位置，获得针对当前输入图像的最优分类器的模型参数。之后，从输入图像的所有超像素中提取对应的 83 维特征向量（即示例）作为测试样本。那么训练好的分类器将划分这些示例到其对应的半空间，由此可以获得每个超像素的估计标签，定义为 $\boldsymbol{Y} = [y_1, y_2, \cdots, y_K]^{\mathrm{T}}, y_i \in \{-1, +1\}$。本质上，$\Theta(\boldsymbol{S}, \boldsymbol{L}) = \Theta(\boldsymbol{S}, \boldsymbol{Y})$，换句话说，$\boldsymbol{Y}$ 是标签矩阵 $\boldsymbol{L}$ 的向量形式。那么交互正则项可以定义如下：

$$
\Theta(\boldsymbol{S}, \boldsymbol{Y}) = \sum_{i=1}^{K} (s_i - y_i)^2 = (\boldsymbol{S} - \boldsymbol{Y})^{\mathrm{T}}(\boldsymbol{S} - \boldsymbol{Y})
\tag{2-5}
$$

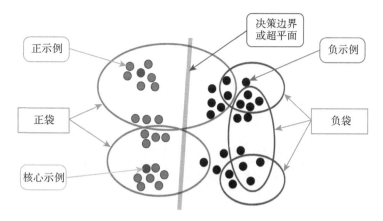

图 2.6 KI-SVM 的基本原理（彩图见封底二维码）

5. 平滑约束

如前所述，从半监督的特征分类中获得的标签矩阵在大多数情况下可以获得预期初始的显著值分配，并且该分配也将在最优解中起到很重要的作用。然而，如图 2.7(b) 所示，当板带钢表面缺陷图像存在以下情况，即低的信噪比，在背景和缺陷目标之间有着相似的外形，复杂和杂乱的背景，异构和分散的缺陷目标时，标签矩阵可能很难从背景中识别出缺陷，甚至无法检测到有用的显著种子点，而这些将作为后续检测的重要基础。为了解决这个问题，引入了一个拉普拉斯正则项，作为平滑约束。该项基于这样一个流行假设 [18,19] 或者局部不变思想 [20]：如果两个空间邻接的图像块具有相似的内在几何分布，如纹理、颜色，那么这两个图像块之间的表示也应该彼此接近；反之亦反。简单来说，邻接的超像素更可能有相似的显著值。因此，拉普拉斯正则项可以定义为

$$\Psi(\boldsymbol{S}) = \frac{1}{2} \sum_{i,j=1}^{K} w_{i,j}^{(c)} (s_i - s_j)^2 \tag{2-6}$$

式中，s_i 表示第 i 块超像素 P_i 的显著值；$w_{i,j}^{(c)}$ 是亲和矩阵 (affinity matrix) $\boldsymbol{W} \in \mathbb{R}^{K \times K}$ 的元素，反映了子区域 P_i 和 P_j 之间的特征相似性。此外，一个无向加权图模型 [21] G 被构建去描述表面缺陷图像 Input。在该图模型中，每个超像素将视作一个节点，而超像素之间的联系视作边，那么连接节点对的边的集合就构成了亲和矩阵 $\boldsymbol{W}$，定义为

$$w_{i,j}^{(c)} = \begin{cases} \exp\left(-\dfrac{\|\boldsymbol{c}_i - \boldsymbol{c}_j\|_2^2}{2\sigma_{\mathrm{c}}^2}\right), & (P_i, P_j) \in \mathbb{N} \\ 0, & \text{其他} \end{cases} \tag{2-7}$$

式中，c_i 表示在 CIE-Lab 颜色空间中超像素 P_i 内所有像素的平均颜色值；σ_c 是控制颜色相似性程度的参数；N 表示在模型 G 中邻接超像素对的集合，即直接邻域（一阶可达）和直接邻域的邻域（二阶可达）。之所以选择 CIE-Lab 颜色空间，是因为其颜色设计更加接近人类视觉，具有感知均匀性。

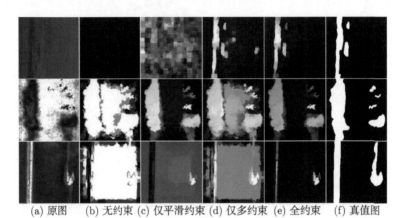

(a) 原图　(b) 无约束　(c) 仅平滑约束　(d) 仅多约束　(e) 全约束　(f) 真值图

图 2.7　使用不同约束的显著性检测表现分析

　　通过超像素分割算法，同类区域（缺陷目标或背景）和模糊区域（缺陷目标和背景之间的相似部分）将同时被过分割成多个小块。因此，原本分配给缺陷目标的显著值可能会错误地赋给非显著的背景；而原本分配给非显著的背景的值也极有可能会错误地赋给缺陷目标。这将导致生成差的显著图，即无法均匀高亮完整的缺陷目标以及有着模糊的边界。本节为了增强最终检测的表现，利用 FNcut[22] 算法去聚类过分割的超像素成更大的块，通过整合更多的几何结构信息，它可以进一步减小类内差异，更好地保持空间邻接区域的局部紧凑性和一致性。那么一个新的亲和矩阵 V 定义为公式（2-8），其中 $b_{i,j}$ 设置为 1，当 P_i 和 P_j 合并到相同的子区域内时；反之为 0。

$$v_{i,j} = w_{i,j}^{(c)} + b_{i,j} \tag{2-8}$$

　　根据以上的分析，平滑约束项可以重写为

$$\Psi(\boldsymbol{S}) = \frac{1}{2} \sum_{i,j=1}^{K} v_{i,j}(s_i - s_j)^2 = \boldsymbol{S}^{\mathrm{T}} \boldsymbol{L_M} \boldsymbol{S}$$

$$(\boldsymbol{L_M})_{i,j} = \begin{cases} \sum\limits_{j \neq i} v_{i,j}, & i = j \\ -v_{i,j}, & \text{其他} \end{cases} \tag{2-9}$$

式中，$\boldsymbol{L_M}$ 是一个拉普拉斯矩阵，定义为 $\boldsymbol{L_M} = \boldsymbol{D_V} - \boldsymbol{V}$，这里 $\boldsymbol{D_V} = \mathrm{diag}\{d_{11}, d_{22}, \cdots, d_{KK}\}$ 表示度矩阵，且 $d_{ii} = \sum_j v_{i,j}$。

如图 2.7(c) 所示，通过引入平滑约束项，显著图得到明显的改善且拥有连续的显著值。在本质上，拉普拉斯正则项能够增大不同类别（即前景目标和背景）之间的差异 [23]。因此，相同语义区域的块更可能拥有相似或者一样的显著值，而属于不同类型区域的块则有不同的表示。

6. 高层先验约束

基于人类感知或经验的高层先验知识，能够将更多的图像内在结构或潜在性质考虑在内，促进生成更好的结果。因此，有着高的前景概率的超像素 P_i 倾向于获得更大的显著值 s_i（接近于 1）；而来自于均质背景的超像素 P_j 则尽可能被抑制，有着更小的显著值 s_j（接近于 0）。受 Shen 和 Wu[24] 研究工作的启发，可以采用整合 3 种类型的高层先验约束（即背景、目标和中层特征约束）的方法去进一步增强显著性检测的表现。

1）背景约束

首先，图像 Input 中每个超像素 P_i 的边界连通值 [25] 可由下式计算：

$$\begin{cases} \mathrm{BC}(P_i) = \dfrac{\mathrm{Len}(P_i)}{\sqrt{\mathrm{Area}(P_i)}} \\ \mathrm{Area}(P_i) = \displaystyle\sum_{j=1}^{K} \exp\left(-\dfrac{d_{\mathrm{geo}}^2(P_i, P_j)}{2\sigma_{\mathrm{geo}}^2}\right) \\ \mathrm{Len}(P_i) = \displaystyle\sum_{j=1}^{K} \exp\left(-\dfrac{d_{\mathrm{geo}}^2(P_i, P_j)}{2\sigma_{\mathrm{geo}}^2}\right)\eta \quad (P_j \in I^{\mathrm{bnd}}) \end{cases} \tag{2-10}$$

式中，$\mathrm{BC}(P_i)$ 表示边界连通值，值越大表明区域越可能来自背景，反之亦反；$\mathrm{Area}(P_i)$ 表示超像素 P_i 的扫描区域，反映了其他超像素对其所作的贡献；$\mathrm{Len}(P_i)$ 表示扫描区域内沿着图像边界 I^{bnd} 的长度；$d_{\mathrm{geo}}(P_i, P_j)$ 表示在 CIE-Lab 颜色空间超像素 P_i 和 P_j 之间的测地距离，测地距离能够保证图像块的连通性，同时保持超像素的局部性、紧凑性和边缘感知性 [26]；σ_{geo} 表示权衡参数，经验上设为 7；当超像素在图像的边界上时，$\eta(\cdot)$ 值为 1，否则为 0。那么根据边界连通值，背景约束项 $\boldsymbol{M}_{\mathrm{bg}}$ 可以定义如下：

$$\begin{cases} \boldsymbol{M}_{\mathrm{bg}} = \displaystyle\sum_{i=1}^{K} q_i s_i^2 = \boldsymbol{S}^{\mathrm{T}} \boldsymbol{D}_{\boldsymbol{q}} \boldsymbol{S} \\ q_i = 1 - \exp\left(-\dfrac{\mathrm{BC}^2(P_i)}{2\sigma_{\mathrm{BC}}^2}\right) \end{cases} \tag{2-11}$$

式中，q_i 表示背景概率，即反映超像素 P_i 有多大的可能性来自于背景；σ_{BC} 设置为 1 且 $\boldsymbol{D}_{\boldsymbol{q}} = \mathrm{diag}\{q_1, q_2, \cdots, q_K\}$。

2）目标约束

为了能够充分利用从高度可靠的边界连通值中映射得到的背景概率，文献 [25] 进一步提出了一个增强的对比度（即背景加权对比度），反映了元素（缺陷目标）的独特性和稀有性，定义如下：

$$
\begin{cases}
u_i = \displaystyle\sum_{j=1}^{K} d_{\mathrm{c}}(P_i, P_j) w_{\mathrm{spa}}(P_i, P_j) q_j \\[2mm]
w_{\mathrm{spa}}(P_i, P_j) = \exp\left(-\dfrac{d_{\mathrm{spa}}^2(P_i, P_j)}{2\sigma_{\mathrm{spa}}^2}\right)
\end{cases}
\tag{2-12}
$$

式中，$d_{\mathrm{c}}(P_i, P_j)$ 表示通过来自无向加权图中邻接超像素对 (P_i, P_j) 计算得到的欧几里得距离；$d_{\mathrm{spa}}(P_i, P_j)$ 表示超像素 P_i 和 P_j 中心之间的距离；σ_{spa} 是用于平衡空间位置的参数，并且设置为 0.4。当 $d_{\mathrm{spa}} > 3\sigma_{\mathrm{spa}}$ 时，设置 $w_{\mathrm{spa}} \approx 0$，$w_{\mathrm{spa}}(P_i, P_j)$ 为权重，其反映了空间分布的紧凑性，即相邻的超像素更可能有相似的显著值。u_i 表示元素的独特性，为显著的缺陷目标分配更大的权重。类似地，目标约束项 M_{oj} 定义如下：

$$
M_{\mathrm{oj}} = \sum_{i=1}^{K} u_i (s_i - 1)^2 = (\boldsymbol{S} - \boldsymbol{1})^{\mathrm{T}} \boldsymbol{D_u} (\boldsymbol{S} - \boldsymbol{1})
\tag{2-13}
$$

式中，$\boldsymbol{D_u} = \mathrm{diag}\{u_1, u_2, \cdots, u_K\}$，$\boldsymbol{1} = [1, 1, \cdots, 1]^{\mathrm{T}} \in \mathbb{R}^K$。

3）中层特征约束

分散的缺陷目标或者杂乱的背景可能会导致不准确和不完整的缺陷检测，即信息丢失，为了解决这个问题，可以进一步引入中层特征线索 [27]，定义如下：

$$
\begin{cases}
h_i = \displaystyle\sum_{j=1}^{K} ||\boldsymbol{c}_i - \boldsymbol{c}_j||_2^2 w_{i,j}^{(r)} \\[2mm]
w_{i,j}^{(r)} = \exp\left(-\dfrac{1}{2\sigma_r^2} ||\boldsymbol{r}_i - \boldsymbol{r}_j||_2^2\right)
\end{cases}
\tag{2-14}
$$

式中，$\boldsymbol{r}_i$ 是超像素 P_i 的质心坐标向量；σ_r 设置为 0.4；h_i 表示中层特征线索并且归一化成 $[0, 1]$。那么中层特征约束项 M_{f} 定义如下：

$$
M_{\mathrm{f}} = \sum_{i=1}^{K} h_i (s_i - 1)^2 = (\boldsymbol{S} - \boldsymbol{1})^{\mathrm{T}} \boldsymbol{D_h} (\boldsymbol{S} - \boldsymbol{1})
\tag{2-15}
$$

式中，h_i 充分考虑了颜色相似性和空间分布性，这可以有效再约束分散的缺陷目标，以便于它们有更高的概率分享相似的显著值；$\boldsymbol{D_h} = \mathrm{diag}\{h_1, h_2, \cdots, h_K\}$；$M_{\mathrm{f}}$ 表明，h_i 的值越大，那么超像素 P_i 越可能来自于缺陷目标区域，将分配更大的显著值（接近于 1）。

7. 显著值分配

基于以上的分析，可以通过加权的组合方式整合以上 3 种类型的高层先验约束，那么多约束项可以定义如下：

$$M(\boldsymbol{S}) = \gamma \boldsymbol{M}_{\mathbf{bg}} + \theta \boldsymbol{M}_{\mathbf{oj}} + \lambda \boldsymbol{M}_{\mathbf{f}} \tag{2-16}$$

式中，γ，θ，λ 均为正的惩罚因子。在本节中，定义在公式（2-1）中的模型可以看作是一个回归优化问题，并且该扩散函数可定义如下：

$$\begin{aligned}
\min_{\boldsymbol{S}} (\boldsymbol{S} - \boldsymbol{Y})^{\mathrm{T}}(\boldsymbol{S} - \boldsymbol{Y}) + \mu \boldsymbol{S}^{\mathrm{T}} \boldsymbol{L}_M \boldsymbol{S} + \gamma \boldsymbol{S}^{\mathrm{T}} \boldsymbol{D}_q \boldsymbol{S} \\
+ \theta (\boldsymbol{S} - \boldsymbol{1})^{\mathrm{T}} \boldsymbol{D}_u (\boldsymbol{S} - \boldsymbol{1}) + \lambda (\boldsymbol{S} - \boldsymbol{1})^{\mathrm{T}} \boldsymbol{D}_h (\boldsymbol{S} - \boldsymbol{1})
\end{aligned} \tag{2-17}$$

对定义在公式（2-17）中的目标函数相对于 S 求导，并令该函数等于 0，可得

$$\boldsymbol{S} - \boldsymbol{Y} + \mu \boldsymbol{L}_M \boldsymbol{S} + \gamma \boldsymbol{D}_q \boldsymbol{S} + \theta \boldsymbol{D}_u (\boldsymbol{S} - \boldsymbol{1}) + \lambda \boldsymbol{D}_h (\boldsymbol{S} - \boldsymbol{1}) = 0 \tag{2-18}$$

则该封闭解为

$$\boldsymbol{S}^* = (\boldsymbol{I} + \mu \boldsymbol{L}_M + \gamma \boldsymbol{D}_q + \theta \boldsymbol{D}_u + \lambda \boldsymbol{D}_h)^{-1} (\boldsymbol{Y} + \theta \boldsymbol{U} + \lambda \boldsymbol{H}) \tag{2-19}$$

式中，$\boldsymbol{U} = [u_1, u_2, \cdots, u_K]^{\mathrm{T}}$；$\boldsymbol{H} = [h_1, h_2, \cdots, h_K]^{\mathrm{T}}$；$\boldsymbol{I}$ 是单位向量。那么根据 $\boldsymbol{S}^*$，每个超像素块内的所有像素将分享相同的显著值，由此，显著值可以被分配到整个图像中。图 2.7(e) 直观地证明了多约束的合理性。基于 MCITF 模型，生成了有着清晰目标边界的像素级显著图，而不是模糊的块状的对应物，如图 2.8(e) 所示。

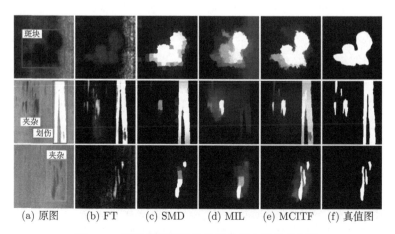

(a) 原图   (b) FT   (c) SMD   (d) MIL   (e) MCITF   (f) 真值图

图 2.8 板带钢表面缺陷检测典型有挑战的例子

8. 基于 MCITF 显著性检测算法实验

1）参数选择

首先详细分析了最优解公式（2-19）中两个主要参数 (θ, γ) 的选择，参数 μ, λ 分别设置为 5 和 1，目的是促进生成连续紧凑的显著图。为了方便分析，定义 $\xi = \theta / \gamma$，那么参数的影响分析结果如图 2.9 所示。从图中可以看出，在 ξ 达到 2 之前，SM(结构相似性) 和 MF(平均 F 值) 快速增加，然后当 ξ 通过 4 时变化平滑。然而平均绝对误差 (mean absolute error，MAE) 初始减小，在区间 $[2, 4]$ 内达到极值然后增大。因此，MCITF 模型对参数变化不太敏感，并且在区间 $[2, 4]$ 内适应性好。最后经过综合考量，本节设置 $\xi = 4$，即 $\theta = 4$ 和 $\gamma = 1$。

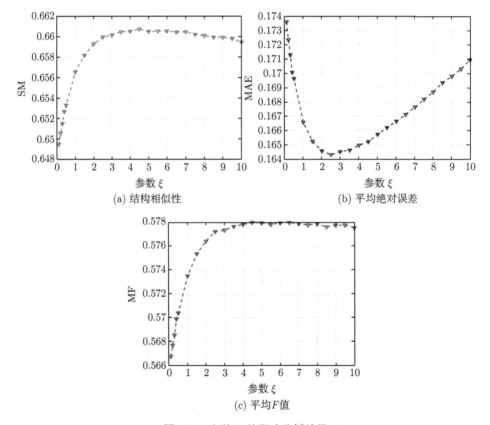

图 2.9　参数 ξ 的影响分析结果

在 MRAELBP 特征提取阶段，采样半径设置为 $R = 2$，采样点数目设置为 $P = 16$。在袋的构建中，选择得分前 70 的边界框作为正袋；而构建负袋的参数 β 和初始阈值 T_{neg} 分别设置为 0.8 和 0.4。在平滑约束中，设置 $\sigma_c^2 = 0.05$。利用

FNcut[22] 算法将过分割的超像素聚合成更大的块，其数量设置为 25。此外，超像素分割的尺度设置为 $K = 150, 250, 300$。

2）实验对比

在这里，MCITF 与 11 种先进的或者经典的显著性检测算法进行了对比，包括 RCRR、DSC、WMR、2LSG、JUD、HC、FT、SLSM、BC、MIL 和 SMD[7,8]。

（1）视觉比较。

如图 2.10 所示，通过直观的视觉比较可以发现，基于 MCITF 模型的显著性检测算法所生成的显著图明显优于其他算法生成的结果，不仅有着边界清晰、均匀高亮的缺陷目标，而且有效抑制了非显著的背景，获得了更优的检测结果，基本接近于真值图。而其他显著性检测算法有些无法定位到准确的缺陷目标区域，并且检测的结果并不理想，要么存在漏检，要么生成的显著图包含大量的背景噪声，并且提取的缺陷目标的边缘模糊，甚至有些算法在处理低对比度的缺陷图像时完全失效。

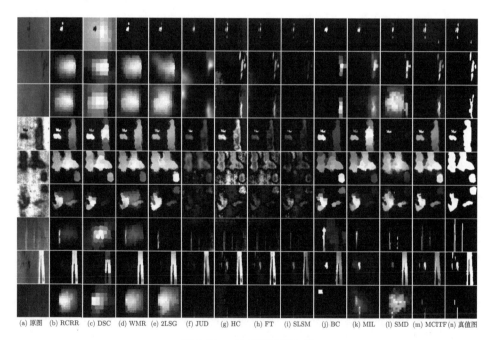

(a) 原图 (b) RCRR (c) DSC (d) WMR (e) 2LSG (f) JUD (g) HC (h) FT (i) SLSM (j) BC (k) MIL (l) SMD (m) MCITF (n) 真值图

图 2.10 显著图视觉比较

（2）定量比较。

为了更加全面地比较不同算法的优劣，可以采用生成的评价曲线，如图 2.11 所示。从中可以明显地看出，对于准确率–召回率（precision-recall，PR）曲线和接受者操作特性（receiver operating characteristic，ROC）曲线，MCITF 一致优于其他先进的检测方法且有很大的富余。而对于 F 值曲线，MCITF 的度量值在低阈值下表现得不是那么突出，但是在高阈值范围下，有很大的范围明显优于其他先进的检测算法。这有效证明了基于 MCITF 模型的显著性检测算法的合理性和优越性。

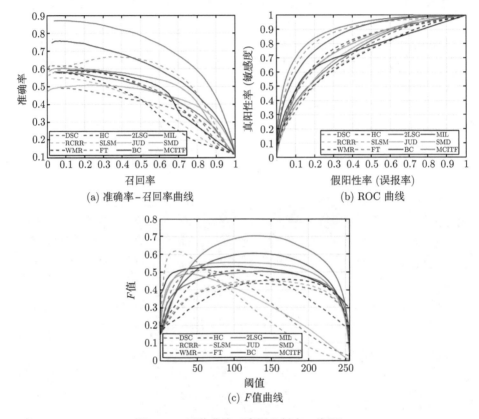

图 2.11　评价曲线（彩图见封底二维码）

此外，为了从数值上更直观地比较不同算法之间的优劣，可以将一些重要的评价指标结果展示在表 2.5 中。可以直观地看出，MCITF 模型在 SM、ROC 曲线下面积 (area under the ROC curve, AUC)、EER(等误差率) 等指标上均明显优于其他先进的检测算法，并且具有良好的鲁棒性。而对于 MF 评价指标，MCITF 只是在有噪声干扰的情况下稍微低于 SMD 和 BC 算法的检测效果。另外，就 MAE 评价指标而言，MCITF 也有相对不错的表现。

此外，为了更加直观地反映各算法的鲁棒性表现，可以分别在 4 种不同程度的椒盐噪声干扰下做实验。实验结果如图 2.12 所示，同样地，从图中可以发现 MCITF 的表现仍然要高于其他任何算法，并且仍然维持在较高水平，说明 MCITF 鲁棒性较好。

表 2.5　定量评价指标（见封底二维码）

噪声级别	评价指标	RCRR	DSC	WMR	2LSG	JUD	HC	FT	SLSM	BC	MIL	SMD	MCITF
$\rho=0$	MAE↓	0.2439	0.3045	0.2626	0.2474	0.1737	0.1748	**0.1568**	**0.1127**		0.1824	0.2045	**0.1650**
	MF↑	0.3899	0.3787	0.3778	0.4463	0.3127	0.3944	0.3204	0.2942	**0.4846**		0.4928	**0.5778**
	SM↑	0.5342	0.5155	0.5204	0.5518	0.5243	0.5751	0.5487	0.5526	**0.5942**		0.5838	**0.6606**
	AUC↑	0.7145	0.7262	0.7112	0.7490	0.7571	0.7881	0.7842		0.7484	**0.8577**	0.7830	**0.8968**
	EER↓	0.3449	0.3334	0.3490	0.3231	0.3108	**0.2657**	0.2806		0.3021	**0.2248**	0.2828	**0.1799**
$\rho=5\%$	MAE↓	0.2417	0.3205	0.2599	0.2537	**0.1310**	0.2225	**0.1665**		**0.1494**	0.2390	0.2045	0.2406
	MF↑	0.3810	0.3716	0.3766	**0.4364**	0.1711	0.0936	0.0653	0.1150	**0.4878**	0.4059		**0.4680**
	SM↑	0.5358	0.5064	0.5213	0.5426	0.4944	0.4145	0.4268	0.4923	**0.5945**	0.5576		**0.5810**
	AUC↑	0.7225	0.7014	0.7095	0.7366	**0.7731**	0.4952	0.4926	0.7375	0.7485		0.7830	**0.8335**
	EER↓	0.3399	0.3546	0.3509	0.3324	0.3090	0.5045	0.5086	0.3306	0.3016		0.2841	**0.2461**
$\rho=10\%$	MAE↓	0.2552	0.3536	0.2661	0.2587	**0.1298**	0.2471	**0.1678**		**0.1519**	0.2456	0.2027	0.2251
	MF↑	0.3799	0.3654	0.3729	**0.4354**	0.1528	0.0889	0.0630	0.0847	**0.4869**	0.3918		**0.4686**
	SM↑	0.5302	0.4911	0.5164	0.5368	0.4881	0.4136	0.4269	0.4747		0.5556	0.5785	**0.5893**
	AUC↑	0.7158	0.6862	0.6989	0.7269	**0.7724**	0.4978	0.4962	0.6936	0.7403		0.7740	**0.8362**
	EER↓	0.3432	0.3699	0.3587	0.3396	**0.3075**	0.5017	0.5049	0.3604	0.3094		0.2938	**0.2467**
$\rho=15\%$	MAE↓	0.2702	0.3687	0.2686	0.2612	**0.1298**	0.2734	**0.1689**		**0.1678**	0.2479	0.2011	0.2189
	MF↑	0.3735	0.3599	0.3674	**0.4289**	0.1422	0.0913	0.0614	0.0708	**0.4541**	0.3680	0.4809	
	SM↑	0.5228	0.4823	0.5134	0.5326	0.4837	0.4108	0.4272	0.4639	**0.5727**	0.5498		**0.5904**
	AUC↑	0.7081	0.6809	0.6947	0.7235	**0.7620**	0.4998	0.4977	0.6609	0.7318		0.7653	**0.8366**
	EER↓	0.3481	0.3725	0.3594	0.3462	0.3159	0.4997	0.5031	0.3821	0.3145		0.3034	**0.2442**
$\rho=20\%$	MAE↓	0.2842	0.3892	0.2678	0.2619	**0.1308**	0.2987	**0.1703**		**0.1753**	0.2494	0.2006	0.2205
	MF↑	0.3595	0.3488	0.3633	**0.4258**	0.1309	0.0946	0.0599	0.0653	**0.4398**	0.3285	0.4678	
	SM↑	0.5147	0.4678	0.5135	0.5341	0.4794	0.4077	0.4270	0.4567	**0.5623**	0.5353		0.5890
	AUC↑	0.6975	0.6709	0.6917	0.7217	**0.7509**	0.5008	0.4987	0.6352	0.7277		0.7577	**0.8393**
	EER↓	0.3576	0.3797	0.3639	0.3425	0.3215	0.4995	0.5015	0.3996	0.3163		0.3093	0.2410

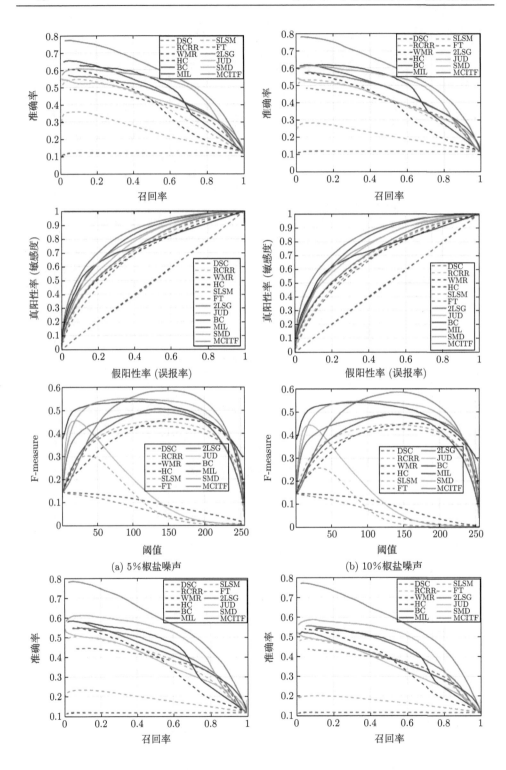

(a) 5％椒盐噪声

(b) 10％椒盐噪声

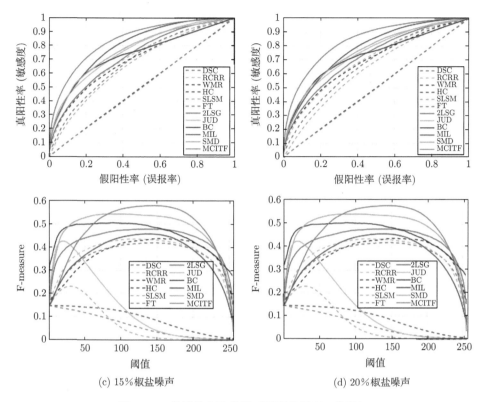

图 2.12 鲁棒性实验分析（彩图见封底二维码）

因此，从整体上综合衡量，基于 MCITF 模型的显著性检测算法具有更优的实验表现，不仅识别准确率高，而且鲁棒性好，生成的显著图质量更高，且基本接近于真值图，有效证明了所提出算法的优越性。

3）模型分析

（1）时间复杂度分析。

表 2.6 概述了不同算法在 SD-saliency-900 数据库上执行时得到的单张图的平均运行时间。其中 M 表示 MATLAB，而 C 表示 C++。本次综合实验测试均在英特尔 corei7-7700 3.6GHz 的 CPU 处理器和 16GB 内存的计算机上进行。从中可以看出，MCITF 尽管获得了最优的检测效果，但是以牺牲时间为代价。实际上，MCITF 大部分时间是消耗在预处理阶段，其中特征提取阶段占用约 37% 的时间，而 KI-SVM 模型的参数获取占用约 18% 的时间，利用 FNcut 算法进行过分割聚类占用约 37% 的时间，但是对于最终的模型优化求解，仅花费不到 1s 的时间，具有非常小的计算代价。

表 2.6   不同方法运行时间比较

对比方法	时间/s	代码
RCRR	1.095	M
DSC	2.537	M+C
WMR	1.748	M+C
2LSG	0.639	M
JUD	0.09	M+C
HC	1.144	C
FT	0.126	C
SLSM	0.055	M
BC	0.054	M+C
MIL	24.134	M+C
SMD	0.319	M+C
MCITF	30.366	M+C
MCITF*	4.927	M+C

另外，这里进一步分析了 FNCut 算法和多尺度超像素分割对基于 MCITF 模型的显著性检测算法的实际影响，如图 2.13(a) 所示。从图中可以看出，超像素

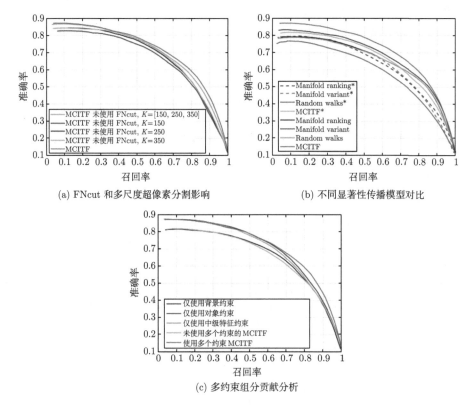

(a) FNcut 和多尺度超像素分割影响　　　　　(b) 不同显著性传播模型对比

(c) 多约束组分贡献分析

图 2.13   基于 MCITF 模型的显著性检测算法综合分析（彩图见封底二维码）

分割的尺度确实会影响最终的实验表现。此外，MCITF 模型在不使用 FNcut 算法进行过分割聚类的情况下，仅比原始算法在平均准确率上低 2.33% 左右，即只是轻微地削弱了最终的表现。此外，得益于当前计算机技术的快速发展，可以利用多核并行计算，使得 MCITF 模型在不使用 FNcut 的情况下，单张图的处理时间达到 4.927s。因此，也具有很好的应用价值。

（2）不同的显著性传播模型分析。

为了证明基于 MCITF 模型的显著性传播算法的有效性，这里测试了 8 种与 MCITF 相关的传播模型，如表 2.7 所示，具体包括流行排序 (manifold ranking) 及其变体（mainfold variant）[28]、随机游走 [29](random walks)。每种模型在分别进行独立调优之后的实验表现展示在图 2.13(b) 中。从图中可以得出以下几条基本结论：①利用多约束的传播模型一致优于不含多约束的传播模型；②相比于其他模型而言，标准的随机游走模型获得了最差的实验表现，但是通过整合多约束，获得了平均准确率 13.92% 的大幅提升；③所提出的 MCITF 模型就 PR 曲线而言，实现了最好的表现，大幅领先于其他显著性传播模型。此外，即使对于不含多约束的 MCITF 模型，也具有明显的优势，仅轻微低于排名第二的流行变体。

表 2.7　不同的显著性传播模型

模型	扩散函数	最优解 S^*
manifold ranking*	$\min_{\boldsymbol{s}} \sum_{i,j} \frac{1}{2} v_{i,j} \left(\frac{s_i}{\sqrt{d_{ii}}} - \frac{s_j}{\sqrt{d_{jj}}} \right)^2 + \eta \sum_i (s_i - y_i)^2$	$(\boldsymbol{I} - \alpha \boldsymbol{N})^{-1} \boldsymbol{Y}, \quad \alpha = \frac{1}{1+\eta},$ $\boldsymbol{N} = \boldsymbol{D}_V^{-1/2} \boldsymbol{V} \boldsymbol{D}_V^{-1/2}$
manifold variant*	$\boldsymbol{I} - \alpha \boldsymbol{N} \approx \boldsymbol{D}_V - \alpha \boldsymbol{V}$	$(\boldsymbol{D}_V - \alpha \boldsymbol{V})^{-1} \boldsymbol{Y}$
random walks*	$\boldsymbol{S}^{t+1} = \alpha \boldsymbol{P}^T \boldsymbol{S}^t + (1-\alpha) \boldsymbol{Y}$	$(\boldsymbol{I} - \alpha \boldsymbol{P}^{\mathrm{T}})^{-1} \boldsymbol{Y}, \ \boldsymbol{P} = \boldsymbol{D}_V^{-1} \boldsymbol{V}$
MCITF*	$\min_{\boldsymbol{S}} \alpha \sum_{i,j} \frac{1}{2} v_{i,j}(s_i - s_j)^2 + \sum_i (s_i - y_i)^2$	$(\boldsymbol{I} + \alpha \boldsymbol{L}_M)^{-1} \boldsymbol{Y} \ \text{where} \ \boldsymbol{L}_M = \boldsymbol{D}_V - \boldsymbol{V}$
manifold ranking	$\min_{\boldsymbol{S}} \sum_{i,j} \frac{1}{2} v_{i,j} \left(\frac{s_i}{\sqrt{d_{ii}}} - \frac{s_j}{\sqrt{d_{jj}}} \right)^2 + \eta \sum_i (s_i - y_i)^2 + \gamma \sum_i q_i s_i^2 + \theta \sum_i u_i(s_i - 1)^2 + \lambda \sum_i h_i(s_i - 1)^2$	$(\boldsymbol{I} - \alpha \boldsymbol{N} + \gamma' \boldsymbol{D}_q + \theta' \boldsymbol{D}_u + \lambda' \boldsymbol{D}_h)^{-1}$ $\cdot [(1-\alpha) \boldsymbol{Y} + \theta' \boldsymbol{U} + \lambda' \boldsymbol{H}]$ $\gamma' = \gamma\alpha, \theta' = \theta\alpha, \lambda' = \lambda\alpha$
manifold variant	$\boldsymbol{I} - \alpha \boldsymbol{N} \approx \boldsymbol{D}_V - \alpha \boldsymbol{V}$	$(\boldsymbol{D}_V - \alpha \boldsymbol{V} + \gamma' \boldsymbol{D}_q + \theta' \boldsymbol{D}_u + \lambda' \boldsymbol{D}_h)^{-1}$ $\cdot [(1-\alpha) \boldsymbol{Y} + \theta' \boldsymbol{U} + \lambda' \boldsymbol{H}]$
random walks	$\boldsymbol{I} - \alpha \boldsymbol{N} \approx \boldsymbol{I} - \alpha \boldsymbol{P}^{\mathrm{T}}$	$(\boldsymbol{I} - \alpha \boldsymbol{P}^{\mathrm{T}} + \gamma' \boldsymbol{D}_q + \theta' \boldsymbol{D}_u + \lambda' \boldsymbol{D}_h)^{-1}$ $\cdot [(1-\alpha) \boldsymbol{Y} + \theta' \boldsymbol{U} + \lambda' \boldsymbol{H}]$
MCITF	$\min_{\boldsymbol{S}} (\boldsymbol{S} - \boldsymbol{Y})^{\mathrm{T}} (\boldsymbol{S} - \boldsymbol{Y}) + \mu \boldsymbol{S}^{\mathrm{T}} \boldsymbol{L}_M \boldsymbol{S} + \gamma \boldsymbol{S}^{\mathrm{T}} \boldsymbol{D}_q \boldsymbol{S} + \theta (\boldsymbol{S} - 1)^{\mathrm{T}} \boldsymbol{D}_u (\boldsymbol{S} - 1) + \lambda (\boldsymbol{S} - 1)^{\mathrm{T}} \boldsymbol{D}_h (\boldsymbol{S} - 1)$	$(\boldsymbol{I} + \mu \boldsymbol{L}_M + \gamma \boldsymbol{D}_q + \theta \boldsymbol{D}_u + \lambda \boldsymbol{D}_h)^{-1}$ $\cdot (\boldsymbol{Y} + \theta \boldsymbol{U} + \lambda \boldsymbol{H})$

因此，通过各方面的综合比较，基于 MCITF 模型的显著性检测算法一致优于其他先进的显著性检测算法，其不仅可以生成高质量的显著图，而且鲁棒性好，具有很好的实际应用价值。

2.1.2 基于编码–解码残差精细化网络的显著性检测算法

基于 MCITF 的显著性检测算法实现了较好的识别准确率和鲁棒性，但仍然存在一些不足。与当前流行的基于卷积神经网络的检测算法相比，人工设计特征通常较为耗时费力，且通常提取的是一些浅层特征表示，比如边缘、纹理、颜色等特征。对于一些背景简单、目标突出的缺陷图而言，浅层特征能够有效表征缺陷。但是，受光照不均、环境复杂等情况影响而导致采集图像具有弱对比度，复杂背景干扰时，人工设计的特征在表征缺陷的同时也会夹杂干扰的背景信息，在很大程度上将削弱检测算法的识别准确率和鲁棒性。相比而言，卷积神经网络（CNN）通过不断的卷积激活池化等操作以及网络深度的增加，可以获得丰富的特征表示。浅层网络可以获得类似的低级特征，如边缘、方向、尺度、颜色等，随着网络深度的增加，深层网络可以提取更加抽象的视觉特征，这些特征充分挖掘了图像内在的隐含属性，比如上下文信息、缺陷的形状、位置分布等。另外，从算法的实时性上面考虑，传统的基于机器学习的检测算法大多属于无监督的学习方式，因此为了获得较好的检测表现，需要较为复杂的图像预处理，而这一过程耗时通常达整个算法总用时的 80%～90%，总体来说，检测效率偏低。相比而言，CNN 属于监督学习方式，因此一个良好定义的 CNN 模型，其参数可以从训练数据集中通过学习得到，从而避免复杂的图像预处理。利用该训练拟合好的 CNN 模型，在测试集上其检测速率可以达到 20fps(帧/秒)以上。因此，考虑到检测效率以满足工厂实时性检测的要求，可以利用 CNN 设计出一种基于编码–解码残差网络（encoder-decoder residual network，EDRNet）的显著性检测算法。

EDRNet 采用编码–解码的网络架构：在编码结构中，利用 ResNet[30] 残差网络提取图像中丰富的视觉特征，将图像灰度值映射到特征空间；在解码结构中，利用本节设计的通道加权模块 (channels weighted block，CWB) 和残差解码模块 (residual decoder block，RDB)，有效整合上下文特征信息，从特征空间映射到图像的显著值，其反映了成为缺陷目标的概率，由此可以得到粗糙的显著图。最后，设计了一个残差精细化模块 RRS_1D (residual refinement structure with 1D filters)，其可以进一步优化粗糙的显著图，获得具有良好边界定义、缺陷目标均匀高亮的高质量的显著图。EDRNet 显著性检测算法的网络结构示意图如图 2.14 所示，下面将对该算法的各个模块分别进行详细阐述。

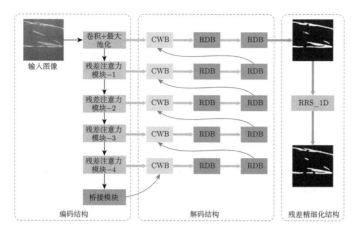

图 2.14 基于 EDRNet 的显著性检测算法框架（彩图见封底二维码）

1. 编码结构

所谓编码就是将输入的序列转化成固定长度的特征向量。具体来说，在计算机视觉领域，编码器的作用是在给定输入的图像后，通过 CNN 模型学习得到输入图像的特征图谱，即将输入的图像信息映射到定长的特征向量空间。为了获得良好的映射关系，产生丰富有效的特征以表征图像，通常采用经典的 CNN 的特征提取模块，其中包括：AlexNet[31]、VGG[32]、Inception[33-35] 网络、残差网络 [36] 等。下面将分别介绍这几种典型网络结构的基本特点，并决定本节最终所采用的特征提取方式。

1）特征提取

A. AlexNet

AlexNet[31] 是最早提出的现代深度 CNN 模型，在该模型中首次运用了一些现代 CNN 的训练技巧和技术方法。比如将网络分为上下两个子模块，利用多 GPU（图形处理单元）进行并行训练；最早采用 ReLU(rectified linear unit)[37] 作为非线性激活函数（如公式（2-20）所示），在一定程度上缓解了神经网络的"梯度消失"问题，同时能够加快梯度下降的收敛速度。相比而言，采用之前常用的 sigmoid 型激活函数，如逻辑斯谛 (logistic) 函数（公式（2-21））和 tanh 函数（公式（2-22）），它们本身的结构特性决定其很容易带来"梯度饱和效应"，即在误差反向传播的过程中，如果其梯度恰好位于两端的饱和区域（导数接近于 0），那么误差很难甚至无法传递到前层，进而导致整个网络不能正常训练；其次采用一些数据增广策略，如图像平移和水平翻转等，并首次结合 Dropout[38] 方法（以 0.5 的概率随机将部分隐含层的参数置 0）来避免过拟合。通过有效利用这些技巧和方法，能够加快模型训练速度和提高模型的准确率。

$$\mathrm{ReLU} = \begin{cases} x, & x \geqslant 0 \\ 0, & x < 0 \end{cases} \tag{2-20}$$

$$\sigma(x) = \frac{1}{1 + \exp(-x)} \tag{2-21}$$

$$\tanh(x) = 2\sigma(2x) - 1 \tag{2-22}$$

图 2.15 为 AlexNet 模型框架图，其主要由 8 个可学习层组成，包括 5 个卷积层，3 个全连接层，以及最后输出 1000 个类别概率的归一化指数函数（softmax）层。其具体结构如下所述。

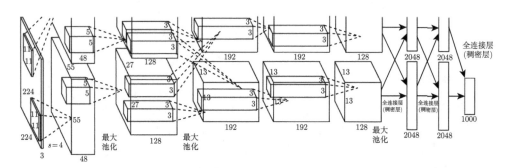

图 2.15　AlexNet 模型框架图

（1）输入层，其默认的输入数据为 224×224×3 的 RGB 图像；

（2）第一层卷积，采用两个大小为 11×11×3×48 的卷积核，其边界零填充（padding）大小为 $p = 3$，步长（stride）为 $s = 4$，最后输出的两组特征图的维度均为 55×55×48；

（3）第一个池化层，采用大小为 3×3 的最大池化，其步长为 $s = 2$，输出两组大小为 27×27×48 的特征图；

（4）第二层卷积，采用两个大小为 5× 5×48×128 的卷积核，步长 $s = 1$，零填充 $p = 2$，输出两组特征图的维度为 27×27×128；

（5）第二个池化层，具体方式同第一个池化层，最后输出两组特征图的维度为 13×13×128；

（6）第三层卷积，将上下两组子网络的路径融合，使用大小为 3× 3×256×384 的卷积核，其步长为 $s = 1$，零填充 $p = 1$，输出两组大小为 13×13×192 的特征图；

（7）第四层卷积，采用两个大小为 3×3×192×192 的卷积核，其步长为 $s = 1$，零填充 $p = 1$，得到两组大小为 13×13×192 的特征图；

（8）第五层卷积，采用两个大小为 3×3×192× 128 的卷积核，其步长为 $s = 1$，零填充 $p = 1$，获得两组大小为 13×13×128 的特征图；

（9）最大池化层，方式同之前的池化层，输出两组大小为 6×6×128 的特征图；

（10）三个全连接层，神经元的数目分别为 4096，4096，1000；

（11）输出层，采用 softmax 层，获得输入图像对应这 1000 个类别的概率值。

B. VGG

VGG[32] 网络相比于 AlexNet 而言，其普遍采用小卷积核（多个小卷积核的组合可以近似代替大卷积核，并且网络参数也会相应减小），目的是可以在保持相同参数量的同时获得更深的网络结构。AlexNet 只有 8 层网络深度，而 VGG 可以达到 16~19 层的网络深度。相比而言，更深层的网络结构可以获得更加丰富和更加高级的视觉特征，从而更好地表征图像，提高模型的检测准确率。如图 2.16 所示，VGG 模型只采用 3×3 大小的卷积核和步长为 2×2 的最大池化层，其主要由 16 个可学习层组成，包括 13 个卷积层和 3 个全连接层，最后同样接一个 softmax 层获得图像目标的类别概率值。具体来说，VGG 模型包含 5 组特征提取模块，分别输出 64、128、256、512、512 通道数的特征图，并在每组特征提取模块之后接一个最大池化层，目的是输出特征图的最大响应值，降低特征数量，从而减小参数量，在一定程度上防止过拟合。

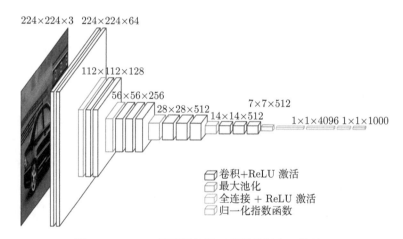

图 2.16　VGG 模型框架图（彩图见封底二维码）

C. Inception 网络

GoogLeNet[33] 也叫 Inception 网络，图 2.17 为其网络结构框架图。与 VGG 网络相比，GoogLeNet 模型具有更深的网络结构，达到了 22 层。同时相比 AlexNet 而言，GoogLeNet 最为核心的部分采用了有效的 Inception 模块，并且没有全连接层，使得参数量减小为原来的 1/12，具有很高的计算效率，也进一步提升了模型整体的性能。Inception 模块是基于 NIN（network-in-network）[34] 改进而来，在 NIN 中，CNN 由全连接层和卷积层两部分构成，通过对全连接层和卷积层分别进行加宽加深，并级联多个全连接层块和卷积层块构建深度网络。

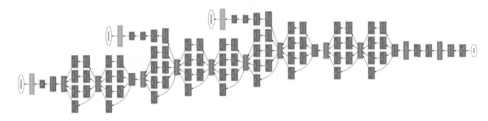

图 2.17　GoogLeNet 网络结构框架图（彩图见封底二维码）

　　Inception 模块借鉴其思想，同时使用多个不同尺度的卷积核，如 1×1, 3×3, 5×5 等，将这些卷积核并联，来增加网络的宽度，实现不同尺度的特征提取，并将得到的特征映射在深度方向上拼接起来作为输出特征映射，Inception 基本模块如图 2.18 所示。其中，图 2.18(a) 为简单的 Inception 模块，但是这种网络结构的问题是参数太多，导致计算复杂。因此，GoogLeNet 对该 Inception 模块做了新的设计，即分别在 3×3, 5×5 卷积之前和 3×3 最大池化之后，进行 1×1 的卷积来减小特征映射的维度，即得到图 2.18(b) 所示的 Inception V1 模块。此外，如果在输入的特征映射之间存在冗余信息的话，那么通过 1×1 的卷积可以先进行一次特征提取，能够有效减小网络参数，在保证性能的同时，降低模型的复杂度。另外，

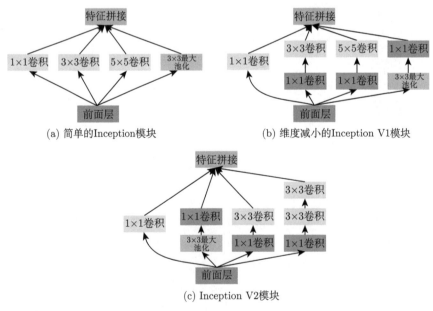

图 2.18　Inception 基本模块（彩图见封底二维码）

由于梯度消失问题是由深度带来的，而反向传播误差在传递到前层网络时不足以产生足够强的梯度，因此无法在任何方向上更新权重。为了解决梯度消失的问题，GoogLeNet 模型在网络中间层额外引入了两个辅助的分类器（其采用 softmax 激活函数）来加强监督信息，即产生更多的误差，用于向前传导梯度。最后考虑到用多层的小卷积核来代替大的卷积核，其可以减小计算量和参数量，同时保持感受野大小不变，因此进一步产生了 Inception V2[35] 模块，如图 2.18(c) 所示。

D. 残差网络

所谓残差网络 (residual network)ResNet[30] 是指通过给非线性的卷积层增加直连边（即恒等映射）的方式来提高信息传递的效率。ResNet 的提出源于这样一个问题：随着网络深度的继续增加，会出现性能退化，即准确率在初始会先上升然后达到饱和，但是当继续增加网络深度时，模型的准确率会下降，但是这也区别于"过拟合"现象，即它不仅在验证集的误差上增加，在训练集本身的误差上也会增加。为了有效解决这个问题，受 GoogLeNet 的启发，ResNet 有别于 VGG 模型那种直推式的网络结构（即简单地通过堆叠更多的卷积层以达到增加网络深度的目的，如图 2.19(a) 所示），它将一个模块分为两个分支，其中一个分支对输入信号不做任何处理，可以非常简单地传播梯度而无需改变，而另一个分支像其他典型网络一样对信号做处理，正是这种分裂式的结构，使得更深的网络学习仍有足够强的梯度，促进模型继续训练。具体残差模块如图 2.19(b) 所示。

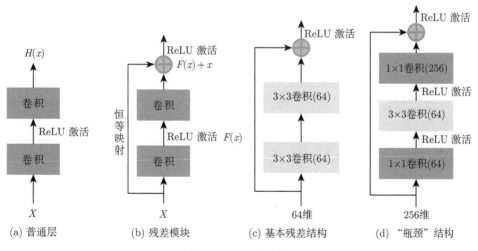

图 2.19　残差结构

从理论上来说，假设在一个深度网络中，期望某些非线性的堆叠层 $F(x)$ 去拟合一个目标函数 $h(x)$，可以将目标函数拆分为两个部分，即恒等函数 x 和残差函数 $h(x) - x$，定义如下：

$$h(x) = \underset{\text{恒等函数}}{x} + \underbrace{(h(x) - x)}_{\text{残差函数}} \tag{2-23}$$

式中，根据通用近似定理，由神经网络构成的非线性堆叠层有足够的能力来近似逼近原始的目标函数或者残差函数，实际中后者更容易优化。考虑一种极端的情况，如果恒等映射是最优的，那么相比于通过非线性层堆叠来拟合恒等映射而言，通过残差结构能够更容易使得残差趋于零[30]。因此，最初的优化问题可以转化为：让非线性堆叠层 $F(x)$ 去近似残差函数 $h(x) - x$，并用 $F(x) + x$ 去逼近目标函数 $h(x)$。

ResNet 的研究者构建了两种典型的残差单元，分别为图 2.19(c) 所示的基本残差结构和图 2.19(d) 所示的 "瓶颈" 结构。前者结构适用于较浅的网络深度，如 ResNet18 或 ResNet34，后者是在前者的基础上引入 NIN 的思想，使用 1×1 的卷积层来减小模型的训练参数，从而令 3×3 的卷积层可以在相对较低维度输入上进行，达到减小模型计算量、提高模型计算效率的目的。通过这种 "瓶颈" 结构，可以实现更深的网络模型，同时错误率和计算复杂度也保持在较低的程度，其网络深度达 ResNet50, ResNet101, ResNet152。

通过对上述几种经典网络模型的综合分析，出于以下几个方面的考量，决定采用 ResNet34 作为特征提取模块：①特征提取的能力与网络的深度密切相关，一般来说，越深的网络模型越能提取到更加高级和抽象的视觉特征，残差网络相比 AlexNet, VGG 和 GoogLeNet 而言，更容易实现更深的网络；②考虑到计算资源受限，无法有效发挥出 50 层以上深度模型的性能，并且考虑到计算效率和训练速度等方面的因素，ResNet34 能够较好满足以上要求，因此采用 ResNet34 网络模型中的特征提取模块。

2）注意力机制

为了在不增加模型复杂度的情况下进一步提高模型的性能，考虑采用注意力机制。所谓注意力机制，其实仿照的是人类处理信息的方式，即人脑在有限资源的情况下，并不能同时处理过载的输入信息，需要通过某种信息选择机制过滤掉大量无关信息，仅保留少量与之相关的信息。通过这种方式，能够使神经网络训练得更快更好，提高模型效率和准确率。

基于此，可以采用卷积注意力模块[39]（convolutional block attention module, CBAM），并将其融合到特征提取结构中，目的是使模型更关注于重要区域的特征提取，而抑制其他不必要的区域。CBAM 由通道注意力模块（图 2.20）和空间注意力模块（图 2.21）两部分顺序级联构成。其中通道注意力模块关注于一幅给定的图像中什么是有意义的，它沿着空间方向通过全局平均池化（global average pooling, GAP）去抓取空间信息，使用最大池化去获得有辨别力目标的特征，两者结合能够提高网络的表示能力[39]，由此可以获得两种不同的空间内容描述子，即 $\boldsymbol{F}_{\text{avg}}^{\text{C}}$ 和 $\boldsymbol{F}_{\text{max}}^{\text{C}}$。然后经过共享多层感知机 (multi-layer perceptron, MLP) 去生成通道注意力图，之后再经过元素级求和以及非线性激活，获得最终的通道注意力特征向量 $M_C \in \mathbb{R}^{C \times 1 \times 1}$，其反映了输出特征图中每个通道的重要程度。从形式上来说，定义如下：

$$M_C(F) = \sigma(\text{MLP}(\text{avgPool}(F)) + \text{MLP}(\text{maxPool}(F))) \tag{2-24}$$

式中，σ 表示使用 sigmoid 激活函数。

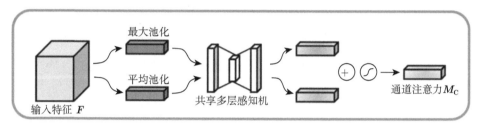

图 2.20   通道注意力模块（彩图见封底二维码）

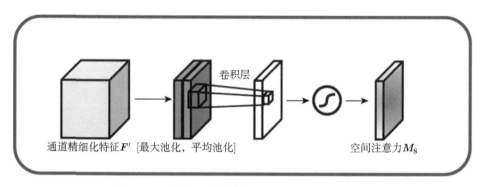

图 2.21   空间注意力模块（彩图见封底二维码）

空间注意力模块关注于图像中信息突出的部分在哪里，它将作为通道注意力的互补信息。首先沿着通道方向获得图像的最大池化和平均池化特征描述子，之所以沿着通道方向采用池化操作，是因为其能更有效地高亮有影响力的区域 [40]。然后通过特征拼接将两者融合在一起，之后通过一次卷积获得空间注意力图，以及非线性激活得到最后的空间注意力 $M_S \in \mathbb{R}^{H \times W}$ (H 表示图像的高，W 表示图像的宽)，其反映了哪些地方需要重视，哪些地方需要抑制。从形式上来说，定义如下：

$$M_S(F) = \sigma \left(f^{7 \times 7} \{ [\text{avgPool}(F); \text{maxPool}(F)] \} \right) \tag{2-25}$$

式中，σ 表示使用 sigmoid 激活函数；$f^{7 \times 7}$ 表示使用 7×7 大小的卷积核。

2. 解码结构

解码过程简单来说就是将编码过程获得的特征向量转化为输出序列，即为显著图。具体来说，在解码结构中，利用通道加权模块整合特征提取模块以及上一层残差解码模块的信息，输出到下一层残差解码模块中，然后交替重复上述过程，逐渐恢复其空间信息，最后得到粗略的显著图。下面将分别介绍设计的通道加权模块和残差解码模块的基本结构和作用。

1）通道加权模块

如图 2.22 所示，通道加权模块主要由全局平均池化、1×1 卷积、参数化 ReLU（PReLU）和 sigmoid 激活函数构成。其中全局平均池化用于选择最有辨别力的特征，1×1 卷积的目的是对输出特征进行升维或者降维，同时保持特征图的分辨率不变。然后通过参数化 ReLU 提高网络的非线性表达能力。最后利用 sigmoid 激活函数将输出的特征向量映射到 [0,1] 范围内，其反映了不同通道的重要性程度。在前一层特征提取阶段，能够获得更好的空间信息，但是由于感受野较小，因此具有更差的语义一致性；而在后一层阶段，由于具有更大的感受野，因此具有更好的语义一致性，但是在空间预测上较为粗糙。因此利用通道加权模块将两者优势组合在一起，利用高层（后一层阶段）的语义一致性指导低层（前一层阶段）以获得更好的空间预测，由此可以获得更有辨别力的特征图谱。

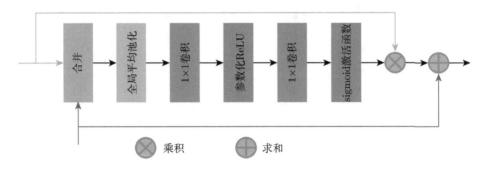

图 2.22   通道加权模块（彩图见封底二维码）

2）残差解码模块

设计的残差解码模块如图 2.23 所示。其采用类似 ResNet 的残差结构，目的是产生足够的梯度以促进模型的训练，同时残差结构也被证实能够提高模型的识别准确率 [30, 41]。另外，利用通道重组 [42] 操作进一步提高模型跨通道信息交互的能力，这种操作也是可微的，因此可以嵌入网络结构中执行端到端的训练。受 Inception 模块的启发，同样采用 1×1 卷积，目的是在满足维度要求的情况下，融合各通道的特征信息，最后采用参数化 ReLU 提高模型非线性表达能力。

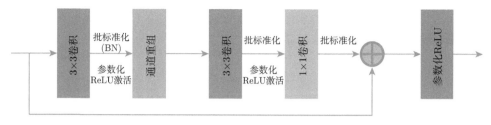

图 2.23 残差解码模块（彩图见封底二维码）

3. 残差精细化模块

首先利用编码-解码网络结构获得粗略的显著图，其大致输出了所有缺陷的位置。但是局部细节还有待优化，因此，进一步设计了残差精细化模块，其采用类似 U-net[43] 的网络结构，将模块分为上下两个分支，如图 2.24 所示。下边分支为缩减通道，上边分支为扩张通道。在缩减通道中，与典型的网络结构一样，通过不断的卷积激活池化操作，提取语义丰富和更有辨别力的特征；而在扩张通道中，采用与之对称的结构形式，逐渐上采样恢复预测的空间信息。其中采用类似 ResNet 的跳层连接方式，目的是结合低层具有更好的空间信息和高层具有更好的语义相关性的优势，同时也促进模型的训练。

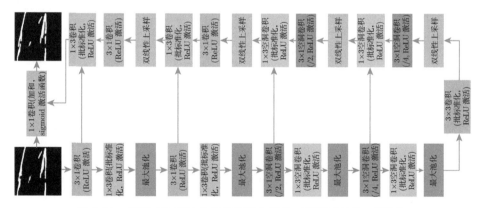

图 2.24 使用 1D 滤波的残差精细化结构（彩图见封底二维码）

具体来说，可以采用最大池化进行降采样实现更深的网络，去抓取更丰富的上下文信息以及整合更有辨别力的特征，同时也能够帮助减小计算量。与之相对应的双线性上采样单元用以匹配输入图像的大小，弥补由最大池化导致的图像分辨率降低的影响。不同于经典的网络结构，本节使用一组特定的 1D 滤波 (如 3×1,1×3) 代替 3×3 的卷积操作，可以显著降低计算量，尤其是在输入输出的通道数很大的情况下，同时具有与 3×3 卷积相同的感受野，能够使得网络模型更小，训练更快。空洞卷积能够在不增加参数数量的情况下使网络具有更大的感受野，可以获得更好的全局特征，有助于精细化缺陷的边缘。最后利用 1×1 卷积以及 sigmoid 激活函数输出最终精细化的缺陷显著图。

4. 损失函数设计

损失函数也可以认为是目标函数，其反映了模型获得的预测值与数据真实值之间的差异，也是用于衡量训练出来的模型泛化能力好坏的重要指标。模型预测值与真实值的差异越小，说明模型的拟合效果越好。考虑到不同的损失函数，其期望的效果不同。因此，本节采用几种常用的单项损失函数线性组合的方式获得最终的损失（loss）项。具体包括常用的二值交叉熵[44]（binary cross entropy，BCE）、交并比[45]（intersection over union，IoU）和结构相似度[46]（structural similarity index measure，SSIM）。

（1）BCE 损失项：

$$\mathcal{L}_{\mathrm{bce}} = -\sum_{(x,y)} \{ G(x,y) \log [S(x,y)] + [1 - G(x,y)] \log [1 - S(x,y)] \} \tag{2-26}$$

式中，$G(x,y) \in \{0,1\}$ 表示在像素点 (x,y) 处真实的标签值；$S(x,y) \in [0,1]$ 则表示成为显著目标的概率值。

（2）IoU 损失项：

$$\mathcal{L}_{\mathrm{iou}} = 1 - \frac{\boldsymbol{S}^{\mathrm{T}} \boldsymbol{G}}{\mathbf{1}^{\mathrm{T}} \boldsymbol{S} + \mathbf{1}^{\mathrm{T}} \boldsymbol{G} - \boldsymbol{S}^{\mathrm{T}} \boldsymbol{G}} \tag{2-27}$$

式中，$\boldsymbol{S} = [s_1, s_2, \cdots, s_n]^{\mathrm{T}} \in [0,1]$ 表示预测的显著值，其中 n 为图像总的像素个数；$\boldsymbol{G} = [g_1, g_2, \cdots, g_n]^{\mathrm{T}} \in \{0,1\}$ 表示真实缺陷的标签值；$\mathbf{1}$ 表示元素值均为 1 的向量。

（3）SSIM 损失项：

$$\mathcal{L}_{\mathrm{ssim}} = 1 - \frac{(2\mu_{\mathrm{S}}\mu_{\mathrm{G}} + C_1)(2\sigma_{\mathrm{SG}} + C_2)}{(\mu_{\mathrm{S}}^2 + \mu_{\mathrm{G}}^2 + C_1)(\sigma_{\mathrm{S}}^2 + \sigma_{\mathrm{G}}^2 + C_2)} \tag{2-28}$$

式中，$\mu_{\mathrm{S}}, \mu_{\mathrm{G}}$ 和 $\sigma_{\mathrm{S}}, \sigma_{\mathrm{G}}$ 分别表示预测显著图和真值图的均值和标准差；σ_{SG} 表示协方差；$C_1 = 0.01^2$ 和 $C_2 = 0.03^2$ 是用以避免所除分母为 0。

最后，训练损失项可定义如下：

$$L_{\mathrm{total}} = \frac{1}{B} \sum_{k=1}^{K} \lambda_k (\mathcal{L}_{\mathrm{bce}}^{(k)} + \mathcal{L}_{\mathrm{iou}}^{(k)} + \mathcal{L}_{\mathrm{ssim}}^{(k)}) \tag{2-29}$$

式中，L_{total} 表示融合的总损失；B 表示批量（batch）的大小，设置为 8；K 表示测出图的数量，本节设置 $K = 7$；λ_k 表示不同损失项的权重，设置为 1。

5. 优化器选择

优化器简单来说就是求解损失函数（目标函数）最优解的一种手段，它主要是基于梯度下降的原理，根据当前梯度下降的方向，不断更新网络模型的参数，使得损失值逐渐减小，直至达到人们期望的收敛范围。然而，由于深度学习网络模型参数众多，因此网络模型的求解往往是一个非凸问题，具有很多的局部最优解，难以获得全局最优解。虽然局部最优解的获取较为简单，但是达到可以逼近全局最优解效果的局部最优解却很难获取。因此，需要好的优化算法，否则，模型将难以收敛。另外，这里主要考虑学习率能够自动调整的优化算法，如 AdaGrad[47](adaptive gradient) 算法、RMSprop[48] 算法、AdaDelta[49] 算法和 Adam[50](adaptive moment estimation) 算法，通过分析它们的基本特点，确定所采用的优化器算法。

（1）AdaGrad 算法：

$$G_t = \sum_{\tau=1}^{t} \boldsymbol{g}_\tau \odot \boldsymbol{g}_\tau \tag{2-30}$$

式中，G_t 表示第 t 次迭代时，每个参数梯度平方的累积值；$\odot$ 表示元素级乘积；$\boldsymbol{g}_\tau$ 表示第 τ 次迭代时的梯度。

AdaGrad 算法的参数更新差值为

$$\Delta\theta_t = -\frac{\alpha}{\sqrt{G_t + \varepsilon}} \odot \boldsymbol{g}_t \tag{2-31}$$

式中，α 表示初始的学习率；ε 是为保持数值稳定性而设置的很小的常数，一般取值为 $e^{-7} \sim e^{-10}$。

AdaGrad 算法的缺点是当经过一定次数的迭代后，如果模型仍没有找到最优点，那么将很难再继续找到最优点，因为此时的学习率已经非常小。

（2）RMSprop 算法：

$$\begin{aligned} G_t &= \beta G_{t-1} + (1-\beta)\boldsymbol{g}_t \odot \boldsymbol{g}_t \\ &= (1-\beta)\sum_{\tau=1}^{t} \beta^{t-\tau}\boldsymbol{g}_\tau \odot \boldsymbol{g}_\tau \end{aligned} \tag{2-32}$$

式中，β 为衰减率，一般取值为 0.9。

RMSprop 算法的参数更新差值为

$$\Delta\theta_t = -\frac{\alpha}{\sqrt{G_t + \varepsilon}} \odot \boldsymbol{g}_t \tag{2-33}$$

式中，α 表示初始的学习率，一般设置为 0.001。

由公式（2-30）和公式（2-32）对比可以看出，RMSprop 算法与 AdaGrad 算法的区别在于 G_t 的计算由累积方式变成指数衰减移动平均，并且在迭代过程中，每个参数的学习率并不是呈衰减趋势，既可以变小也可以变大。

（3）AdaDelta 算法：

$$\Delta X_{t-1}^2 = \beta_1 \Delta X_{t-2}^2 + (1 - \beta_1)\Delta\theta_{t-1} \odot \Delta\theta_{t-1} \tag{2-34}$$

式中，ΔX_{t-1}^2 为参数更新差值 $\Delta\theta$ 的指数衰减移动平均；β_1 为衰减率。

AdaDelta 算法的参数更新差值为

$$\Delta\theta_t = -\frac{\sqrt{\Delta X_{t-1}^2 + \varepsilon}}{\sqrt{G_t + \varepsilon}}\boldsymbol{g}_t \tag{2-35}$$

从上式可以看出，AdaDelta 算法将 RMSprop 算法中初始学习率 α 改成动态变化的 $\sqrt{\Delta X_{t-1}^2}$，在一定程度上平抑了学习率的波动。

（4）Adam 算法：

$$\begin{aligned} M_t &= \beta_1 M_{t-1} + (1 - \beta_1)\boldsymbol{g}_t \\ G_t &= \beta_2 G_{t-1} + (1 - \beta_2)\boldsymbol{g}_t \odot \boldsymbol{g}_t \end{aligned} \tag{2-36}$$

式中，β_1, β_2 分别为两个移动平均的衰减率，一般设置为 $\beta_1 = 0.9, \beta_2 = 0.99$；$M_t$ 可以看作梯度的一阶矩；G_t 可以看作梯度未减去均值的二阶矩。

Adam 算法的参数更新差值为

$$\Delta\theta_t = -\frac{\alpha}{\sqrt{\hat{G}_t + \varepsilon}}\hat{M}_t \tag{2-37}$$

式中，$\hat{M}_t = M_t/(1 - \beta_1^t)$，$\hat{G}_t = G_t/(1 - \beta_2^t)$，其中学习率 α 一般设置为 0.001。

通过综合分析比较，最终采用 RMSprop 算法作为优化器，其在实验过程中取得了更优的表现。

2.2　基于显著性的路面缺陷检测

显著性物体检测旨在识别图像中在视觉上最独特的对象或者区域，并将其从背景中分割出来。与分类、区域识别方法不同的是，显著性检测方法旨在对缺陷区域的每个像素进行二分类，这类检测任务更容易受到外界干扰因素的影响。然而，道路缺陷这类目标有如下特点：①一些路面缺陷很小，与背景的对比度很低；②在不同的图像中，路面缺陷的大小和位置各不相同；③背景中的某些干扰与路面缺陷特性相似。这些情况使得路面缺陷显著性检测成为一项非常具有挑战性的任务。针对这些挑战，早期的路面缺陷显著性检测方法主要是采用阈值方法从背景中突出显示缺陷区域，但是，阈值需要根据不同的背景设置不同的值，不具有通用性。受到视觉注意力的认知研究的启发，人们采用全局或局部的线索，设计了各种手工制作的特征完成路面缺陷显著性检测。然而，因为手工制作的特征均基于现有数据集的知识先验，它们无法在所有情况下都有成功的表现。尽管一些工作试图开发不同的方案来结合这些特征，而不是利用某种单一的特征，但所得到的显著性图仍然远不能令人满意，尤其是在遇到复杂和杂乱的场景时。近年来，卷积神经网络在许多视觉任务中已经成功地突破了传统方法的结果。全卷积网络的出现进一步推动了这些研究领域的发展，提供了一种更具范式的学习方法。这样一个端到端的学习工具也促进了最近使用 FCN 进行路面缺陷显著性检测的研究工作。然而，这些工作缺乏对缺陷区域细节信息的描述，导致生成的显著性图的质量下降，造成路面缺陷区域凸显不完整。

为了解决以上问题，可以采用基于金字塔特征结构和注意力引导机制的路面缺陷显著性检测方法（pavement defect salient object detection based on pyramid feature structure and attention guiding mechanism）PAM，该方法基于深度学习理论基础，是一个端到端的检测系统。输入路面缺陷图像，经过系统检测后输出缺陷图像的显著性图像，凸显潜在的缺陷目标区域，从而获得表面缺陷目标。

2.2.1 路面缺陷显著性检测网络模型设计

路面缺陷显著性检测是路面缺陷检测的重要一步，它将为路面损坏程度评估、路面养护提供重要的参考意义。基于深度学习显著性物体检测理论，提出了一种端到端的基于金字塔特征结构和引导注意力机制的路面缺陷显著性检测网络模型，该模型获取多尺度上下文特征信息，通过注意力引导模块将各层级特征信息自下而上逐级融合，使得网络模型获取的缺陷特征信息更加充分。网络模型中采用各层级深监督的形式，加速了模型的优化。整体网络模型主要由四部分组成：①编码模块。该模块采用堆叠的卷积形式逐层提取缺陷的低级到高级语义特征信息。②金字塔特征提取模块（pyramid feature extract module，PFEM）。该模块主要从编码模块的各层级特征信息中获取多尺度上下文信息。③引导注意力模块 (guidance attention module，GAM)。该模块引入空间注意力机制和通道注意力机制，逐级获取高级特征的类别属性和低级特征的空间属性。④重修复残差模块 (RRM)。该模型主要用于各层级边缘信息的重修复，使得显著性结果图更加接近真实缺陷。网络模型的整体结构图如图 2.25 所示。

1. 编码模块设计

模型采用在 ImageNet 上预训练的 ResNet34 作为编码模块，主要用于提取丰富的特征信息。为了使显著性结果图具有与输入图像相同的分辨率，模型删除了 ResNet34 的全局平均池化层和全连接层。如图 2.25 所示，编码模块主要包括一个卷积层加一个最大池化层，四个来自于 ResNet34 的残差块，以及一个附加卷积组（卷积 6_3），该卷积组用于进一步获取缺陷的全局特征信息。编码模块中，每一个新加入的卷积层的输出被送入一个批量归一化层 (batch normalization layer)，用于平衡特征的规模，之后增加一个非线性激活函数（ReLU）层来保证模型的非线性。编码模块的参数配置如表 2.8 所示。输入一张图像 $I \in \mathbb{R}^{W \times H \times C}$，其中 W 和 H 分别表示图像的宽和高，C 表示图像的通道数，通过编码模块可以获得六个级别的缺陷特征 $\{f_i, i = 0, 1, 2, 3, 4, 5\}$，每个级别特征图的分辨率为 $[W/2^i, H/2^i]$。为了简单起见，这六个级别的特征可以用特征集 f 表示：

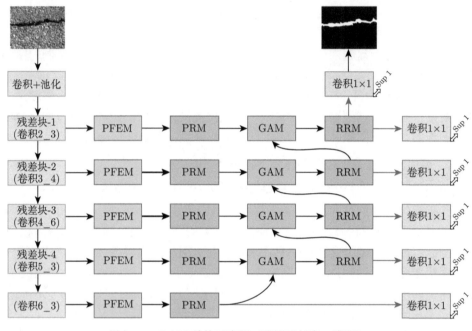

图 2.25   PAM 结构示意图（彩图见封底二维码）

$$f = \{f_0, f_1, f_2, f_3, f_4, f_5\} \tag{2-38}$$

表 2.8   ResNet34 网络结构参数

模块名称	ResNet34	输出尺寸
卷积 1	$7 \times 7, 64,$ $s=2$	112×112
残差块–1	$\begin{bmatrix} 3 \times 3, 64 \\ 3 \times 3, 64 \end{bmatrix} \times 3$	56×56
残差块–2	$\begin{bmatrix} 3 \times 3, 128 \\ 3 \times 3, 128 \end{bmatrix} \times 4$	28×28
残差块–3	$\begin{bmatrix} 3 \times 3, 256 \\ 3 \times 3, 256 \end{bmatrix} \times 6$	14×14
残差块–4	$\begin{bmatrix} 3 \times 3, 512 \\ 3 \times 3, 512 \end{bmatrix} \times 4$	7×7

2. 金字塔特征提取模块

如上所述，路面缺陷图像中缺陷的大小以及形状千变万化，这给缺陷显著性检测带来一定的挑战。为了更好地感知缺陷特征的空间位置以及大小的变化，模型将自顶而下地对编码模块的各层级特征进行解码。如图 2.26 所示，不同尺度感受野下的路面缺陷图像往往包含不同的统计特征。不同尺度的感受野可以通过以下几种方式实现。一是采用不同大小的卷积核与输出特征进行卷积，这种方式简单有效，但是会大量增加模型的参数量，对模型的优化带来一定的影响。二是采用不同大小的池化核与输出特征进行卷积，这种方式虽然在一定程度上减少了模型的参数量，但是池化操作容易导致特征信息的丢失。三是采用空洞卷积与输出特征进行卷积，这种操作导致特征图的网格效应。

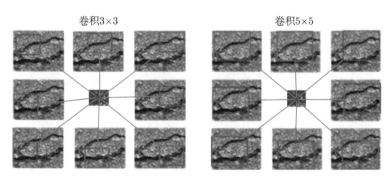

图 2.26 不同卷积核大小提取的特征图对应原始图中的区域示意图

为了解决上述问题，可以采用一种金字塔特征提取模块（PFEM），如图 2.27 所示。与其他方法只在编码模块的最后一层获取多尺度上下文信息不同的是，它在编码模块的输出特征图后分别采用 PFEM 操作，获取不同层级的特征图的多尺度上下文信息，感知缺陷的空间位置、大小变化。PFEM 使用全局卷积网络（global convolutional network，GCN）[51] 获取多尺度上下文特征信息，然后将输出的特征采用线性相加的形式进行融合。GCN 采用可分离的 $k \times 1 + 1 \times k$ 卷积形式实现了与普通的 $k \times k$ 卷积核相同的作用，但是需要计算的参数较少。GCN 的输出特征可定义为

$$B_1 = \text{conv}_1\left[\text{conv}_2(f_i, W_1^1), W_1^2\right] \tag{2-39}$$

$$B_2 = \text{conv}_2\left[\text{conv}_1(f_i, W_2^1), W_2^2\right] \tag{2-40}$$

$$\text{GCN} = \sigma\left(B_1 + B_2\right) \tag{2-41}$$

其中，conv_1 和 conv_2 分别表示可分解卷积 $1 \times k + k \times 1$ 和 $k \times 1 + 1 \times k$；W 表示模型训练过程中可学习的参数；σ 表示非线性激活函数 ReLU。PFEM 由四个 GCN 组成，四个 GCN 中的 k 值分别设置为 3、7、11、15。每个 GCN 的输出特征图的通道数为 8。在每个 GCN 之后是批量归一化（BN）和非线性激活函数 ReLU。PFEM 模块最后采用串联连接（concatenation）的形式将从四个 GCN 输出的特征图进行融合。最终融合特征图的通道数为 32 个。

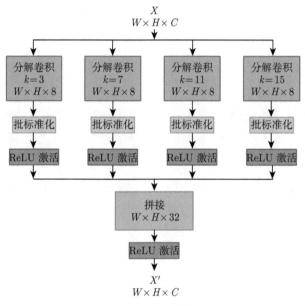

图 2.27　PFEM 结构示意图

3. 引导注意力模块

经过 PFEM 在各个层级上生成多个多尺度上下文特征。这些不同层级上获取到的多尺度上下文信息具有不同的识别信息。高层级由于相对感受野较大，获取到的特征具有语义和全局信息，这些特征信息有助于判断缺陷区域每个像素的类别属性。低层级由于相对感受野较小，获取到的特征具有空间和局部信息，这些特征信息有助于更好地定位显著区域。基于这些分析，可以采用引导注意力模块（GAM），该模块充分利用了不同层级之间的识别能力。如图 2.28 所示，GAM 模块包括两条引导支路：一条支路采用通道注意力机制 [52]，由低层级特征引导高层级特征；另一条支路采用空间注意力机制 [53]，由高层级特征引导低层级特征。最后将两条支路的特征信息融合生成更强大的显著性特征，突出缺陷区域。

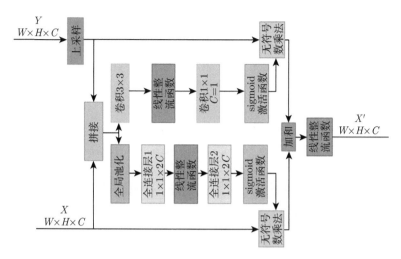

图 2.28 GAM 结构示意图

路面缺陷区域与背景之间的对比度低，如何使得这些缺陷区域从背景图像中凸显出来，这是一项挑战。为了应对这一挑战，模型在 GAM 模块中引入了通道注意力模块（channel attention block，CAB），利用高层级特征的功能指导低层级特征的功能。在输入 CAB 支路之前，首先采用双线性插值的方法将高层级特征的分辨率放大到与低层级特征相同的分辨率。然后采用顺序拼接的形式将两层级的特征融合。融合后的特征可以定义为

$$F_{\text{cat}} = \text{CAT}\left(\text{up}(\boldsymbol{Y}), \boldsymbol{X}\right) \tag{2-42}$$

其中，CAT 表示顺序拼接操作；up 表示双线性插值方法；$\boldsymbol{Y}$ 表示高层级特征；$\boldsymbol{X}$ 表示低层级特征。

在通道注意力机制中，首先，通过全局平均池化将特征 F_{cat} 展开，以此生成通道特征向量，使用两个全连接层对向量 $\boldsymbol{g}$ 进行编码。然后，通过 sigmoid 激活函数将向量 $\boldsymbol{g}$ 的每一个值映射到区间 [0,1]，生成通道权重。最后，将生成的通道权重对低层级特征的通道进行加权。通过这种方式，通过利用高层级语义信息引导低层级特征，为模型提供图像内容感知指南，这将导致更准确的预测。通道注意力机制分支输出的特征 F_{c} 可以由如下公式计算得到：

$$F_{\text{ca}} = \text{sigmoid}\left[W_{\text{fc}_2}\sigma\left(W_{\text{fc}_1}\boldsymbol{g} + b_{\text{fc}_1}\right) + b_{\text{fc}_2}\right] \tag{2-43}$$

$$F_{\text{c}} = \boldsymbol{X} \otimes F_{\text{ca}} \tag{2-44}$$

其中，σ 代表非线性激活函数 ReLU；$W_{\text{fc}1}$ 和 $W_{\text{fc}2}$ 表示可学习参数；$b_{\text{fc}1}$ 和 $b_{\text{fc}2}$ 表示偏置；$\otimes$ 表示数组元素依次相乘。

路面缺陷显著性检测中，一些非缺陷区域（例如油污、雨水以及斑马线）与缺陷区域具有相似的外观特征，这些干扰因素的存在会导致路面缺陷显著性检测

的混乱。为了解决此类检测问题，GAM 中引入了空间注意力机制。GAM 利用较低层级的特征来指导较高层级的特征。在较低级层中，由于采用相对较小的感受野提取特征，因此与较高层级的特征相比，低层级特征包含更精细的空间信息。具体原理如下所述。首先，采用双线性插值的方法将高层级特征的分辨率放大到与低层级特征相同的分辨率，采用 3×3 卷积核与 F_{cat} 进行卷积，以此来进一步细化融合后的特征信息。然后，通过 1×1 卷积核获取空间位置信息。最后，通过 sigmoid 激活函数产生空间位置权重，并与放大后的高层级特征信息进行加权。每次卷积操作后增加一个非线性激活函数（ReLU）层来保证模型的非线性。通过这种设计，利用低层级特征的空间细节信息指导高层级特征信息，使得网络模型更加关注缺陷区域，并且抑制非缺陷区域，使得缺陷区域和非缺陷区域更容易区分。空间注意力机制分支输出的特征 F_{s} 可以由如下公式计算得到：

$$F_{\text{sa}} = \text{sigmoid}\left\{W_{1\times1}\left[\sigma\left(W_{3\times3}F_{\text{cat}} + \text{bis}\right)\right] + \text{bis}\right\} \tag{2-45}$$

$$F_{\text{s}} = \text{up}\left(\boldsymbol{Y}\right) \otimes F_{\text{sa}} \tag{2-46}$$

其中，σ 代表非线性激活函数 ReLU；$W_{1\times1}$ 和 $W_{3\times3}$ 表示可学习参数；bis 表示偏置；$\otimes$ 表示数组元素依次相乘；up 表示双线性插值方法。

最后，GAM 将两条支路的输出的特征进行加权求和。GAM 最后输出的特征可以定位为

$$F_{\text{GAM}} = \sigma\left(F_{\text{c}} + F_{\text{s}}\right) \tag{2-47}$$

4. 细化残差模块

通过采用 PFEM 和 GAM 获得不同层次的多尺度上下文信息，同时完成引导注意力融合。为了有效地细化这些特征，强化缺陷显著区域，模型引入细化残差模块（refinement residual block，RRM）。模型每个层级的 PFEM 和 GAM 的输出后面加入了 RRM，用来细化语义信息和空间信息。RRM 引入了通道混洗（channel shuffle）[42] 的残差连接，用于打乱输入特征的通道，以便可以在不同通道之间交换信息，使得模型具有聚焦缺陷区域和避免非缺陷区域干扰的能力，以提高缺陷显著性检测准确性。RRM 的具体实施过程如图 2.29 所示。

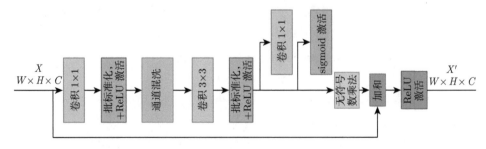

图 2.29　RRM 结构示意图（彩图见封底二维码）

2.2.2 网络模型训练

1. 损失函数设计

通常情况，随着网络模型深度的增加，模型的性能也会在一定程度上得到提升，但随着深度加深，会出现梯度消失和梯度爆炸等现象，导致网络模型难以训练。为了更好地训练深度网络，模型在各个层级支路添加辅助监督，这种辅助监督能够帮助网络的各个隐藏层提取最优特征，该种方式称为深监督 (deep supervision)。深监督旨在网络模型的某些中间隐藏层加了一个辅助的分类器，作为一种网络分支来对主干网络进行监督。如图 2.25 所示，模型在 5 条边路加入了深监督，每条边路采用一个混合损失函数来监督网络的训练过程，使得模型获取更详细、更鲁棒的特征信息。对于每条边路输出预测图，损失可计算为

$$L_{\text{side}}^{(k)} = l_{\text{bce}} + l_{\text{iou}} + l_{\text{ssim}} \tag{2-48}$$

其中，l_{bce}, l_{iou}, l_{ssim} 分别表示二值交叉熵损失、交并比损失和结构相似性指标损失；k 表示采用深监督边路个数，$k = 5$。

二值交叉熵损失 [44] 被广泛用于二分类任务中，用来反映预测值和标签值之间的概率分布差异，可被定义为

$$l_{\text{bce}} = -\sum T_r \log P_r - \sum (1 - T_r) \log (1 - P_r) \tag{2-49}$$

其中，$T_r \in \{0, 1\}$ 表示像素 r 的真实值；$P_r \in \{0, 1\}$ 表示像素 r 被预测为路面缺陷的概率值。

交并比损失 [45] 最初用于测量两个集合的相似性，后用作目标检测和分割的评估指标。最近，在图像分割任务中，IoU 被用作模型训练过程中的损失函数。本节在混合损失函数中引入了交并比损失来增强缺陷区域、细化边界。交并比损失可被定义为

$$l_{\text{iou}} = 1 - \frac{\sum T_r P_r}{\sum [P_r + T_r - P_r T_r]} \tag{2-50}$$

其中，$T_r \in \{0, 1\}$ 表示像素 r 的真实值；$P_r \in \{0, 1\}$ 表示像素 r 被预测为路面缺陷的概率值。

结构相似性指标 [46] 能够捕获图像中的结构信息，它最开始被用于图像质量评价。模型将结构相似性指标加入混合损失函数中，以指导网络模型学习显著的路面缺陷真实值结构信息。假设 $\boldsymbol{p} = \{p_i : i = 1, \cdots, N^2\}$ 和 $\boldsymbol{t} = \{t_i : i = 1, \cdots, N^2\}$ 分别是从预测概率图 P 和真实值 T 裁剪的两个对应大小（$N \times N$）的图像区域

的像素集合，p 和 t 的 SSIM 被表示为

$$l_{\text{ssim}} = 1 - \frac{(2v_p v_t + C_1)(2\sigma_{pt} + C_2)}{(v_p^2 + v_t^2 + C_1)(\sigma_p^2 + \sigma_t^2 + C_2)} \tag{2-51}$$

其中，v_p、v_t 和 σ_p^2、σ_t^2 分别是 p 和 t 的均值和方差；σ_{pt} 是相应的协方差；C_1 和 C_2 分别被设为 0.01^2 和 0.0^3，以避免被零除。

模型在训练过程中的整体损失函数可定义为

$$L = \frac{1}{N} \sum_{k=1}^{K} L_{\text{side}}^{(k)} \tag{2-52}$$

其中，N 表示批量处理图像的数量；k 表示采用深监督边路个数，$k = 5$。

2. 模型训练细节

模型采用迷你批量随机梯度下降（mini-batch stochastic gradient descent，mini-batch SGD）进行训练，批量大小为 8，权重衰减系数和动量系数分别设置为 0.0005 和 0.9。网络初始学习速率设置为 5×10^{-5}，每迭代 10 个批次后将学习速率除以 10，训练总共迭代 500 个批次。本节所有实验均使用一块 12G GeForce GTX Titan Xp 显卡完成。开发环境为 Ubuntu 16.04+Python 3.6+PyTorch。

2.2.3　实验结果及分析

在几个开源路面缺陷数据集上，对 PAM 网络模型与几种最先进的基于深度学习的显著性物体检测方法进行对比实验。同时，对 PAM 网络模型进行消融实验，证明了模型中每个模块的有效性。

1. 路面缺陷数据集与评估指标

在路面缺陷中常见的裂缝和修补缺陷中进行相关的实验和验证。

1）裂缝数据集

CRACK500[54]：该数据集是使用智能手机在校园采集了 500 张大小约为 2000 像素 × 1500 像素的路面裂缝缺陷图像，每张图像都对应一张二值化像素级标签图。这些缺陷图像大多数包含具有任意形状的裂缝，以及背景中阴影、砾石和其他干扰信息。数据集包括 250 张训练集、50 张验证集和 200 张测试集。

通过数据增强方法对数据集进行扩充，扩充后的数据集包括 3368 张裂缝图像（包括横向裂缝、纵向裂缝、龟裂、块状裂缝等），每张图像对应一张二值化像素级标签图。实验部分随机选择 2512 张图像作为训练集，剩余的 856 张图像作为测试集。

2）修补数据集

目前公开的路面修补数据集很少，可以采用车载式图像采集系统采集高速路路面图像数据，每张原始路面修补图像分辨率为 2048 像素 × 3040 像素。采用 Labelme 软件对每张修补图像进行像素级标注，如图 2.30(a) 所示，每一张路面缺陷图对应一张像素级的标签图。标签图中，索引值 0 表示背景，索引值 255 表示缺陷目标区域。由于原始图像分辨率太大，不宜使用网络模型训练，因此实验前期对原始图像和对应的标签图进行顺序裁剪，裁剪后的图像分辨率为原始图像的 1/5，如图 2.30(b) 所示。裁剪后的图像中目标域占整个图像小于 1/10 的图像被删除（图 2.30 (b) 灰暗部分），剩余图像制作为数据集，用于模型训练和测试。此方法不仅可以扩充数据集，同时可以保证图像中的有效缺陷区域。新的修补数据集共包含 9396 张分辨率为 409 像素 × 608 像素的修补图像，并按照 3:1 的比例随机划分为训练集和测试集。

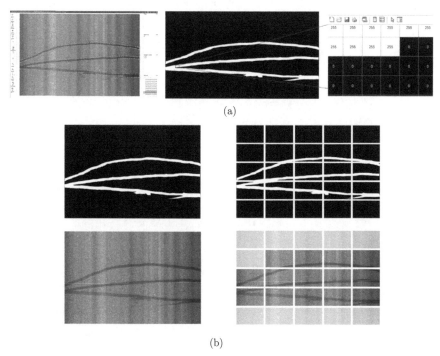

图 2.30　修补数据集：(a) 数据集标注；(b) 数据集裁剪（彩图见封底二维码）

3）评估指标

本实验使用三个广泛使用的标准度量: 准确率–召回率（PR）曲线、F 值[55]F_β 和平均绝对误差[26]（MAE），来评估提出方法和其他对比方法。

PR 曲线是计算机视觉模型常用的评价指标。准确率（precision）表示在预测的显著图中检测到的显著像素的比例。召回率（recall）是指在真实图中检测到的显著像素的比例。准确率和召回率是在二值图像上计算的。对于给定的显著性预测图 P 和对应的真实图 T，首先对预测图 P 使用阈值二值化，生成二值矩阵。不同的阈值会导致不同的准确率和召回率。每个阈值可以在一个数据集中的所有显著预测图上生成一对平均 PR，然后通过将阈值从 0 变为 1 来绘制 PR 曲线，从而得到 PR 对序列。

F 值是平均准确率和平均召回率的调和平均值，表达式为

$$F_\beta = \frac{(1+\beta^2)\text{precision} \times \text{recall}}{\beta^2 \times \text{precision} + \text{recall}} \tag{2-53}$$

其中，β^2 被设置为 0.3，以更多地突出准确率而不是召回率。

MAE 是评估显著性预测图与真实图之间平均差异的一种度量，表达式为

$$\text{MAE} = \frac{1}{W \times H} \sum_{x=1}^{W} \sum_{y=1}^{H} |P(x,y) - T(x,y)| \tag{2-54}$$

其中，$P(x,y)$ 和 $T(x,y)$ 分别表示显著预测图和归一化为 [0,1] 的真实图；H 和 W 分别表示预测图的高度和宽度。

2. 对比方法结果与分析

将 PAM 与之前的 11 种经典方法进行比较，包括 DCL、Amulet、DSS、DHSNet、NLDF、PFAN、EGNet、PoolNet、BASNet、FPHB 和 DeepCrack[56,57]。为了公平对比，网络模型的一些默认参数与对比方法的参数相同。

1）定性评估

图 2.31 展示了一些定性评估的可视化结果图，从图中可以看出，PAM 在缺陷区域的凸显和定位方面有更好的效果。如图 2.31 第一、四、五、六行所示，由于部分缺陷区域太小，且对比度较低，其他方法无法有效地突出缺陷区域，且检测出的缺陷区域边缘比较模糊，与真实值相差较大。PAM 则可以有效地突出缺陷区域，且边界清晰，接近真实标签图。如图 2.31 第二、三行所示，由于部分缺陷区域形状、位置差异较大，其他方法对于不连通的缺陷区域表现很差，而 PAM 则在这方面表现优异。如图 2.31 第七、八行所示，由于背景干扰物（如油污、水滴、斑马线）的影响，其他方法出现了误检的现象，且检测效果图模糊，而 PAM 在这方面具有较强的抗干扰性能。因此，在路面缺陷显著性检测中，PAM 可以带来更好的视觉效果。

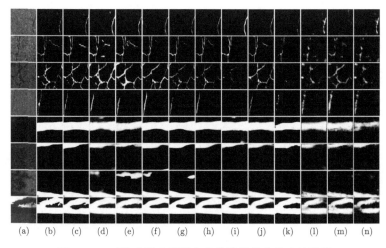

$$\text{(a)} \quad \text{(b)} \quad \text{(c)} \quad \text{(d)} \quad \text{(e)} \quad \text{(f)} \quad \text{(g)} \quad \text{(h)} \quad \text{(i)} \quad \text{(j)} \quad \text{(k)} \quad \text{(l)} \quad \text{(m)} \quad \text{(n)}$$

图 2.31 对比方法在裂缝和修补数据集上的定性比较

(a) 原始图像；(b) 真实值；(c) PAM；(d) FPHB；(e) DeepCrack；(f) BASNet；(g) PoolNet；(h) EGNet；
(i) NLDF；(j) DSS；(k) DHSNet；(l) PFAN；(m) DCL；(n) Amulet

2) 定量评估

实验从 F 值、MAE 两个方面对提出的方法与其他显著目标检测方法进行评估和比较，如表 2.9 所示。从表中可以看到，用 ResNet 作为编码模块的效果明显优于 VGG-16 作为编码器。对于 F_β 指标，在裂缝数据集和修补数据集上，PAM 所表现出的性能分别比次优方法高 0.15% 和 0.29%。对于 MAE 指标，在裂缝数据集和修补数据集上，PAM 所表现出的性能分别比次优方法高 0.13% 和 0.07%。此外，还绘制了两个数据集上所有对比方法的 PR 曲线，如图 2.32 所示。可以看出，PAM 在大多数阈值上优于其他方法，证明了该方法具有更高的可靠性与先进性。

表 2.9 对比方法在四个评估指标上的定量比较

数据集	裂缝数据集		修补数据集	
评价指标	$F_\beta \uparrow$	MAE↓	$F_\beta \uparrow$	MAE↓
骨干网络-VGG				
DCL	0.5876	0.0553	0.8955	0.0566
Amulet	0.5940	0.0611	0.8748	0.0746
PFAN	0.5941	0.0814	0.8668	0.0754
DSS	0.6833	0.0352	0.9083	0.0446
DHSNet	0.6507	0.0367	0.9014	0.0405
NLDF	0.6903	0.0369	0.9022	0.0457
FPHB	0.6295	0.0388	0.8908	0.0443
DeepCrack	0.6763	0.0346	0.8692	0.0516
骨干网络-ResNet				
EGNet	0.7257	0.0321	0.9069	0.0421
PoolNet	0.7118	0.0313	0.9027	0.0402
BASNet	0.7282	0.0306	0.9138	0.0386
PAM	0.7297	0.0293	0.9167	0.0379

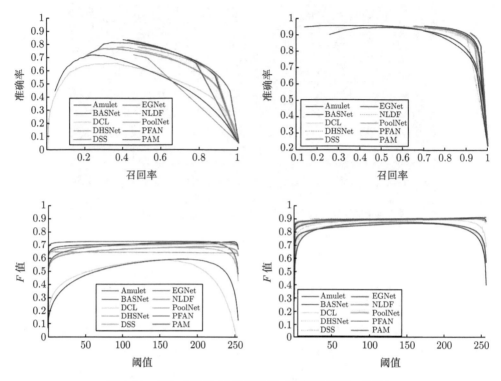

图 2.32   PR 曲线和 F 值示意图（彩图见封底二维码）

3. 消融实验与分析

这里将探讨所提出的显著性检测模型 PAM 中每个模块对检测结果的影响，验证其有效性。PAM 由四个模块组成，包括编码模块、金字塔特征提取模块（PFEM）、引导注意力模块（GAM）和细化残差模块（RRB）。实验使用相对复杂的裂缝数据集进行消融分析。为了验证每个模块的有效性，实验中逐渐将 PFEM、GAM 和 RRB 添加到编码模块中。同时，还验证了设计的损失函数的有效性。

（1）PFEM 的有效性。为了克服图像中路面缺陷区域位置和大小变化带来的检测困难，本节提出了 PFEM，该模块应用可拆分卷积 $1 \times k + k \times 1$ 和 $k \times 1 + 1 \times k$ 来获得多尺度的上下文信息，增强模型对缺陷的感知。结果如表 2.10 所示，加入 PFEM 后，F 度量提高到 0.7251，MAE 降至 0.0320。视觉效果图如图 2.33（d）所示，PFEM 对路面缺陷显著性检测具有有益效果并改善了结果，这表明提取多尺度上下文特征信息有助于检测凸显具有不同尺度和位置的缺陷区域。

（2）GAM 的有效性。GAM 包括通道注意力和空间注意力。前者利用高层级特征的语义信息引导低层级特征，增强低层级特征的分类信息。后者采用低层级特征信息引导高层级特征，以此增强高层级特征的空间位置。结果如表 2.10 所示，加入 GAM 后，F 度量提高到 0.7255，MAE 降至 0.0306。视觉效果图如图 2.33 (f) 所示，该模块在缺陷区域对比度相对较低的挑战中更加突出缺陷区域。

表 2.10　消融实验定量分析

	衡量标准	F 度量	MAE
模型	Baseline(B)$+l_{bce}$	0.6682	0.0373
	B+PFEM$+l_{bce}$	0.7251	0.0320
	B+PFEM+RRB+ l_{bce}	0.7252	0.0319
	B+PFEM+RRB+GAM$+l_{bce}$	0.7255	0.0306
	B+PFEM+RRB+GAM+RRB$+l_{bce}$	0.7260	0.0300
损失函数	$l_{bce} + l_{iou} + l_{ssim}$ (本书)	0.7297	0.0294

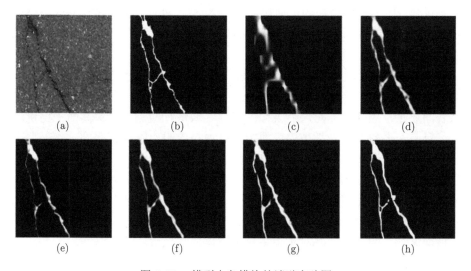

图 2.33　模型中各模块的消融实验图

(a) 原图；(b) 真实标签；(c) 基线模型；(d) B+PFEM；(e) B+PFEM+RRB；(f) B+PFEM+RRB+GAM；
(g) B+PFEM+RRB+GAM+RRB；(h) PAM

（3）RRB 的有效性。为了有效地细化网络提取特征，强化缺陷显著区域的边缘，本节引入了 RRB。结果如表 2.10 所示，F 度量提高到 0.7260，MAE 降低至 0.0300。如图 2.33(e) 和 (g) 所示，随着 RRB 的加入，缺陷区域的边界更加清晰。

（4）损失函数的有效性。实验中还证明了设计的损失函数的有效性，结果如表 2.10 所示，与单一的交叉熵损失函数相比，设计的损失函数有很大的优势。视觉效果图如图 2.33 (h) 所示，显著性预测图更加接近真实缺陷区域。

2.3 基于注意力机制的缺陷检测

2.3.1 脆性材料加工后表面质量检测

1. 案例背景

1）案例概述

这里将以 K9 光学玻璃加工后表面脆性区域与塑性区域为检测目标，讨论文献 [58] 所提出的基于人类视觉的无干扰高敏感边缘目标图像的分类判定与分割策略。

K9 光学玻璃由于具有良好的光学性能和较高的强度，成为广泛应用于包括计量、电子和光学等多个领域的光学材料[59]。同时，磨削工艺因成本低、加工效率高等优势，成为光学玻璃的主要粗加工技术[60]。然而，由于 K9 光学玻璃的硬度较高，磨削过程中易造成表面裂纹及损伤，将降低产品的表面质量和力学性能，从而限制产品的应用效益。

大量研究表明，K9 光学玻璃磨后表面常出现塑性或脆性变形区域，且这两种区域通常同时存在、相互交错且随机分布[61, 62]。由于脆性区域将直接影响磨后工件表面质量，因此，需对磨后表面的脆性区域进行检测，并对其面积比例进行量化。目前，多数 K9 光学玻璃表面特性是通过人类肉眼观察得到。然而，主观判断和肉眼观察速度无法满足高度自动化的工业 4.0 时代[63]。

考虑到现代工业制造的苛刻需求，工业生产中对光学玻璃磨后表面质量自动检测技术的需求愈加迫切。基于以上原因，本节将采用文献 [58] 提出的 AHVOS 技术（an adaptively human-vision-based object segmentation technique）检测 K9 光学玻璃磨后表面质量，并对实验结果进行评估与分析。

2）目标分割难点分析

如图 2.34 所示，K9 光学玻璃加工后表面常包含两种交叉分布的区域，即脆性区域和塑性区域，这两种区域又分别由随机分布的各子区域构成。该类图像目标检测面临的主要难点如下所述。

图 2.34 采集图像举例（彩图见封底二维码）

（1）同一图像中上述两种区域分布杂乱随机，各子区域间相互独立，且无规律可循。这是由材料的两种去除模式塑性变形和脆性断裂通常并存且随机发生所致[62]。

（2）不同图像中上述两种区域总面积无法预估。研究表明，这与切削深度有关[64]：随着切削深度的增大，脆性断裂总发生区域也增大，但由于发生区域的随机性，因此在所采集的图像范围内，脆性断裂区域不定。

（3）同一种区域的各子区域颜色不一致。这是由于在磨削过程中局部温度过高[62]，部分脆性区域被灼伤而呈现为深色，但温度过高只有达到一定加工条件时才会发生。

针对以上难点，可以采用实验应用文献[58]所提出的无干扰高敏感边缘目标分类与分割策略，并分析验证方法性能。

2. 实验设置

1）实验所采用工件和砂轮

本实验采用尺寸为 50mm × 15mm × 10mm 的 K9 光学玻璃样块（Glass Dynamics Ltd.）作为实验样件，相应的材料特性见表 2.11。在实验前，为降低之前制造生产过程中产生的潜在擦伤干扰，工件表面采用含磨粒的 #220、#400、#600、#1000 和 #1200 抛光液仔细打磨，直至表面粗糙度 Ra 达到 5μm。

表 2.11 所采用 K9 光学玻璃的材料特性

材料	杨氏模量/GPa	泊松比	硬度/GPa	20°C 屈服应力/MPa
K9	82	0.203	7.7	1900

考虑到金刚石砂轮在现代磨削领域中的广泛应用[59]，磨削实验是采用金刚石砂轮（JR Diamond Ltd.），砂轮具体细节见表 2.12。实验前采用修形砂轮（JR Diamond Ltd.，具体细节见表 2.12）对磨削砂轮进行修形，以保证磨削砂轮的切削能力。

表 2.12 实验采用的砂轮和修形砂轮的具体细节

	形状	尺寸	磨粒类型	磨粒尺寸	硬度	结构	黏接剂类型	金刚石含量
砂轮	平板	∅115mm×10mm	金刚石	150μm	M	6	陶瓷	100%
修形砂轮	平板	∅50mm×1.5mm	金刚石	60μm	W	5	金属	150%

2）实验设置

如图 2.35 所示，磨削实验在多功能磨削机床（Jones & Shipman Ltd.）上展开。样件被夹具固定在机床的工作台上。考虑到切削液可能干扰图像采集，因此实验过程中不使用切削液。

图 2.35　实验设置和图像采集系统（彩图见封底二维码）

考虑到本实验的目的并不是优化磨削参数，而是验证所提出目标分割技术的可行性和准确性，以及切削深度在脆性材料磨削过程中的材料去除模式中起关键作用[62,65]，因此在实验中采用不同切削深度以及固定不变的砂轮和工件速度。为获得塑性、塑性-脆性混合以及脆性的磨后表面，切削深度在较大范围内取值，具体见表 2.13。

表 **2.13**　实验采用的磨削参数

磨削参数	数值
切削深度 $a_p/\mu m$	0.1, 0.2, 0.5, 1.0, 1.2, 1.5, 2.0, 3.0, 4.0, 5.5, 10, 15, 20, 30
砂轮速度 $v_s/$（m/s）	16.5
工件进给速度 $v_w/$（m/min）	1.5

3）图像采集

如图 2.35 所示，图像采集系统由装载高性能长焦镜头（Tamron 180mm f3.5 macro，尼康株式会社）的高速相机（Y4-S2，IDT Vision Ltd.）和高频光源系统（Constellation 120E，IDT Vision Ltd.）构成。相机图像采集帧频为 50fps，曝光时间为 1ms。采集图像分辨率为 640 像素 × 480 像素，对应实际尺寸为 19.68μm × 13.68μm。

实验前，相机焦点将调至工件表面处，以便工件表面形貌可被清晰捕获。磨削过程中，相机机身和焦点位置均将保持不变，以便对整个磨削过程中的往复进给工件表面进行全程捕获，随后选取其中含有工件表面形貌的图像用于后续实验。

这里需要说明的是，如图 2.36（a）中位置 1 所示，若相机从工件表面正上方沿俯视方向采集图像，将受到砂轮及其保护罩的遮挡，影响采集视野（如图 2.36（a）中 L_1 所示）。因此，可以采用如图 2.36（a）中位置 2 所示的布置，即从工件侧上方进行图像采集。从图 2.36（a）中可以看出，位置 2 的采集视野明显增大（$L_2 > L_1$），且该布置的另一个优势是相机可固定在三脚架上，使得实验操作更简便。更重要的是，相机位置的改变并不会影响所采集图像中脆性区域和塑性区域的面积占比。理论上，如图 2.36（b）所示，位置 1 采集图像中脆性区域和塑性区域的面积比例分别为 $a \times b/(L_3 \times L_4)$ 和 $c \times d/(L_3 \times L_4)$。当采用位置 2 的相机布置时，所采集图像中两种区域的面积比例分别为 $a\sin\beta \times b/(L_3\sin\beta \times L_4)$ 和 $c\sin\beta \times d/(L_3\sin\beta \times L_4)$，不难看出，两种区域面积比例并未改变。因此，实验中采用位置 2 作为相机布置，其相机镜头和工件表面在水平方向和垂直方向的距离分别为 1.1m 和 1.4m，相对水平方向的倾斜角度为 20°。此外，考虑到所采集图像的可观度，这里将根据比例将图像进行拉伸扭转，扭转后图像如图 2.36 所示。

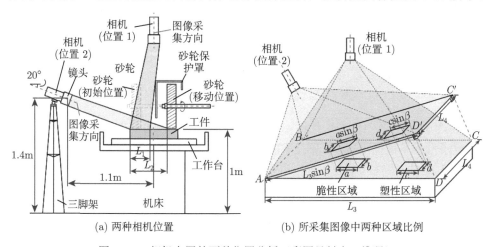

(a) 两种相机位置   (b) 所采集图像中两种区域比例

图 2.36   相机布置的两种位置分析（彩图见封底二维码）

3. K9 光学玻璃磨后表面质量检测

采用 AHVOS 技术检测 K9 光学玻璃磨后表面质量，将主要包含两个步骤：①对目标图像中待分割目标的自适应判断（详见文献 [58]2.4 节、2.5 节）；②根据判断类别，采用相应的目标分割策略进行处理（详见文献 [58]2.6 节）。

1）对目标图像中待分割目标的自适应判断

考虑到对任意输入图像中待分割目标类型的判断是文献 [58] 提出技术的重要核心内容之一，因此，将采用文献 [58] 中所提出的目标类别判断策略对所采集到的图像进行判断，并讨论和评价其判断结果的合理性与准确性。由于本实验中所采集图像均在相同的采集条件（光照、采集设备等）下获得，因此为提高处理效率，将采用目标类别判断策略对 10 幅采集样本图像进行的判断类别作为所有采集图像的类别。

采用文献 [58] 所提出的方法预处理图像所得 mg 为 0.81，由文献 [66] 可知，该参数下图像为高敏感边缘目标图像；所得 I_F 为 0.63，由文献 [67] 可知，该参数下图像为无干扰图像，因此，这里研究的表面脆性区域和塑性区域相互混杂的图像可采用文献 [58] 所提出的方法进行分割。

　　实际上，上述通过计算得到的目标类别与视觉观察也是较为一致的，这源于以下考虑：①无论脆性区域和塑性区域如何混杂，子区域如何随机分布，均可将其中一种区域作为检测目标，而另一种区域作为背景。除这两种区域外，图像中不再存在其他种类区域，因此，待检测图像为无干扰图像。②虽然两种区域分布混杂，形状随机，但两区域各子区域边缘清晰，其边缘对算法检测将较为敏感，因此，待检测图像为高敏感边缘图像。综上两点，待检测图像为无干扰高敏感边缘目标图像，验证了所提出的方法分类的正确性。

　　2）根据判断类别，采用相应的目标分割策略进行处理

　　根据 1）的判断，该类图像将采用文献 [58] 所提出的基于超像素与局部统计特征分析的分割策略进行分割。该策略仅有超像素个数这一参数需进行预设。这里考虑到采集图像尺寸为 640 像素 × 480 像素，且所采用超像素算法具有一定的根据目标边缘调整自身形状和尺寸的能力，因此，本节检测过程中超像素个数设为 250。

　　4. 分割结果准确率量化参数

　　为量化评估所提出目标分割技术的性能，实验结果量化验证将从以下两方面展开：

　　（1）脆性/塑性区域面积分割准确率 η_{area}；

　　（2）脆性/塑性区域边缘分割准确率 η_{boundary}。

　　如图 2.37 所示，η_{area} 和 η_{boundary} 分别被定义为正确检测的脆性/塑性区域面积 S_{proposed} 和边缘 B_{proposed} 与手动检测面积 S_{raw} 和边缘 B_{raw} 的比例，即

$$\eta_{\mathrm{area}} = \frac{S_{\mathrm{proposed}} \cap S_{\mathrm{raw}}}{S_{\mathrm{raw}}} \times 100\%\tag{2-55}$$

$$\eta_{\mathrm{boundary}} = \frac{B_{\mathrm{proposed}} \cap B_{\mathrm{raw}}}{B_{\mathrm{raw}}} \times 100\%\tag{2-56}$$

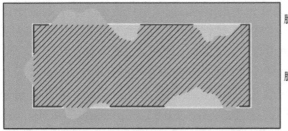

图 2.37　脆性/塑性区域面积和边缘检测准确率计算原理示意图（彩图见封底二维码）

需要注意的是，参数 η_{area} 和 $\eta_{boundary}$ 含义不同，两个参数分别预示了所提出技术在区域面积检测和边缘检测方面的准确率，如图 2.38 所示，当脆性区域面积检测准确率 $\eta_{area}|_{brittle}$ 接近 100% 时，边缘检测准确率 $\eta_{boundary}$ 可能仅为 43.6%。

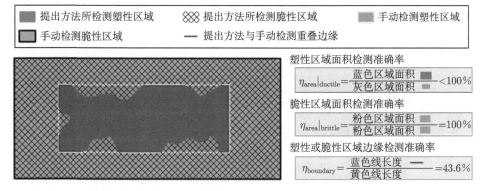

图 2.38　脆性/塑性区域面积和边缘检测准确率示意图（彩图见封底二维码）

另一点需要注意的是，同一幅图像中脆性区域和塑性区域的面积检测准确率 η_{area} 也是不同的，需要分别讨论。如图 2.38 所示，塑性区域 η_{area} < 100% 而脆性区域 η_{area} = 100%。因此，在实验验证中，参数 η_{area} 将详细划分为 $\eta_{area}|_{brittle}$ 和 $\eta_{area}|_{ductile}$，分别表示脆性区域和塑性区域面积检测准确率。

5. 实验结果与分析

1）分割所得脆性区域和塑性区域准确度的定性比较与分析

AHVOS 对 K9 光学玻璃磨后表面脆性区域和塑性区域的检测结果随机举例如图 2.39 所示。从图中不难看出，即使两种区域混杂在一起且边缘也较杂乱，该技术仍可识别出脆性区域和塑性区域，且检测结果和手动检测结果较为接近，甚至 AHVOS 可检测出手动检测过程中易出现误检或漏检的区域（图 2.39 中 "A"），同时可保留更细节的区域边缘，如图 2.39 中 "B" 所示。另一方面，无论图像中脆性区域占比较大（图 2.39 中图 (2)）还是塑性区域占比较大（图 2.39 中图 (5)），抑或两种区域占比相当（图 2.39 中图 (3)），AHVOS 均可检测出这两种区域，且结果与手动检测结果相近。

综上，AHVOS 之所以可解决这类图像的分割难点，主要是由于以下几点。

（1）AHVOS 中对无干扰高敏感边缘目标的分割策略所采用的融合基础（超像素）是离散且相互独立的，通过互不干扰地判断各超像素应融合的类别，可融合出混杂分布的上述两种区域。

（2）该分割策略并不以目标区域预估面积、形状等特征为依据进行超像素分割，而是通过吸附目标边缘将目标区域中各子区域聚集起来，因此无论图像中两种区域占比如何，文献 [58] 所提出技术均可准确检测出两种区域。

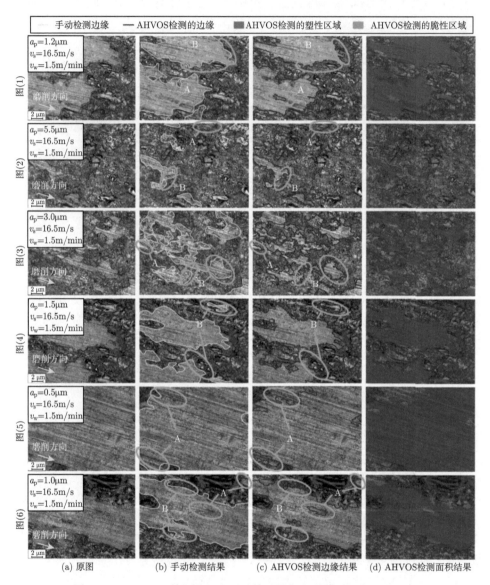

图 2.39　AHVOS 检测结果和手动检测结果（彩图见封底二维码）

（3）该分割策略融合超像素是以局部灰度统计特征为依据的，该特征在塑性区域和脆性区域具有不同纹理情况下可区分这种区域。由于塑性区域和脆性区域是在不同材料去除模式下产生，即两种区域的材料表面状态不同，因此在采集的图像中由成像原理不同而导致纹理不同。如图 2.40(a) 所示，在脆性磨削模式中，磨削工件表面呈断裂状态，导致较为粗糙的磨后表面，因此相机所采集图像为漫反射所成的像。而塑性磨削模式中，如图 2.40(b) 所示，由于磨后表面相对光滑，故反射方式更多为镜面反射，即入射光线以同一角度反射。因此，不同的成像原理反映在图像中表现为纹理特征不同。

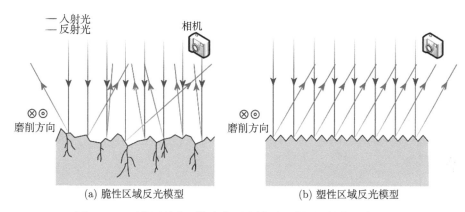

图 2.40　两种区域表面轮廓的反光模型（彩图见封底二维码）

2）分割所得脆性区域和塑性区域面积准确度的定量比较与分析

图 2.41 为 AHVOS 对图 2.39 中 K9 磨后表面脆性/塑性区域面积检测准确率统计结果。从图中不难看出，虽然 AHVOS 对不同图像的检测准确率有所浮动，但该策略对塑性区域最低检测准确率为 84.9%，最高为 95.1%，而脆性区域最低检测准确率为 86.2%，最高为 94.8%，高数据证明了该策略的高检测准确率。另一方面，该策略检测准确率平均标准差低于 3.1%，证明了该分割策略的检测稳定性高。高检测准确率和高稳定性表明该策略可适用于具有各种特征的磨后表面质量检测，同时也说明了该策略中基于局部灰度统计直方图特征分割目标的正确性。

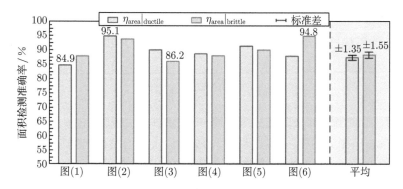

图 2.41　脆性/塑性区域面积检测准确率统计结果（彩图见封底二维码）

3）分割所得脆性区域和塑性区域边缘准确度的定量比较与分析

图 2.42 为 AHVOS 对图 2.39 中 K9 磨后表面脆性/塑性区域边缘检测准确率统计结果。从图中可以看出，虽然边缘检测准确率没有面积准确率数值高，但它仍是可观的：其最高边缘检测准确率为 86.7%，最低也可达 78.2%。之所以边缘检测准确率数值较面积检测准确率低，可能是由于 AHVOS 对无干扰高敏感边缘目标可识别出杂乱的细节边缘，但这些边缘难以被手动细致划分出，从而导致两种边缘在细节处无法重合，而统计边缘检测准确率时恰以重合边缘的比值为依据。从图中还可以看出，该分割策略边缘检测准确率平均标准差仅为 2.3%，说明了该分割策略在边缘检测方面具有高稳定性。

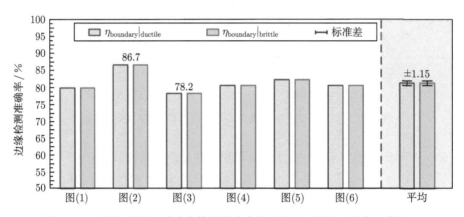

图 2.42　脆性/塑性区域边缘检测准确率统计结果（彩图见封底二维码）

6. 延伸与讨论

1）工件去除模式检测准确率

检测表面脆性区域和塑性区域的最终目的是判断工件去除模式，这里采用工件去除模式检测准确率 η_{mode} 参数，再次检验 AHVOS 对无干扰高敏感边缘目标分割的准确性。

η_{mode} 为正确检测出磨削模式的图像数 N_{correct} 与实验总图像数 N_{all} 的比值，可表示为

$$\eta_{\mathrm{mode}} = \frac{N_{\mathrm{carect}}}{N_{\mathrm{cll}}} \times 100\% \tag{2-57}$$

其中，每幅图像中工件去除模式是根据不同磨削模式中脆性/塑性区域占比，由 AHVOS 自动检测到的各区域比例推算得知。而不同磨削模式中脆性/塑性区域占比可参考不同学者从不同研究角度或模型角度给出的范围。

图 2.43 显示了所提出技术与文献 [65] 以及文献 [64]，[68] 对 K9 光学玻璃磨削表面手动观察的去除模式的对比结果。从图中可以看出，虽然这几篇文献所

定义的去除模式中脆性、塑性区域比例不同，但根据 AHVOS 检测结果判定的去除模式，与文献 [65] 以及文献 [64]，[68] 的手动判定去除模式一致，从而说明 AHVOS 对无干扰高敏感边缘目标分割的准确性。

例子 (1)文献[65]			—— 塑性区域边缘
背景			
○ 文献[65]中定义的磨削模式: 3 种(即塑性、塑性–脆性混合、脆性模式)			
○ 文献[65]中每种磨削模式中脆性区域比例 ζ_b: (i) 塑性模式: $\zeta_b < 15.2\%$ (ii) 塑性–脆性混合: $15.2\% < \zeta_b < 85.7\%$ (iii) 脆性模式: $\zeta_b > 85.7\%$			
结果			
ζ_b 5.5%	15.5%	41.6%	94.6%
文献中所属模式 塑性	塑性–脆性混合	塑性–脆性混合	脆性
根据AHVOS检测结果所属模式 塑性 (成功)	塑性–脆性混合 (成功)	塑性–脆性混合 (成功)	脆性 (成功)

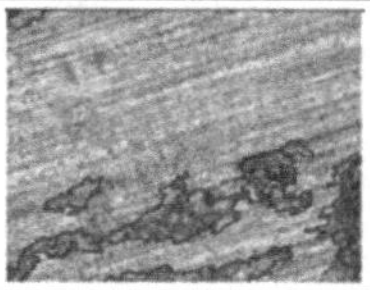

例子 (2)文献[64], [68]			
背景			
○ 文献[64], [68]定义的磨削模式: 4 种(即塑性、半塑性、半脆性、脆性模式)			
○ 文献中每种模式中脆性区域比例 ζ_b: (i) 塑性模式: $\zeta_b < 1.5\%$ (ii) 半塑性模式: $1.5\% < \zeta_b < 15.7\%$ (iii) 半脆性模式: $1.5\% < \zeta_b < 83.1\%$ (iv) 脆性模式: $\zeta_b < 83.1\%$			
背景			
ζ_b 95.7%	81.4%	11.3%	0.9%
文献中所属模式 塑性	半塑性	半脆性	脆性
根据AHVOS检测结果所属模式 塑性 (成功)	半塑性 (成功)	半脆性 (成功)	脆性 (成功)

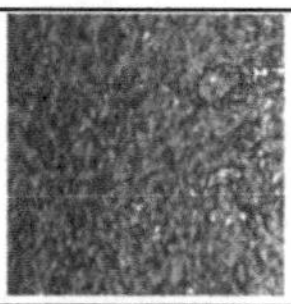

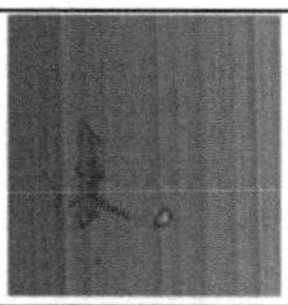

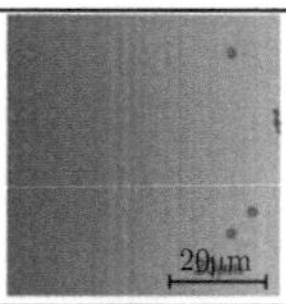

图 2.43 AHVOS 技术与其他文献的工件去除模式检测准确率的对比（彩图见封底二维码）

2）检测速度

由于文献 [58] 所提出技术旨在图像检测应用，故这里将讨论 AHVOS 的检测速度。

文献 [58] 所提出技术采用 MATLAB 编程、编译，并使用 CPU 型号为英特尔 Core i7-6500U 2.5GHz 的计算机进行运算。AHVOS 处理图 2.39 中的 6 幅图像总用时仅 8.76s，即接近 1.46s 每幅。显然，即使是手动测量操作员对显微设备操作极其熟练，也很难在 1.46s 内准确检测两种区域并计算所占比例，从而表明了 AHVOS 的先进性和意义。

3）K9 光学玻璃磨削机理研究

虽然大量实验研究过 K9 光学玻璃磨削机理 [64, 65, 69]，但大多需在停止磨削后取出工件进行。因此，很难观测到磨削过程中表面的同一位置，而这可能会限制磨削机理研究的可靠性。AHVOS 可在线自动检测磨后表面，使得对磨削表面某一点的自动观测成为可能，甚至砂轮刚通过的工件表面也可被观测到。

考虑到磨削深度对脆性材料磨削模式具有巨大影响 [65]，需要讨论不同磨削深度和固定砂轮、工件速度对磨削模式的影响。如图 2.44 所示，根据 AHVOS 对 K9 磨后表面某一固定位置的观测，新的发现如下所述。

（1）K9 光学玻璃固定位置的磨削机理与经典脆性材料的磨削机理有较大差异，即磨削深度的一个小变化可能会完全改变材料的去除模式和磨后表面形貌。

当磨削深度小于光学玻璃塑性-脆性转换阈值（约为 0.4μm[65]）时，磨后常为光滑、高质量且没有脆性裂纹的表面，如图 2.44（a）所示。磨粒-工件间交互作用导致的小沟槽及规律屑堆同磨削方向一致，与磨后金属表面相似。

当磨削深度超出阈值时，表面将开始出现小尺度裂纹，如图 2.44（b）所示。当磨削深度继续增大时，这些小裂纹会衍变为大尺度（或云状）裂纹，导致大破碎碎片以及粗糙的磨后表面，如图 2.44（c）所示。

（2）对于同一位置，磨削模式不定，即使磨削深度增加，磨削模式也有可能由脆性模式变为塑性模式（通常先出现塑性模式再出现脆性模式），见图 2.44（b）和（c）"A 点"位置处。这意味着磨削深度增加在宏观尺度可能表现为增加脆性区域总面积，但对某一局部固定位置而言，磨削形貌由微观尺度上磨粒切深决定，而这与微观磨粒突出高度和宏观磨削深度均相关。

（3）当磨削深度从 0.1μm 增长到 5.5μm 时，脆性区域占比一般在 0.3%～81.1% 范围内变化。这意味着，从理论角度而言，通过选择合适磨削参数，可在磨削效率和磨后表面形貌/质量间达到更好的平衡。

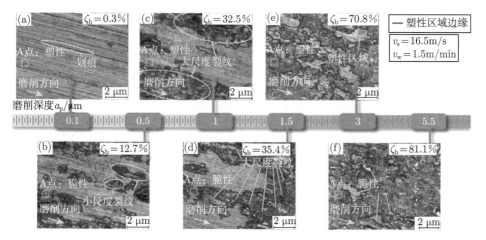

图 2.44 不同磨削深度和相同砂轮工件运行速度下 K9 磨后表面在线检测结果（彩图见封底二维码）

2.3.2 金属成型过程中钢板表面覆盖油污检测

1. 案例背景

1）案例概述

这里将以冷轧过程中硅钢板表面覆盖透明油污的检测为应用案例，研究并讨论 AHVOS 技术中针对有干扰高敏感边缘目标图像的分类判定与分割策略。

作为金属制造领域的关键加工技术，冷轧是使用最广泛的成型工艺之一[70]。由于具有加工效率高、加工质量好的特点，超过 45％的金属制品由冷轧工艺加工生产[71]。然而，在轧制生产线中存在各种因素，如原料中的杂质、过度磨损及不恰当的加工参数等，不可避免地在加工金属表面产生如裂纹、划痕、振纹、辊印等缺陷[72]。这些缺陷会影响钢板产品的表面质量，而钢板表面质量低下又将直接造成经济效益和效率损失[73]。因此，很久以前，人们便意识到表面质量检测的重要性。

钢板表面质量检测的终极目标主要在于节省人力物力，对钢板生产实现实时在线智能监控。钢板表面质量检测技术主要经历了三个阶段：人工检测、传感器检测以及当前机器视觉检测技术，如表 2.14 所示。

目前钢板表面质量检测系统即机器视觉检测，主要包括图像采集设备和计算机系统，如图 2.45 所示。从图 2.45 中不难看出，图像采集设备常固定在钢板上下方（下方装置与上方相同，这里因为图像篇幅并未显示）以便采集钢板表面图像。图像采集设备外常设有保护罩以隔离生产线中灰尘、工业用油等污染和损伤，保护采集设备。图像采集设备通常主要包括相机和光源。相机主要分为线阵 CCD 相机和面阵 CCD 相机。线阵 CCD 相机是通过逐行扫描方式采集整个钢板表面，且每行可以扫描很宽的范围，扫描速度也很快，但线阵 CCD 相机一般不适用于钢板表面有跳动的情况。而面阵 CCD 相机是对二维表面进行扫描从而获取相应的二维表面图像，它在钢板有轻微跳动的情况下也可使用,并通过多个相机同步采集钢板表面图像以及进行图像拼接等操作,可实现对钢板完整表面的实时处理和监测。光源方面,不同钢板表面质量检测系统常需要综合各方面因素(如钢板表面状况、相机曝光时间以及钢板运动速度等)进行选择。通常,冷轧钢板宜选择光强度适中的光源,如荧光灯、LED光源等,而对于热轧钢板,则适宜选择频闪高亮光源。

表 2.14　　钢板表面质量检测技术的三个阶段

阶段	原理	时间	主要检测手段	优势	劣势
一	人工检测	19 世纪到 20 世纪 50 年代初	肉眼	简单,成本低	(1)检测有效速度低; (2)视觉灵敏度低; (3)人体功能方面的影响
二	传感器检测	20 世纪 60～70 年代	涡流检测、漏磁检测、磁气检测、电容检测、浸透检测	(1)可检测表面缺陷及内部微小缺陷; (2)检测精度较高,可检测到 $5\times10^{-4}\,\mathrm{mm}^3$ 的微小缺陷	(1)被检物具有局限性; (2)缺陷定量描述参数和可检缺陷种类有限; (3)无法综合评估表面质量
三	机器视觉检测	20 世纪 70 年代至今	激光扫描、电荷耦合器件(CCD)相机扫描	(1)非接触、灵敏度高、响应快、自动化,可在线检测; (2)可检缺陷种类多、精度高; (3)可综合判定产品质量	(1)对光照条件要求高; (2)对图像处理算法要求高

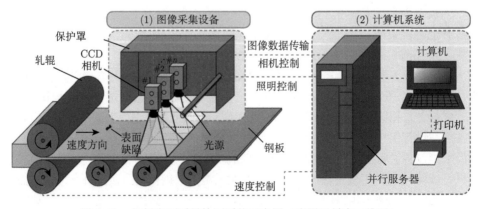

图 2.45　　钢板表面质量检测系统示意图(彩图见封底二维码)

由图像采集设备采集的图像数据将被传输到计算机系统，以便进行后续处理。计算机系统常包含并行服务器、计算机和输出设备（如打印机等）。并行服务器主要是通过图像处理方法或计算机视觉技术对图像数据进行处理，以识别、测量并统计钢板表面缺陷，该服务器常包含很多计算单元，每个计算单元对应一台相机，处理该相机所采集图像数据，然后服务器通过图像匹配等方法完成图像拼接，以便对整个钢板产品进行质量评估。由并行服务器处理完成的结果同步显示在计算机上，以便工作人员对钢板质量和生产线运行状态进行实时在线监控，及时发现问题，调整生产设备，降低经济损失。而输出设备则是将最终得到的质量评估报告打印出来附在相应钢板上，以便工作人员定位钢板质量、价格及用途。

由于钢板表面质量检测系统具有自动化、在线、不损伤钢板等优势，故得到广大学者和企业的广泛研究。目前，已有接缝[74]、皱纹[75]、裂纹[76]、白锈[77]、点腐蚀、凸起以及辊印[77]等缺陷由该系统检测出。

然而，虽然已有多种缺陷被检出，但钢板表面覆盖的油污（例如润滑剂、冷却液、轧制油）却鲜少被研究。事实上，由于冷却或润滑的要求、轧辊之间间隙、轧辊压力调节不当或轧辊磨损和老化，冷轧过程中油污不可避免地出现在钢板表面。油污无法完全被去除，甚至去除的过程中反而会留下液体边缘痕迹或其他去除液体的痕迹，使检测更加困难[78]，继而影响其他缺陷的检测，甚至对钢板表面综合质量的评定造成不良影响[79]。

基于以上原因，可以采用 AHVOS 技术检测冷轧过程中硅钢板表面覆盖的油污，并对结果进行评估与分析。

2）目标分割难点分析

如图 2.46（a）所示，该类图像检测过程中主要包含三个难点。

（1）硅钢板背景区域和油污区域对比度较低，从而油污区域很难被分割出。这是由油污的透明性所导致。

（2）油污部分高亮度边缘常随机与缺陷一同被检测出，从而造成误检。这是由于油污的反光性造成油污区域亮度相差较大。

（3）硅钢板表面存在大量纹理对油污区域分割造成干扰。这是由于背景纹理中灰度极值点与油污像素灰度相近，而与周围其他像素灰度又有较大差异，导致灰度极值点被误检出，且难以被滤波直接滤除，从而增加了检测难度。

如图 2.46（b）为采用传统中值滤波及坎尼（Canny）边缘检测对图 2.46（a）进行分割，其中，中值滤波是为了去除纹理干扰，Canny 边缘检测是为了检测油污边缘。从结果不难看出，该传统方法无法将油污边缘完整拾取出来，纹理干扰也无法完全去除。

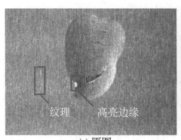
(a) 原图

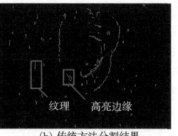
(b) 传统方法分割结果

图 2.46　采集原图与传统方法分割结果

针对以上难点，可以通过实验，应用文献 [58] 所提出的针对有干扰高敏感边缘目标的分类与分割策略，并分析其性能。

2. 实验设置

1）实验所采用样件和工业油

考虑到硅钢板可用作发动机、发电机等的核心器件，且是目前工业中重要的金属材料之一，故本实验采用型号 35W230 的硅钢板（鞍钢集团有限公司）作为样件，其宽度（标记为 W_h）为 100mm。

实验所采用工业油为广泛应用于辊轧、铣削、抛光等生产线的 CRO 润滑油（型号 Quakerol Co., Ltd.）。由于该工业油呈淡黄色透明状，故作为覆盖钢板表面缺陷的油污，用以得到有干扰目标图像较为合适。

2）图像采集

图像采集设备采用 LED 光源（型号 HLND-1200-SW2，CCS Co., Inc.，日本）与面阵 CCD 相机（型号 acA640-90uc，Basler AG，德国）。该相机帧频（标记为 f）为 90fps，采集图像分辨率为 640 像素 × 480 像素（标记为 $M \times N$），该分辨率对应实际尺寸为 21.5mm × 16.1mm（标记为 $M_{\mathrm{real}} \times N_{\mathrm{real}}$）。如图 2.47 所示，为提供较均匀光线，光源被固定在钢板上方，与垂直方向倾斜角度为 30°，相机被直接固定在钢板正上方直对钢板表面。

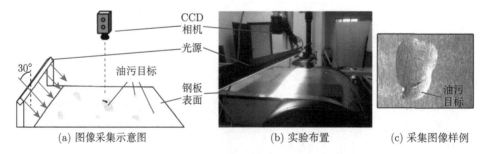
(a) 图像采集示意图　　　　　　　(b) 实验布置　　　　　(c) 采集图像样例

图 2.47　图像采集系统及采集图像样例

3）实验设置

为评估 AHVOS 技术对冷轧硅钢板表面油污的检测准确率和实用性，本节分别采用不同数量油污覆盖（1 滴和 2 滴）的硅钢板表面图像进行实验验证。为降低随机误差，相同数量油污实验随机挑选 50 幅图像开展实验并统计结果，以平均值作为最后结果。

3. 冷轧后硅钢板表面透明油污检测

AHVOS 技术在冷轧过程中硅钢板表面透明油污的检测中将主要包含两个步骤：①对目标图像中待分割目标的自适应判断（详见文献 [58]2.4 节、2.5 节）；②根据判断类别，采用相应的目标分割策略进行处理（详见文献 [58]2.7 节）。

1）对目标图像中待分割目标的自适应判断

这里仍采用对 10 幅采集样本图像的综合分类判断作为本节实验中所采集到的其他图像的分类。采用文献 [58] 所提出技术预处理图像所得 mg 为 0.87（详见文献 [58]2.4 节），由文献 [66] 可知，该参数下图像为高敏感边缘目标图像；所得 I_F 为 0.16（详见文献 [58]2.5 节），由文献 [67] 可知，该参数下图像为有干扰图像，因此，所研究的硅钢板表面覆盖油污的图像可采用文献 [58]2.7 节所提出的策略进行分割。

实际上，考虑到：①硅钢板表面存在大量纹理，且油污具有透明性，因此，图像背景与油污覆盖区域的纹理相似，从而形成干扰；②虽然油污区域与背景间对比度较低，但由于液体具有一定张力和厚度，则大部分油污区域边缘较为清晰明确，因此油污边缘将对检测算法具有高敏感度。综上两点，待检测图像为有干扰高敏感边缘目标图像，这与采用 AHVOS 技术的判断一致，验证了该技术对此类图像的分类正确性。

2）根据判断类别，采用相应的目标分割策略进行处理

根据 1）的判断，该类图像将采用文献 [58]2.7 节所提出的有干扰高敏感边缘目标分割策略对其进行检测。该分割策略仅有超像素个数这一参数需进行设置，与 2.3.1 节相似，仍将超像素个数设为 250。

由文献 [58] 所提出的有干扰高敏感边缘目标分割策略得到分割结果如图 2.48（a）所示，由于该类图像中背景颜色具有一致性，相较于油污目标，更易获得背景区域。因此，这里采用提取背景的方式间接分割出油污目标。将图 2.48（a）中背景区域设为 0，其余区域设为 1，可得图像二值图，如 2.48（b）所示。将图 2.48（b）与原图相乘可得最后分割结果，如图 2.48（c）所示。

注意到，油污可能会覆盖其他钢板表面缺陷，但考虑到这里讨论的是文献 [58] 所提出技术对有干扰高敏感边缘目标的分类与分割性能，因此，这里不再对油污覆盖下缺陷分割进行讨论。

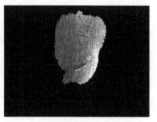

(a) AHVOS分割结果　　　　　(b) 二值结果　　　　　(c) 分割所得油污目标

图 2.48　目标提取流程示意图

4. 分割结果准确率量化参数

为量化评估所提出技术的分割性能，实验结果量化验证从以下两方面展开：

（1）油污数量分割准确率 n_s；

（2）油污面积分割准确率 r_s。

n_s 为油污数量分割的准确率，可表示为

$$n\_s = \frac{\text{num}_{\text{cor}}}{\text{num}_{\text{all}}} \tag{2-58}$$

其中，num_{all} 表示实验所采用所有图像数；num_{cor} 表示采用 AHVOS 技术检测所得油污数量与手动检测油污数量相同的图像个数。所检测得到的油污数量可由油污连通区域的个数进行统计。

设油污区域二值图（图 2.48（b））中坐标为 (x,y) 的像素值为 $f(x,y)$，则油污数量为：满足 $f(x,y) = 1$ 的像素所构成连通区域的个数。设第一个满足 $f(x,y) = 1$ 的像素为 $B_1(x_1,y_1)$，则油污数量 h 可表达为

$$h = \begin{cases} 1, & \text{若存在} B_1(x_1,y_1) \\ h, & \text{若} B_\mu(x,y)\Theta B_{\mu-1}(x,y), \quad \mu = 2,3,\cdots \\ h+1, & \text{其他} \end{cases} \tag{2-59}$$

其中，$A\Theta B$ 表示区域 A 与区域 B 连通；$\mu = 2,3,\cdots$ 用来遍数所有满足条件的像素。

r_s 为油污面积分割的准确率，可表示为

$$r\_s = \frac{s_{\text{seg}}}{s_{\text{man}}} \tag{2-60}$$

其中，s_{seg} 表示采用 AHVOS 技术得到的油污面积；s_{man} 表示手动分割所得油污面积。图像中油污面积 s_{p} 可由油污像素个数进行统计，可表达为

$$s_{\text{p}} = \sum_{B(x,y)=1} 1 \tag{2-61}$$

随后，根据图像实际大小 $M_{\text{real}} \times N_{\text{real}}$ 与像素尺寸 $M \times N$，可得到油污区域实际面积 s_{real} 为

$$s_{\text{real}} = s_{\text{p}} \times \frac{M_{\text{real}} \times N_{\text{real}}}{M \times N} \tag{2-62}$$

5. 实验结果与分析

1）分割所得油污目标准确度的定性比较与分析

图 2.49 为采用 AHVOS 技术得到的不同数量透明油污的视觉检测结果举例。从图中可以看出，AHVOS 不仅适用于单油污分割（图 2.49（a）～（d）），也适用于多油污分割（图 2.49（e）～（h））。且即使油污内部区域存在较大的颜色差异（见图 2.49（b）和（g）中 "A" 和 "B" 区域），油污仍可被检测出，说明 AHVOS 对有干扰高敏感边缘目标检测的实用性。

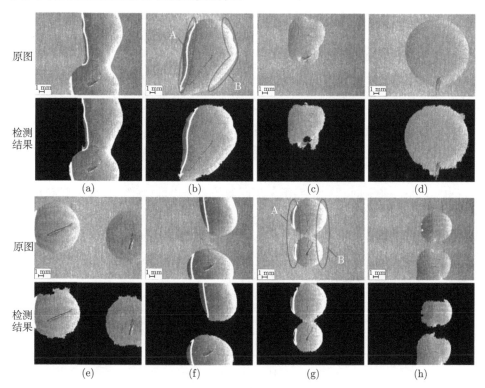

图 2.49　采用 AHVOS 技术得到的不同数量透明油污的视觉检测结果（彩图见封底二维码）

2）分割所得油污目标统计准确率的定量比较与分析

采用 AHVOS 技术分割油污目标的准确率统计结果如表 2.15 所示，从表中不难看出，对于单油污图像，油污个数检测的平均准确率为 96%；而对于多油污图像，油污个数检测的准确率虽稍有下降，然而其数值也保持在 90% 以上。多油

污检测的准确率有所下降，可能是部分图像中油污连通到一起，从而导致油污个数的 AHVOS 统计结果与手动统计结果不同。

表 2.15　　油污分割检测准确率统计结果

油污分割检测准确率	单油污图像		多油污图像	
	n_s	r_s	n_s	r_s
平均值	96.0%	93.4%	90.2%	91.6%
最大值	—	99.1%	—	98.5%
最小值	—	83.4%	—	79.9%

事实上，由于油污具有透明性，油污部分边缘难以识别，尤其当油污较薄时，即使肉眼也难以准确识别，因此油污干扰面积的准确检测是困难的。而且，当油污面积较小（小于 $1.2\ \text{cm}^2$）时，油污受纹理的干扰更强，这将导致准确检测更为困难。即使如此，从表 2.15 中可以看出，AHVOS 技术对油污面积检测的平均准确率可达 91.6% 以上，最低检测准确率也接近 80%，从而证明了该技术对有干扰高敏感度边缘目标分割的准确性。

6. 延伸与讨论

1）钢板表面图像拼接

将采集到的图像进行拼接以获得所生产钢板完整表面图像，这是评估表面质量和监控生产线运行状态的一种直接手段，因此这里将讨论获得拼接图像的过程和方法。

事实上，在辊轧过程中，用于采集图像的多台相机被固定在钢板上下方并同时采集钢板表面图像（图 2.45）。因此，为关联各台相机所采集图像，两台相邻相机所采集图像中钢板表面常有所重叠，如图 2.50 所示。图像拼接原理便是通过匹配同时刻所采集图像中的重叠长度 $L1$（图 2.50（a）），以获得当前时刻所采集钢板宽度方向的完整表面图像。

重叠长度 $L1$ 可由下式计算：

$$L1 = (a_{\text{real}} \cdot n - W)/(n - 1) \tag{2-63}$$

其中，n 表示采集钢板宽度方向的完整图像所需相机数，可由下式计算得到：

$$n > \frac{W}{a_{\text{real}}} \quad (\text{s.t. } n \in \mathbb{N}^*) \tag{2-64}$$

类似地，相机采集范围在钢板进给方向也有重叠，将该方向重叠长度 $L2$ 段图像进行匹配拼接，即可获得钢板表面完整图像，如图 2.50（b）所示。

重叠长度 $L2$ 可计算为

$$L2 = b_{\text{real}} - \frac{v}{f} \tag{2-65}$$

其中，v 表示辊轧速度（$v = 1.35$m/s）。

经计算，$L1$ 为 1.875mm，$L2$ 为 1.1mm。拼接后钢板表面某段完整图像如图 2.50（c）所示。从图中不难看出，随着时间推移，钢板表面出现的油污个数和面积越来越多，甚至这段钢板表面末端出现了较为严重的油污，这预示着生产线的运行状态越来越糟糕。因此，通过采用文献 [58] 所提出技术，系统运行问题可及时被检查出并进行改善，以将损失降到最低。

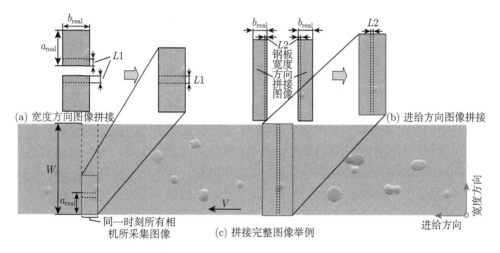

图 2.50　钢板表面图像拼接过程

2）检测速度

为与生产线运行同步，实现在线检测，文献 [58] 所提出技术的检测速度是一个非常重要的评价参数，这里将讨论该技术的检测速度。

由于并行服务器由多个计算单元组成，而每个计算单元对应处理一台相机所采集图像，因此生产线要求的检测速度与相机的帧频有关，在本节研究中，相机帧频为 90fps，也就是，每幅图像需在 0.011s 内（即两幅图像的采集时间间隔）完成检测。

根据大量实验统计，文献 [58] 所提出技术对一幅图像的平均处理时间为 0.01s（计算平台为英特尔志强 Xeon14 工作站，处理器主频 3.6GHz、运行内存 64GB），根据上述分析可知该时间小于生产线要求。

根据以上分析可知，文献 [58] 所提出技术的检测速度可满足生产线的在线要求。然而，需要注意的是，文献 [58] 所提出技术常被用作整个检测过程的第一步，其他后续操作（如特征提取和缺陷分类等过程）也需要执行时间。因此，文献 [58] 的后续研究工作将集中在提高该技术检测速度方面。

2.3.3　脆性材料加工后亚表面损伤检测

1. 案例背景

1) 案例概述

这里将以 K9 光学玻璃亚表面的损伤检测为应用案例，研究并讨论 AHVOS 技术中针对无干扰低敏感边缘目标图像的分类判定与分割策略。

在磨削过程中，K9 光学玻璃除了在表面易产生塑性区域与脆性区域外，在亚表面也易产生损伤 [68, 80]，这种损伤通常由加工表面横向裂纹和向工件底部垂直蔓延数十微米的纵向裂纹组成 [64]。而且研究发现，亚表面损伤（SSD）极易降低 K9 机械和光学性能 [81, 82]，因此，人们采用各种方法来评估 K9 光学玻璃磨削过程引起的亚表面损伤，这些方法通常可被分为间接方法和直接方法。

间接方法是基于某些物理、化学和力学原理评估亚表面损伤深度，因此该类方法可避免任何附加操作所产生的新裂纹。例如，Lundt 等 [83] 利用扫描红外线去极化效应，分析穿透 K9 玻璃基底后消失的光线波段，对 K9 亚表面裂纹进行了量化，然而，该方法需精确控制红外激光束能量，否则可能烧坏 K9 玻璃样品。Aida 等 [84] 基于阴极发光效应评估了光学玻璃在磨削过程中产生的亚表面损伤及其深度，然而，已有实验 [85] 证明了电子冲击光学玻璃会降低玻璃性能（如光透射率）。Li 等 [60]、Lv 等 [82] 以及 Yao 等 [68] 通过一系列研究建立了表面粗糙度与亚表面损伤深度之间的数学关系，使得亚表面损伤深度可通过测量表面粗糙度获得，然而，上述研究常需进行大量假设，使得结果与实际情况存在偏差。总体讲，虽然间接方法评估亚表面损伤时，通常不会产生新的损伤，然而，该类方法的评估需昂贵设备、专业知识以及复杂计算过程，且更为重要的是，材料瑕疵对检测与测量精度的影响较大 [65, 86]。

相较之下，直接方法通常被认为对亚表面损伤评估的可信度更高，由于采用直接方法进行测量时表面裂纹在某种程度上是暴露的，因此裂纹可见且可检测度高。采用直接方法进行测量的研究如下所述。Tonshoff 等 [87] 以及 Esmaeilzare 等 [88] 均提出了角度抛光方法（APM），该方法中 K9 光学玻璃工件以倾斜 30° 方向被抛光，从而暴露亚表面损伤以进行直接测量，实验结果也证明了该方法的可行性，然而，抛光操作仍可能会产生新的亚表面损伤。Pei 等 [89] 提出了局部抛光方法（SPM），即磨削前将 K9 玻璃样品劈开分成两部分，随后将截面进行抛光以消除裂纹，最后将两部分黏接在一起进行磨削；磨后，通过融化黏接剂可直接观测磨削产生的截面裂纹；然而，随着第二相材料（如胶）的引入，带有黏接剂的样品与原光学玻璃在磨削过程中表现出的性能可能存在差异。尽管与间接方法相比，直接方法对亚表面损伤的评估更可信，但在采用直接方法对亚表面损伤检测过程中，始终需要人为观察。

基于以上原因，可以采用 AHVOS 技术对 K9 光学玻璃磨削过程引起的亚表面损伤进行检测，并通过实验评估与分析其分割性能。

2）目标分割难点分析

如图 2.51 所示，该类图像的检测主要存在以下几个难点。

（1）不同图像中目标（SSD）颜色不一致且形状往往细长。在采集图像时由于光照、反射和拍摄角度不同，目标在图像中有时呈现深色（如黑色），有时呈现浅色（如白色），如图 2.51 所示，且亚表面损伤目标中纵向裂纹往往形状细长，这种颜色的不一致与形状的细长，导致在检测过程中的每一步均要考虑是否能同时检测这两种情况，给检测带来难度。

（2）亚表面损伤目标中纵向裂纹边缘在图像中易呈模糊状态，从而导致检测困难。这可能是由于磨削过程中易造成裂纹边缘厚度极薄，而脆性材料具有的透明性使得裂纹边缘易表现模糊。

（3）由于人为放置、镜头放大等原因，图像中工件表面多数情况下是倾斜的，如图 2.51 所示，基于亚表面损伤目标在文献 [90] 中的定义，亚表面损伤目标的深度应是图中的 "SSD"，而不是 "LL"，然而，大多数显微镜无法识别倾斜。

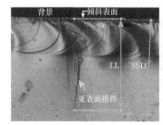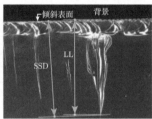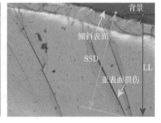

图 2.51 亚表面裂纹检测过程中横截面图像（彩图见封底二维码）

针对以上难点，可以应用文献 [58] 所提出的针对无干扰低敏感边缘目标的分类与分割策略，通过实验分析验证其性能。

2. 实验设置

1）实验所采用工件和砂轮

实验采用尺寸为 25mm × 25mm × 25mm 的 K9 光学玻璃样块（Zenni Optics Co.）作为实验样件。在实验前，使用含磨粒的 #220，#400，#600，#1000 和 #1200 抛光液仔细打磨工件表面，以降低之前制造过程中可能存在的擦伤干扰。

磨削实验所使用的金刚石砂轮为 D120N100V751/8（JR Diamond Tools Co.）。实验前采用修形砂轮（D80S100V61/6，JR Diamond Tools Co.）对磨削砂轮进行修形，以保证磨削砂轮的切削能力。

2）实验设置

实验设置如图 2.52 所示。磨削实验在磨削机床（M7150，沈阳机床股份有限公司）上开展，实验样件被夹具固定在机床的工作台上。本实验采用不同切削深度参数、相同砂轮和工件速度的实验方法，以获得不同深度的亚表面损伤图像，便于对所提出技术的检测性能进行验证。具体磨削参数如表 2.16 所示。

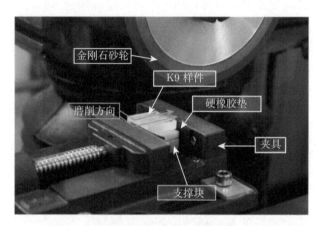

图 2.52　实验设置（彩图见封底二维码）

表 2.16　磨削参数选用

磨削参数	数值
切削深度 $a_p/\mu m$	0.1, 0.2, 0.5, 0.8, 1.0, 1.2, 1.5, 2.0, 2.5, 2.7, 3.0, 3.5, 3.9, 4.0, 5.5, 6.0, 7.1, 8.0, 9.0, 10.0, 11.0, 12.0, 13.0, 14.0, 15.0, 20.0
砂轮速度 $v_s/$ (m/s)	11, 12.4, 13.8, 15.3, 16.5, 17.9, 19.2, 20.6
工件进给速度 $v_w/$ (mm/min)	2, 10, 20, 30, 40, 50, 60, 70, 80, 90, 100

3）图像采集系统

显微镜采集图像前，对工件进行预处理以便亚表面损伤被观察到。如图 2.53 所示，首先，在工件表面涂覆 2 ~ 3μm 镍层以防止后续预处理带来新的损伤。随后，在远离待检测亚表面损伤的一端的工件背面切开 1mm 宽的豁口，但豁口并不完全切断工件，而是与工件另一侧表面间存在 5mm 的未切距离。这也是为避免完全切开过程中，亚表面产生裂纹重叠在所待观察亚表面损伤范围内。之后，将工件待检测亚表面裂纹的一端固定，利用冲击力冲断豁口，以完整地暴露工件截面。将暴露的工件截面采用弱氢氟酸（体积分数 10％的水；体积分数 1％，浓度为 38％的氯化氢溶液；体积分数 1％，浓度为 40％的氟酸混合溶液）和蒸馏水混合溶液在超声池中清洗至少 20min。最后，采用 BX53 光学显微镜（Olympus Ltd.）采集 K9 光学玻璃磨后亚表面损伤的图像，采集图像样例如图 2.53 所示，从图中可清晰地观察到亚表面损伤。

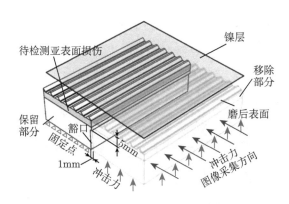

图 2.53　亚表面损伤图像采集示意图（彩图见封底二维码）

3. 案例目标分割

1）光学玻璃磨后亚表面损伤检测

AHVOS 技术在 K9 光学玻璃磨后亚表面损伤检测的应用中将主要包含两个步骤：①对目标图像中待分割目标的自适应判断（详见文献 [58]2.4 节、2.5 节）；②根据判断类别，采用相应的目标分割策略进行处理（详见文献 [58]2.8 节）。

（1）对目标图像中待分割目标的自适应判断。

这里仍采用对 10 幅采集样本图像的综合分类判断作为本实验中所采集到的其他图像的分类。采用文献 [58] 所提出方法预处理图像所得 mg 为 0.69，由文献 [66] 可知，该参数下图像为低敏感度边缘目标图像；所得 I_F 为 0.71，由文献 [67] 可知，该参数下图像为无干扰图像，因此，这里所研究的 K9 光学玻璃磨后亚表面损伤的图像可采用文献 [58]2.8 节所提出的策略进行分割。

实际上，考虑到：①无论亚表面损伤目标呈现何种颜色，图像中都主要由目标、材料主体与拍摄背景构成，并无与目标纹理相似的干扰存在；②由于拍摄角度以及目标纵向裂纹的断裂方式等原因，目标边缘在图像中易呈模糊状态，在边缘检测过程中将对算法检测呈现低敏感度，因此为低敏感边缘。综上两点，待检测图像为无干扰低敏感边缘目标图像，与采用 AHVOS 的判断一致，验证了文献 [58] 所提出技术分类的有效性。

（2）根据判断类别，采用相应的目标分割策略进行处理。

根据（1）的判断，本实验图像将采用文献 [58]2.8 节所提出的无干扰低敏感边缘目标分割策略进行处理。该分割策略需设置模糊聚类类别数 C，通过观察亚表面损伤图像，可发现图像常存在三种区域：①背景（采集图像中非工件区域，如图 2.54 所示）；②亚表面损伤区域（即目标区域）；③材料主体区域。由于这三种区域灰度相差较大，因此分割策略中模糊聚类参数 C 选取 3。

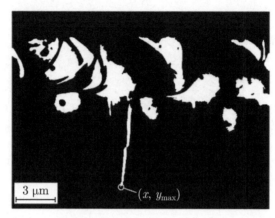

图 2.54　文献 [58] 所提出的无干扰低敏感边缘目标分割策略检测亚表面损伤结果

所检测亚表面损伤结果如图 2.54 所示，图中所检测亚表面损伤纵向坐标最大值为最深亚表面损伤裂纹位置，如图中最深亚表面损伤的坐标为 (x, y_{max})。

2）工件表面边缘检测

由于所采集图像中，K9 工件主体往往存在一定倾斜角度，因此为保证目标测量的准确性，在检测出目标后，还需检测 K9 工件表面边缘，确定边缘位置和倾斜角度。

检测工件表面边缘的基本原理是基于亚表面损伤截面图像的一个重要特征：位于工件表面上方，存在没有任何可视细节的背景，如图 2.55（b）所示，它的存在是由工件样品厚度改变了工件表面光学路径所致，如图 2.55（a）所示。因此，不管表面倾斜与否，图像中黑色区域下部边缘可被粗略认为是工件样品表面，即亚表面损伤的检测基准面。其检测的具体过程如下所述。

采集的亚表面损伤图像（图 2.51）首先被转化成灰度图像（图 2.55（b）），采用仅具有一维信息的灰度图进行后续处理。

由于是从亚表面损伤横截面角度采集图像，工件表面理论上应是一个具有微尺度细节的轮廓（如表面粗糙度和波纹），因此，这里采用经典的 Canny 边缘检测算法[91]，检测工件侧截面图像中的上表面轮廓，如图 2.55（c）边缘检测结果中的"A"所示。

随后，如图 2.55（d）所示，在 Canny 边缘检测结果中，除去每列像素中最顶端像素外的其他像素，所保留的像素作为识别表面轮廓的基础。

如图 2.55（d）中"B"所示，由于表面轮廓某些像素的不连续性，部分非表面轮廓像素不可避免地被错误保留下来。为解决这一问题，这里采用形态学腐蚀-重构算法除去非表面轮廓像素。

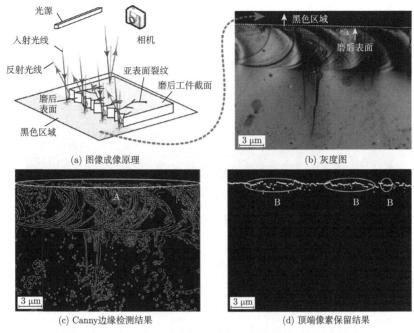

(a) 图像成像原理　　　　　　　　　(b) 灰度图

(c) Canny边缘检测结果　　　　　　　(d) 顶端像素保留结果

图 2.55　工件表面边缘检测过程（彩图见封底二维码）

设 Z 是图 2.55（d）中保留顶端像素的二值图像，形态学腐蚀操作可表达如下 [92]：

$$O = Z \ominus B_1 = \{a|(B_1)_a \subseteq Z\} \tag{2-66}$$

其中，结构元素 B_1 被定义为线性矩阵 [1 1 1 1 1 1 1 1]，以识别横向直线。腐蚀结果如图 2.56（a）所示。

形态学重构可通过迭代方式扩大腐蚀结果以呈现某些特定特征 [92]，其表达式如下：

$$H_{k+1} = (H_k \oplus B_2) \cap Z \tag{2-67}$$

其中，H_k 表示第 k 次迭代的重构结果（$k = 1, 2, 3, \cdots$）；结构元素 B_2 为元素均为 1 的 3×3 矩阵以对称扩展特征结构；符号 $\oplus$ 表示形态学膨胀操作，可表示如下 [92]：

$$H_k \oplus B_2 = a \,|\, (B_2)_a \cap H_k \subseteq H_k \tag{2-68}$$

重构后工件表面轮廓如图 2.56（b）所示，从中可以看出，非表面轮廓像素被有效地移除。

随后，将重构后工件表面轮廓像素进行线性拟合，可得到表面轮廓位置及倾斜角度，拟合后结果如图 2.56（c）所示。这里拟合函数的基本形式被设为 $y = ax + b$，因此样品的倾斜角 β 可表示为 $\beta = \arctan\alpha$。

　　值得注意的是，这里忽略了表面粗糙度和波纹度等细节轮廓，从图 2.56（d）拟合轮廓在原图中的体现可看出，细节轮廓的忽略并不影响工件表面轮廓的检测结果。

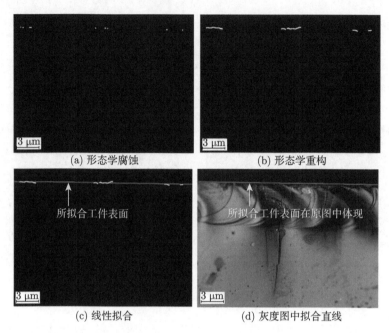

(a) 形态学腐蚀　　　　　　　　　　　　　　　　(b) 形态学重构

(c) 线性拟合　　　　　　　　　　　　　　　　(d) 灰度图中拟合直线

图 2.56　形态学腐蚀重构与线性拟合过程

　　3）亚表面损伤深度计算

　　亚表面损伤深度计算即亚表面纵向裂纹最深点与工件表面直线间的点线距离，这里将讨论亚表面损伤深度计算。

　　4）像素距离计算

　　基于图 2.57 中的几何关系可知，亚表面损伤深度值可通过文献 [93] 中点到直线距离的公式获得，即

$$\text{SSD}_{\text{pixel}} = \text{distance}\left(ax - y + b = 0, (x, y_{\text{max}})\right) = \frac{|ax - y_{\text{max}} + b|}{\sqrt{a^2 + (-1)^2}} \tag{2-69}$$

　　5）基于比例尺自动识别的亚表面损伤深度转换

　　注意到，通过式（2-69）所计算的亚表面损伤深度是以像素为单位，而通过以实际长度为单位的深度值可大致判断亚表面损伤的深度级别，初步判断损伤严重程度，对研究磨削机理有一定意义，因此这里讨论像素距离与实际长度的转换。

　　以实际长度为单位的亚表面损伤深度值需由图像比例尺转换获得。多数情况下，比例尺是采集图像过程中自动确定的，且将随着显微镜放大倍数的改变而改变。这里将通过比例尺自动识别，以进一步转换获得亚表面损伤深度实际长度。

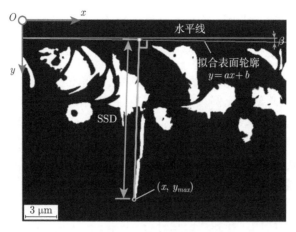

图 2.57 亚表面损伤深度像素距离计算

如图 2.58（a）所示，具体流程主要包括三步：①比例尺区域、比例尺线像素长度识别；②比例尺数字、单位识别；③亚表面损伤深度转换。

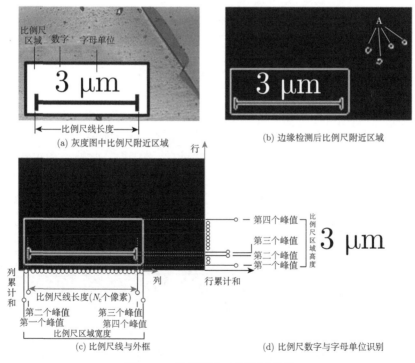

图 2.58 比例尺自动识别示意图

（1）比例尺区域、比例尺线像素长度识别。

为识别比例尺区域，首先采用索贝尔（Sobel）算法 [94] 检测图中比例尺附近区域，其结果如图 2.58（b）所示。随后，采用结构元素 [1,1,1,1,1,1,1,1] 执行形态学腐蚀重构操作，以去除比例尺范围内数字、单位及噪声（如图 2.58（b）中"A"），而保留比例尺线与比例尺外框线，其结果如图 2.58（c）所示。为进一步精确定位比例尺区域，求取行、列像素值累计和，行、列累计和中第一个与最后一个峰值间区域即为比例尺区域（图 2.58（c））。类似地，比例尺线的像素长度 N_c 可通过列累计和中第二与第三峰值所在列数差得到（图 2.58（c））。

（2）比例尺数字、单位识别。

首先，提取灰度图中的比例尺区域（比例尺区域范围由步骤（1）获得），随后去除当前范围内比例尺线和比例尺外框（图 2.58（c）），即可得比例尺数字和字母单位，所得结果如图 2.58（d）所示。之后，通过采用模板匹配技术 [95] 即可识别所检测到的数字和字母意义，得到比例尺线的像素长度 N_c 所表示的实际长度。

（3）亚表面损伤深度转换。

设所识别数字和单位组合为 l_c，则亚表面损伤深度实际长度可表示为

$$\text{SSD} = \text{SSD}_{\text{pixel}} \times \frac{l_c}{N_c} \tag{2-70}$$

4. 实验结果与讨论

1）分割所得亚表面损伤准确度的定性比较与分析

AHVOS 技术对 K9 光学玻璃磨后亚表面损伤的检测结果随机举例如图 2.59所示。从图中不难看出，无论亚表面损伤呈现深色或浅色、整幅图像颜色呈现青色或黄色、工件表面倾斜与否，AHVOS 均可识别出亚表面裂纹。除少部分图像检测稍不准确外，该方法检测结果和手动检测结果接近。此外，在文献 [58] 所提出分割策略的基础上，通过对工件表面的识别，可自动得到工件表面位置与倾斜角度，从而使得计算结果更精确，这是手动检测难以做到的。自动检测倾斜表面

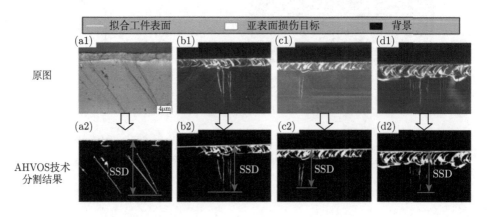

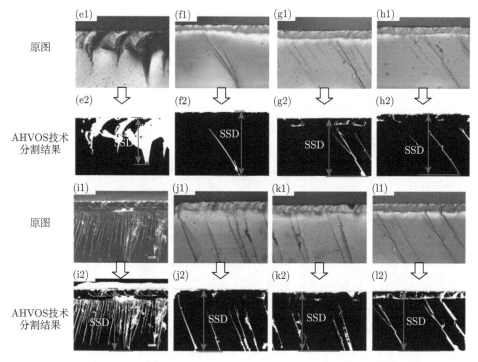

图 2.59 文献 [58] 所提出的 AHVOS 技术的检测结果举例（彩图见封底二维码）

可使图像采集过程中不需为图像放置角度投入过多时间，从而使得整个检测流程更快捷，为大批量图像的检测提供可能性。

AHVOS 之所以可解决该类图像的分割难点，将亚表面损伤检测出来，主要是由于以下几点。

（1）AHVOS 中对无干扰低敏感边缘目标的分割策略采用的是动态显著性估计方法，其是基于对比度计算区域显著度，并不依赖于像素颜色，因此，无论目标区域呈现何种颜色，目标区域均可被检测。

（2）该分割策略可通过比较像素对不同类别的隶属程度，将其聚集到最适合的类别，且通过区域内像素的一致性来明确各类区域，从而显现目标区域边缘，因此，该策略可清晰划分出低敏感目标边缘。

（3）该分割策略通过两次融合显著性估计与模糊聚类对目标进行分割，使得分割结果更加准确。

2）分割所得亚表面损伤准确率的定量比较与分析

为量化验证分割准确性，将采用 AHVOS 技术自动检测和测量的亚表面损伤深度与手动检测深度进行对比，其随机挑选结果如图 2.60 所示。从图中可以发现，虽然亚表面损伤深度覆盖范围较广：6~30μm，但 AHVOS 检测所得亚表面损伤深度与手动测得亚表面损伤深度较为一致。在选取的四组比较中，两者测量结果最大误差仅为 5.45%，其他三组相对误差均小于 3.0%。低误差值证实了 AHVOS 对无干扰低敏感边缘目标的分割准确性。

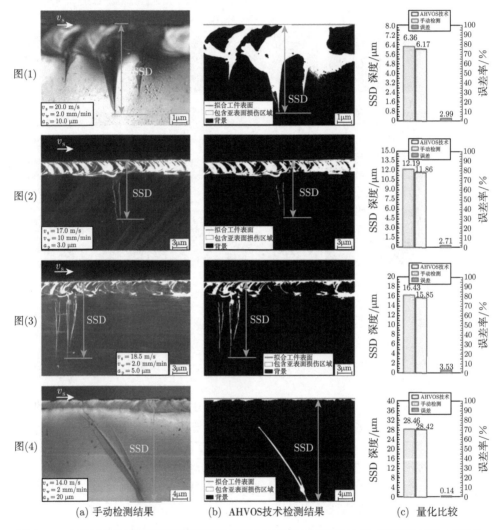

(a) 手动检测结果   (b) AHVOS技术检测结果   (c) 量化比较

图 2.60   AHVOS 技术检测的亚表面裂纹深度与手动检测深度的比较（彩图见封底二维码）

注意到，图 2.60 中图（1）中亚表面裂纹是由横向裂纹而非主裂纹引起，对该图的准确检测结果意味着 AHVOS 可应用到多种亚表面裂纹情况检测中。此外，图 2.60 中图（2）检测结果说明，即使是由主裂纹引起的亚表面裂纹较浅，AHVOS 仍可成功识别并准确测量裂纹深度。

考虑到工业磨削过程中亚表面损伤深度值通常在 5~15μm[60, 65]，故 AHVOS 技术能够满足高精度亚表面损伤检测与深度测量的要求。

5. 延伸与讨论

1）检测速度与自动化程度

文献 [58] 所提出技术检测图 2.59 中 12 幅图像的亚表面损伤所需测量时间为 20.12s（计算机配置为英特尔 Core i7-6500U 2.5 GHz 处理器，8GB RAM），即检测每幅图像中的亚表面损伤仅需 1.68s。即使是高技能超熟练操作员，检测亚表面损伤图像也很难在 1.68s 内完成，尤其是处理大批量图像时，人工检测受物体客观因素等影响，检测速度将更慢。

此外，该分割策略仅需预设参数 C，即可自动检测图像中亚表面损伤，且参数 C 一经设定不需更改。这种高自动化可确保使用者即便是不具备亚表面损伤专业知识，仍可准确检测出亚表面损伤。

2）检测方法鲁棒性

由于实际加工过程中产生的亚表面损伤图像可能尺寸不同或光照不同，因此，所提出技术应具有一定鲁棒性。这里将讨论 AHVOS 技术中针对无干扰低敏感边缘目标分割策略对图像尺寸、工件表面倾斜角度、材料瑕疵等因素的鲁棒性。

（1）对图像尺寸的鲁棒性。

图 2.61 显示出了该分割策略对图像尺寸鲁棒性的验证结果。从图中可以发现，虽然小尺寸图像在检测结果的细节方面与大尺寸图像稍有不同，但并不影响亚表面损伤的检测。

准确率量化比较方面，在图 2.61 中的对比中，仅有两组相对误差大于 5%，其余尺寸图像的检测结果与手动结果的相对误差均小于 3.61%，从而表明 AHVOS 技术中针对无干扰低敏感边缘目标的分割策略对图像尺寸具有良好的鲁棒性。

然而，注意到，当图像尺寸减小时，该方法的相对测量误差增大。这可能是由于小尺寸图像中低分辨率导致单位像素所代表实际长度变大，此时即使是一个像素的检测差别，也将导致相当大的误差。因此，当对亚表面损伤深度测量的准确性要求较高时，需采用分辨率较高的图像尺寸进行检测与测量。

（2）对工件表面倾斜角度的鲁棒性。

从图 2.61 中也可以看出，无论图像中工件是否倾斜，该分割策略可检测出亚表面损伤，且根据倾斜表面位置提供准确的亚表面损伤最大深度坐标。而这对于手动检测亚表面损伤及深度值可能是一个棘手且耗时的任务。

（3）对材料瑕疵的鲁棒性。

从图 2.61 中还可看出，尽管采集图像中存在一定材料缺陷，但亚表面损伤的分割并未受到影响，这说明该分割策略对材料瑕疵也具有良好的鲁棒性。

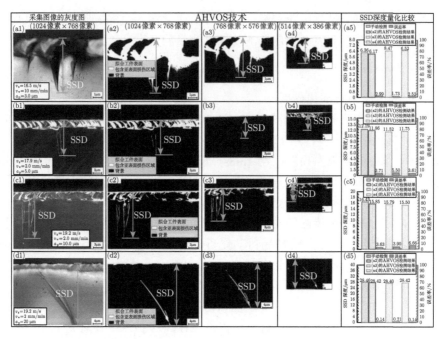

图 2.61　AHVOS 技术的鲁棒性（彩图见封底二维码）

2.3.4　金属材料加工后亚表面白层检测

1. 案例背景

1）案例概述

这里将以高性能钛（Ti）合金磨后亚表面白层检测为应用案例，研究并讨论 AHVOS 技术中针对有干扰低敏感边缘目标图像的分类判定与分割策略。

高性能钛合金由于具备良好的机械性能、有限热膨胀和生物相容性等优势，被广泛应用于航空航天工程（如包括空客 A320 和波音 737 机型在内的飞机[96,97]）和生物医学工程（如髋、膝、肩等体植入物[98]）。对于多数钛合金产品，最后一道机械加工工艺为精密磨削[99]，而大量实验证明，精磨常会导致工件表面以下数十微米产生白层（white layer，WL）[100]，将降低钛合金产品的机械性能和其他功能性能[100]。因此，对钛合金精磨过程产生白层的研究被广泛展开。

Griffiths[101] 进行的基础研究表明：与材料内部相比，精磨产生的白层使材料变得易脆，因此极大降低了钛合金的疲劳韧性，并将至少减少钛合金 15% 的使用寿命；Griffiths 将这一现象归因于磨削加工过程中磨粒–工件的相互摩擦，以及切削液冷却作用导致的快速加热及淬火。Che-Haron 和 Jawaid[102] 通过实验发现，白层不仅易脆，且硬度极高，产生白层的工件表面显微硬度可高达 64.5HRC；因此，在白层形成后，可明显观察到砂轮磨损。Hasçalık 和 Çaydaş[103] 认为，白层的高硬度和易脆性是由磨削过程快速加热和淬火引起的相变所导致,可使用稍大于白层厚度的切削深度来最小化白层效应。因此,准确检测白层并测量其厚度将具有极大意义。

除了相变,Courbon 等[104] 的重大发现表明,白层的形成还与 β 相动态恢复的再结晶有关。光学显微镜观察到的晶体微观结构和磨削前后的钛合金工件 X 射线衍射分析也提供了类似证据。Yang 和 Liu[99] 为以上研究提供了进一步证明,并证明了白层底部存在一个黑层,且黑层几乎在之前所有研究中均能找到。因此,黑层被认为是白层存在的有力证明。

虽然上述研究探索了白层形成机理,然而多数只定性描述了钛合金磨后截面显微结果。很少有研究给出白层厚度的定量评估和测量,目前白层厚度的检测与测量均通过人眼完成,极大限制了白层检测的通用性、自动性和批量性。

基于以上原因,白层的自动检测技术亟待研究。为此,可以采用 AHVOS 技术对高性能钛合金磨后亚表面白层进行检测,并通过实验结果评估与分析方法性能。

2)目标分割难点分析

亚表面白层因其视觉特征而命名,如图 2.62 所示,白层的检测主要面临以下难点。

(1)在所采集图像中,除白层较亮外,在材料内部区域大面积随机分布着小尺寸亮区域(见图 2.62(b)中 "A"),这些小尺寸亮区域使得材料内部区域与白层亮度、纹理等特征相似,形成低对比度干扰,为检测增加难度。

(2)图像中低对比度干扰区域距白层较近,分割过程中易与目标区域连通,从而难以将白层单独分割出来。

图 2.62(c)~(e)分别为采用三种经典方法,即阈值分割、边缘检测和纹理分割的检测结果,从图中不难看出,由于干扰区域的存在,三种经典方法均无法正确识别亚表面白层。

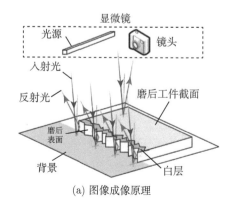

(a) 图像成像原理

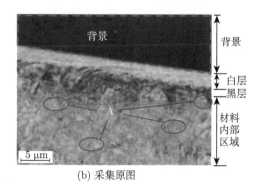

(b) 采集原图

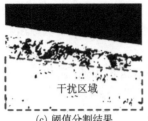 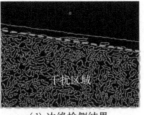 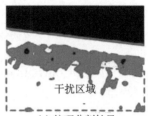

(c) 阈值分割结果　　　　　　　(d) 边缘检侧结果　　　　　　　(e) 纹理分割结果

图 2.62　金属磨后侧截面图像成像原理、采集原图及三种经典方法的检测结果（彩图见封底二维码）

针对以上难点，可以应用文献 [58] 所提出的针对有干扰低敏感边缘目标的分类与分割策略，并通过实验分析验证其性能。

2. 实验设置

1）实验所采用的工件和砂轮

实验中工件采用长 80mm，宽 20mm，高 20mm 的 Ti-6Al-4V 合金块（TMS Titanium Ltd.，5 级退火），详细化学成分和材料性能如表 2.17 所示。砂轮采用工业加工中广泛用于钛合金磨削的 CBN 陶瓷磨轮（PBR-C-80-N-100-V-73-1/6），砂轮直径为 240mm，厚度为 15mm。

表 2.17　实验采用的钛合金工件的化学成分和材料性能

| 化学成分/wt% | | | | | 材料性能 | | | | |
Al	Fe	O	Ti	V	密度 /(g/cm^3)	硬度 /HB	屈服应力 /MPa	弹性模量 /GPa	熔点 /°C
6	最大 0.25	最大 0.2	90	4	4.51	334	880	113.8	1620

2）实验设置

实验设置如图 2.63 所示，钛合金工件通过夹具固定安装在测力计上，测力计通过电磁力固定安装在电磁磨床上。实验中切削液稀释比为 1:50，流速为 4.2L/min，所采用磨削参数如表 2.18 所示。其中砂轮速度、切削深度、工件进给速度均参考工业生产实际钛合金磨削加工参数范围。

表 2.18　磨削参数

磨削参数	数值
切削深度 a_p/μm	0.1, 0.5, 1, 1.5, 2, 3, 5, 8, 10, 15, 20, 25, 30
砂轮速度 v_s/(m/s)	13.6, 16.5, 17.9, 19.2, 21.1, 23.6, 26.1, 28.6
工件进给速度 v_w/(mm/min)	0.5, 1, 2, 3, 5, 8, 10, 15, 20, 25

图 2.63 亚表面白层检测实验设置（彩图见封底二维码）

3）图像采集系统和流程

磨削实验后，为使工件截面中亚表面白层被清晰观测，如图 2.64（a）所示，这里首先采用电火花切削加工将钛合金工件切成薄片，随后采用含铝磨粒 #80、#150、#200 以及 #600 的抛光液分别对各薄片截面进行抛光处理，以清除先前操作可能产生的划痕和碎屑。抛光后，在室温 (20℃) 环境下，在超声池中使用蒸馏水对薄片清洗至少一小时，并置于室温下风干。最后，采用 BX53 光学显微镜（Olympus Ltd.）采集 Ti 合金工件截面的显微图像，采集图像样例如图 2.64（b）所示，从图像中可清晰地观察到白层。

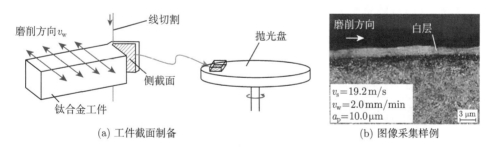

(a) 工件截面制备　　　　　　　　　　(b) 图像采集样例

图 2.64 图像采集过程及采集样例

3. 案例目标分割

1）钛合金磨后亚表面白层检测

AHVOS 技术在钛合金磨后亚表面白层检测的应用中将主要包含两个步骤：①对目标图像中待分割目标的自适应判断（详见文献 [58]2.4 节、2.5 节）；②根据判断类别，采用相应的目标分割策略进行处理（详见文献 [58]2.9 节）。

（1）对目标图像中待分割目标的自适应判断。

本节仍采用对 10 幅采集样本图像的综合分类判断作为本实验中所采集到的其他图像的分类。采用文献 [58] 所提出方法预处理图像所得 mg 为 0.44，由文献

[66] 可知，该参数下图像为低敏感边缘目标图像；所得 I_F 为 0.21，由文献 [67] 可知，该参数下图像为有干扰图像，因此，本节所研究的钛合金磨后亚表面白层的图像可采用文献 [58]2.9 节所提出的针对有干扰低敏感边缘目标的分割策略进行处理。

实际上，考虑到：①材料内部区域在亮度、纹理特征方面与目标区域特征相似，故该区域为本节案例所研究图像中的干扰区域；②如图 2.62（b）所示，白层、黑层均具有不同纹理，白层与黑层间边缘往往不明朗，导致边缘对算法检测不敏感，因此图像为低敏感边缘目标图像。综上两点，待检测图像与通过计算得到的目标类别一致。

（2）根据判断类别，采用相应的目标分割策略进行处理。

根据（1）的判断，实验图像将采用文献 [58]2.9 节所提出的针对有干扰低敏感边缘目标的分割策略进行处理。由于该分割策略可自动调整相关参数，具有高度自动化，因此不需再预设参数。

2）工件表面边缘检测

由于所采集图像中钛合金侧截面工件主体可能存在一定倾斜角度，因此为保证厚度测量的准确性，在检测出白层区域后，还需检测钛合金工件侧截面表面边缘，确定边缘位置和倾斜角度。工件侧截面表面边缘检测是通过本节所检测出的白层开展：首先找出白层区域中每一列第一个像素位置（如图 2.65 中蓝色圆圈加亮位置），随后将这些像素线性拟合，即可得倾斜工件表面轮廓。拟合所采用基本拟合函数形式为 $y = \alpha x + \beta$，拟合原则为最小二乘法，拟合结果如图 2.65 中红色直线所示。

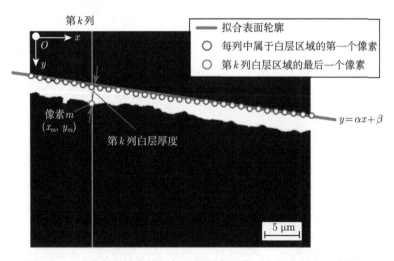

图 2.65   工件表面轮廓检测与白层厚度计算（彩图见封底二维码）

4. 白层厚度计算

这里将计算白层厚度最大值、最小值以及厚度平均值作为厚度比较参数。

如图 2.65 所示，白层厚度 w 可通过点到直线距离公式进行计算，其中直线方程为拟合的表面轮廓，即 $y = \alpha x + \beta$，点为白层区域每一列最后一个像素（如第 k 列最后像素为图 2.65 中紫色圆圈加亮处），因此，白层厚度可表示如下：

$$w = \frac{|\alpha \cdot x_m - y_m + \beta|}{\sqrt{\alpha^2 + (-1)^2}} \tag{2-71}$$

按照上式统计图像中所检测出白层的每一列厚度，即可获得白层厚度的最大值、最小值以及厚度平均值。根据 2.3.3 节中比例尺的自动识别可将所得白层厚度转换为实际尺寸。

5. 实验结果与讨论

1）分割结果准确度的定性比较与分析

AHVOS 技术检测结果的随机举例如图 2.66 所示。从图中不难发现，无论图像中白层薄厚、工件表面是否水平、材料内部干扰呈条状或点状，白层均可被成功检测出，且和手动检测结果近似。同时，该方法可精确测量白层厚度，而不是简单将白层垂直高度作为白层厚度。虽然两者数值可能相差不大，但在精磨过程中，微小差异也可能导致极大后果、浪费和损失。此外，通过自动检测，最大、最小、平均白层厚度均可被计算出，这也是手动检测无法做到的。以上均说明了金属加工过程自动化检测与测量的优势及必要性。

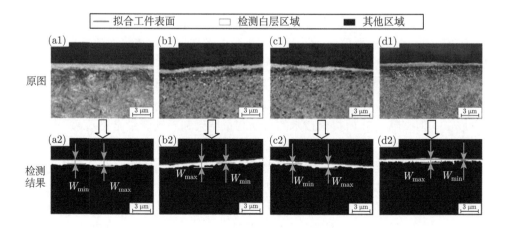

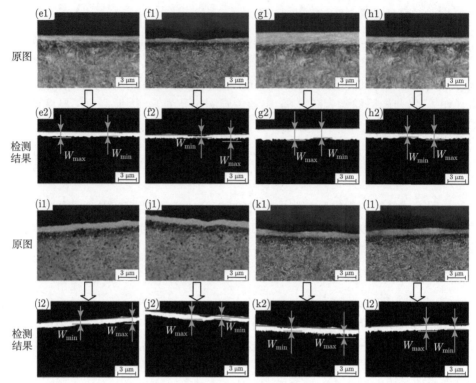

图 2.66　（a1）～（l1）原始显微图及（a2）～（l2）AHVOS 技术检测结果（彩图见封底二维码）

2）分割所得白层厚度准确率的定量比较与分析

为量化评估分割准确性，这里将分别比较分析手动测量与 AHVOS 自动检测并测量的白层最大和最小厚度。为避免随机误差，手动测量结果均采用三次测量求取平均值。此外，为分析所提出技术的稳定性，这里将比较不同工件位置（水平、倾斜）、不同白层厚度、不同光强的显微图像白层检测结果。图 2.67 为随机挑选的量化对比检测结果。

从图 2.67 中不难看出，虽然图像中砂轮速度 v_s、工件进给速度 v_w、切削深度 a_p 的变化范围相对宽泛（v_s 为 13.6～19.2m/s，v_w 为 1～10mm/min，a_p 为 3～20μm），但文献 [58] 所提出技术的自动测量结果和手动测量结果基本一致。所例举的 4 组比较中，最大相对误差为 8.96%，最小相对误差仅为 1.99%，这在很大程度上证明了所提出技术对有干扰低敏感边缘目标分割的准确性。此外，从绝对数值上讲，文献 [58] 所提出技术分割策略检测出的最大白层厚度和最小白层厚度均与手动测量结果接近。考虑到实际工业环境中白层厚度通常不超过 3μm[100]，且图 2.67 证明了该技术分割策略在白层厚度小于 3.29 μm 时的有效性及准确性，综上，证明了该技术为一种可应用于金属工业精磨过程中对白层厚度的有效、准确的检测与测量方法。

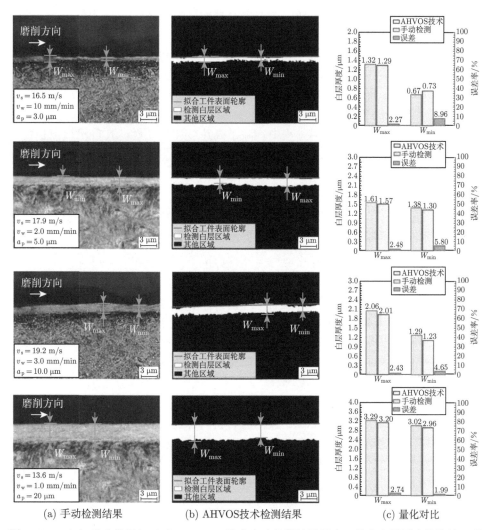

(a) 手动检测结果　　　(b) AHVOS技术检测结果　　　(c) 量化对比

图 2.67　（a）手动检测与（b）AHVOS 技术自动检测结果最大、最小白层厚度的比较（彩图见封底二维码）

6. 延伸与讨论

1）检测速度与自动化程度

检测速度是一个非常重要的评价参数，尤其是大批量图像检测与测量，故这里将讨论 AHVOS 技术所对应分割策略的检测速度。

该技术采用 MATLAB 编程以自动检测钛合金磨后亚表面最大和最小白层。实验所采用计算机 CPU 型号为英特尔 Core i7-6500U 2.5GHz。该技术检测图

2.66 中 12 幅图像总用时仅有 19.78s，即接近 1.65s 每幅。显然，即使是手动测量操作员对显微设备操作极其熟练，也很难达到该检测速度。

此外，该方法自动化程度较高，可自行初始设定关键参数并在白层初次检测失败时，自适应调整相关参数（阈值 T_0）以提高检测准确率（详见文献 [58]2.9.4 节）。这种高度自动化可在很大程度上提高该技术的普遍适用性，使得即使是没有专业背景知识的工程师也可自动检测并测量金属白层厚度。

2）检测方法的鲁棒性

检测技术在实际生产应用过程中，除了高速度和自动性，其鲁棒性也是极其重要的。这里将讨论 AHVOS 技术对白层厚度范围、工件表面倾斜角度以及材料内部干扰的鲁棒性。

（1）对白层厚度的鲁棒性。

如图 2.66 所示，可以看出，AHVOS 技术对较厚白层和较薄白层均可检测，说明该技术对白层厚度范围具有良好的鲁棒性。这可能是由于该技术是以像素为计算单元检测白层区域，因此较薄白层区域内像素也可被识别，该技术不受白层厚度范围的影响。

（2）对工件倾斜角度的鲁棒性。

从图 2.66 不难看出，AHVOS 技术可精确检测工件表面水平和倾斜时的白层，即对工件倾斜角度具有鲁棒性。此外，该技术可将白层厚度定义为白层区域底部的点到工件倾斜表面拟合直线的距离，而不是将白层区域宽度作为白层厚度，从而使得该方法检测白层厚度更准确。

（3）对材料内部干扰的鲁棒性。

从图 2.66 还可看出，AHVOS 技术对材料内部随机散布的明亮像素干扰具有良好的鲁棒性。这可能是由于，该技术识别白层是通过显著图确定白层区域内某一像素，然后通过比较灰度图像中该像素与其邻域间相似性，将这一像素扩展为区域。基于上述方法，当检测到白层区域下方的黑层时扩展过程将会停止，因此可不受材料内部相似像素干扰，从而对其具有鲁棒性。

参 考 文 献

[1] 汤勃, 孔建益, 伍世虔. 机器视觉表面缺陷检测综述 [J]. 中国图象图形学报, 2017, 22(12): 1640-1663.

[2] Li Y F, Kwok J T, Tsang I W, et al. A convex method for locating regions of interest with multi-instance learning [C]//Joint European Conference on Machine Learning and Knowledge Discovery in Databases. Berlin, Heidelberg: Springer, 2009: 15-30.

[3] Jiang H, Wang J, Yuan Z, et al. Salient object detection: A discriminative regional feature integration approach [C]. Proceedings of the IEEE Conference on Computer Vision and Pattern Recognition, Portland, Oregon, 2013: 2083-2090.

[4] Ojala T, Pietikäinen M, Mäenpää T. Multiresolution gray-scale and rotation invariant texture classification with local binary patterns [J]. IEEE Transactions on Pattern Analysis and Machine Intelligence, 2002, 24(7): 971-987.

[5] Guo Z, Zhang L, Zhang D. A completed modeling of local binary pattern operator for texture classification [J]. IEEE Transactions on Image Processing, 2010, 19(6): 1657-1663.

[6] Ojala T, Maenpaa T, Pietikainen M, et al. Outex-new framework for empirical evaluation of texture analysis algorithms [C]. 2002 International Conference on Pattern Recognition, Quebec City Canada, 2002: 701-706.

[7] 宋国荣. 板带钢表面缺陷目标显著性检测方法研究 [D]. 沈阳: 东北大学,2020.

[8] Song G, Song K, Yan Y. Saliency detection for strip steel surface defects using multiple constraints and improved texture features[J]. Optics and Lasers in Engineering, 2020, 128: 106000.

[9] Chen J, Li Z, Huang B. Linear spectral clustering superpixel [J]. IEEE Transactions on Image Processing, 2017, 26(7): 3317-3330.

[10] Varma M, Zisserman A. A statistical approach to texture classification from single images [J]. International Journal of Computer Vision, 2005, 62(1-2): 61-81.

[11] Schmid C. Constructing models for content-based image retrieval [C]. Proceedings of the 2001 IEEE Computer Society Conference on Computer Vision and Pattern Recognition, Kauai, USA, 2001.

[12] Haghighat M, Zonouz S, Abdel-Mottaleb M. CloudID: Trustworthy cloud-based and cross-enterprise biometric identification [J]. Expert Systems with Applications, 2015, 42(21): 7905-7916.

[13] Leung T, Malik J. Representing and recognizing the visual appearance of materials using three-dimensional textons [J]. International Journal of Computer Vision, 2001, 43(1): 29-44.

[14] Carbonneau M A, Cheplygina V, Granger E, et al. Multiple instance learning: A survey of problem characteristics and applications [J]. Pattern Recognition, 2018, 77: 329-353.

[15] Zitnick C L, Dollár P. Edge boxes: Locating object proposals from edges [C]//European Conference on Computer Vision. Cham: Springer, 2014: 391-405.

[16] Huang F, Qi J, Lu H, et al. Salient object detection via multiple instance learning [J]. IEEE Transactions on Image Processing, 2017, 26(4): 1911-1922.

[17] Erkan U, Gökrem L, Enginoğlu S. Different applied median filter in salt and pepper noise [J]. Computers & Electrical Engineering, 2018, 70: 789-798.

[18] Cai D, He X, Han J, et al. Graph regularized nonnegative matrix factorization for data representation [J]. IEEE transactions on pattern analysis and machine intelligence, 2011, 33(8): 1548-1560.

[19] Cai D, Wang X, He X. Probabilistic dyadic data analysis with local and global consistency [C]. Proceedings of the 26th annual international conference on machine learning, Montreal, Quebec, Canada, 2009: 105-112.

[20]　Hadsell R, Chopra S, LeCun Y. Dimensionality reduction by learning an invariant mapping [C]. 2006 IEEE Computer Society Conference on Computer Vision and Pattern Recognition, New York, USA, 2006: 1735-1742.

[21]　Felzenszwalb P F, Huttenlocher D P. Efficient graph-based image segmentation [J]. International Journal of Computer Vision, 2004, 59(2): 167-181.

[22]　Kim T H, Lee K M, Lee S U. Learning full pairwise affinities for spectral segmentation [J]. IEEE Transactions on Pattern Analysis and Machine Intelligence, 2013, 35(7): 1690-1703.

[23]　Peng H, Li B, Ling H, et al. Salient object detection via structured matrix decomposition [J]. IEEE Transactions on Pattern Analysis and Machine Intelligence, 2017, 39(4): 818-832.

[24]　Shen X, Wu Y. A unified approach to salient object detection via low rank matrix recovery [C]. 2012 IEEE Conference on Computer Vision and Pattern Recognition, Providence, RI, USA, 2012: 853-860.

[25]　Zhu W, Liang S, Wei Y, et al. Saliency optimization from robust background detection [C]. 2014 IEEE Conference on Computer Vision and Pattern Recognition, Columbus, Ohio, 2014: 2814-2821.

[26]　Perazzi F, Krähenbühl P, Pritch Y, et al. Saliency filters: Contrast based filtering for salient region detection [C]. 2012 IEEE Conference on Computer Vision and Pattern Recognition, Providence, RI, USA, 2012: 733-740.

[27]　Lu S, Mahadevan V, Vasconcelos N. Learning optimal seeds for diffusion-based salient object detection [C]. 2014 IEEE Conference on Computer Vision and Pattern Recognition, Columbus, Ohio, 2014: 2790-2797.

[28]　Zhou D, Bousquet O, Lal T N, et al. Learning with local and global consistency [C]. Advances in Neural Information Processing Systems, Cambridge, USA, 2004: 321-328.

[29]　Zhou D, Weston J, Gretton A, et al. Ranking on data manifolds [C]. Advances in Neural Information Processing Systems, Cambridge, USA, 2004: 169-176.

[30]　He K, Zhang X, Ren S, et al. Deep residual learning for image recognition [C]. 2016 IEEE Conference on Computer Vision and Pattern Recognition, Las Vegas, 2016: 770-778.

[31]　Krizhevsky A, Sutskever I, Hinton G E. ImageNet classification with deep convolutional neural networks [C]. Advances in Neural Information Processing Systems, Lake Tahoe, 2012: 1097-1105.

[32]　Simonyan K, Zisserman A. Very deep convolutional networks for large-scale image recognition [J]. arXiv preprint, 2014.

[33]　Szegedy C, Liu W, Jia Y, et al. Going deeper with convolutions [C]. 2015 IEEE Conference on Computer Vision and Pattern Recognition, Boston, Massachusetts, 2015: 1-9.

[34]　Lin M, Chen Q, Yan S. Network in network [J]. arXiv preprint, 2013.

[35]　Szegedy C, Vanhoucke V, Ioffe S, et al. Rethinking the inception architecture for com-

puter vision [C]. 2016 IEEE Conference on Computer Vision and Pattern Recognition, Las Vegas, 2016: 2818-2826.

[36] Xie S, Girshick R, Dollár P, et al. Aggregated residual transformations for deep neural networks [C]. 2017 IEEE Conference on Computer Vision and Pattern Recognition, Honolulu, Hawaii, 2017: 1492-1500.

[37] Nair V, Hinton G E. Rectified linear units improve restricted Boltzmann machines [C]. Proceedings of the 27th International Conference on Machine Learning, Omnipress, USA, 2010: 807-814.

[38] Hinton G E, Srivastava N, Krizhevsky A, et al. Improving neural networks by preventing co-adaptation of feature detectors [J]. arXiv preprint, 2012.

[39] Woo S, Park J, Lee J Y, et al. CBAM: Convolutional block attention module [C]. European Conference on Computer Vision (ECCV), Munich, Germany, 2018: 3-19.

[40] Zagoruyko S, Komodakis N. Paying more attention to attention: improving the performance of convolutional neural networks via attention transfer [J]. arXiv preprint, 2016.

[41] He K, Zhang X, Ren S, et al. Identity mappings in deep residual networks [C]// European Conference on Computer Vision. Cham: Springer, 2016: 630-645.

[42] Zhang X, Zhou X, Lin M, et al. Shufflenet: An extremely efficient convolutional neural network for mobile devices [C]. 2018 IEEE/CVF Conference on Computer Vision and Pattern Recognition, Salt Lake City, Utah, 2018: 6848-6856.

[43] Ronneberger O, Fischer P, Brox T. U-net: Convolutional networks for biomedical image segmentation [C]// International Conference on Medical image computing and computer-assisted intervention. Cham: Springer, 2015: 234-241.

[44] De Boer P T, Kroese D P, Mannor S, et al. A tutorial on the cross-entropy method [J]. Annals of Operations Research, 2005, 134(1): 19-67.

[45] Rahman M A, Wang Y. Optimizing intersection-over-union in deep neural networks for image segmentation [C]// International Symposium on Visual Computing. Cham: Springer, 2016: 234-244.

[46] Wang Z, Simoncelli E P, Bovik A C. Multiscale structural similarity for image quality assessment [C]. The Thrity-Seventh Asilomar Conference on Signals, Pacific Grove, USA, 2003: 1398-1402.

[47] Duchi J, Hazan E, Singer Y. Adaptive subgradient methods for online learning and stochastic optimization [J]. Journal of Machine Learning Research, 2011, 12: 2121-2159.

[48] Tieleman T, Hinton G. Lecture 6.5-rmsprop: Divide the gradient by a running average of its recent magnitude [J]. COURSERA: Neural Networks for Machine Learning, 2012, 4(2): 26-31.

[49] Zeiler M D. ADADELTA: An adaptive learning rate method [J]. arXiv preprint, 2012.

[50] Kingma D P, Ba J. Adam: A method for stochastic optimization [J]. arXiv preprint, 2014.

[51] Peng C, Zhang X, Yu G, et al. Large kernel matters—Improve semantic segmentation

by global convolutional network[C]. IEEE Conference on Computer Vision and Pattern Recognition(CVPR), 2017: 4353-4361.

[52] Hu J, Shen L, Sun G. Squeeze-and-excitation networks[C]. 2018 IEEE/CVF Conference on Computer Vision and Pattern Recognition, 2018: 7132-7141.

[53] Zhao T, Wu X. Pyramid feature attention network for saliency detection[C]. 2019 IEEE/CVF Conference on Computer Vision and Pattern Recognition(CVPR), 2019: 3085-3094.

[54] Yang F, Zhang L, Yu S, et al. Feature pyramid and hierarchical boosting network for pavement crack detection[J]. IEEE Transactions on Intelligent Transportation Systems, 2020, 21(4): 1525-1535.

[55] Achanta R, Hemami S, Estrada F, et al. Frequency-tuned salient region detection [C]. 2009 IEEE International Conference on Computer Vision and Pattern Recognition, Miami Beach, Florida, 2009: 1597-1604.

[56] 董洪文. 基于卷积神经网络的高速公路路面缺陷检测关键技术研究 [D]. 沈阳: 东北大学, 2022.

[57] Dong H, Song K, Wang Y, et al. Automatic inspection and evaluation system for pavement distress[J]. IEEE Transactions on Intelligent Transportation Systems, 2022, 23(8): 12377-12387.

[58] 赵永杰. 基于人类视觉的目标分割技术及其应用 [D]. 沈阳: 东北大学, 2018.

[59] Malkin S, Hwang T. Grinding mechanisms for ceramics[J]. CIRP Annals — Manufacturing Technology, 1996, 45(2): 569-580.

[60] Li H N, Yu T B, Li D Z, et al. Evaluation of grinding-induced subsurface damage in optical glass BK7[J]. Journal of Materials Processing Technology, 2016, 229: 785-794.

[61] Bifano T G, Dow T A, Scattergood R O. Ductile-regime grinding: A new technology for machining brittle materials[J]. Journal of Engineering for Industry, 1991, 113(2): 184-189.

[62] Bifano T G, Dow T A, Scattergood R O. Ductile-regime grinding of brittle materials: Experimental results and the development of a model[J]. Proceedings of the SPIE: Advances in Fabrication and Metrology for Optics and Large Optics, 1988, 966: 108-115.

[63] Lindeberg T. Feature detection with automatic scale selection[J]. International Journal of Computer Vision, 1998, 30(2): 79-116.

[64] Yao Z, Gu W, Li H. Relationship between surface roughness and subsurface crack depth during grinding of optical glass BK7 [J]. Journal of Materials Processing Technology, 2012, 212(4): 969-976.

[65] Yu T B, Li H N, Wang W S. Experimental investigation on grinding characteristics of optical glass BK7: With special emphasis on the effects of machining parameters[J]. The International Journal of Advanced Manufacturing Technology, 2016, 82(5-8): 1405-1419.

[66] 倪军, 袁家虎, 吴钦章. 基于边缘特征的光学图像清晰度判定 [J]. 中国激光, 2009, 36(1):

172-176.

[67] Qiao Y L, Sun S H. Texture classification using wavelet frame representation based feature[C]. 2006 IEEE International Conference on Engineering of Intelligent Systems, 2006: 1775-1778.

[68] Yao Z, Gu W, Li K. Relationship between surface roughness and subsurface crack depth during grinding of optical glass BK7[J]. Journal of Materials Processing Technology, 2012, 212(4): 969-976.

[69] Zhao Q, Liang Y, Stephenson D, et al. Surface and subsurface integrity in diamond grinding of optical glasses on Tetraform 'C'[J]. International Journal of Machine Tools and Manufacture, 2007, 47(14): 2091-2097.

[70] Rajput R. A Textbook of Manufacturing Technology: Manufacturing Processes[M]. New Delhi: Firewall Media, 2007.

[71] Lambiase F. Optimization of shape rolling sequences by integrated artificial intelligent techniques[J]. The International Journal of Advanced Manufacturing Technology, 2013, 68(1-4): 443-452.

[72] Roberts W L. Cold Rolling of Steel[M]. New York: Dekker, 1978.

[73] Bruzzone A, Costa H, Lonardo P, et al. Advances in engineered surfaces for functional performance[J]. CIRP Annals — Manufacturing Technology, 2008, 57(2): 750-769.

[74] Jia H, Murphey Y L, Shi J, et al. An intelligent real-time vision system for surface defect detection[C]. Proceedings of the 17th International Conference on Pattern Recognition, 2004: 239-242.

[75] Tolba A, Raafat H M. Multiscale image quality measures for defect detection in thin films[J]. The International Journal of Advanced Manufacturing Technology, 2015, 79(1-4): 113-122.

[76] Landstrom A, Thurley M J. Morphology-based crack detection for steel slabs[J]. IEEE Journal of Selected Topics in Signal Processing, 2012, 6(7): 866-875.

[77] Medina R, Gayubo F, González-Rodrigo L M, et al. Automated visual classification of frequent defects in flat steel coils[J]. The International Journal of Advanced Manufacturing Technology, 2011, 57(9-12): 1087-1097.

[78] Pan E, Ye L, Shi J, et al. On-line bleeds detection in continuous casting processes using engineering-driven rule-based algorithm[J]. Journal of Manufacturing Science and Engineering, 2009, 131(6): 061008.

[79] Ginzburg V B. Flat-Rolled Steel Processes: Advanced Technologies[M]. Boca Raton: CRC Press, 2009.

[80] Li S, Wang Z, Wu Y. Relationship between subsurface damage and surface roughness of optical materials in grinding and lapping processes[J]. Journal of Materials Processing Technology, 2008, 205(1): 34-41.

[81] Li J, Fang Q, Zhang L, et al. Subsurface damage mechanism of high speed grinding process in single crystal silicon revealed by atomistic simulations[J]. Applied Surface Science, 2015, 324: 464-474.

[82] Lv D, Huang Y, Tang Y, et al. Relationship between subsurface damage and surface roughness of glass BK7 in rotary ultrasonic machining and conventional grinding processes[J]. The International Journal of Advanced Manufacturing Technology, 2013, 67(1-4): 613-622.

[83] Lundt H, Kerstan M, Huber A, et al. Subsurface damage of abraded silicon wafers[C]. Proceedings of the 7th International Symposium on Silicon Materials Science and Technology, 1994: 218-224.

[84] Aida H, Takeda H, Kim S W, et al. Evaluation of subsurface damage in GaN substrate induced by mechanical polishing with diamond abrasives[J]. Applied Surface Science, 2014, 292: 531-536.

[85] Götze J, Plötze M, Habermann D. Origin, spectral characteristics and practical applications of the cathodoluminescence (CL) of quartz—A review[J]. Mineralogy and Petrology, 2001, 71(3-4): 225-250.

[86] Li H N, Yu T B, Li D Z, et al. Analytical modeling of ground surface topography in monocrystalline silicon grinding considering the ductile-regime effect[J]. Archives of Civil and Mechanical Engineering, 2017, 17(4): 880-893.

[87] Tonshoff H, Karpuschewski B, Hartmann M, et al. Grinding-and-slicing technique as an advanced technology for silicon wafer slicing[J]. Machining Science and Technology, 1997, 1(1): 33-47.

[88] Esmaeilzare A, Rahimi A, Rezaei S. Investigation of subsurface damages and surface roughness in grinding process of Zerodur®glass-ceramic[J]. Applied Surface Science, 2014, 313: 67-75.

[89] Pei Z, Billingsley S, Miura S. Grinding induced subsurface cracks in silicon wafers[J]. International Journal of Machine Tools and Manufacture, 1999, 39(7): 1103-1116.

[90] Malkin S, Guo C. Grinding Technology: Theory and Application of Machining with Abrasives[M]. 2nd ed. New York: Industrial Press Inc., 2008.

[91] Canny J. A computational approach to edge detection[C]. IEEE Transactions on Pattern Analysis and Machine Intelligence, 1986: 676-698.

[92] Gonzalez R C, Woods R E. Digital Image Processing[M]. 2nd ed. Upper Saddle River: Prentice Hall Press, 2002.

[93] Vaisman I. Analytical Geometry [M]. Singapore: World Scientific, 1997.

[94] Yasri I, Hamid N, Yap V. Performance analysis of FPGA based Sobel edge detection operator[C]. 2008 International Conference on Electronic Design, 2008: 1-4.

[95] Putra M E W, Suwardi I S. Structural off-line handwriting character recognition using approximate subgraph matching and Levenshtein distance[J]. Procedia Computer Science, 2015, 59: 340-349.

[96] Boyer R R, Briggs R D. The use of β titanium alloys in the aerospace industry[J]. Journal of Materials Engineering and Performance, 2005, 14(6): 681-685.

[97] Yamada M. An overview on the development of titanium alloys for non-aerospace application in Japan[J]. Materials Science and Engineering A, 1996, 213(1-2): 8-15.

[98] Rack H J, Qazi J I. Titanium alloys for biomedical applications[J]. Materials Science and Engineering C, 2006, 26(8): 1269-1277.

[99] Yang X, Liu C R. Machining titanium and its alloys[J]. Machining Science and Technology, 1999, 3(1): 107-139.

[100] Ulutan D, Ozel T. Machining induced surface integrity in titanium and nickel alloys: A review[J]. International Journal of Machine Tools and Manufacture, 2011, 51(3): 250-280.

[101] Griffiths B J. Mechanisms of white layer generation with reference to machining and deformation processes[J]. Journal of Tribology, 1987, 109(3): 525-530.

[102] Che-Haron C H, Jawaid A. The effect of machining on surface integrity of titanium alloy Ti-6%Al-4%V[J]. Journal of Materials Processing Technology, 2005, 166(2): 188-192.

[103] Hasçalık A, Çaydaş U. Electrical discharge machining of titanium alloy (Ti-6Al-4V)[J]. Applied Surface Science, 2007, 253(22): 9007-9016.

[104] Courbon C, Kramar D, Krajnik P, et al. Investigation of machining performance in high-pressure jet assisted turning of Inconel 718: An experimental study[J]. International Journal of Machine Tools and Manufacture, 2009, 49(14): 1114-1125.

第 3 章　有限样本下的缺陷检测

3.1　有限样本下钢轨表面缺陷检测

3.1.1　快速检测

1. 任务分析

钢轨表面缺陷的快速检测是要找到钢轨表面上存在的缺陷。如图 3.1 所示，以在役钢轨为例，生产线冷态钢轨类似。其快速检测主要关注的是钢轨表面是否存在缺陷及其在 y 轴方向上的位置，而不关注其在 x 轴方向上的位置。因此，无须进行像素级检测，只需检测沿 x 轴方向的整条像素线上是否存在缺陷即可。

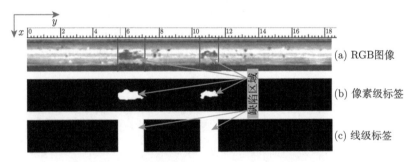

图 3.1　在役钢轨表面缺陷示例 (彩图见封底二维码)

在这种情况下，每一条像素线可以看作一个独立的信息条，一张图像包含数千条像素线，十几张图像就可以有数万条像素线。这样可以有效地缓解样本不足的问题。同时，线级标注也大大简化了缺陷标注工作。线级标注不需要勾勒缺陷的复杂形状，只需两条边界线来确定其在 y 轴方向上的位置即可，如图 3.1(a) 所示。根据图 3.1(a) 中的两条边界线生成线级真值图 (图 3.1(c))。

2. 解决方案

通过以上的分析，基于钢轨数据在 y 轴方向上有一定的分布规律这一特性，提出将图像视为序列数据，像素行视为信息条的解决方案，以缓解欠样本带来的不利影响。其基本原理如图 3.2 所示，每个二维数据可被分解成许多元素的线数据。在欠样本的情况下，占据数量优势的线数据更有利于以数据为驱动的深度学习模型的学习。在样本数量不足的情况下，二维数据的分类界线无法准确确定，图中的线 1、2、3 均可在训练数据上得到好的检测效果，但会有不同的泛化能力，这会造成模型性能的不稳定，无法得到可靠的模型参数；而基于线数据的分类，由于样本数量得到大幅度的提升，因此更有利于模型确定分类界线，得到可靠的模型参数。

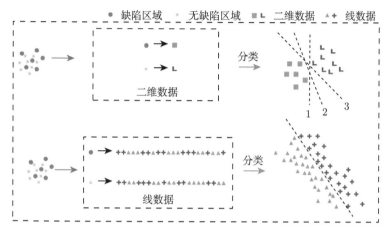

图 3.2   本节所提出方案的基本原理 (彩图见封底二维码)

具体到钢轨表面缺陷检测而言，一个缺陷样本对应一个 RGB 图像或者深度图像样本，可对应几十甚至上百条沿 x 轴的像素行；将沿 x 轴的像素行作为线数据，分为缺陷线和无缺陷线来检测缺陷区域。

对于在役钢轨缺陷检测，选用在 y 轴方向上有一定的分布规律的 RGB 图像；将像素行视为独立信息条的弊端在于会造成沿 y 轴方向的上下文信息丢弃。如果能提取序列信息条之间的联系，则沿 y 轴的上下文信息将可以得到很大程度的保留。基于以上分析，提出一种基于序列数据处理的表面缺陷检测方案。对于生产线冷态钢轨选用深度图像，虽然其相比于 RGB 图像只可检测有高度变化的缺陷，但其数据在 y 轴方向上呈一定规律分布且信息纯净，有利于缺陷区域检测。由于深度图像包含的是钢轨横截面的深度信息，y 轴方向的上下文联系很弱，因此将其像素行视为独立信息条，通过对其直接二分类，进行缺陷区域检测，有利于模型的轻量化。

对于具体的检测模型设计，在缺陷检测领域，很少有研究将缺陷图像视为序列数据。不过，在方面级别情感分类 (aspect level sentiment classification，ALSC) 领域已提出了一些将句子或段落视为序列数据的模型，用于判断句子或段落情感水平，如肯定态度或否定态度。本节将借鉴这些模型的设计思想来设计在役钢轨缺陷检测模型。对于生产线冷态钢轨模型，将基于一维卷积设计轻量型深度模型来检测其表面缺陷。

3. 基于序列数据的检测网络 OC-IAN 和 OC-TD

在 ALSC 领域，人们提出了一些针对文本序列数据的处理模型。IAN-LSTM[1] 采用一种交互式注意力网络来提取上下文和目标之间的特征。TD-LSTM[2] 利用两部分长短时记忆 (long and short term memory，LSTM) 技术分别提取目标词 (target word) 前后语境信息。本节在信息处理阶段借鉴这两个模型的思想，提出了两个模型 OC-IAN 和 OC-TD，分别用于检测重型钢轨和轻型钢轨的表面缺陷。待检测像素行等价于 ALSC 领域中的目标词，视场内其他像素行等价于上下文词 (context words)。OC-IAN 和 OC-TD 模型的整体架构如图 3.3 所示。

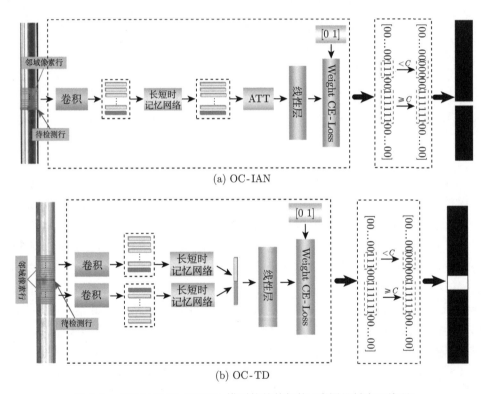

图 3.3　OC-IAN 和 OC-TD 模型的整体架构 (彩图见封底二维码)

OC-IAN 首先通过一维卷积神经网络 (one-dimensional convolutional neural network，ODCNN) 特征提取模块和 LSTM 上下文信息提取模块来提取信息。然后应用注意力机制进行信息处理，处理过程类似于 IAN-LSTM 模型。最后，采用线性层进行分类，滤波模块根据尺寸先验滤除噪声。另一个模型 OC-TD 信息提取过程与 OC-IAN 相似，不同之处在于采用了双分支结构。然后，将提取到的特征直接送入线性层进行分类。最后，应用滤波模块对分类结果进行滤波处理。

从结构上看，OC-IAN 采用单分支和注意力机制，而 OC-TD 采用双分支结构，去掉了注意力模块；从信息处理阶段对特征表示的使用来看，OC-IAN 使用了 LSTM 上下文提取模块中最后一层所有节点的输出，而 OC-TD 只使用了该模块中最后一层末节点的输出。

OC-IAN 和 OC-TD 的详细流程如下所述。首先，ODCNN 和 LSTM 将数据从颜色空间转换到特征空间，并获得包含上下文信息的特征向量。然后，OC-IAN 的待检测像素行的特征表示是通过注意力机制，对 LSTM 中最后一层所有节点的输出向量进行权重分配后生成；OC-TD 的特征表示是通过直接连接两个分支中的 LSTM 的最后一个节点的输出向量生成。接着，线性层将特征表示分为缺陷类和无缺陷类。最后，滤波模块根据尺寸先验滤去噪声，得到最终检测结果。

1) ODCNN 特征提取模块

ODCNN 特征提取模块的功能是将数据从颜色空间映射到特征空间，由 5 个一维卷积层和 2 个最大池化层组成。一维卷积层的内核 (kernel) 大小为 3，步长 (stride) 为 1，卷积前后的分辨率保持不变。最大池化层的内核大小为 2，步长为 2，降低了分辨率，同时可减少计算量并消除冗余信息。特征提取器的详细配置如表 3.1 所示。channel 为输出通道数，将具有相同分辨率的卷积层视为一个卷积块 (block)。视野宽度是指视野中像素行的数目。在 OC-TD 网络中，为了保持高分辨率，删除了最大池化层。特征提取器的输出向量表示为 $\{F_1, F_2, F_3, \cdots, F_N\}$，这里 N 是视野中像素行的数目，在 OC-IAN 中设置为 20，OC-TD 中设置为 40。F_N 是待检测像素行的特征向量。

表 3.1　ODCNN 特征提取器的详细配置

卷积块	配置
卷积块-1	conv[kernel=3, channel=128, stride = 1] ×2 pool[kernel=2, type=Max, stride = 2]
卷积块-2	conv[kernel=3, channel=256, stride = 1] ×2 pool[kernel=2, type=Max, stride = 2]
卷积块-3	conv[kernel=3, channel=width of visual field, stride = 1]

2) LSTM 上下文信息提取模块

待检测像素行的特征表示不仅要包含其本身属性，还应该包含其视野内的邻域信息。而特征提取只可以提取到待检测像素行的本身属性。因此，设计添加了 LSTM 上下文信息提取模块来提取其视野内的邻域信息。该模块由一个 4 层 LSTM 网络组成，如图 3.4 所示。每层 LSTM 网络由 N 个相同的 LSTM 单元组成，如图 3.4 右侧所示。在 OC-IAN 中，N 设置为 20，OC-TD 中设置为 40。其学习参数在 LSTM 单元之间共享。文献 [3] 详细阐述了 LSTM 单元的公式推导。层与层之间通过将上一层的输出作为下一层的输入进行传递。两个模型中层数均设置为 4。该模块将特征向量 $\{F_1, F_2, F_3, \cdots, F_N\}$ 转换成带有上下文信息的特征向量 $\{H_1, H_2, H_3, \cdots, H_N\}$。

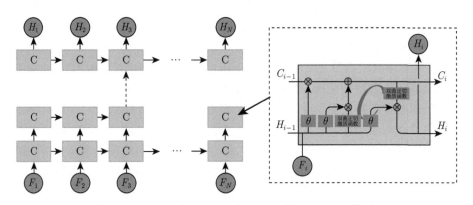

图 3.4　　LSTM 上下文信息提取器 (彩图见封底二维码)

3) 注意力模块

该注意力模块的功能是选取对待检测像素行重要的上下文信息。考虑到待检测像素行和视野中的邻域像素行相互影响，设计了一对注意分支 (蓝色箭头和绿色箭头)，如图 3.5 所示。蓝色箭头分支表征待检测像素行对视野中邻域像素行的影响。绿色箭头分支表征视野中邻域像素行对待检测像素行的影响。

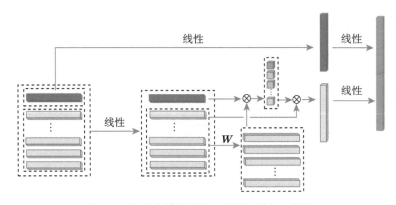

图 3.5　　注意力模块结构 (彩图见封底二维码)

在蓝色箭头分支中，首先，包含上下文信息的特征向量 $\{H_1, H_2, H_3, \cdots, H_N\}$ 通过 64 个节点的线性层转换为特征向量 $\{H_1, H_2, H_3, \cdots, H_N\}$。然后，注意力向量 α_i 由以下公式生成：

$$\alpha_i = \frac{\exp[\rho(\boldsymbol{LH}_i, \boldsymbol{LH}_N)]}{\sum\limits_{j=1}^{N-1} \exp[\rho(\boldsymbol{LH}_j, \boldsymbol{LH}_N)]} \tag{3-1}$$

$$\rho(\boldsymbol{LH}_i, \boldsymbol{LH}_N) = \tanh(\boldsymbol{LH}_i \times \boldsymbol{W} \times \boldsymbol{LH}_N^{\mathrm{T}}) \tag{3-2}$$

其中，$\rho(\cdot)$ 是一个评分函数，输出待检测像素行对邻域像素行的重要性；$\tanh(\cdot)$ 是一个非线性函数；$\boldsymbol{LH}_N^{\mathrm{T}}$ 是 $\boldsymbol{LH}_N$ 的转置；$\boldsymbol{W}$ 是一个可学习的权重矩阵。最后，待检测像素行的特征表示 A_{C} 由公式 $L_{\mathrm{C}}\left(\sum_{i=1}^{N-1} \alpha_i LH_i\right)$ 求得，其中 $L_{\mathrm{C}}(\cdot)$ 是一个节点数为 64 的线性 (linear) 层。在绿色箭头分支中，由于待检测像素行数为 1，所以注意力向量为 1，消除了注意力向量的求解过程。因此，该分支的待检测像素行的特征表示 A_{T} 求解公式可简化为 $L_{\mathrm{T}}(A_{\mathrm{T}})$，其中 $L_{\mathrm{T}}(\cdot)$ 是两个节点数均为 64 的线性层。最后，待检测像素行特征表示 F_{A} 由 A_{C} 和 A_{T} 串联拼接而成。

4) 线性层

线性层是将待检测像素行的特征表示进行分类的模块。该线性层由一个 64 个节点的隐藏层和一个 2 个节点的输出层组成。在 OC-IAN 中，该过程可以表示为 $P = L(F_{\mathrm{A}})$，其中 $L(\cdot)$ 表示该线性层运算。在 OC-TD 中，$P = L(\mathrm{connect}(H_N^{\mathrm{L}}, H_N^{\mathrm{R}}))$，其中，$\mathrm{connect}(\cdot)$ 是张量的串联运算函数；H_N^{L} 和 H_N^{R} 分别是其两个分支的 LSTM 上下文信息提取模块的末单元输出特征向量。

5) 滤波模块

滤波模块用于根据尺寸先验滤除 OC-IAN 和 OC-TD 的输出噪声。当预测为缺陷的连续像素行数小于常数 C 时，该缺陷被视为噪声丢弃。在所提出的两个模型中，常数 C 均被设置为 6。

4. 模型训练

本节所设计的模型网络均是端到端的深度网络，训练过程相似。训练数据均随机加载到网络中。对于在役钢轨缺陷检测模型的训练，数据批量大小为 5，迭代训练的步长为视野宽度 (OC-IAN 中为 20，OC-TD 中为 40) 的一半。损失函数采用加权交叉熵损失 (weighted cross entropy loss)。在二分类任务中，其公式可表示为 $L = -[w_0 y \log \hat{y} + w_1(1-y) \log(1-\hat{y})]$，这里，$y$ 为数据的真值 (正类为 1，负类为 0)；$\hat{y}$ 是预测为正类的概率值；w_0 和 w_1 是权重项，分别设置为 50 和 1。当类别的样本不平衡时，权重项可有效改善交叉熵损失，优化结果严重偏向样本较多类别的缺点。其他训练参数设置如表 3.2 所示。模型训练需至少 2GB 内存的显卡支持。

表 3.2　模型训练参数设置

参数	设置
参数初始化	PyTorch 默认的初始化
迭代次数	80
优化器	Adam
初始学习率	0.0001
参数保存	准确率上升且损失函数值下降

5. 实验评价标准

实验结果的量化评价标准采用分类任务中广泛采用的评价指标：召回率 (recall)、精确率 (precision) 和调和均值 ($F1$)。求解公式如下：

$$\text{recall} = \text{TP}/(\text{TP} + \text{FN}) \tag{3-3}$$

$$\text{precision} = \text{TP}/(\text{TP} + \text{FP}) \tag{3-4}$$

$$F1 = 2 \times \text{recall} \times \text{precision}/(\text{recall} + \text{precision}) \tag{3-5}$$

其中，真正 (TP) 为将正类 (前景) 预测为正类的数量；假负 (FN) 是将正类预测为负类 (背景) 的数量；假正 (FP) 是将负类预测为正类的数量。

为了综合全面地评价，在役钢轨模型从线级和缺陷级两个层次分别展开评价。线级评价将每一像素行视为独立的数据单元进行计算评价。由于每一行中的所有像素都具有相同的真值和预测值，因此线级评价可视为像素级评价。缺陷级评价是将具有相同值的连续像素线作为一个整体，视为一个数据单元进行计算评价。生产线冷态钢轨模型由于所采集的钢轨踏面数据中缺陷数较少而无法对模型进行客观准确评价，因此只进行线级评价。

此外，为了更清楚地评估模型在误报方面的性能，还采用了特异性指标 TNR (true negative rate) 进行评价。由于精确率也能评估模型在误报方面的性能，且在缺陷检测领域更注重模型漏报方面的性能，因此 TNR 只被用于评估所提出的模型性能。

TNR 计算公式如下：

$$\text{TNR} = \text{TN}/(\text{TN} + \text{FP}) \tag{3-6}$$

其中，真负 (TN) 是将负类预测为负类的数量。

6. RSDDs 数据集

RSDDs 数据集包含轻型钢轨缺陷集和重型钢轨缺陷集两个子数据集。轻型

钢轨集 (Type-I) 由 67 张缺陷图像样本组成，每条像素行包含 160 个像素；重型钢轨集 (Type-II) 由 128 张缺陷图像样本组成，每条像素行包含 55 个像素。每张缺陷图像都有相应的像素级标注真值图。

由于本节所提出的模型只需线级标注真值图，因此将原数据集中像素级标注真值图进行了转化。将包含有非零值像素行的所有像素都设置为 255，生成线级标注真值图。两个子数据集都按 3:1 的比例分成训练集和测试集两部分：Type-I 子数据集中 50 张图像作为训练样本，17 张图像作为测试样本；Type-II 子数据集中 96 张图像作为训练样本，32 张图像作为测试样本。数据集的缺陷行和无缺陷行的数量详见表 3.3。

表 3.3　RSDDs 数据集的缺陷行和无缺陷行的数量

数据集子集	训练集		测试集	
	缺陷行	无缺陷行	缺陷行	无缺陷行
Type-I	2063	58279	728	20414
Type-II	5040	114960	1658	38342

7. 模型性能对比评估

1) 与 ALSC 领域模型对比

对于模型性能的定量评估，首先与 ALSC 领域的其他四种先进的模型展开对比实验研究，包括：TC-LSTM[2]、ATAE-LSTM[4]、MemNet[5] 和 AOA[6](这些对比模型不是原论文中的模型，而是在信息处理阶段以这些模型结构为指导所设计的模型)。

TC-LSTM[2] 是在 TD-LSTM 的基础上进一步改进模型，将目标词和上下文词连接作为两个 LSTM 的输入。ATAE-LSTM[4] 针对句子中同时存在正面词汇和负面词汇的情况，采用注意力机制对不同方面级别情感词汇进行分析，将注意力集中在句子的不同部分。MemNet[5] 提出了多个注意力模块和线性层组合并行结构来捕捉不同单词对上下文的重要程度。AOA[6] 捕捉目标词和上下文词之间的耦合，然后采用注意力机制来关注句子的重要部分。

OC-IAN 模型和对比模型在 RSDDs 的 Type-I 上的实验结果如表 3.4 所示 (最佳和次佳结果分别以红色和绿色标记)。OC-IAN 模型在线级评估和缺陷级评估中均得到最佳的 $F1$ 分数。OC-IAN 的 $F1$ 得分在线级评估中比次佳模型 ATAE-LSTM 高 0.09 左右；在缺陷级评估中，比次佳模型 MemNet 高出约 0.03。图 3.6 直观地展示了这些模型检测结果的可视化示例。

图 3.7 以气泡图方式直观地展示这些模型的综合表现。以召回率和精确率分别作为 x 轴和 y 轴，点的大小代表 $F1$ 的排名。气泡越靠近右上角附近、面积越

大，表示相应的模型性能越佳。可以直观地看到，图 3.7(a) 中，OC-IAN 模型的气泡整体在最右上方，在对比模型中性能最好。圆形代表线级评估，五角星代表缺陷级评估。

表 3.4　不同模型在 RSDDs 的 Type-I 子数据集上的实验结果 (见封底二维码)

模型	线级			缺陷级		
	召回率	精确率	调和均值	召回率	精确率	调和均值
TC-LSTM	0.5604	0.6328	0.5944	0.7549	0.6706	0.7103
ATAE-LSTM	0.7665	0.6966	0.7298	0.9314	0.7000	0.7994
MemNet	0.6233	0.8537	0.7206	0.8039	0.9020	0.8501
AOA	0.7681	0.6286	0.6914	0.8529	0.6131	0.7134
OC-TD	0.5825	0.6951	0.6338	0.7353	0.7010	0.7177
OC-IAN	0.8171	0.8119	0.8145	0.9314	0.8421	0.8845

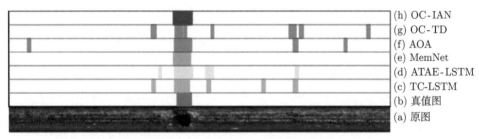

图 3.6　不同模型在 RSDDs 的 Type-I 子数据集上检测结果的可视化示例
(彩图见封底二维码)

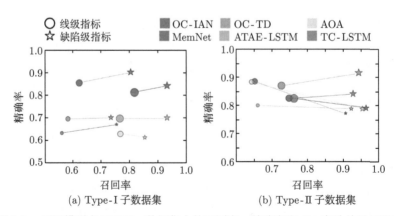

图 3.7　不同模型在 RSDDs 数据集上的召回率、精确率和 $F1$ 实验结果气泡图
(彩图见封底二维码)

类似地，在 RSDDs 的 Type-Ⅱ 子数据集上对 OC-TD 进行了实验研究。实

验结果如表 3.5 所示。很显然，OC-TD 模型在 Type-II 子数据集上的表现是最好的。次佳的模型 TC-LSTM 在线级评估 $F1$ 中获得和 OC-TD 几乎相同的分数，但在缺陷级评估 $F1$ 中比 OC-TD 低约 5%。从图 3.7(b) 中也可以直观地看到，OC-TD 模型对应的点对很大且距右上角最近，这也表明了 OC-TD 具有最好的综合性能。图 3.8 直观地展示了一个可视化示例。

表 3.5 不同模型在 RSDDs 的 Type-II 子数据集上的实验结果 (见封底二维码)

模型	线级			缺陷级		
	召回率	精确率	调和均值	召回率	精确率	调和均值
TC-LSTM	0.7624	0.8257	0.7928	0.9271	0.8424	0.8827
ATAE-LSTM	0.6604	0.8014	0.7214	0.9219	0.7896	0.8506
MemNet	0.6522	0.8867	0.7516	0.9063	0.7734	0.8346
AOA	0.6432	0.8844	0.7448	0.9531	0.7891	0.8634
OC-IAN	0.7482	0.8268	0.7856	0.9635	0.7917	0.8691
OC-TD	0.7270	0.8714	0.7927	0.9427	0.9176	0.9300

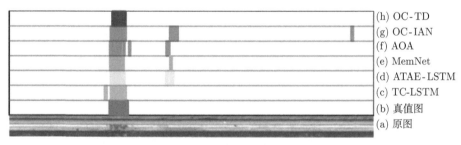

图 3.8 不同模型在 RSDDs 的 Type-II 子数据集上检测结果的可视化示例
(彩图见封底二维码)

线级特异性指标 TNR 被用来更清楚地评估这些模型在误报方面的性能。评估结果如表 3.6 所示。从表中可以看到，OC-IAN 在误报方面的性能最好，OC-TD 稍差。

表 3.6 不同模型在 RSDDs 数据集上的 TNR 线级实验结果

数据集子集	TC-LSTM	ATAE-LSTM	MemNet	AOA	OC-TD	OC-IAN
Type-I	0.8736	0.9867	0.9962	0.9258	0.8738	0.9931
Type-II	0.9315	0.9620	0.9662	0.9949	0.9636	0.9918

由于测试集样本数量较少，因此对 $F1$ 指标展开了显著性检验 (非参数威尔科克森 (Wilcoxon) 检验)，以排除实验结果不同可能是由其他干扰因素所引起的

误差导致的。表 3.7 展示了 $F1$ 指标的 Wilcoxon 检验的 P 值。当显著性水平 $\alpha = 0.25$ 时，这些模型的 $F1$ 指标都是显著的。当显著性水平 $\alpha = 0.10$ 时，只有 OC-TD 和 MemNet 之间的 $F1$ 指标不显著。显著性检验表明实验结果是有效的，MemNet 是一个有潜力的优秀模型。

表 3.7　实验结果 $F1$ 指标的 Wilcoxon 检验的 P 值

模型	OC-IAN		OC-TD	
	线级	缺陷级	线级	缺陷级
TC-LSTM	0.0065	0.1074	0.0754	0.3752
ATAE-LSTM	0.0191	0.1379	0.0207	0.0555
MemNet	0.0552	0.7986	0.2619	0.2081
AOA	0.0174	0.0327	0.0122	0.0876
OC-IAN	—	—	0.2035	0.0957
OC-TD	0.0245	0.0910	—	—

由于这些模型的计算量大致相同，因此这些模型的训练时间和处理时间也大致相同。Type-I 子数据集的训练时间约为 35min，Type-II 子数据集约为 45min。每条像素行的处理时间约为 2.5ms。

2) 与基于传统方法模型对比

为了进一步评估 OC-IAN 和 OC-TD 模型的性能，将其与基于传统方法的模型进行比较评估，包括：基于 RSDDs 数据集提出的模型 CTFM、LN+DLBP、MLC+PEME，文献 [7] 中提出的 IPMD 模型，以及显著性分割模型 SMD、GS、MR、SF、wCtr[8,9]。

表 3.8 展示了这些模型在 RSDDs 数据集上缺陷级的实验结果 (CTFM、LN+DLBP、MLC+PEME 和文献 [7] 模型的结果数据引自文献 [10])。可以看到，OC-IAN/TD 模型在 RSDDs 数据集上的缺陷级性能表现最好。$F1$ 分数比次佳的

表 3.8　不同模型在 **RSDDs** 数据集上缺陷级的实验结果 (见封底二维码)

模型	Type-I			Type-II		
	召回率	精确率	调和均值	召回率	精确率	调和均值
LN+DLBP	0.7080	0.7626	0.7343	0.7182	0.8889	0.7945
MLC+PEME	0.8540	0.4787	0.6135	0.9171	0.5868	0.7156
IPMD	0.7294	0.4119	0.5265	0.4641	0.4973	0.4801
CTFM	0.7737	0.8406	0.8058	0.8398	0.8583	0.8489
SMD	0.1764	0.0922	0.1211	0.0573	0.0687	0.0625
GS	0.3039	0.0532	0.0905	0.3542	0.0983	0.1540
MR	0.1373	0.1275	0.1321	0.2292	0.2292	0.2292
SF	0.1125	0.0902	0.1039	0.3021	0.3204	0.3110
wCtr	0.1176	0.0237	0.0394	0.2813	0.1680	0.2103
OC-IAN/TD	0.9314	0.8421	0.8845	0.9427	0.9176	0.9300

CTFM 模型在两个子数据集上均高出约 0.08。这些显著性分割模型由于不是针对在役钢轨表面缺陷检测而设计的，因此检测结果均较差。

气泡图 3.9 也直观地说明了 OC-IAN/TD 模型综合性能最佳，其所对应的点对是最大且距右上角最近的 (因为这些显著性分割模型的检测结果较差，所以没有在图 3.9 中显示)。

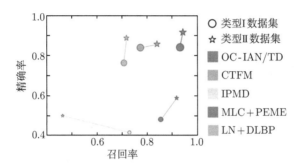

图 3.9　不同模型在 RSDDs 数据集上的召回率、精确率和 $F1$ 缺陷级实验结果气泡图
(彩图见封底二维码)

8. 模块消融性研究

这里还定量分析了 OC-IAN 和 OC-TD 模型中各个模块对模型整体的影响。表 3.9 是 OC-IAN 模型不带某模块时在 RSDDs 的 Type-I 子数据集上的缺陷级实验结果 ($\sqrt{}$ 表示模型中带有的模块)。显然，不带某些模块 (长短时记忆模块、注意力模块、滤波模块) 时的 OC-IAN 性能低于完整的 OC-IAN 模型。双分支结构并不能提高 OC-IAN 的性能，反而会使 $F1$ 得分下降约 0.035。

表 3.9　OC-IAN 模型不带某模块时在 RSDDs 的 Type-I 子数据集上的缺陷级实验结果

长短时记忆模块	注意力模块	滤波模块	双分支结构	召回率	精确率	调和均值
—	$\sqrt{}$	$\sqrt{}$	—	0.8333	0.6912	0.7556
$\sqrt{}$	—	$\sqrt{}$	—	0.9118	0.7745	0.8575
$\sqrt{}$	$\sqrt{}$	—	—	0.9706	0.3762	0.5423
$\sqrt{}$	$\sqrt{}$	$\sqrt{}$	—	0.9314	0.8421	0.8845
$\sqrt{}$	$\sqrt{}$	$\sqrt{}$	$\sqrt{}$	0.9118	0.7941	0.8488

类似地，表 3.10 为 OC-TD 模型在不带某模块时在 RSDDs 的 Type-II 子数据集上的缺陷级实验结果。长短时记忆模块、滤波模块、双分支结构都可以不同程度地提高模型性能，而注意力模块对模型性能影响不大。因此，OC-TD 模型最终选用了不带有注意力模块的双分支结构。

表 3.10　OC-TD 不带某模块时在 RSDDs 的 Type-II 子数据集上的缺陷级实验结果

长短时记忆模块	滤波模块	双分支结构	注意力模块	召回率	精确率	调和均值
—	√	√	—	0.9270	0.8906	0.9084
√	—	√	—	0.9896	0.6329	0.7721
√	√	—	—	0.9739	0.7378	0.8396
√	√	√	—	0.9427	0.9176	0.9300
√	√	√	√	0.9531	0.9042	0.9280

9. 特征提取器结构设计

由于特征提取器所提取的特征向量是后续模块处理的基础，所提取的特征向量是否有效直接决定了模型性能的优劣。因此对特征提取模块具体结构展开了对比实验研究。

特征提取器主要有两种结构可用来提取特征向量：一维卷积结构和二维卷积结构。通过一系列的对比实验来得到最合适的特征提取器结构，实验结果如表 3.11 所示。B1、B2 和 B3 分别代表卷积块-1、卷积块-2 和卷积块-3。B1T 和 B1 的结构相似，唯一的区别是 B1 的卷积核是一维向量 (3×1)，而 B1T 的卷积核是二维向量 (3×3)。同理，B2T 和 B2、B3T 和 B3 也类似。可以看到，二维卷积结构的检测结果比相似的一维卷积结构都要差。对于一维卷积结构，当特征提取器为 B1+B2+B3 时，所提出的模型得到了最好的 $F1$ 分数，具有最好的性能。

表 3.11　特征提取器不同结构在 RSDDs 数据集上的缺陷级实验结果

特征提取器	OC-IAN			OC-TD		
	召回率	精确率	调和均值	召回率	精确率	调和均值
B1+B3	0.9509	0.7843	0.8596	0.9531	0.8984	0.9249
B1T+B3T	0.8725	0.5734	0.6921	0.7083	0.5402	0.6129
B1+B2+B3	0.9314	0.8421	0.8845	0.9427	0.9176	0.9300
B1T+B2T+B3T	0.7941	0.6536	0.7170	0.7297	0.6409	0.6822
B1+2B2+B3	0.9118	0.7013	0.7928	0.8906	0.7586	0.8193
B1T+2B2T+B3T	0.4804	0.5588	0.5166	0.5677	0.4418	0.4969

10. 模型超参数配置研究

1) 视野宽度设置

视野宽度决定了参考上下文信息的信息量。适当的视野宽度有助于信息的有效提取。这里对一系列不同视野宽度下的模型性能开展对比实验，实验结果如表 3.12 所示。当视野宽度大于 20 时，OC-IAN 模型性能开始下降。在视野宽度为 40 时，OC-TD 模型性能达到最好。因此，模型 OC-IAN 和 OC-TD 的视野宽度分别设置为 20 和 40。

表 3.12　不同视野宽度下模型在 RSDDs 数据集上的缺陷级实验结果 (见封底二维码)

视野宽度	OC-IAN			OC-TD		
	召回率	精确率	调和均值	召回率	精确率	调和均值
5	0.8922	0.7196	0.7966	0.9583	0.8031	0.8739
10	0.8627	0.7696	0.8135	0.9063	0.8141	0.8577
20	0.9314	0.8421	0.8845	0.9427	0.9053	0.9236
40	0.8431	0.8480	0.8456	0.9427	0.9176	0.9300
60	0.9119	0.7408	0.8175	0.9063	0.8135	0.8574

2) 训练步幅设置

小的训练步幅理论上可以更好地拟合训练样本，但可能造成过拟合。合适的训练步幅可使模型有好的泛化性能。为此，这里开展了一系列不同步长的对比实验，实验结果如表 3.13 所示。可以看到，当步长减小到一定值时，模型的性能不再提高反而下降。当 OC-IAN 的训练步幅为 10 像素行，OC-TD 为 20 像素线时，模型的性能达到最好。这两个值恰好对应模型视野宽度的一半。因此，最终将步幅设置为相应模型视野宽度的一半。

表 3.13　不同训练步长下模型在 RSDDs 数据集上的缺陷级实验结果

步长	OC-IAN			OC-TD		
	召回率	精确率	调和均值	召回率	精确率	调和均值
40	—	—	—	0.9063	0.7891	0.8436
20	0.8921	0.8333	0.8617	0.9427	0.9176	**0.9300**
10	0.9314	0.8421	**0.8845**	0.9635	0.8589	0.9082
5	0.8725	0.7010	0.7774	0.9844	0.8727	0.9252
1	0.9118	0.7582	0.8279	0.9531	0.7302	0.8269

3) w_0/w_1 的设置

由于训练样本缺陷线和无缺陷线的数量不平衡，需要使用加权 CELF(cost-effective lazy-forward) 算法来训练模型以克服样本不平衡的不利影响，对样本数量较少的类别赋予较大的权重。为了找到最合适的权重比值 w_0/w_1，这里进行了一系列的对比实验。表 3.14 展示了不同权重比值下模型在 RSDDs 数据集上的缺陷级实验结果。当 w_0/w_1 设置为 50 时，OC-IAN 和 OC-TD 模型在 RSDDs 数据集上都取得了最高的 $F1$ 分数。因此最终权重比值 w_0/w_1 设置为 50。

4) 尺寸先验常数 C

在滤波模块中，尺寸先验常数 C 的取值直接影响到算法的最终性能。从图 3.10 可以看出，当 C 取 10 时，两个模型的综合指标最好。然而，随着 C 值的增加，所能检测到的最小缺陷尺寸也增大。因此，综合考虑性能和所能检测的最小缺陷尺寸两个因素，常数 C 最终取值为 6。

表 3.14　　不同权重比值下模型在 RSDDs 数据集上的缺陷级实验结果

w_0	w_1	OC-IAN			OC-TD		
		召回率	精确率	调和均值	召回率	精确率	调和均值
1	1	0.9118	0.7598	0.8288	0.9115	0.8474	0.8783
25	1	0.8431	0.7941	0.8179	0.9427	0.8859	0.9134
50	1	0.9314	0.8421	0.8845	0.9427	0.9176	0.9300
75	1	0.9020	0.7167	0.7987	0.9271	0.8516	0.8877
90	1	0.9019	0.7990	0.8473	0.9583	0.8286	0.8888

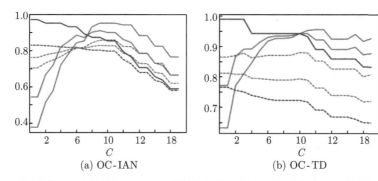

(a) OC-IAN　　　　　　　　　　　(b) OC-TD

图 3.10　　不同常数 C 下模型在 RSDDs 数据集上的召回率、精确率和 $F1$ 折线图 (彩图见封底二维码)

实线对应线性等级，虚线对应缺陷等级；蓝色为召回率，绿色为精确率，红色为调和均值

3.1.2　缺陷分割

　　快速检测方法可监测缺陷是否存在，但无法获取缺陷本身详细参数以量化评估。这些详细参数不仅可更精确地确定带缺陷钢轨产品质量等级和应用场景，而且可以通过对缺陷参数的分析来指导生产工艺改进。想要获取缺陷详细参数，就必须对缺陷进行分割。这里针对钢轨表面缺陷分割，重点解决以下问题。

　　(1) 钢轨缺陷样本收集困难。

　　钢轨缺陷产生具有随机性，且随着生产工艺的提高，缺陷出现的概率也越来越低。除此之外，生产厂家和铁路运营公司的高效率运营及对技术资源的保护，都使得钢轨缺陷样本的收集困难，很难收集到成千上万的缺陷。

　　(2) 生产线冷态钢轨缺陷与背景对比度低。

　　生产线冷态钢轨不仅表面纹理复杂、整体形貌多变，而且缺陷与背景的对比度低。如图 3.11 所示，有些缺陷与背景有着极其相似的纹理，如果没有相关专业知识，甚至人眼都无法准确识别。

　　针对缺陷样本短缺这一状况，这里提出通过制造大量人工样本来训练模型的方法。针对生产线冷态钢轨缺陷与背景对比度低这一难点，模仿人眼观察缺陷的

周围区域 (上下文环境) 来识别缺陷, 提出一种多上下文信息深度卷积分割模型来提高生产线冷态钢轨缺陷的分割精度。最后, 将该分割模型扩展应用于在役钢轨缺陷分割。

图 3.11 生产线冷态钢轨缺陷示例 (彩图见封底二维码)

1. 人工样本制作

对于生产线冷态钢轨, 采用物理方法 (切割、研磨、焊接等) 来制作真实的人工样本; 人工样本的形态比真实缺陷的形态更复杂多变, 以克服由人工样本分布不同于真实缺陷分布带来的劣势。在制作中力求其形状、纹理、尺寸的多样性。一些人工缺陷的形态可能不会在真实缺陷中出现。人工缺陷示例如图 3.12 所示。

1) 物理作用方式

在制造人工缺陷中, 采用了多种物理作用方式, 包括切割、研磨、焊接、钻等工艺, 通过这些方式制造出深凹陷、浅凹陷、凸起等多种形态缺陷。

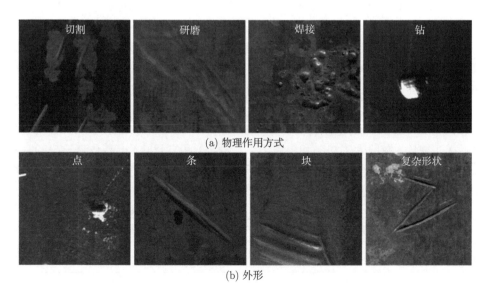

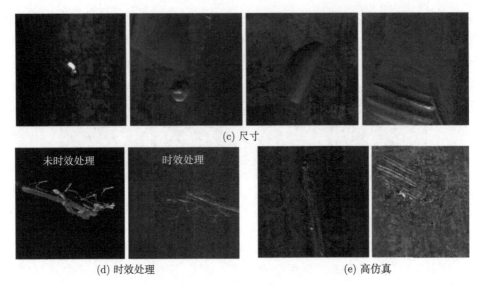

(c) 尺寸

(d) 时效处理   (e) 高仿真

图 3.12   各种人工缺陷示例 (彩图见封底二维码)

2) 外形及尺寸

在外形上制造了包括圆形、条状、大块和复杂形状等；在尺寸上，从点状到大块状，制造了不同尺寸的系列缺陷。从形态角度讲，人工缺陷比自然缺陷更加复杂。

3) 时效处理

一多半人工缺陷使用促锈剂进行人工时效处理，来模仿钢轨冷却中形成的缺陷，剩余未经过人工时效处理的缺陷则模仿在冷却后所产生的缺陷。

4) 高仿真缺陷

高仿真缺陷是通过最大限度地模仿真实缺陷的形状和纹理所制作的。有些高仿真缺陷与真实缺陷极其相似，例如，通过用金属件划伤钢轨表面而产生的高仿真缺陷，此过程与实际中所产生的划伤缺陷极其相似，用肉眼几乎无法区分两者。

5) 数据集建立

构建了一个生产线冷态钢轨表面缺陷数据集，命名为 NRSD-MN。数据集中包括人工缺陷 (做旧人工缺陷和未做旧人工缺陷) 和自然缺陷 (高仿真缺陷和真实缺陷)。具体的缺陷样本数量如表 3.15 所示。人工缺陷样本按照 2086 张、885 张、965 张随机被分为训练集、验证集和测试集，所有自然缺陷作为测试集。

表 3.15   NRSD-MN 数据集各类缺陷样本数量

人工缺陷		自然缺陷	
做旧人工缺陷	未做旧人工缺陷	高仿真缺陷	真实缺陷
2158	1778	115	50
合计：3936		合计：165	

2. 多上下文信息 MCnet 钢轨缺陷分割模型

MCnet 模型侧重于多上下文信息的提取，包括层上下文信息、多尺度局部上下文信息和语义上下文信息。这三种上下文信息分别采用密集块技术、金字塔技术和多信息集成技术来提取。这里采用注意力机制对提取到的卷积块特征信息进行滤波优化。多种技术的结合使 MCnet 模型具备了良好的性能。MCnet 整体结构与 PSPnet 相似，两个模型的主要区别是：① MCnet 中的卷积块特征都包含层上下文信息，而 PSPnet 只是串联卷积层；② MCnet 使用了多个卷积块特征图，而 PSPnet 只使用了最后卷积块的特征图。

具体地，MCnet 模型的结构示意图如图 3.13 所示。首先，通过一个由多个稠密连接块 (dense block，以下简称稠连块) 组成的特征提取网络，提取得到 5 个卷积块特征 LFM；稠连块通过内部的紧密连接来提取层上下文信息。接着，采用 4 层金字塔结构从最后一个卷积块特征中提取多尺度局部上下文信息，并生成其块激活图 LAM；另外三个卷积块特征 (第一个卷积块特征未使用) 通过注意力模块转换成相应的块激活图。然后，多信息集成模块通过相加和卷积操作融合多个块激活图，得到低分辨率分割激活图。最后，通过上采样操作将低分辨率激活图调整到输入图像大小，得到最终缺陷分割图。

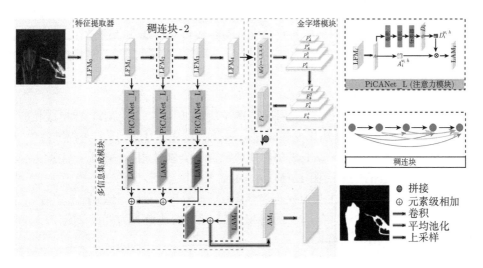

图 3.13　提出的 MCnet 模型结构 (彩图见封底二维码)

1) 特征提取器

为了提取层上下文信息，选择稠连块作为特征提取器的基准块。如图 3.13 所示，在稠连块中，每一层的输入都来自之前所有层的输出以增强层间上下文信息。选择 DenseNet-201[11] 的特征提取网络作为骨干网络组织稠连块。考虑到需要保留足够的空间信息，去除了稠连块-0 以外的所有池化层。表 3.16 为特征提取器的详细配置，表中的输出尺寸为当输入尺寸为 400×400 时的输出。虽然稠连块-1～稠连块-4 的输出大小均为 50×50，但是不同的稠连块学习到不同层级的特征，用 $\{M_1, M_2, M_3, M_4\}$ 表示。

表 3.16　MCnet 的特征提取器结构的详细配置

稠连块	配置	步长	输出
稠连块-0	[7×7 卷积]×1 [3×3 池化]×1 [1×1 卷积 3×3 池化]×6 [1×1 conv]×1	2 2 1 1	100×100×256
稠连块-1	[1×1 卷积 3×3 池化]×6 [1×1 卷积]×1	1	50×50×512
稠连块-2	[1×1 卷积 3×3 池化]×12 [1×1 卷积]×1	1	50×50×256
稠连块-3	[1×1 卷积 3×3 池化]×48 [1×1 卷积]×1	1	50×50×1792
稠连块-4	[1×1 卷积 3×3 池化]×32 [1×1 卷积]×1	1	50×50×896

2) 金字塔模块

金字塔模块通过不同大小的平均池化核算子对最后一个稠连块特征进行池化操作，来提取不同大小感受野的局部上下文信息。

具体地说，将稠连块特征 M_4 平均分成 4 个组，每组通道数为 $C/4(C=896$，为 M_4 的通道数)。自适应平均池化操作使用不同大小池化核将各组分别转化为尺寸为 $m \times m \times C/4$ 的特征 $\{P_4^i\}(i = 1, 2, 3, 4)$，这里 m 分别取值为 1,2,3,6。然后，用核为 1×1 的卷积对 $\{P_4^i\}$ 分别进行卷积，再通过线性插值操作上采样到与 M_4 相同的尺寸，生成 F_4。最后，F_4 和 M_4 串接，并通过 1×1 卷积操作得到最后稠连块的激活图 LAM_4。

3) 注意力模块 PiCANet_L

注意力模块 PiCANet_L 是用来将稠连块特征 $\{M_1, M_2, M_3\}$ 转换成相应的块激活图，其使用了局部池化操作来进行转化。首先，通过 3×3 卷积操作将 M_i 转换为通道数为 2 的 $A_i(i = 1, 2, 3)$，使通道数与类别数相同。然后，注意力模块将 A_i 转换为相应的块激活图 $\text{LAM}_i(i = 1, 2, 3, 4)$。

具体地说，首先生成注意力权重激活图 $D_i = \text{Soft} \max(f_o(f_s(A_i)))$。其中，$f_s(\cdot)$ 和 $f_o(\cdot)$ 分别为核为 7×7 和 1×1 的卷积函数。D_i 的通道数为 49。对于每一个像素 (w, h)，其块激活图的值为

$$\text{LAM}_i^{w,h} = \sum D_i^{w,h} \otimes A_i^{w,h} \tag{3-7}$$

其中，$\otimes$ 表示元素相乘；$A_i^{w,h}$ 表示 A_i 以像素 (w, h) 为中心的局部相邻区域。

4) 多信息集成模块

通过金字塔模块和注意力模块生成多个块激活图。多信息集成模块将融合这些块激活图并提取语义上下文信息。将最后一个稠连块激活图视为主要激活图，

将其他块激活图视为辅助激活图。首先，将辅助激活图进行相加和卷积操作，然后，与主要激活图融合得到低分辨率激活图 AM_1。这个过程可表示为

$$AM_1 = f\{f[LAM_1 \oplus f(LAM_2 \oplus LAM_3)] \oplus LAM_4\} \qquad (3\text{-}8)$$

其中，$\oplus$ 为相加操作符；$f(\cdot)$ 为核为 1×1 的卷积函数。

5) 模型训练

MCnet 模型是一个端到端的深度卷积网络，训练详细过程如表 3.17 所示。特征提取网络的可学习参数权值初始化用 DenseNet-201 在 ImageNet 上预训练后的权值。剩余的卷积层权值初始化服从均值为 0、方差为 1 的高斯分布。所有训练数据 (图像和标签) 的大小调整为 400×400，并进行归一化。训练数据随机加载到网络中，训练数据批量大小为 4，验证数据批量大小为 2。损失函数采用交叉熵损失函数。优化器使用了被广泛用于训练深度卷积分割网络的 Adam 优化器。学习率初始设定为 0.0001，每 5 个周期降低一半，权重衰减值设定为 0.0005。当验证数据分割结果的 mIoU 值提高时，所学习到的参数被保存。模型训练需至少 12GB 内存的显卡支持。

表 3.17　MCnet 模型训练算法

MCnet 模型训练
输入: dataset(img,label)
输出: trained MCnet(.|w)
Batch_train←4, batch_val←2, epochs←50
D_train, D_val←dataset(img,label, batch_train, batch_val)
Best_mIoU←0
for ep **in range**(epochs)
for (img, label) **in enumerate**(D_train)
AM←MCnet(img|w)
J←loss(AM, label)
w←updata($\partial J/\partial w$)
acc, mIoU←metric(D_val, MCnet(.|w))
if mIoU > best_mIoU
best_mIoU←mIoU
save_net(MCnet(.|w))
返回 MCnet(.|w)

3. 评价指标

对于模型性能的评估，采用了分割领域常用的评价指标平均交并比 (mIoU)。mIoU 由于公平性和简单性，成为评价分割模型的主要评价指标。这里也使用 mIoU 作为评估和保存网络参数的主要评价指标。同时，采用像素精度 (PA) 作为辅助评价指标来评估模型识别缺陷区域的性能。mIoU 是通过求解真值图和预测分割结果图之间的交并比来度量。PA 是计算前景预测正确像素数和真值图前景像素数的比率。在二分类分割任务中，mIoU 和 PA 的计算公式分别为

$$\text{mIoU} = \text{TP}/(G + T - \text{TP}) \tag{3-9}$$

$$\text{PA} = \text{TP}/G \tag{3-10}$$

其中，TP 表示真阳性的数目 (前景预测正确像素数)；G 和 T 分别是真值图前景像素数和前景预测像素数。

4. 生产线冷态钢轨集 NRSD-MN 分割结果与分析

1) 模型性能对比研究

将 MCnet 模型与 FCN8、Unet、Enet、GCN、DeepLabv3+、DUC+HDC 和 PSPnet[8,12] 七种模型在 NRSD-MN 数据集上进行了性能对比评估。实验结果如表 3.18 所示，最佳和次佳结果分别以红色和绿色显示。

表 3.18　不同模型在 NRSD-MN 数据集上的像素精度和平均交并比 (见封底二维码)

模型	人工缺陷		自然缺陷	
	像素精度	平均交并比	像素精度	平均交并比
FCN8	0.8469	0.6743	0.6889	0.5852
Unet	0.8053	0.6720	0.5809	0.5276
Enet	0.6868	0.5308	0.5486	0.4625
GCN	0.8246	0.6767	0.6500	0.5762
DeepLabv3+	0.7051	0.5172	0.5059	0.3861
DUC+HDC	0.7947	0.6569	0.6023	0.5460
PSPnet	0.7330	0.6086	0.6776	0.5961
MCnet	0.8528	0.7107	0.7274	0.6422

从表 3.18 可看到，MCnet 在人工缺陷和自然缺陷上的 mIoU 及 PA 指标均取得最好结果。FCN8 取得了 PA 指标的次佳结果，在自然缺陷上比 MCnet 模型的低约 0.04；GCN 取得了人工缺陷 mIoU 指标的次佳结果，比 MCnet 模型的低约 0.03；PSPnet 取得了自然缺陷 mIoU 指标的次佳结果，比 MCnet 模型的低约 0.05。

图 3.14 直观地展示了这些模型的一些分割结果图 (列举对比模型中性能前三的模型)。图 3.14(a)、(b) 为人工缺陷示例；图 3.14(c)、(d) 为高仿真缺陷；图 3.14(e)、(f) 为真实缺陷。从图中可以直观地看到，MCnet 模型的分割效果最好。

2) 模型消融性研究

模型中各个模块对模型性能影响的量化评估结果如表 3.19 所示。金字塔模块、多信息集成模块和注意力模块都可不同程度地提高模型性能。金字塔模块和多信息集成模块可以提取更多的上下文信息，而注意力模块可以突出前景，抑制背景噪声。如果不加注意力模块，多信息集成模块虽然可以提取新的上下文信息，但包含了大量的背景噪声，因此模型的整体性能是无法提高的。经注意力模块滤除噪声后，自然缺陷和人工缺陷的 mIoU 值分别提高了约 0.01 和 0.005，PA 值分别提高了约 0.025 和 0.01。

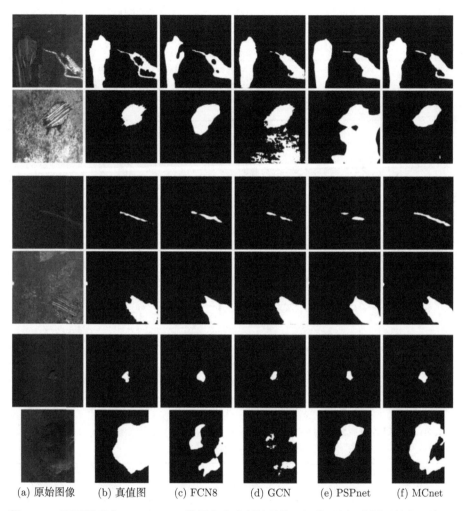

| (a) 原始图像 | (b) 真值图 | (c) FCN8 | (d) GCN | (e) PSPnet | (f) MCnet |

图 3.14 不同模型在 NRSD-MN 数据集上分割结果的可视化示例 (彩图见封底二维码)

3) 模型模块配置对比

A. 多信息集成方式

多信息集成的本质是多信息之间的融合。多信息的集成方式可以有多种，最常见的方式有串联、智能相加和迭代相加。除此之外，由于最后卷积块特征图往往质量最好，因此可将其视为主要信息，其他卷积块特征图视为辅助信息。基于此分析，设计了变体 0～3，如图 3.15 所示。通过实验比较的方式来确定最优的集成方式，实验结果如表 3.20 所示。很明显，变体 0 在人工缺陷和自然缺陷上都获得了最好的结果，是最优的集成方式。

表 3.19　消融某些模块后 MCnet 在 NRSD-MN 数据集上的像素精度和平均交并比

金字塔模块	多信息集成模块	注意力模块	人工缺陷		自然缺陷	
			像素精度	平均交并比	像素精度	平均交并比
—	—	—	0.8458	0.6926	0.6911	0.6019
√	—	—	0.8418	0.6988	0.7133	0.6247
√	√	—	0.8418	0.7059	0.7038	0.6313
√	√	√	0.8528	0.7107	0.7274	0.6422

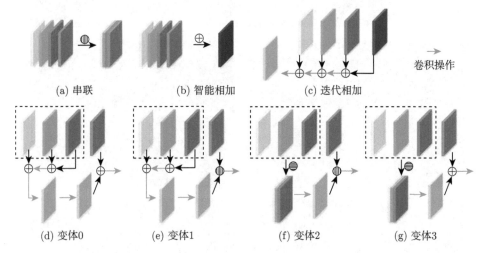

(a) 串联　　　　(b) 智能相加　　　　(c) 迭代相加

卷积操作

(d) 变体0　　　(e) 变体1　　　(f) 变体2　　　(g) 变体3

图 3.15　多信息集成方案 (彩图见封底二维码)

表 3.20　不同多信息集成方式下 MCnet 在 NRSD-MN 数据集上的像素精度和平均交并比

集成方式	人工缺陷		自然缺陷	
	像素精度	平均交并比	像素精度	平均交并比
串联	0.8314	0.6999	0.6963	0.6249
智能相加	0.8392	0.7014	0.6951	0.6190
迭代相加	0.8265	0.6983	0.6843	0.6125
变体 0	**0.8528**	**0.7107**	**0.7274**	**0.6422**
变体 1	0.8470	0.7058	0.7224	0.6318
变体 2	0.7698	0.6441	0.5629	0.4927
变体 3	0.8449	0.7057	0.7009	0.6227

B. 是否使用最底层特征 LFM_0

一般来说，提取更多的特征信息有助于提高模型分割性能。然而，有两个原因可能导致最底层特征无效：一是最底层特征可能携带大量噪声；二是最底层特征太过具体，可能导致模型过拟合。例如，假设最底层特征主要集中在形状特征上。当测试数据的形状特征分布与训练集不完全一致时，最底层特征的使用可能会由于太过关注形状特征而泛化不良。人们对可解释人工智能领域 (深度学习领域的一个分支) 展开了相关研究 [13]，但目前还没有方法可以通过推算来决定特征信息对模型的作用。在这种情况下，采用了实验对比的方法来决定模型是否使用最底层特征 LFM_0。实验结果如表 3.21 所示。显然，使用 LFM_0 在人工缺陷和自然缺陷上都没有使模型性能得到提高。因此，在 MCnet 中没有使用最底层特征 LFM_0。

表 3.21 是否使用 LFM_0 的 MCnet 在 NRSD-MN 数据集上的实验对比结果

使用/不使用 LFM_0	人工缺陷		自然缺陷	
	像素精度	平均交并比	像素精度	平均交并比
使用 LFM_0	0.8473	0.7027	0.6945	0.6249
不使用 LFM_0	0.8528	0.7107	0.7274	0.6422

C. 注意力模块选择

注意力机制被广泛地应用于图像及自然语言处理等领域 [14−16]。目前，已有许多用于提高深度卷积网络性能的自注意力机制模块被提出。经典的 ResNet[17] 分类模型特征提取器就是由多个 ResNet 注意力模块堆叠而成，采用残差技术生成特征注意力图。PiCANet_L[18] 和 non-local block[19] 通过每个像素的上下文环境来构造注意特征图或采用过滤器生成空间注意力图。SE[20] 通道注意力模块为不同通道分配不同的权重。BAM[21]、CBAM[22] 分别以串行连接和并行连接的方式来组合空间注意力和通道注意力。

注意力机制操作可有效抑制噪声，突出目标区域。然而，不同的注意力模块有不同的滤波效果。为了找到最适合模型和数据集的注意力模块，这里实验对比了 Resnet、non-local block、SE、BAM、CBAM 和 PiCANet_L[8,12] 六种注意力模块。表 3.22 列出了不同注意力模块下模型 MCnet 的性能结果。显然，PiCANet_L 在人工缺陷和自然缺陷上均取得了最好的实验结果。因此，最终 MCnet 模型的注意力模块选择了 PiCANet_L。

表 3.22 不同注意力模块下 MCnet 在 NRSD-MN 数据集上的像素精度和平均交并比

注意力模块	人工缺陷		自然缺陷	
	像素精度	平均交并比	像素精度	平均交并比
Resnet	0.8546	0.7102	0.7140	0.6300
non-local block	0.8089	0.6767	0.6704	0.5978
SE	0.8392	0.7011	0.7094	0.6356
BAM	0.8514	0.7024	0.7225	0.6366
CBAM	0.8107	0.6843	0.6948	0.6138
PiCANet_L	**0.8528**	**0.7107**	**0.7274**	**0.6422**

3.2　有限样本下纹理表面缺陷检测

3.2.1　多级融合特征的监督缺陷检测算法研究

目前，纹理表面的缺陷检测仍是一项颇具挑战的视觉任务，该任务要确定纹理图像中的每个缺陷目标的类别和位置，而且还要考虑纹理背景的干扰以及缺陷尺度变化大、对比度低、形状无规律等问题。由于卷积神经网络在很多领域的成功应用，以及相关的目标检测算法不断发展，利用该网络构建缺陷分类与检测系统已逐渐成为发展趋势。然而，有限的缺陷样本是构建检测系统时需要解决的首要难题。同时，为了追求更高的精度，又需要尽可能地选择网络规模更大、更复杂的模型作为主干网络。这就造成了主干网络的规模越大、越复杂，其训练所需的标记样本也越多，样本收集和标注的人力物力成本也会增加。因此，如何在有限数量的标记样本前提下，不进行额外的样本收集工作，同时使用高性能的卷积神经网络模型来构建缺陷检测网络 (defect detection network，DDN)，是需要解决的核心问题。

在标记样本数量有限的条件下，这里提出一种基于多级融合特征的监督缺陷检测网络。DDN 引入了深度迁移学习机制，选择大型的 ResNet 模型作为主干网络，利用 ImageNet 预训练模型在专用的缺陷数据集上微调，保证了主干网络模型的充分训练。为了获取更高的检测精度，DDN 采用了基于候选区域的检测思路并集成"锚"(anchor) 机制提取候选区域，在每个锚点设置了共计 12 种不同面积和长宽比的候选框，以适应不同尺度和形状的纹理缺陷。此外，考虑到相关检测算法大多只使用高层级特征来提取候选区域，提出多级特征融合网络 (multi-level feature fusion network，MFN)，提取主干网络 ResNet 的不同层级的特征图，并将它们融合成多级特征。这样的特征不仅具有有利于分类的高层级语义信息，还具有有利于定位的低层级细节信息，有助于提高模型整体的检测效果。实验证明，MFN 只会轻微地损伤 DDN 的缺陷分类能力，但能大幅度提升其缺陷定位能力，提高最终的检测精度。

1. 迁移学习技术

迁移学习 (transfer learning) 是指把已经训练好的模型的参数迁移到结构相同的新模型中，以此来帮助新模型训练的技术 [23]。尤其是对于样本数量要求颇高的深度神经网络而言，无论是收集标记样本还是从头开始训练一个网络，所花费的人力物力的成本都会非常高昂。因此，对于深度学习技术和卷积神经网络而言，这种能够将模型和样本进行二次利用的迁移学习技术具有重大研究意义。在迁移学习中，将学习的主体定义为"域"(domain)，由数据特征及特征分布组成，而要完成的事情定义为"任务"(target)，由标签分布和目标预测函数组成。其中，"源域"(source domain) 即是指已有知识的域，其具有充足的标记样本，可以支撑模型进行充分的训练；而 "目标域"(target domain) 则是要进行学习的域，不具有或只有少量的标记样本，无法对模型进行充分的训练。所以，迁移学习的本质就是挖掘源域数据集中有用的知识，并将其应用到样本不足的目标域中。事实上，由于某些特定领域的样本及其标签数据难以获取 (如本节所面向的工业检测领域所使用的缺陷数据集)，而通用领域却可以很简单地从网络中获取大量相关图像 (如 ImageNet 数据集)，因此迁移学习技术是解决标记样本不足的重要手段。

卷积神经网络是天然适合迁移学习的模型结构，其深层次的网络结构能够发掘不同类物体之间隐性的关系，提取更加具有普遍性的特征，因此卷积神经网络的每一层的特征天生具有可迁移性 [24]。这里所使用的是深度学习和迁移学习相结合的深度迁移技术，"pre-training(预训练)+fine-tuning(微调)" 是深度迁移技术常用的策略之一。典型的深度迁移学习过程如图 3.16 所示，将源模型中部分层的参数复制到具有相同网络结构的目标模型中，利用预训练模型进行参数初始化，而其余层的权重参数采用随机初始化方法，最后将目标模型在目标数据集上进行微调，对指定的某几层的权值参数进行更新。常用的深度迁移学习方法有两种，一种是冻结 (freezing)，另一种是微调 (fine-tuning)。冻结是指将迁移的源模型中除最后一层外的所有层的权值参数固定，只让最后一层的参数在目标数据集训练过程中更新。微调是只固定卷积神经网络的前 3~5 层卷积层，让剩余层的权值参数更新。据文献 [24] 中的研究发现，卷积神经网络的前几层学习到的是通用特征 (general features)，这种特征是所有物体都具有的共性特征，与具体的数据集无关；而随着网络层次的加深，后面的层更偏重于学习与任务相关的专用特征 (specific

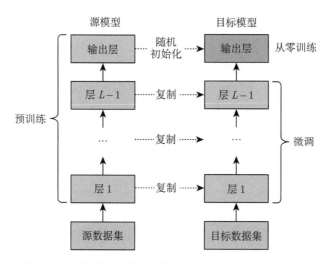

图 3.16 典型的深度迁移学习过程 (彩图见封底二维码)

features)，学习什么样的特征是由数据集所决定的。因此，冻结方法一般不需要很长的训练周期，而且对于目标数据集的要求宽松，但冻结一般只应用在源数据集包含目标数据集或二者数据分布极为相近的情况下。而微调方法可以应用在源域与目标域存在一定数据分布差异的情况下，所以需要数量更多的初始标记样本和更长的训练周期。

世界上大部分数据或任务都存在一定的相关性，所以通过迁移学习可以将现有知识快速复用到新模型中，使已有工作不至于完全放弃，这增强了模型的学习与部署的时效性，避免了花费巨大代价进行样本的采集与标注，以及模型的从零开始学习。

2. 基于多级融合特征的监督缺陷检测网络

由于实例级标签的标注量通常较大，因此标记样本数量不足问题通常发生在相对复杂的缺陷检测任务中。由于标注工作量巨大，现有方法又高度依赖于充裕的标记样本，这在本节面向的工业表面检测应用背景中，通常短期内难以实现。为解决这一问题，本节提出基于多级融合特征的监督缺陷检测网络 (DDN)，将残差网络模型作为主干网络，采用基于候选区域的检测方法，保证缺陷检测器的精度可靠；并在此基础上，提出融合多级特征策略增强提取的候选区域质量，确保缺陷目标的边缘区域的准确定位。

1) DDN 的整体架构

DDN 的网络结构如图 3.17 所示。从图中可以看出，DDN 是一个端到端的检测网络，即从输入端接收输入图像，经过网络的处理，在输出端直接获得检测结果，即图像中缺陷目标的类别和位置。在网络架构上，DDN 主要由三个部分组成：① 主干卷积神经网络，接收并处理输入的图像，在卷积神经网络的每个层级阶段都会生成不同特性、不同尺寸的特征图；② 多级特征融合网络，融合选定的不同层级的特征图，获取多级特征 (即多级特征融合特征)，这样的特征就具有了主干网络不同层级的特性；③ 区域生成网络 (region proposal network, RPN)，使用 RPN 在处理后的多级特征上提取感兴趣区域 (ROI)，通过使用 ROI 池化层和 GAP(全局平均池化) 层，将每个多级特征所对应的 ROI 转换为一个固定尺寸的特征向量。最后，这些向量将会送入两个输出层获得计算结果，分别是缺陷分类层 "cls" 和包围框回归层 (缺陷定位层)"loc"。

2) 主干卷积神经网络

众所周知，利用 ImageNet 预训练模型进行模型参数初始化，能够降低模型的原始样本需求，使其在相对较小的专用数据集上进行二次利用。经过对现有基线模型的分析与研究，本节 DDN 集成 ResNet 的 ImageNet 预训练模型作为主干卷积神经网络。与其他相同规模的基线网络相比，ResNet 具有更加适合于工业检测领域的特质。首先，ResNet 可以使用较少的模型参数获得同等级的性能。以 ImageNet 图像分类任务为例，ResNet50 和 VGG16 可以取得相近的分类精度，但是后者的参数量高达 138M，而前者仅需 0.85M。更少的模型参数意味着 ResNet 模型的训练难度更低、收敛速度更快，而且对于初始标记数据的需求也更低。其次，ResNet 使用全局平均池化层来处理最后的卷积特征图，而不是传统的多重堆叠的全连接层，能保留更多的位置信息以及像素之间的空间位置关系，更适合需要确定目标位置的检测任务。最后，ResNet 是通过堆叠残差模块而搭建网络，便于改装和集成其他模块。

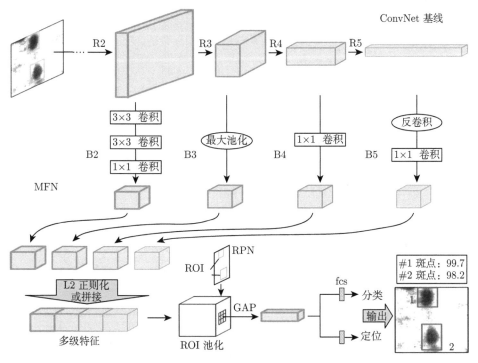

图 3.17　DDN 结构示意图 (彩图见封底二维码)

根据上述分析，DDN 配置的主干网络为 ResNet34 和 ResNet50，其具体模型结构如表 3.23 所示。这两种模型除了第一层卷积层使用的单层 7×7 卷积层外，共有四个层级模块，称为 “残差模块”，这里定义为 {R2, R3, R4, R5}。每个残差模块又是由两个 3×3 卷积层所组成的 “残差单元” 堆叠而成。ResNet34 残差模块的结构如图 3.18 所示，在每个残差模块的输入输出端有近路连接 (shortcut connection) 结构，将浅层梯度直接传递到网络深层区域，使残差网络的训练相对更容易收敛[17]。ResNet34 和 ResNet50 模型的网络架构完全相同，但残差模块的内部结构不同，导致二者的参数体量也完全不同。ResNet34 是典型的中型网络，而 ResNet50 是参数更多、性能更强的大型网络，本节选择两种体量的网络模型进行对比，以此探究工业的表面检测应用场景所需求的深度学习模型量级，以及大型网络所带来的精度增益，为后续章节工作确立主干网络的设计准则。

表 3.23　ResNet34 和 ResNet50 网络结构参数

模块名称	ResNet34	ResNet50	输出尺寸
conv1	$7 \times 7, 64$, 步长 $=2$		112×112
R2	$\begin{bmatrix} 3 \times 3, 64 \\ 3 \times 3, 64 \end{bmatrix} \times 3$	$\begin{bmatrix} 1 \times 1, 64 \\ 3 \times 3, 64 \\ 1 \times 1, 256 \end{bmatrix} \times 3$	56×56
R3	$\begin{bmatrix} 3 \times 3, 128 \\ 3 \times 3, 128 \end{bmatrix} \times 4$	$\begin{bmatrix} 1 \times 1, 128 \\ 3 \times 3, 128 \\ 1 \times 1, 512 \end{bmatrix} \times 4$	28×28
R4	$\begin{bmatrix} 3 \times 3, 256 \\ 3 \times 3, 256 \end{bmatrix} \times 6$	$\begin{bmatrix} 1 \times 1, 256 \\ 3 \times 3, 256 \\ 1 \times 1, 1024 \end{bmatrix} \times 6$	14×14
R5	$\begin{bmatrix} 3 \times 3, 512 \\ 3 \times 3, 512 \end{bmatrix} \times 3$	$\begin{bmatrix} 1 \times 1, 512 \\ 3 \times 3, 512 \\ 1 \times 1, 2048 \end{bmatrix} \times 3$	7×7
输出	GAP FC softmax		1×1

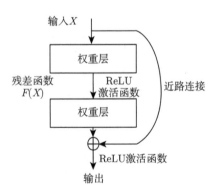

图 3.18　常规的残差模块结构示意图

图 3.18 中的残差模块可表示为

$$y_l = h\left(x_l\right) + F\left(x_l, W_l\right) \tag{3-11}$$

$$y_{l+1} = f\left(y_l\right) \tag{3-12}$$

其中，x_l 和 x_{l+1} 分别表示第 l 个残差模块的输入和输出，从表 3.23 可知每个残差模块都堆叠了多层卷积层；$F(\cdot)$ 是残差函数，表示学习到的梯度残差；$h(x_l) = x_l$

表示恒等映射 (identity mapping)；$f(\cdot)$ 是 ReLU 激活函数。基于上式，从残差网络浅层 l 到深层 L 的学习特征可表示为

$$x_L = x_l + \sum_{i=l-1}^{L-1} F(x_i, W_i) \tag{3-13}$$

此外，残差学习对于简化模型学习难度的效果是极其显著的。同传统的线性管道结构网络模型相比，其学习过程相当于一层一层地做仿射变换和非线性变换，其中仿射变换主要是矩阵乘法，非线性变换是激活函数计算。因此总体来说，线性管道结构的网络相当于乘法性质的计算。而 ResNet 模型中，由于残差结构中近路连接的介入，计算的性质从乘法变成了加法，网络学习过程变得更加稳定、快速。

3) 多级特征融合网络

目前，卷积神经网络的特征分类能力已经超越了人眼的分辨能力，因此如何提高定位精度是构建缺陷检测网络时更需要关注的重点问题，而这与候选区域的提取算法密切相关。具体地，检测网络应该尽可能提取数量少而质量高的候选区域。提取区域的数量越少，检测速度就越快，提取的区域质量越高，则定位的精度也就越高 [25]。绝大多数的缺陷检测算法依旧是跟随 Faster R-CNN 算法的框架，利用最高层级的特征图来提取候选区域 [26-28]。经过主干网络的层层处理，高层级特征图具有了目标相关的语义信息，能够将特异性强的区域凸显，但由于丢失了过多的细节信息，特异性较弱的区域被抑制。对于背景干扰更强的纹理图像而言，缺陷的定位会不够准确，通常定位的包围框只会框在缺陷特征最显著的中心部分，而忽视目标边缘的对比度较低的区域。

针对上述问题，这里研究并尝试提取具有更丰富细节信息的特征，来代替高层级特征进行候选区域的生成。据目前的卷积神经网络可视化研究发现：卷积神经网络的不同等级特征的特性是不同的 [13,29]。浅层区域的特征图空间分辨率高，含有更多的细节信息；深层区域的特征图空间分辨率低，含有更多的语义信息。对于缺陷检测而言，前者的特性是更有利于缺陷定位，有助于获得更准确的包围框，而后者则是有利于缺陷分类，获取更精确的类别信息。但是，浅层特征的特异性不够强，直接提取会对候选区域产生严重的错误分类，造成糟糕的召回率 [30]。基于这种思路，利用多个层级的特征来代替单一的高层级特征，让检测器在细节信息更丰富的特征图上提取候选区域。直观上，融合多层级特征最简单的方法就是将所有不同的层级特征合并在一起。但这种做法将导致最终的融合特征信息过于冗余，而且烦琐的特征合成过程还会造成不必要的计算力浪费。本节认为融合特征的选取标准应符合如下两点：一是不能选取相邻层的特征图，因为相邻层级的特征具有高度的局部相关性，其所包含的信息大体上是相似的 [31]；二是提取的特征层级要全面，要尽可能地囊括网络从低到高的层级，使融合的多级特征具有更加全面的特性。

综上，可以采用多级特征融合网络 (MFN)，将其集成在主干网络 ResNet 模型上进行不同层级特征的处理和融合。MFN 一共提取了 ResNet 四个不同层级的特征图，分别是每个残差模块的最后一层卷积层。其中，MFN 是通过其四个分支网络来实现特征图的提取与融合过程，其详细的网络结构如图 3.19 所示。每个分支都是一个小型的卷积网络结构，定义为 B2、B3、B4 和 B5，而这些小网络分别与主干网络的每个残差模块 R2、R3、R4 和 R5 的最后一层卷积层的输出端连接。若一张图像输入主干网络中，每个残差模块的特征图 Ri 就会依次产生，Ri 特征表示每个残差模块 Ri 最后一层卷积层所输出的特征图，其中 $i = 2, 3, 4, 5$。随后，Ri 特征会被导入与之相连的 MFN 的分支网络 Bi 中并生成特征图 Bi，Bi 特征表示每个分支网络 Bi 输出的特征图，其中 $i = 2, 3, 4, 5$。最终，将来自不同层级的特征图处理后所得到的 B2、B3、B4 和 B5 特征顺序连接起来，就得到了多级特征。MFN 所提取的多级特征与主干网络的 R4 特征的空间尺寸是完全相同的，不过多级特征的维度与主干网络的 R5 特征相同。

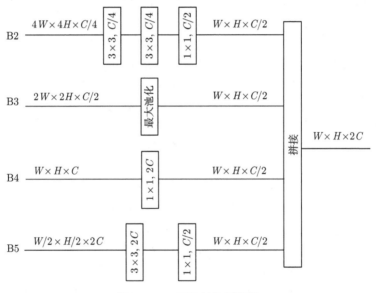

图 3.19　MFN 结构示意图

此外，对于不同结构的主干网络，MFN 可以灵活地更改 1×1 卷积层的数量和卷积核数来适应不同的应用场景。在训练数据严重不足的情况下，这种修改能够在一定程度上避免模型过拟合，但会轻微地影响最终的检测准确性。

4) RPN

缺陷定位的过程实际上是预测框向真实框回归的过程，DDN 通过 RPN 在多级特征上提取大量的预测框。RPN 是一个基于注意力机制的小型卷积神经网络[32]，通过对输出特征图的处理，生成大量的候选区域，并对这些区域进行二值分类，获得 0 或 1 的得分。其中，0 代表该区域无缺陷，这类区域在训练中将作为负样本，不会参与回归训练；而 1 代表该区域有缺陷，这类区域将在训练中作为正样本，即缺陷目标的预测框。RPN 的具体工作原理是一种被称为"锚"的机制，通过一个小型窗口在特征图上滑动，并在每个位置生成多种尺度的候选区域。例如，在本节中 RPN 是在 MFN 提取的多级特征上进行候选区域的提取。其中，多级特征的表面尺寸为 14×14，RPN 会首先使用一个 3×3 卷积层在 MFN 特征上滑动并做卷积操作，将每个滑动位置的中心点称为"锚点"，所以一共可获得 196(14×14) 个锚点，输出的特征图尺寸为 14×14×512，每个锚点对应一个 512 维特征向量。将这些特征向量再经过两次 1×1 卷积层，分别获得一个 14×14×2 的特征和一个 14×14×4 的特征，前者代表 2 个分数值 (前景或背景)，后者代表包围框的 4 个坐标值 (包围框的中心点的坐标偏移值)。最后，根据主干网络每层卷积层的卷积核步长，将锚点的空间位置逐级地映射到原图像上，通过预设定的多种长宽比和面积数值获得大量的矩形框，而这些矩形框称为"锚框"。以这种方式，每个锚框都会对应于输出特征图上某部分特征，即映射特征。假如每个锚点设置 K 个锚框，则最终一共产生 14×14×K 个结果、2K 个分数和 4K 个坐标。本节一共设置了三种长宽比 {1:1, 1:2, 2:1}，而考虑到缺陷特征的尺寸变化很大，共设置了四种不同的面积数值 {64^2, 128^2, 256^2, 512^2}。因此，在 DDN 中，$K = 12$，而 RPN 的执行过程如图 3.20 所示。

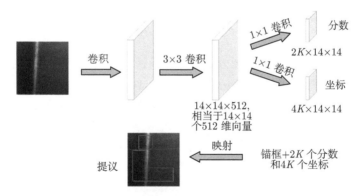

图 3.20 RPN 的执行过程示意图 (彩图见封底二维码)

实际操作中，RPN 会在一张输入图像上产生数以千计的锚框，而且框与框之间会出现大量的重叠，产生大量的冗余信息。因此，本节使用非极大值抑制 (non-maximum suppression，NMS) 法来减少重复的候选区域。NMS 法会依据分数对候选区域进行排序，并对已排序的列表进行迭代，丢弃那些 IoU 值大于预定义阈值的区域。其中，IoU 表示预测框与真实框的交集与并集的比值，其定义如下：

$$\mathrm{IoU} = \frac{\mathrm{area}(\mathrm{Bpre} \cap \mathrm{Bgt})}{\mathrm{area}(\mathrm{Bpre} \cup \mathrm{Bgt})} \tag{3-14}$$

其中，Bpre 表示预测矩形框；Bgt 表示真实矩形框 (即 ground-truth)。在本节中，NMS 的阈值设为 0.7，这样可以有效地清除大量的与真实框高度重合的预测框，提升候选区域的质量。在执行 NMS 之后，对剩余的区域进行排序并选取 top-300 的高质量区域。

RPN 产生了不同尺寸的候选区域，因此每个区域所对应的映射特征的尺寸也不尽相同。所以，为了有效地处理不同大小的特征映射，引入 ROI 池化层将这些映射特征的尺寸固定到相同的大小，以此简化后续的特征计算。具体地，ROI 池化层会将输入的映射特征分成若干个大致相等的区域，如分成 $2K$ 个区域，并在每个区域执行最大池化操作。因此，无论输入大小如何，ROI 池化层的输出的特征尺寸始终为 $K \times K$。

3. 网络训练

DDN 的损失函数是一个多任务损失函数 (multi-task loss fuction)，它是由两个子任务的损失函数组成的。在训练过程中，DDN 一共有三个模型需要训练，即 ResNet、MFN 和 RPN。这里提出了一个联合训练方法，在训练完成之后可以使三者共享卷积层，减少重复性计算。

1) 损失函数

DDN 具有两个输出层，即缺陷分类层 "cls" 和缺陷定位层 "loc"，这两部分各自定义的函数构成了整个检测系统的损失函数，定义如下：

$$L = L_{\mathrm{cls}} + L_{\mathrm{loc}} \tag{3-15}$$

DDN 的分类层 "cls" 是图像分类任务中卷积神经网络模型最常用的 softmax 输出层。对于每个输入样本，该层会输出一个 $(c+1)$ 维的离散概率分布，$k = (k_0, k_1, \cdots, k_c)$，其中 c 表示缺陷类别数目 0 表示背景 (无缺陷) 类别，k_i 表示每个感兴趣区域属于设置的 $(c+1)$ 类缺陷的概率，它的值是由 softmax 函数计算得出。缺陷分类子任务的损失函数 L_{cls} 是一个二类 log 函数，即交叉熵损失函数，其表达式为

$$L_{\mathrm{cls}} = -\log(k, k^*) \tag{3-16}$$

其中，k^* 表示对应的真实类别。

DDN 的另一个输出层 "loc" 会输出包围框回归的中心点坐标偏移值，$t = (t_x, t_y, t_w, t_h)$。缺陷定位子任务的损失函数 L_{loc} 是一个 smoothL1 函数，其表达式为

$$\begin{aligned}
L_{\mathrm{loc}} &= \mathrm{smoothL1}(t - t^*) \\
&= \begin{cases} 0.5(t - t^*)^2, & |t - t^*| < 1 \\ |t - t^*| - 0.5, & \text{其他} \end{cases}
\end{aligned} \tag{3-17}$$

其中，t^* 表示与该区域所关联的真实框的中心点坐标及宽高值。t 和 t^* 是与坐标回归有关的向量，其定义为

$$
\begin{aligned}
t_x &= (x - x_\mathrm{a})/w_\mathrm{a}, \quad t_y = (y - y_\mathrm{a})/h_\mathrm{a} \\
t_w &= \log(w/w_\mathrm{a}), \quad t_h = \log(h/h_\mathrm{a}) \\
t_x^* &= (x^* - x_\mathrm{a})/w_\mathrm{a}, \quad t_y^* = (y^* - y_\mathrm{a})/h_\mathrm{a} \\
t_w^* &= \log(w^*/w_\mathrm{a}), \quad t_h^* = \log(h^*/h_\mathrm{a})
\end{aligned}
\tag{3-18}
$$

其中，下标 x, y, w 和 h 分别表示每个包围框的中心点坐标以及宽高值。变量 x, x_a 和 x^* 分别表示对应的预测框、锚框和真实框的中心点 x 轴坐标。这一命名规则同样适用于每个包围框的中心点 y 轴坐标 y，包围框的宽 w 和高 h。

根据上述对于每个子任务的损失函数的定义，结合式 (3-15) 可知，DDN 的多任务损失函数定义如下：

$$
L(k, k^*, t, t^*) = L_{\mathrm{cls}}(k, k^*) + \lambda p_i^* L_{\mathrm{cls}}(t, t^*)
\tag{3-19}
$$

其中，λ 是平衡分类项 "cls" 和定位项 "loc" 的权重系数。由于卷积神经网络具有强大的表征能力，基于候选区域的检测方法往往能取得令人满意的分类精度，因此在上式中将 λ 的值设为 2，使得 DDN 在训练过程中向更准确的缺陷定位能力的方向优化。p_i^* 是定位项的激活参数，其定义为

$$
p_i^* = \begin{cases} 0, & i = 0 \\ 1, & i \geqslant 1 \end{cases}
\tag{3-20}
$$

其中，i 表示样本的类别序号，因为缺陷定位损失函数只会计算正样本 ($p^*=1$) 而不会计算负样本 ($p^*=0$)。

2) 联合训练

由于预训练模型的使用相当于对网络进行初始化过程，因此对主干网络 ResNet 的训练只需要一个额外的微调过程即可。但对于 MFN 和 RPN 来说，这两个网络都是新的层，需要从头开始训练。考虑到预训练模型本身是一个用于图像分类的卷积神经网络模型，而 MFN 生成的多级特征可以直接集成到主干网络上，因此，将 ResNet 和 MFN 视为一个整体进行微调。去除 RPN 后，DDN 的剩余网络部分是需要网络外部提供候选区域的检测器网络，结构与 Fast R-CNN 大致相同，可以单独进行端对端的训练。而对于 RPN 的训练，本节采用与 Faster R-CNN 相同的交替训练方式[32]。综合以上策略，为了让 ResNet、MFN 和 RPN 三者共用卷积层，这里提出了一个五步联合训练方法，具体步骤如下所述。

Step 1：将 ImageNet 预训练模型 ResNet 和 MFN 结合，将集成的检测器模型一起训练，获得模型 M_P。

Step 2：基于模型 M_P 的权重参数，对 RPN 进行训练，生成大量候选区域 P^*。

Step 3：使用候选区域 P^* 对检测器网络 (即 DDN 去除 RPN 的剩余网络部分) 进行训练，获得检测器网络模型 M_D^*。

Step 4：基于模型 M_D^* 的权重参数，对 RPN 网络进行微调训练，生成候选区域 P 以及训练完成的 RPN 模型 M_R。

Step 5：使用候选区域 P 对检测器网络进行微调训练，生成检测器网络模型 M_D。

Step 1 和 Step 2 相当于使用 ImageNet 预训练模型的权重参数分别对 RPN 和检测器网络进行了参数初始化过程，但此时这两个模型所使用权重参数还未统一，直到 Step 3 和 Step 4 之后两个网络开始共享卷积层。在 Step 3 和 Step 4 的微调过程中，共享的卷积层将会被冻结，只有非共享的卷积层的参数才会更新。最后，将模型 M_R 和 M_D 合并，即为训练完成的 DDN 模型。

3) 训练设置

DDN 采用以图像为中心的训练策略，将所有输入图像的短边长度调整到 600 像素。采用批量随机梯度下降法 (mini-batch SGD) 进行训练，其中权重衰减系数为 0.0001，动量系数为 0.9。每批次使用一张输入样本，RPN 训练的最小批次尺寸为 128，其余模型部分的最小批次尺寸为 64。学习率采用阶梯衰减的策略进行设置，前 200 轮 (epoch) 的批次迭代为 0.001，后 100 轮的批次迭代为 0.0001。对所有新层使用 "Xavier" 方法进行初始化 [33]。

4. 在 NEU-DET 缺陷检测数据集上的实验结果及分析

本节在缺陷检测任务上对所提的 DDN 以及 MFN 进行了详细的实验分析，所选择的缺陷检测数据集为 NEU-DET[34]。实验用的工作站配有 i7-5930K CPU @ 3.5GHz、64G RAM 和一块 12G GeForce GTX Titan Xp 显卡。开发环境为 Ubuntu 16.04，编程语言为 Python 3.6，使用的深度学习开发框架为 PyTorch[35]。

1) NEU-DET 缺陷检测数据集

NEU-DET 是热轧钢板的表面缺陷数据集，其中的样本示例如图 3.21 所示。NEU-DET 具有六种常见的纹理表面缺陷，包括 Cr(裂纹)、In(夹杂)、Pa(斑块)、PS(麻点)、RS(氧化铁皮压入) 和 Sc(划痕)。NEU-DET 是一个类间平衡数据集，每个类别有 300 张缺陷样本，每张样本都具有对应的实例级标签，以 xml 形式保存。每个缺陷实例的位置以包围框的形式进行标注，以框的左上角和右下角的坐标进行保存。

从图 3.21 中可以观察到，NEU-DET 是一个相对复杂的缺陷数据集，很多样本图像中不仅具有多个缺陷实例，而且还会存在多个不同类别的缺陷实例，最复杂的情况是出现两个不同类别的缺陷交叠。对于这种较为复杂的纹理表面情况，只根据缺陷分类的任务结果，无法对产品的表面质量进行准确的评估。因此，尽管需要更多的标记样本，实例级标签也更加复杂，但纹理表面缺陷的检测的研究是十分必要和重要的。

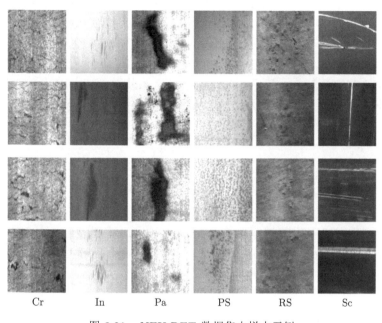

图 3.21　NEU-DET 数据集中样本示例

2) DDN 在 NEU-DET 上的实验结果及分析

DDN 是利用 MFN 提取多级特征来代替最高层级特征，尽管前者比后者含有更多对缺陷定位有利的细节信息，但也失去了一些对缺陷分类有利的语义信息。也就是说，理论上 MFN 会损伤主干网络原本的分类能力，因此本实验首先评估 MFN 对主干网络分类精度的损伤程度。表 3.24[36,37] 总结了在 NEU-DET 上的

表 3.24　NEU-DET 数据集上的缺陷分类实验结果

方法	精度/%
AECLBP	98.93
BYEC	96.30
OVERFEAT	98.70
Decaf	99.27
MVM-VGG	99.50
ResNet34	99.33
ResNet34+MFN	99.17
ResNet50	99.67
ResNet50+MFN	99.67

缺陷分类实验结果。与其他的方法相比，"ResNet50+MFN" 取得了最好的分类效果。结果上，集成 MFN 确实造成了 ResNet34 的分类精度的下降，但其影响微乎其微，而且在使用大型的 ResNet50 模型作为主干网络时，这个影响已经被忽略不计了。这种现象说明，越深层次提取的特征，其特异性越强，而使用这种特征会使网络更加地鲁棒。此外，在同样使用 MFN 提取的多级特征下，ResNet34在分类精度上与 ResNet50 相差无几，这说明，在实际的工业缺陷检测任务中也许并不需要一个特别深的网络模型。

在确定 MFN 对分类效果影响很小之后，本实验要对 DDN 的缺陷检测能力进行评估。一般地，常规目标检测实验有两个常用的评估标准，分别是准确率(precision) 和召回率 (recall)，二者的定义如下：

$$precision = \frac{TP}{TP + FP} \tag{3-21}$$

$$recall = \frac{TP}{TP + FN} \tag{3-22}$$

其中，TP、FP 和 FN 分别表示检测的真阳率、假阳率和假阴率。本实验使用平均正确率 (average precision, AP) 来评价每个缺陷类别的准确率和召回率，AP 的定义为

$$AP = \frac{precision + recall}{2} \tag{3-23}$$

将每个类别的 AP 取平均值，即 mAP(mean average precision)，用于表示数据集中各个类别 AP 的平均值。

在 NEU-DET 缺陷检测实验中，训练集和测试集的比为 7 : 3，即 1260 张训练样本用于网络训练，540 张测试样本用于实验对比。DDN 在 NEU-DET 数据集上的检测结果示例如图 3.22 所示。

表 3.25 归纳了 DDN 与其他同类检测方法在 NEU-DET 数据集上的缺陷检测实验结果。本实验共使用了三种不同的主干网络 VGG16、ResNet34 和 ResNet50，将 DDN 与 Faster R-CNN[32] 和 HyperNet[38] 两种不同的检测模型进行了对比。其中，Faster R-CNN 是只使用最高层级特征的检测网络，而 HyperNet 跟 DDN 都是提取多级特征来进行候选区域的生成。Faster R-CNN 和 HyperNet 的原生主干网络均为 VGG16 模型，而除了 ResNet34 模型之外，实验还使用了规模更大的 ResNet50 模型进行对比。ResNet50 是比 ResNet34 更深、更复杂的网络模型，其输出特征的维度是后者的 2 倍。

在基于相同的主干网络 VGG16 下，在 mAP 方面，使用多层级特征的 HyperNet 和 DDN 的检测结果分别为 74.8% 和 76.6%，超过仅使用高层级特征的Faster R-CNN 2.5% 和 4.3%，这表明候选区域质量的提高能使检测网络获得更好

的检测结果。其中，DDN 取得的 mAP 胜过 HyperNet 1.8%，这意味着在 MFN 级特征上提取的候选区域质量更好，所带来的精度提升也更显著。对于不同的主干网络 ResNet34 和 ResNet50，DDN 的 mAP 分别为 74.8% 和 82.3%，比 Faster R-CNN 分别高出 4.6% 和 4.4%。

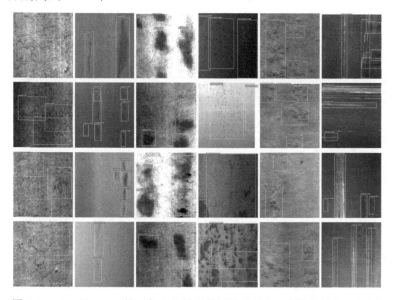

图 3.22　NEU-DET 数据集上的缺陷检测结果示例 (彩图见封底二维码)

表 3.25　NEU-DET 数据集上的缺陷检测实验结果

方法	全类平均正确率	正确率					
		Cr	In	Pa	PS	RS	Sc
Faster R-CNN +VGG16	72.3%	42.9%	67.9%	84.9%	79.1%	68.8%	89.9%
HyperNet+ VGG16	74.8%	54.1%	68.0%	86.5%	87.0%	65.2%	88.1%
DDN+ VGG16	76.6%	50.8%	71.2%	90.7%	88.5%	69.0%	89.3%
Faster R-CNN+ResNet34	70.2%	46.7%	61.3%	82.8%	76.5%	70.7%	83.4%
Faster R-CNN +ResNet50	77.9%	52.5%	76.5%	89.0%	84.7%	74.4%	90.3%
DDN +ResNet34	74.8%	48.0%	75.9%	87.4%	78.3%	68.4%	90.8%
DDN+ ResNet50	82.3%	62.4%	84.7%	90.7%	89.7%	76.3%	90.1%

3) MFN 在 NEU-DET 上的实验结果及分析

为了证明 MFN 具有提高候选区域的提取质量的能力，将其与多个候选区域提取方法在 NEU-DET 数据集上进行实验对比，选择的方法分别是传统的滑窗法、Edge Boxes(边缘框)[39] 和 Selective Search(选择性搜索)[40]。此外，还将 "RPN+MFN" 的组合与原始的 RPN[32] 进行对比，以验证 MFN 对 RPN 的影响。据研究表明 [25]：算法提取区域的质量与检测器两个参数密切相关，一个是候选框的提取数量，另一个是选取候选框时设置的 IoU 阈值。理想状态下，检测器应提取数量尽可能少的候选框，并同时设定严格的 IoU 阈值，以节约计算资源、提高召回率。因此，这里将这两个影响区域提取质量的重要因素作为控制变量进行实验。其中，候选框的选择是依据 IoU 分数进行降序排序然后进行选取，而 IoU 表示预测框与真实框的交集与并集的比值。

图 3.23 展示了在三种不同的提取区域数量条件下，IoU 阈值对召回率的影

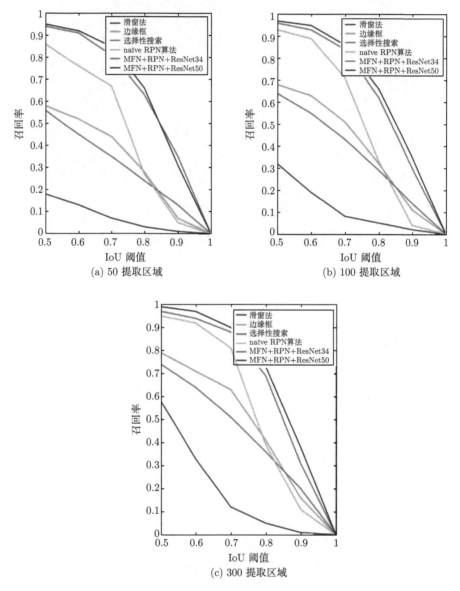

图 3.23　三种不同的提取区域数量条件下 IoU 阈值对召回率的影响 (彩图见封底二维码)

响。IoU 阈值设置得越大、越严格，检测器所提取的区域质量就越高。实验结果表明：基于卷积神经网络特征方法的实验结果完全优于使用传统手工特征的方法 [41]，使用 RPN 的方法比其他三种传统方法的性能更好。当 IoU>0.7 时，原始 RPN 相比于 "RPN+MFN"，召回率大幅度下降。这说明，只从高层级特征上提取候选区域，则很多的细节信息会被连续的卷积层过滤掉，造成了严苛 IoU 阈值下候选区域的质量下降问题。随着提取区域数量的增加，RPN 会提取过多的低质量候选区域，导致召回率的下降更加严重，并且这一趋势随着区域数量的增多而愈加明显。原始 RPN 在严苛的 IoU 阈值条件下性能很差，而 "RPN+MFN" 可以极大地缓解这一问题，增加检测器可以提高对 IoU 阈值的容忍度，提升候选区域的质量。

尽管增加候选区域的数量可以使检测器获得一个令人满意的召回率，但相对地会提高检测的运行时间 [42]。而更糟糕的是，随着低质量区域的增多，检测效果就会变差，易出现误检。图 3.24 展示在三种不同的 IoU 阈值下，提取区域数量对召回率的影响。与上一个实验结果类似，使用 RPN 依旧能够获得优于其他三种传统方法的召回率，并且这些方法使用 top-50 区域就几乎能匹敌传统方法的最优效果。原始 RPN 使用 top-300 区域达到了峰值精度，而 "RPN+MFN" 只需要使用 top-100 区域就能达到相同等级的结果。

图 3.25 展示了在严格阈值下 (IoU=0.7)，随着提取区域数量的变化，不同方法的检测时间和 mAP。本次实验的检测时间是指检测每张图像的 GPU 运行时间，由于滑窗法、Edge Boxes 和 Selective Search 三种方法是基于 CPU 运行的

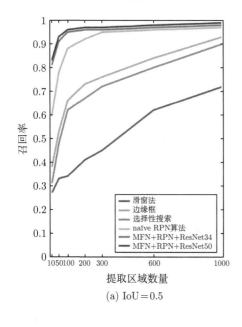

(a) IoU=0.5

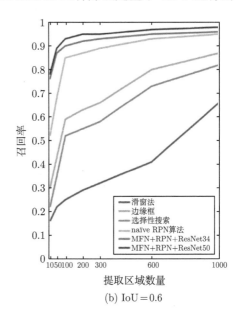

(b) IoU=0.6

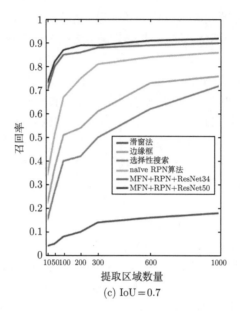

(c) IoU = 0.7

图 3.24　三种不同的 IoU 阈值条件下提取区域数量对召回率的影响 (彩图见封底二维码)

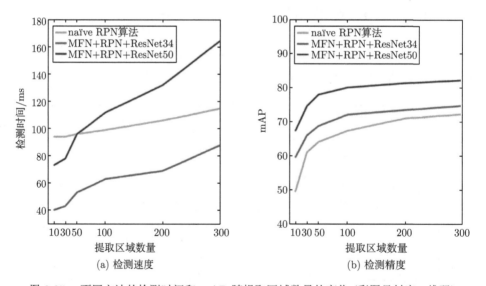

(a) 检测速度　　　　　　　　　　　　　　(b) 检测精度

图 3.25　不同方法的检测时间和 mAP 随提取区域数量的变化 (彩图见封底二维码)

方法，其运行时间远高于使用 RPN 的方法，故不在此次对比实验中。实验结果表明，使用 ResNet50 的检测精度高于 ResNet34，但检测时间远高于后者。以 MFN+RPN+ResNet34 为例，使用 top-50 候选区域的精度与 top-300 相差不多，但前者的运行时间仅为后者的一半。实际应用时，top-300 的精度更高，而 top-50

更好地兼顾了速度与精度，因此可以根据任务的具体要求设定合适的参数。

MFN 在此前的实验中统一采用了融合四个不同层级，即主干网络的残差模块 R2、R3、R4 和 R5 的最后一层卷积层。为了进一步研究 MFN 的支线网络结构，探究特征融合机制是否存在更优的组合方案，对 MFN 的分支网络进行消融实验，实验结果总结于表 3.26 中。实验结果表明，联合所有的四层胜过其他的组合，再次证明了多级特征有助于提高模型检测精度。而且，在消融实验过程中发现，由于 R2 特征比 R5 特征具有更多的定位信息，因此低层级的特征 (比如 R2 特征) 相对于高层级的特征 (比如 R5 特征) 应该更加被注意。

表 3.26 MFN 的消融实验结果

融合特征层级				全类平均正确率	
R2	R3	R4	R5	去除 L2	保留 L2
—	—	—	√	70.2	70.2
—	—	√	√	69.2	72.9
—	√	√	√	67.0	72.9
√	√	√	—	59.9	73.3
√	√	√	√	58.9	74.8

3.2.2 交替训练的半监督缺陷分类算法研究

这里提出一种基于交替训练的半监督缺陷分类网络 MT-GAN (multi-training generative adversarial network)，该网络利用生成对抗学习策略，使用 DCGAN 模型来生成新的缺陷样本。针对生成的生成对抗网络 (generative adversarial network，GAN) 样本不具有标签，无法用于训练的情况，可以采用一种交替训练算法 multi-training (MT)，它能够为无标记样本自动地分配类别标签。MT 是一种 "伪标签" 算法，利用两个具有差异性的卷积神经网络模型进行交替的训练，同时对无标记样本进行类预测，最后根据二者的预测值分配伪标签。这样的样本生成与标注方式，不仅对初始的标记数据集进行了增广，使 MT-GAN 模型能够在混有无标记样本和标记样本的数据集下完成半监督训练，获得可靠的缺陷分类能力，而且根据伪标签进行有针对性的样本分配，使数据集恢复类间平衡，最终赋予了 MT-GAN 处理无标记样本的能力。

1. 生成对抗网络

GAN 是近两年新兴的深度学习技术[43]，通过对高维数据隐式地建模，兼具了无监督和半监督两种学习方式。与其他深度神经网络不同的是，GAN 是通过两个子网络进行学习，其中一个网络被称为生成器，另一个被称为判别器。一个经典的比喻是，把生成器想象成一个造假者，而判别器则想象成一个鉴定家。造假者制造赝品，目的是制造逼真的图像；鉴定家接收伪造的和真实的图像，目的是把它们区分开来。因此，GAN 的训练就是通过这两个网络的相互竞争完成的，二者共同训练且相互对抗。一个标准的 GAN 模型如图 3.26 所示。

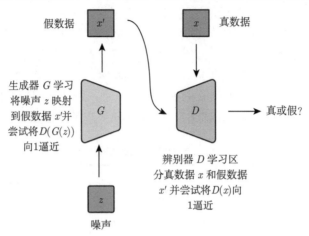

图 3.26　标准生成对抗网络

在训练过程中，生成器 G 从随机噪声 z 中产生一个假样本，目的是欺骗判别器 D。而 D 同时接收生成样本和真实样本 x，并区分它们是真样本还是假样本。在随后的训练过程中，G 致力于制作更逼真的图像，D 则致力于提高真假分辨能力。两个网络的参数会相互地更新，训练迭代直到二者达到 "纳什均衡"(Nash equilibrium) 才会停止。值得一提的是，G 在训练过程中不会直接接触真实数据，而是通过与 D 的竞争来学习如何生成接近真实样本的假样本。GAN 的目标函数如下所示：

$$\min_{G}\max_{D}V(G,D)=\mathbb{E}_{p_{\text{data}}(x)}\log D(x)+\mathbb{E}_{p_z(z)}\log[1-D(G(z))] \tag{3-24}$$

其中，$\mathbb{E}$ 表示期望值；p_{data} 表示真实样本分布；p_z 表示生成样本的分布。所以，对于 D 来说，希望这个目标函数值更大，而 G 希望 $G(z)$ 更接近 x，使得 $D(G(z))$ 更大，这时目标函数值更小。

近几年来，关于 GAN 已经有了大量的研究工作，主要集中在理论的改进和应用的拓展两个方面。在最近的文献中提出了许多改进的 GAN 模型，这些模型在训练稳定性、建模方法、高分辨率输入处理等方面有所改进，包括著名的 DCGAN [24]，VAE-GAN (variational auto encoders GAN)[44] 和 Info-GAN[45]。在应用方面，GAN 模型目前可以在图像翻译 [46]、图像修复 [47] 和图像分类 [48] 等领域提供非常成功的解决方案。

2. 基于交替训练的缺陷分类网络 MT-GAN

1) MT-GAN 的整体架构

针对样本不足、类间不平衡的纹理表面缺陷分类任务,可以采用半监督学习的缺陷分类网络 MT-GAN,其网络结构如图 3.27 所示。MT-GAN 主要包括两个学习过程。① 生成对抗学习过程。改进的 DCGAN 模型——cDCGAN 将少量标记样本和随机噪声作为输入,通过生成器和判别器相互对抗的训练过程,生成大量无标记样本。② 半监督学习过程。使用交替训练算法为生成的无标记样本分配伪标签,使得 MT-GAN 能够处理无标记样本,在半监督数据集上进行训练,从而保证分类效果。其中,交替训练算法需要构建两个分类器的差异性,然后根据各自的预测值为无标记样本分配伪标签。第一个分类器是 cDCGAN,主要是依靠生成对抗网络的判别器模型,将其改为多类别分类器,使其输出 $(c+1)$ 维概率分布;第二个分类器是残差网络 ResNet18 模型,输出 c 维概率分布,其中 c 表示现有的缺陷类别,即真类别,1 表示假类别。获得标签的无标记样本将有针对性地加入训练集中,使其恢复类间平衡。

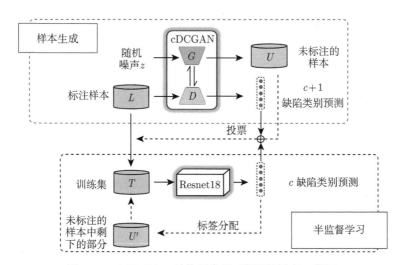

图 3.27　MT-GAN 结构示意图 (彩图见封底二维码)

2) cDCGAN 分类器

DCGAN 是具有深度卷积结构的 GAN 模型 [24],其生成器和判别器都是使用卷积神经网络进行表征学习。与经典 GAN 模型不同的是,DCGAN 不仅使用卷积神经网络来代替多层感知机,同时为了使整个网络可微,去掉了池化层,并用全局均值池化层代替全连接层来减轻计算量。基于这样的网络结构,DCGAN 成了目前图像生成、图像风格迁移等领域最成功的模型之一。通过一个无监督训练过程，DCGAN 利用少量的标记样本就可以生成相当数量的无标记样本。而值得注意的是，DCGAN 的判别器模型本身就是一个二分类的卷积神经网络模型，能够区分生成样本是属于 "真" 类还是 "假" 类。

由此，这里对 DCGAN 的判别器进行改进，使其可以进行多分类预测，作为交替训练的分类器之一。具体地，在样本生成过程之后，将判别器的输出层替换为 softmax 层，对每个生成样本输出一个 $(c+1)$ 预测值，其中 c 表示缺陷类别而 1 表示假类别。这里将修改后的分类器模型称为 cDCGAN，其结构如图 3.28 所示。cDCGAN 的生成器是由反卷积层 {D1, D2, D3, D4} 和归一化层 {B1, B2, B3, B4} 交替堆叠组成。在 B1、B2 和 B3 之后都连接 ReLU 激活函数，而 B4 之后连接的是 tanh 激活函数。反卷积层 {D1, D2, D3, D4} 的卷积核尺寸为 5×5，步长为 2，卷积核数为 {512, 256, 128, 64}。每一批次 (mini-batch)，生成器会接收一个 100 维随机噪声向量作为输入并利用一个线性函数将其结构改变为 4×4×8。通过乘以批次尺寸，每个输入的张量尺寸将改变为 4×4×512。随后，经过四层反卷积层 {D1, D2, D3, D4} 的上采样操作，对其输入张量的空间尺寸进行依次成倍的增大。与生成器的结构类似，判别器具有四层卷积层 {C1, C2, C3, C4} 和四层 BN 层 {B5, B6, B7, B8}，每一 BN 层之后都跟随一个 leaky ReLU 激活函数。判别器使用卷积层 {C1, C2, C3, C4} 来处理输入张量，卷积核尺寸为 5×5，步长为 2，卷积核数为 {64, 128, 256, 512}。每个卷积层后都连接一个 BN 层和一个 leaky ReLU 激活函数。DCGAN 的判别器输出层是 sigmoid 函数，输出一个二分类的预测分布，$p = \{p_{\text{Real}}, p_{\text{Fake}}\}$。在生成对抗训练完成后，cDCGAN 会将原有的输出层更换为 softmax 函数，输出一个离散概率分布，$p = \{p_1, p_2, \cdots, p_c, p_{\text{Fake}}\}$。

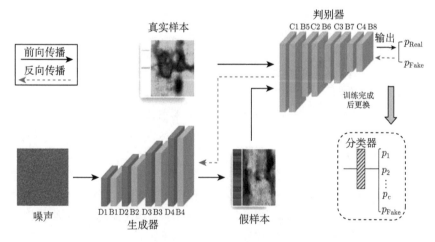

图 3.28   cDCGAN 结构示意图 (彩图见封底二维码)

3) ResNet18 分类器

为了构建与 cDCGAN 模型的差异性，用于交替训练的另一个分类器是残差网络。考虑到初始缺陷样本数量非常少，为了尽可能获得一个良好的网络初始化，MT-GAN 并没有使用上述的主干网络 ResNet34 模型，而是选择了参数更少的 ResNet18 模型[17] 作为交替训练的第二个分类器。ResNet18 的参数量只是 ResNet34 的一半，因此该模型对于训练样本数量的需求更少，训练的难度更低，更容易收敛。因此，在初始样本严重不足的情况下，ResNet18 能够对无标记的生成样本作出更加可信的类预测，使得交替训练算法所分配的伪标签更加准确。

ResNet18 的网络结构和具体参数如图 3.29 所示，结合表 3.23 可以看出，ResNet18 与 ResNet34 具有相同数量的残差模块，而且残差单元的结构也相同，二者的差别主要是在每个模块中残差单元的数量不同。ResNet18 具有四个残差模块，依据相同的方式定义为 {R2, R3, R4, R5}，在每个相邻的模块之间具有近路连接，R5 的最后一层连接全局平均池化层，用于处理输入的特征图，输出的张量尺寸为 $1 \times 1 \times 512$，并最终导入分类输出层进行特征计算，得到缺陷样本的类别预测。ResNet18 对每个样本都会输出一个预测值，$p = \{p_1, p_2, \cdots, p_c\}$，这里 c 表示预测类别数。

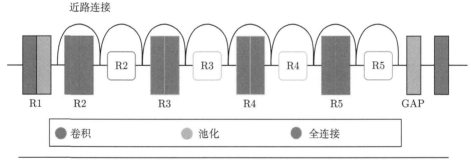

模块名称	数量	类型	卷积核数	尺寸	步长
R1	1	卷积	64	7×7	2
		池化	—	2×2	2
R2	2	卷积	64	3×3	1
		卷积	64	3×3	1
R3	2	卷积	128	3×3	2, 1
		卷积	128	3×3	1
R4	2	卷积	256	3×3	2, 1
		卷积	256	3×3	1
R5	2	卷积	512	3×3	2, 1
		卷积	512	3×3	1
GAP	1	池化	—	7×7	1

图 3.29　ResNet18 结构示意图及网络参数 (彩图见封底二维码)

4) 两个分类器的差异性

受到协同训练的启发 [33]，使用不同的学习方法对两个模型训练后，能够构建两个具有差异的学习器，并实现对无标记样本的再利用，代替原本所需的充分冗余视图条件。MT-GAN 借鉴了这一研究，构建了 cDCGAN 和 ResNet18 两个分类器模型以及二者之间的差异性。通过这两个模型的交替训练过程，将无标记的生成样本逐步加入训练集，实现半监督学习。相关的研究也表明 [34]，其成功的关键在于学习器之间要有足够的不一致性。具体地，MT-GAN 的两个分类器模型的差异性体现如下。

首先，二者的学习方法是不同的。GAN 的学习方式与其他基准卷积神经网络模型有很大的差异。cDCGAN 进行的是最小化零和博弈损失函数的生成对抗学习过程，而 ResNet18 是最小化交叉熵损失函数的监督学习过程。在无标记样本生成之后，将 cDCGAN 的判别器参数冻结，不仅能够作为交替训练的分类器执行半监督学习，而且节约了训练时间和计算资源。

此外，从图 3.28 和图 3.29 可以看出，两个分类器在结构上也具有颇多的不一致。首先，cDCGAN 的判别器是线性直连结构的卷积神经网络，而 ResNet18 是具有近路连接的残差结构。如图 3.30 所示，二者最大的区别就是梯度传递的路径不同，直连式结构只有一条梯度传递的路径，而残差结构由于近路连接的存在，使得 ResNet18 具有 2^n 条梯度传递路径，其中 n 表示近路连接的数目。

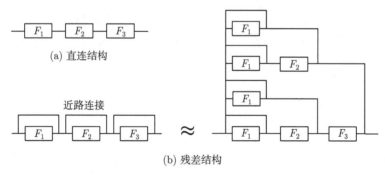

图 3.30　不同的梯度传递方式

其次，两个分类器的卷积层学习方式不同。cDCGAN 使用的卷积核尺寸是 5×5，而 ResNet18 的卷积核尺寸是 3×3，不同的卷积核尺寸会"看到"不同的特征。理论上来说，较大的卷积核尺寸能够使网络获得更好的性能，但这是以增加计算量为代价而实现的；而较小的卷积核能在一定程度上减少计算量，并提取更加局部的特征。如图 3.31 所示，由于卷积核感受野尺寸的不同，网络对同一张输入图像进行处理时，会在各个层级阶段产生不同的特征图。

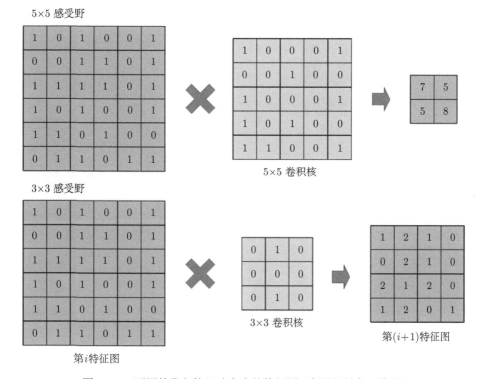

图 3.31 不同的卷积核尺寸产生的特征图 (彩图见封底二维码)

最后，二者的下采样操作方式也完全不同。cDCGAN 主要使用大步幅的卷积层进行下采样操作，这种做法可以使网络对下采样进行学习，使其更加智能，但相对地要付出额外的计算成本。ResNet18 的下采样是最大池化层和大步幅的卷积层的混合策略，由于网络的浅层区域的信息过于冗余，直接使用最大池化层能够有效减少计算量并保留目标的关键信息；而网络的深层区域使用大步幅的卷积层，以防止关键信息的过多丢失。如图 3.32 所示，使用卷积层来进行特征图尺寸的减少会需要一些额外的计算量，但是可以让网络学习下采样操作；而池化层是一个近乎"计算免费"的操作，但可能会滤掉一些关键的像素。

综上分析，cDCGAN 和 ResNet18 在网络结构、学习方式、梯度传递方式以及特征图处理方式上完全不同，具有足够的差异性，这即是交替训练算法成功的关键。具有差异性的两个分类模型能够以不同的视角对输入数据分布进行表征学习，从而分别对样本进行预测，为伪标签的确立提供依据。通过交替训练算法，无标记样本获得了能够进行训练的伪标签，即赋予了 CNN 处理无标记样本的手段，使模型能够在同时具有无标记样本和标记样本的数据集上进行半监督学习。

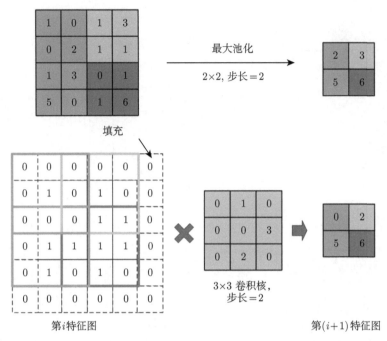

图 3.32　不同的下采样方式产生的特征图 (彩图见封底二维码)

3. 基于 GAN 生成样本的半监督训练

通过生成对抗训练过程，DCGAN 能够生成大量无标记样本，但这些样本是没有标签的，不能直接用于模型训练。针对这一问题，可以采用交替训练算法，为这些生成样本分配伪标签，使模型同时在标记样本和无标记样本上进行半监督学习。交替训练算法是受到协同训练相关研究的启发 [33,34]，其通过两个学习方式不同的分类器，利用二者的差异性，从不同的视图对数据进行类别预测，并根据预测值为样本分配标签。图 3.33 展示了交替训练算法和两种常用的半监督学习方法，即自训练算法和协同训练算法的结构示意图。图中，"**L**" 表示标记样本，"**U**" 表示无标记样本。

1) 交替训练算法

交替训练算法不需要两个冗余且独立的视图作为先决条件，而是构建两个分类器的差异性对样本进行预测。MT-GAN 是针对缺陷分类提出的半监督网络模型，而该模型的半监督学习过程就是通过交替训练算法来实现的。具体来说，交替训练算法是通过 cDCGAN 和 ResNet18 这两个分类器的多次训练，并在每次训练后分别进行类预测，根据预测值分配类标签。为保持学习方式的差异性，cDCGAN 为局部参数更新冻结方式，而 ResNet18 为全局参数更新微调方式。交替训练算法是一种基于伪标签的方法,将无标记样本转化为标记样本,以监督学习的方式来进行半监督学习[49]。然而,伪标签是一种近似的真值标签,尽管在训练过程中其职能和作用与真值标签是相同的,但地位不应等同视之。因此,这里为具有伪标签的样本附上了惩罚函数。在交替训练算法中,每个模型都进行了两个训练过程。首先是初始训练过程,每个模型都会在初始标记样本上进行训练,待完成后分别对生成的无标记样本进行预测,并将预测值相同的样本分配对应的类标签(伪标签)并加入训练集中。由于初始样本数量往往有限,因此模型很可能无法得到充分的训练。然后是同时使用具有真值标签和伪标签的样本进行再一次的训练,而最终得到的模型将用于对测试样本的分类。通过交替训练算法,将大量没有标签的生成样本添加到训练中与初始的标记样本共同进行训练,使 MT-GAN 具有了处理无标记样本的能力,实现半监督学习。

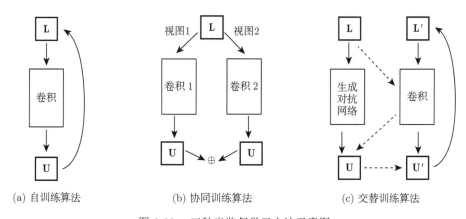

图 3.33　三种半监督学习方法示意图

对无标记样本的处理,交替训练算法需要进行标签分配和半监督训练两个过程。令初始标记样本 $\mathbf{L}$ 的训练集为 $\mathbf{L}_1$,DCGAN 生成的无标记样本集为 $\mathbf{U}$。将第一个分类器模型 cDCGAN 简称为模型 c,第二个分类器模型 ResNet18 简称为模型 r,交替训练算法的具体步骤如下所述。

Step 1: 初始训练。将两个分类器模型 c 和 r 分别在标记数据集 $\mathbf{L}_1$ 上进行训练,完成后获得二者对应的初始模型 M_c 和 M_r。其中,模型 c 的训练方式与冻结方法类似,在将其输出层改为 softmax 函数之后,训练过程中只更新最后一层的参数,将前面所有层的参数冻结。而模型 r 的所有参数都进行更新。使用初始模型 M_c 和 M_r 分别对无标记数据集 $\mathbf{U}$ 进行类预测,生成对应的类别预测值 $P_c = \{p_1, p_2, \cdots, p_C, p_{\text{Fake}}\}$ 和 $P_r = \{p_1, p_2, \cdots, p_C\}$。

Step 2: 标签分配。根据预测值 P_c 和 P_r,将无标记数据集 $\mathbf{U}$ 中具有相同预测值的样本分配对应的类标签,并添加到标记数据集 $\mathbf{L}_1$ 中,最后形成新的训

练集 $\mathbf{L}_2$。随后，将模型 M_{r} 在训练集 $\mathbf{L}_2$ 上进行训练，更新参数并得到模型 M'_{r}。最后，使用模型 M'_{r} 对剩余的无标记样本集 $\mathbf{U}'$ 进行预测，得到预测值 P'_{r}。根据 P'_{r}，分配 $\mathbf{U}'$ 中的样本对应的类标签，将其加入数据集 $\mathbf{L}_2$ 中。

Step 3：再次训练。标签分配完成之后，形成了新的训练集 $\boldsymbol{L}^*$，其包括具有真值标签的初始标记样本 $\mathbf{L}_1$ 和具有伪标签的无标记样本 $\mathbf{U}$，因此 $\boldsymbol{L}^*$ 是一个半监督数据集。将模型 M'_{r} 在训练集 $\boldsymbol{L}^*$ 上进行训练直到迭代停止，获得最终的分类模型 M^*_{r}，用于在测试集上执行缺陷分类任务。

在 Step 1 中模型的初始训练过程中很可能会面对初始标记样本极少的情况，此时初始模型很可能会将所有的生成样本分配伪标签，这也是本节的 MT-GAN 使用更容易训练的 ResNet18 模型作为第二个分类器的原因。在 Step 2 中，交替训练算法以分配伪标签的方式，将无标记样本转换成了标记样本进行训练，并在 Step 3 完成最终的训练。

2) 损失函数

用于生成无标记样本的 DCGAN 与标准 GAN 的损失函数相同，定义于式 (3-24)。cDCGAN 的多分类输出层为 softmax 函数，其损失函数即是交叉熵函数。令 $i \in \{1, 2, \cdots, C, \mathrm{Fake}\}$ 为预测类，C 为定义的缺陷类，Fake 为 "假" 类，则交替训练第一个分类器的损失函数为

$$L_{\mathrm{c}} = -\sum_{i=1}^{C+1} \log(p(i))q(i) \tag{3-25}$$

交替训练第二个分类器 ResNet18 的损失函数同样是交叉熵函数，但二者的预测值不同。令 $k \in \{1, 2, \cdots, C\}$ 为预测的类别，C 同样表示缺陷类，则 C 类输出的交叉熵损失函数定义如下：

$$L = -\sum_{k=1}^{C} \log(p(k))q(k) \tag{3-26}$$

其中，$p(k)$ 表示输入样本属于类别 k 的预测概率；$q(k)$ 是真实类别分布。令 y 表示对应的真实类别标签，则 $q(k)$ 定义如下：

$$q(k) = \begin{cases} 0, & k \neq y \\ 1, & k = y \end{cases} \tag{3-27}$$

尽管 cDCGAN 和 ResNet18 的损失函数均为交叉熵函数，但是二者的学习方式是不同的。在样本生成之后，cDCGAN 通过生成对抗学习过程，判别器就具有了区分 "真" 类样本和 "假" 类样本的能力。正因如此，cDCGAN 的判别器输出为 $(C+1)$ 维

向量，其分类训练过程相当于学习将"真"类样本划分到 C 类缺陷类别的过程，"假"类样本将归为"Fake"类。而 ResNet18 的输出只有 C 维，"假"类样本会通过交替训练获得伪标签，和"真"类样本共同加入模型的半监督学习过程。在已知半监督训练集中的无标记的生成样本远多于初始的标记样本的情况下，大量的"假"类样本会在模型的学习过程占据主导地位，则需要降低其在学习过程中的重要性。由此，式(3-26) 不能直接作为 ResNet18 的损失函数进行训练，需要对"真"类样本和"假"类样本分配不同的权重，降低"假"类样本对模型学习过程的影响。

因此，为了构建损失函数，首先忽略式 (3-26) 的零项，将其省略为

$$L = -\log(p(y)) \tag{3-28}$$

最后，合并式 (3-26) 和式 (3-28)，则 ResNet18 的损失函数定义如下：

$$L_r = -(1-\omega)\log(p(y)) - \alpha(n)\omega\log(p(y)) \tag{3-29}$$

若输入样本是具有标签的"真"类样本，即标记样本，则 $\omega = 0$；若输入样本是具有伪标签的"假"类样本，即无标记样本，则 $\omega = 1$。$\alpha(n)$ 是对于无标记样本的惩罚函数，定义如下：

$$\alpha(n) = \begin{cases} 0, & n < N_1 \\[2mm] \dfrac{n-N_1}{N_2-N_1}\alpha_{\mathrm{t}}, & N_1 \leqslant n < N_2 \\[2mm] \alpha_{\mathrm{t}}, & N_2 \leqslant n \end{cases} \tag{3-30}$$

其中，n 是生成样本的数量；α_{t} 是预设的阈值 (本节中，$\alpha_{\mathrm{t}} = 0.8$)。令 N_{real} 表示训练集中真实样本的数量，则 N_1 和 N_2 的定义为

$$N_1 = N_{\mathrm{real}} \tag{3-31}$$

$$N_2 = 5N_{\mathrm{real}} \tag{3-32}$$

由式 (3-31) 和式 (3-32) 可知，本节设定半监督数据集中的无标记样本数量远多于标记样本的数量。因为在现实生产线上，由于样本收集和标签标注的困难与繁重，可获取的无标记缺陷样本远多于标记样本。而且，若半监督数据集中的标记样本数量多于无标记样本，那么标记样本会在模型学习过程中占主导地位，半监督学习也就失去了意义。

3) 训练设置

MT-GAN 网络一共需要训练三个模型：用于样本生成的 DCGAN 以及用于交替训练的两个分类器模型 cDCGAN 和 ResNet18。cDCGAN 的生成器和判别

器模型的训练都是使用 mini-batch SGD 优化算法，权重衰减系数为 0.0001，动量系数为 0.5。设置的批量尺寸为 128，学习率为 0.002，训练周期为 600 轮。模型权重参数采用高斯法进行初始化，从均值为 0，标准差为 0.02 的正态分布中采样。在更换输出层之后，cDCGAN 的训练超参数与上述的 DCGAN 的基本相同，初始训练执行 200 轮，再次训练执行 600 轮。

ResNet18 的训练使用 Adam 优化算法[34]，其配置的指数衰减参数 β_1 和 β_2 分别为 0.9 和 0.99。设置的批量尺寸为 128，学习率为 0.001，模型权重参数采用 "Xavier" 初始化方法。ResNet18 的初始训练执行 400 轮，再次训练执行 600 轮。

4. 在缺陷分类数据集上的实验结果及分析

为了评估提出方法的性能，本实验使用了四种可发现的开源缺陷分类数据集，每个都是不同材料纹理表面的数据集，分别是关于钢板表面的 NEU-DET 数据集、关于木材表面的 KNOTS 数据集、关于织物表面的 Fabrics 数据集和关于磁瓦表面 (机械零件) 的 MT 数据集。四种数据集的详细描述见下文。所有用于实验的数据集的训练集与测试集的比为 6∶4，使用准确度 (accuracy) 作为缺陷分类任务的评价指标。

1) 四种缺陷分类数据集

这里所使用的 NEU-DET 数据集是其分类数据集版本[39]，只使用图像级标签进行缺陷分类任务。数据集中的图像是通过四个面阵 CCD 相机，在真实热轧钢板表面采集的纹理图像，而后经人工筛选收集缺陷样本。该数据集具有六类缺陷，共计 1800 张样本，分别是 Cr、In、Pa、PS、RS 和 Sc，其示例如图 3.21 所示。

KNOTS 数据集[41] 是由芬兰奥卢 (Ouiu) 大学开源的木材表面缺陷数据集，是通过一台三芯片相机在各种材质的木板表面采集图像。KNOTS 主要是关于树节缺陷的数据集，包括六类大约 400 张样本，分别是 Dry(干节)、Edge(边节)、Encased(死节)、Horn(尖节)、Leaf(叶状节) 和 Sound(无损节)，其示例如图 3.34 所示。另外，KNOTS 是一个类间不平衡的数据集。

Fabrics 数据集[42] 是由希腊塞萨洛尼基 (Thessaloniki) 研究与技术中心开源的织物表面数据集。所有样本都是在真实世界服装店采集，通过定制的便携式光度立体传感器捕捉服装或织物产品表面的一小块图像。Fabrics 数据集反映了真实世界中织物的分布，但它是高度不平衡的，有些类别甚至只有一两张样本，无法用于 DCGAN 的训练。因此，本实验选取的是 Fabrics 的一个子集，共计六类约 1200 张样本，分别是 Cotton(棉布)、Denim(牛仔布)、Nylon(尼龙)、Polyester(涤纶)、Silk(丝绸) 和 Wool(羊毛)，其示例如图 3.35 所示。Fabrics 具有六种不同的纹理表面图像，通过在其上的实验更能验证 MT-GAN 的通用性。

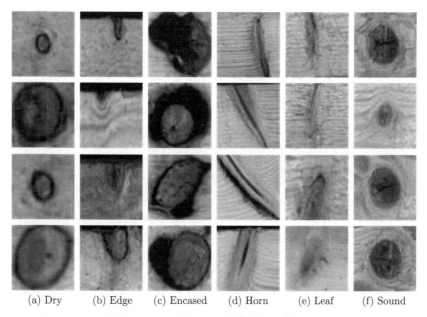

(a) Dry　　(b) Edge　　(c) Encased　　(d) Horn　　(e) Leaf　　(f) Sound

图 3.34　KNOTS 数据集中样本示例

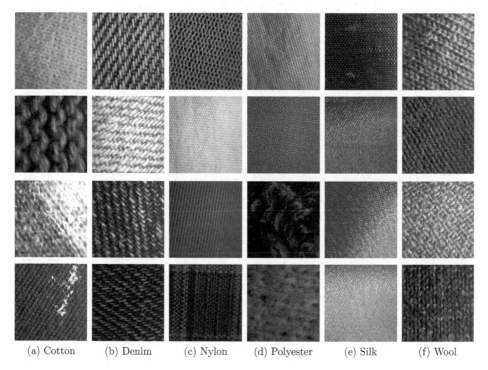

(a) Cotton　　(b) Denim　　(c) Nylon　　(d) Polyester　　(e) Silk　　(f) Wool

图 3.35　Fabrics 数据集中样本示例

MT 数据集 [50] 是由中国科学院自动化研究所智能感知与计算研究中心开源的磁瓦表面缺陷数据集。磁瓦是主要用在各种电机上的瓦状机械零件，因此也称为电机磁瓦。MT 数据集具有大约 500 张样本，五类磁瓦表面常见的纹理缺陷，分别是 Blowhole(气孔)、Break(折痕)、Crack(裂纹)、Fray(磨损) 和 Uneven(不均匀)，其示例如图 3.36 所示。

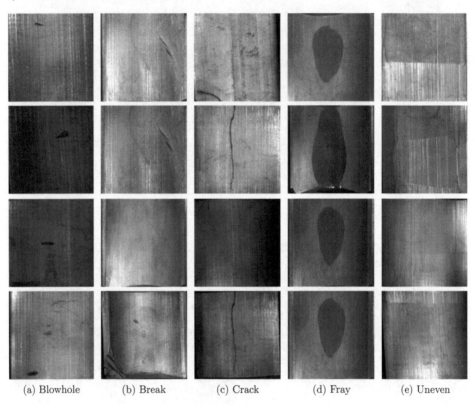

(a) Blowhole　　　(b) Break　　　(c) Crack　　　(d) Fray　　　(e) Uneven

图 3.36　MT 数据集中样本示例

表 3.27 总结了 NEU-DET、KNOTS、Fabrics 和 MT 四种缺陷数据集的类别、数量以及不平衡程度。其中，不平衡程度是通过计算数据集中样本最多的类别与样本最少的类别的比值得到。由此表可见，样本数量不足和类间不平衡是当前的纹理缺陷数据集最常见的两个问题。与动辄数以十万、百万量级的通用物体数据集相比，样本不足将会是工业检测领域长期存在的问题。其次是数据集的类间不平衡问题，在这样不平衡的数据集上进行训练，会影响模型的特征学习效果以及最终的分类精度。

2) 生成样本评估

基于生成对抗学习策略，MT-GAN 通过 DCGAN 模型使用少量的标记样本就能够生成大量的无标记样本，例如，实验中使用 NEU-DET 训练集的 1080 张

表 3.27 四种缺陷数据集的具体情况

数据集名称	样本总数	每个类别的数量	不平衡程度
NEU-DET	1800	6 类各 300 张, 详见 3.2.1 节	1
KNOTS	425	Dry (69), Edge (65), Encased (30), Horn (35), Leaf (47), Sound (179)	5.97
Fabrics	1173	Cotton (588), Denim (162), Nylon (57), Polyester (226), Silk (50), Wool (90)	11.76
MT	392	Blowhole (115), Break (85), Crack (57), Fray (32), Uneven (103)	3.59

真样本生成了 6400 张假样本。这一策略能以一种相对简单的方式, 弥补数据集的样本不足, 并通过针对性地分配样本, 解决类间不平衡的问题。然而, 生成样本毕竟是伪造的图像, 因此本实验首先要在缺陷分类实验之前, 证明 DCGAN 的生成样本是可用的。四个数据集的生成样本示例如图 3.37 所示, 从图中可以看出在某些类别中, 生成样本不如真样本清晰, 这说明伪造图像的质量是低于真实图像的。生成样本的质量必定是有好有坏, 质量好的会被判别器归为 "真" 类, 而质量较差的归为 "假" 类。这里认为即使是质量较差的 "假" 类样本, 在生成对抗学习的过程之中, 同样能够获得与真样本相同的语义信息, 能够对模型的学习起到促进作用, 提升分类精度。

表 3.28 是在 NEU-DET 数据集上, 两种不同的半监督方法在添加了不同数量的 GAN 样本情况下的分类结果, 其中样本添加的数量是初始样本数量的整数倍。进行对比的 self-training 为文献 [51] 使用的半监督方法, 实验中使用与 multi-training 相同的主干网络。从表中可以观察到, 当 GAN 样本添加后, 两种方法的分类精度都有了明显提升, 随着 GAN 样本的增加, 精度稳定地提升并在 3×GAN 处达到峰值, 其中 3×GAN 表示添加 GAN 样本的数量是初始样本的 3 倍。之后, 更多的样本添加会使得精度轻微地下降, 这可能是由于添加过多假样本影响了网络的学习过程。但即使如此, 5×GAN 处的精度依旧超过 0 GAN 处 (即不添加 GAN 样本) 大约 3%。实验结果证明了 GAN 样本通过生成对抗学习, 确实具有与真样本相同的语义信息, 有助于提高分类精度, 而且也揭示了 GAN 样本的添加数量与 MT-GAN 的分类效果的关系。对于 NEU-DET 数据集而言, 3×GAN 样本的分类精度最高, 对于其他数据集的验证将在 "不同纹理表面的缺陷分类实验结果及分析" 部分进行。

考虑到实际任务中可能会出现初始标记样本数量极少的情况, 因此提取 NEU-DET 的训练集不同的数量进行实验, 同时添加不同数量的 GAN 样本, 来进一步验证 MT-GAN 是否具有在初始样本有限的条件下依旧工作良好的能力, 实验结果归纳于表 3.29 中。从表中可以观察到, 当初始样本数量极其少, 比如只使用 5% 的 NEU-DET 训练样本时, 模型获得的初始分类精度非常低, 仅为 65% 左右。随着 GAN 样本的添加, 最终的分类精度得到了超过 20% 的大幅度提升。而在初

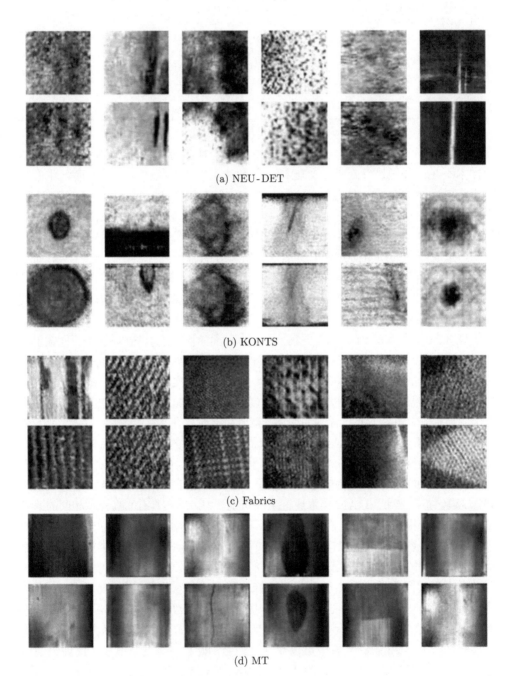

(a) NEU-DET

(b) KONTS

(c) Fabrics

(d) MT

图 3.37　四个缺陷数据集的生成样本示例

表 3.28　添加不同数量 GAN 样本的缺陷分类结果

GAN 样本 (k-比例)	准确率/%	
	self-training	multi-training
0	96.24	96.24
1×	96.65	98.04
2×	97.19	98.40
3×	98.35	99.37
4×	98.19	99.13
5×	96.61	98.87

表 3.29　不同初始样本数量的缺陷分类结果

训练集		准确率/%		
初始样本数量	GAN (k-比例)	初始	最终	提升
54 (5%)	3×	65.62	88.12	22.50
	5×	65.62	91.96	26.34
270 (25%)	3×	86.72	89.58	2.86
	5×	86.72	95.59	8.87
540 (50%)	3×	93.75	96.06	2.31
	5×	93.75	97.92	4.17
810 (75%)	3×	94.92	98.30	3.38
	5×	94.92	97.91	2.99
1080 (100%)	3×	95.60	99.37	3.77
	5×	95.60	98.87	3.27

始样本数量逐渐增加的情况下，模型所取得的最终精度依旧高于初始精度，只是精度的提升有所降低。当使用 NEU-DET 训练集中所有的样本时，分类精度只是轻微地提升了 2%~4%。本实验直接证明了，MT-GAN 极其适用于初始样本有限的缺陷分类任务，而这种极端的情况在工业表面检测领域中是十分常见的。

随后，本实验研究了添加的 GAN 样本对于每个缺陷类别的影响。生成对抗学习所生成的每类样本的质量是必然不同的，本实验要证明，添加生成样本会提升每个类别的准确度，而不仅仅是提升整体上的精度，以验证模型的通用性。图 3.38 为在 NEU-DET 数据集上，添加 3×GAN 样本前后每个缺陷类别的错误率变化情况。从图中能够十分明显地看出，随着 GAN 样本的添加，数据集中每个类别的错误率都有所下降。其中，尽管 "Cr" 类的生成样本质量最差，错误率最高，但通过添加生成样本的策略依旧可以降低该类别的分类错误率 (classification error rate)。

最后，实验对比了在不同基准卷积神经网络模型下，MT-GAN 的分类精度和检测时间，结果归纳于表 3.30。从表中可以看出，VGG16 的准确率最高，但由于其参数过多，检测时间也最长。InceptionV3 模型的效果总体上好于线性管道结构的模型，但其网络复杂度高，需要的初始样本也更多。综合衡量分类精度和运行时间，ResNet 模型是最好的选择，其中 ResNet18 的参数最少，模型训练更容易收敛，同时对于初始标记样本的规模要求也最少。

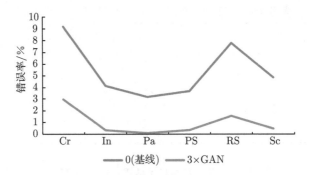

图 3.38 添加 3×GAN 样本前后每个类别的错误率 (彩图见封底二维码)

表 3.30 与其他基线网络的对比实验结果

方法	准确率/%	检测时间/ms
AlexNet	99.10	92.1
VGG16	99.62	266.2
InceptionV3	99.29	121.0
Inception-ResNet	99.47	129.7
ResNet18	99.37	68.6
ResNet34	99.37	72.2

3) 不同纹理表面的缺陷分类实验结果及分析

为了进一步验证 MT-GAN 的通用性和泛化性，这里在四种不同材质纹理表面的缺陷数据集上分别进行缺陷分类实验，并与基于不同学习方式的分类模型进行对比。具体地，进行对比的方法有基于全监督学习的方法、基于迁移学习的方法，以及基于自学习的半监督方法[36]。为便于记忆，将以上五种方法分别简称为 S1、S2、T1、T2 和 SS。对于四种不同的纹理数据集，在添加不同数量的 GAN 样本下的分类对比实验结果归纳于表 3.31。

从表 3.31 中的实验数据可以观察到，MT-GAN 胜过了其他的同类型方法，更加适用于数据紧张的工业缺陷检测任务，在四个缺陷分类数据集中分别取得了 99.37%，93.80%，97.49% 和 99.22% 最优的分类精度。与 "生成样本评估" 中的实验结果类似，MT-GAN 的精度峰值依旧是在 3×GAN 处。与另两类方法相比，基于全监督学习的方法过于依赖于初始样本的数量，在训练过程中受生成样本的影响较大；而基于迁移学习的方法需要使用预训练模型，源数据集与目标数据集的分布差异始终影响着最终的分类精度，使得其效果不如半监督学习方法。

MT-GAN 不仅能解决样本数量不足的问题，也能通过生成样本的分配，消除数据集的类间不平衡。为了进一步验证类间不平衡对分类精度的影响，在四种数据集上将类间平衡模式和类间不平衡模式的分类精度进行对比，实验结果总结于图 3.39。"平衡模式" 是针对性地添加生成样本来恢复数据集的平衡，而 "不平衡模式" 是根据原有的类间比例添加样本。如图 3.39 所示，所有的数据集恢复平衡之后都为各类型的分类器带来了大约 1%~5% 的精度提升。

表 3.31 四种不同的缺陷数据集上的实验结果

数据集	方法	0×GAN	1×GAN	2×GAN	3×GAN	4×GAN	5×GAN
NEU-DET	S1	87.50%	93.25%	95.62%	97.94%	97.26%	96.65%
	S2	88.14%	92.04%	95.40%	97.11%	95.81%	95.66%
	T1	92.87%	96.84%	97.76%	99.10%	98.55%	97.75%
	T2	97.00%	97.87%	98.58%	99.34%	99.12%	98.13%
	SS	96.19%	97.86%	98.79%	98.87%	98.36%	84.91%
	MT-GAN	96.24%	98.04%	98.40%	**99.37**%	99.13%	98.87%
Fabrics	S1	—	67.71%	86.91%	90.94%	87.30%	85.68%
	S2	—	73.70%	85.32%	91.99%	89.55%	89.50%
	T1	73.47%	83.33%	90.10%	91.90%	91.04%	87.99%
	T2	82.33%	90.55%	91.70%	93.07%	91.61	92.98%
	SS	59.66%	77.60%	84.21%	93.31%	90.09	86.98%
	MT-GAN	65.42%	80.02%	88.93%	**93.80**%	91.40%	90.04%

数据集	方法	0×GAN	1×GAN	2×GAN	3×GAN	4×GAN	5×GAN
KNOTS	S1	79.69%	84.38%	90.63%	94.53%	92.97%	91.41%
	S2	73.44%	89.06%	89.84%	94.01%	92.96%	93.49%
	T1	80.21%	85.28%	88.69%	96.62%	93.02%	92.37%
	T2	73.81%	89.31%	92.30%	97.49%	97.00%	96.53%
	SS	80.08%	88.72%	90.63%	97.31%	94.53%	93.33%
	MT-GAN	80.38%	89.06%	91.14%	**97.49**%	95.00%	94.68%
MT	S1	96.88%	91.41%	92.58%	95.31%	97.92%	96.61%
	S2	90.31%	92.19%	—	—	—	—
	T1	92.60%	94.88%	97.51%	99.09%	98.82%	97.79%
	T2	59.32%	66.87%	79.62%	82.84%	82.77%	83.82%
	SS	91.67%	95.31%	97.55%	99.09%	98.87%	94.27%
	MT-GAN	92.19%	96.09%	97.40%	**99.22**%	98.17%	98.88%

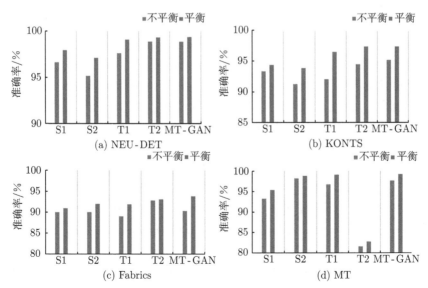

图 3.39 类间不平衡对分类精度的影响 (彩图见封底二维码)

3.3　少样本场景下金属表面缺陷识别方法研究

3.3.1　基于双原型自编码器的半监督异常检测算法

自动化光学质量检测是保证工业产品表面质量的重要方法。与传统的人工检测方法不同，基于视觉的方法在应对现代工业生产线智能、高效的需求时表现出了优越的性能。因此，很多基于视觉的方法致力于检测工业产品的表面质量，比如铝型材表面缺陷检测、板带钢表面缺陷检测、木材表面缺陷检测等。

在工业光学质量检测领域中，更为基础且更具实用价值的任务是异常检测，也就是区分缺陷图像和无缺陷图像。根据标签的可获得性，异常检测模型可以分为三种，即全监督异常检测模型、半监督异常检测模型和无监督异常检测模型。当能够获得大量有缺陷和无缺陷的样本时，可以将异常检测视为一个全监督的二元分类任务进行处理。然而，工业生产过程中通常会对工艺流程进行优化，将生产的次品率降至最低，从而会产生大量的无缺陷图像和少量的缺陷图像。在这种背景下，半监督异常检测算法旨在仅利用无缺陷图像对模型进行训练，使得模型能准确地区分正常图像与异常图像。与全监督的异常检测方法相比，半监督异常检测在工业场景下更具实际意义，可以广泛地应用到工业产品表面缺陷检测过程中。此外，当存在大量无标签的训练样本时，在这些样本上训练的模型可以视为无监督异常检测方法，其目的是学习一个能够准确分离缺陷样本和无缺陷样本的超平面。这里针对半监督的异常检测方法进行研究。

事实上，工业生产过程中的半监督异常检测任务面临诸多挑战。首先，在复杂的工业场景下，一些不确定因素和不同的生产工艺会导致无缺陷样本间的较大差异。比如，图 3.40(a) 展示了铝型材表面的四张无缺陷图像，生产工艺的不同导致了这四张图像颜色信息的巨大差异。因此，有限数量的无缺陷图像无法代表所有无缺陷图像的数据分布，这使得未知的无缺陷图像与异常图像难以区分。除此之外，在无缺陷样本上训练获得的异常检测模型的鲁棒性受到缺陷多样性的限制。在制造过程中可能出现的缺陷类型通常是不可预测的，而且不同的缺陷往往表现出很大的类间差异。图 3.40(b) 列举了铝型材表面四种不同的缺陷类型，可以看出，四种类型的缺陷呈现出较大的形态及纹理差异，为异常检测模型的鲁棒性带来挑战。最后，无缺陷样本与有缺陷样本之间的高度相似性给正常与异常图像的识别带来了更多的困难。图 3.40(c) 展示了四张磁瓦表面的图像，其中左侧两张为正常图像，右侧两张为异常图像。由此可见，正常样本与异常样本高度相似，正常与异常的边界模糊不清，为异常图像的判别增加了困难。因此，为了充分利用无缺陷样本的信息对缺陷样本进行识别，需要建立鲁棒的异常检测模型。

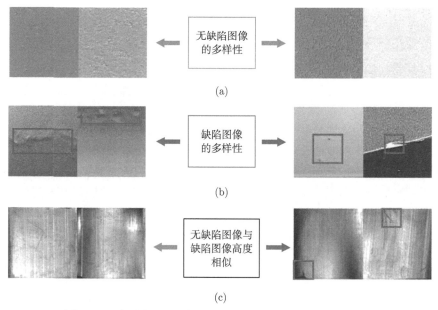

图 3.40 金属表面异常检测面临的挑战 (彩图见封底二维码)

为了应对以上挑战，针对异常检测任务提出了一个新颖的双原型自编码器 (dual prototype auto encoder，DPAE)，该方法在四个表面缺陷数据集上均取得了最先进的结果。由于 DPAE 是一种半监督方法，在训练阶段只需要无缺陷样本，在测试阶段却需要同时识别无缺陷样本和缺陷样本，这可以缓解或避免缺陷样本难以获得的问题。为了尽量减少无缺陷和有缺陷样本多样性对模型性能的影响，DPAE 采用一种编码器–解码器–编码器结构。这里引入双原型损失函数，以促进每个编码器的输出，即低维潜向量，更接近于它们各自的类原型，即代表无缺陷图像潜向量的样本中心。这里将类原型初始化为随机向量，并使其随训练过程进行更新。此外，这里提出利用训练图像与其重构图像 (解码器的输出) 之间的重构损失来区分与无缺陷样本相似度高的缺陷样本。最后，利用低维潜向量之间的均方误差 (mean square error，MSE) 作为衡量异常的指标。具体地，主要贡献可以总结为如下所述。

(1) 提出了一种用于工业产品表面图像异常检测的半监督方法 DPAE，该方法训练过程中不需要异常图像，并且能够以端到端的方式进行训练。

(2) 提出了一种双原型损失函数，以促进编码器产生的潜向量更接近正常样本的类原型。因此，潜向量之间的均方误差可以作为衡量异常的指标。

(3) 构建了一个铝型材表面缺陷数据集 APSD，其中包含正常图像和异常图像，用以综合评价工业场景下异常检测方法的性能。

(4) 在构建的数据集 APSD 和其他三个缺陷数据集上进行了大量的实验，结果证明了 DPAE 方法在异常检测任务中的有效性。

1. 理论分析

1) 异常检测

异常检测技术广泛应用于许多领域, 如视频监控、医学诊断、表面缺陷检测以及信用欺诈检测。然而, 图像数据的异常检测任务仍然具有很大挑战性。基于域的异常检测模型是经典的方法, 它试图学习正常数据分布的判别边界, 如单类支持向量机 (SVM)[52]、核密度估计 (kernel density estimation, KDE)[53]。一些基于无监督聚类的方法, 如模糊 k 均值 (k-means) 聚类 [54] 和高斯混合模型 (Gaussian mixture model, GMM)[55,56], 也被用来对正常数据分布进行建模, 以准确识别异常。然而, 当应用于像图像这样的高维数据时, 这些方法的性能却不尽如人意。近年来, 基于重构的方法在图像异常检测任务中展现出了显著的性能 [57-61]。GANomaly[58] 通过逆向训练来完成异常检测任务。AnoGAN[59] 采用深度卷积 GAN, 以实现图像级别和像素级别的异常检测。Gong 等 [57] 提出了内存增强的自编码器, 用以解决自编码器能力过强的问题。Zimmerer 等 [60] 使用变分自动编码器 (variational auto-encoder, VAE) 来定位大脑图像的异常 (肿瘤) 区域。基于重构的异常检测模型要求在正常图像上产生较小的重构误差, 而在异常图像上产生较大的重构误差, 从而实现对异常图像的判别。

2) 自编码器

自编码器 (AE) 是在无监督学习领域 [57] 中对高维数据建模的强大工具。一个典型的自编码器由编码器和解码器组成, 编码器将输入数据压缩为潜在特征表示, 解码器将潜在特征表示映射回原始输入空间。异常检测模型, 通常是通过最小化无缺陷样本的重构误差来进行训练, 然后以重构误差作为异常的衡量指标。一般来说, 模型测试过程中无缺陷样本与训练数据的距离越近, 其重构误差越小, 而有缺陷样本的重构误差相对较高。然而, 自编码器的能力非常强大, 有时可以很好地重构缺陷图像, 特别是对与无缺陷图像相似度较高的缺陷图像, 从而增加了异常检测的难度。

2. 双原型自编码器

为了解决工业场景下异常检测面临的挑战, 这里提出了双原型自编码器 (DPAE), 如图 3.41 所示。根据标签的可获得程度, 可以将 DPAE 归类为一种半监督的异常检测方法, 即模型训练阶段只采用无缺陷图像, 测试阶段模型需对缺陷图像和无缺陷图像进行准确判别, 从而最大程度地避免或缓解由缺陷标签难以获得而带来的影响。为了尽量减少无缺陷和有缺陷样本多样性的影响, DPAE 采用编码器–解码器–编码器的形式。与此同时, DPAE 采用双原型损失函数, 以促进每个编码器的输出, 即低维潜向量, 更接近于它们各自的原型, 即代表无缺陷样本潜向量的中心。DPAE 将原型初始化为随机向量, 并随训练过程进行更新。此外, 训练样本与其重构图像 (解码器的输出) 之间的重构损失可用以区分与无缺陷样本相似度高的缺陷样本。最后, DPAE 采用低维潜向量之间的均方误差作为衡量异常的指标。

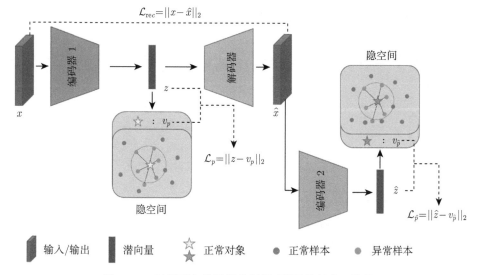

图 3.41　双原型自编码器的框架 (彩图见封底二维码)

1) 编码器网络

DPAE 包含两个编码器网络, 即编码器 1 和编码器 2。这两个编码器网络具有相同的结构, 但是它们的参数不同。编码器网络由一系列网络模块组成, 每个模块包含不同的层: 卷积层、批量归一化层、非线性激活函数层 (leaky ReLU layer) 和全连接层 (fully connected layer)。编码器网络结构如图 3.42 所示。

通过使用卷积、批量归一化和非线性激活函数, 编码器网络旨在降低特征图的空间分辨率并将输入图像压缩为潜向量。其中, 潜向量的维数设置为 d, 这在实验中是可调的。给定图像样本 $x \in \mathbb{X}$, 编码器 1 网络将其编码为潜向量 $z \in \mathbb{Z}$, 定义如下:

$$z = f_{\mathrm{e}}(W_{\mathrm{e}}x + b_{\mathrm{e}}) \tag{3-33}$$

其中, W_{e} 和 b_{e} 分别是编码器 1 的权重和偏差; f_{e} 是非线性变换函数。

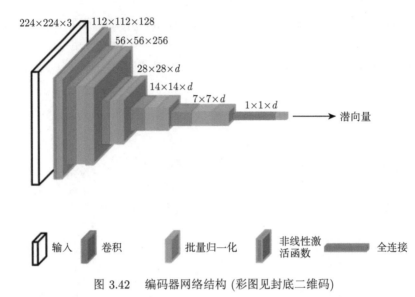

图 3.42　编码器网络结构 (彩图见封底二维码)

2) 解码器网络

解码器网络通常与编码器共同使用，以从潜向量 z 重构输入图像。表 3.32 给出了 DPAE 中解码器网络的详细信息。首先，我们采用线性层、批量归一化对潜向量 z 进行上采样。接下来，由反卷积层、批量归一化和非线性激活函数组成的五个网络模块用于将图像的中间层特征重构为原始输入图像 x。因此，解码过程可以表述为

$$\hat{x} = f_{\mathrm{d}}(W_{\mathrm{d}}z + b_{\mathrm{d}}) \tag{3-34}$$

其中，W_{d} 和 b_{d} 分别是解码器网络的权重和偏差；f_{d} 是非线性变换函数；$\hat{x}$ 是输入图像 x 的重构形式。表中，linear 为全连接，deconv 为反卷积，BN 为批量归一化，leaky ReLU 为非线性激活函数。

表 3.32　解码器网络细节描述

阶段	类型
	3×3 反卷积，步长 $=2$
block 1	linear + BN, $C = d$
block 2	deconv 3×3 + BN + leaky ReLU, $C = d$
block 3	deconv 3×3 + BN + leaky ReLU, $C = d$
block 4	deconv 3×3 + BN + leaky ReLU, $C = 256$
block 5	deconv 3×3 + BN + leaky ReLU, $C = 128$
block 6	deconv 3×3 + BN + leaky ReLU, $C = 3$

3) 编码器–解码器–编码器结构

与以前的基于自编码器的方法不同，DPAE 采用了编码器–解码器–编码器结构。除了编码器 1 和解码器之外，DPAE 利用编码器 2 将重构图像 $\hat{x}$ 压缩为潜向量 $\hat{z}$。编码器 1 和编码器 2 具有相同的网络结构，但网络参数不同。最后，潜向量 $\hat{z}$ 可描述为

$$\hat{z} = f_{\mathrm{e}}(\hat{W}_{\mathrm{e}}\hat{x} + \hat{b}_{\mathrm{e}}) \tag{3-35}$$

其中，$\hat{W}_{\mathrm{e}}$ 和 $\hat{b}_{\mathrm{e}}$ 分别表示编码器 2 网络参数的权重和偏差。

4) 模型训练

采用自编码器结构，异常检测模型期望在训练期间最小化无缺陷图像上的重构误差，在测试阶段遇到异常图像时期望获得较大的重构误差，以此准确区分无缺陷图像与缺陷图像。但是，由于正常图像的多样性以及正常图像和异常图像之间的高度相似性，重构误差往往不足以区分正常图像和异常图像。

因此，DPAE 利用编码器 2 将重构图像 $\hat{x}$ 映射到潜向量 $\hat{z}$。在训练过程中，分别优化 z 和 $\hat{z}$，以使其与各自的原型对齐，同时将 z 和 $\hat{z}$ 之间的差异最小化。对于异常图像，潜向量 z 和 $\hat{z}$ 之间的不相似度将被扩大。因此，给定测试图像 x^*，潜向量 z 和 $\hat{z}$ 之间较高的相似性表明测试图像为异常图像。因此，将三个损失函数组合到模型的目标函数中，对于图像异常检测任务是有效的。

给定包含 M 个样本的训练集 $\mathcal{D} = \{x_i|i = 1, 2, \cdots, M\}$，这里首先考虑输入图像 x 及其重构图像 $\hat{x}$ 之间的距离。根据式 (3-36) 将每个样本的重构误差最小化：

$$\mathcal{L}_{\mathrm{rec}}(x, \hat{x}) = \parallel x - \hat{x} \parallel_2^2 \tag{3-36}$$

其中，$\mathcal{L}_{\mathrm{rec}}$ 为 2 范数，用于衡量重构误差。

卷积神经网络具有强大的参数拟合能力，甚至可以有效地重建一些异常图像，从而导致正常和异常的决策边界模糊。因此，在保持正常图像特征和异常图像特征具有可区分性的同时，最小化正常样本的类内差异是异常检测任务的关键。为此，DPAE 通过式 (3-37) 的损失函数将正常样本的潜向量约束为与正常图像的原型接近：

$$\mathcal{L}_p = \frac{1}{2}\sum_{i=1}^{m} \parallel z_i - v_p \parallel_2^2 \tag{3-37}$$

其中，z_i 是第 i 个训练样本的第一个潜向量；$v_p \in \mathbb{X}$ 是正常样本的类原型；m 是每一个批次的大小。该公式可以有效地缩小正常样本之间的类内距离。对于正常图像的类原型 v_p，它被初始化为大小与 z_i 相同的随机向量，并随着深度特征的变化而更新。相比于基于整个训练集对 v_p 更新，DPAE 在每一批次中对 v_p 进行

更新。$\mathcal{L}_p$ 相对于 z_i 的梯度计算如下：

$$\frac{\partial \mathcal{L}_p}{\partial z_i} = z_i - v_p \tag{3-38}$$

同时，采用如下公式对正常图像的类原型进行更新：

$$\Delta v_p = \frac{1}{m} \sum_{i=1}^{m} (v_p - z_i) \tag{3-39}$$

除了类原型损失外，还对潜向量 $\hat{z}_i$ 进行约束，使其向正常图像的类原型靠拢，从而缩小正常图像类原型之间的类内差异。原型损失 $\hat{z}_i$ 定义为

$$\mathcal{L}_{\hat{p}} = \frac{1}{2} \sum_{i=1}^{m} \| \hat{z}_i - v_{\hat{p}} \|_2^2 \tag{3-40}$$

其中，$\hat{z}_i$ 是正常样本 x_i 的第二个潜向量；$v_{\hat{p}} \in \mathbb{Z}$ 是 $\hat{z}_i$ 的类原型。总体而言，DPAE 模型的最终损失函数是重构损失和双原型损失的组合：

$$\mathcal{L} = \sum_{i=1}^{m} \| x_i - \hat{x}_i \|_2^2 + \frac{\lambda}{2} \sum_{i=1}^{m} \| z_i - v_p \|_2^2 + \frac{\gamma}{2} \sum_{i=1}^{m} \| \hat{z}_i - v_{\hat{p}} \|_2^2 \tag{3-41}$$

其中，λ 和 γ 是权重系数，用以调节不同损失函数值的比例。

5) 异常评估

在正常样本上完成 DPAE 模型训练后，本书通过评估 z 和 $\hat{z}$ 之间的均方误差 $\hat{z}$ 来预测异常，而不是使用重构误差对给定图像的异常进行评分。因此，给定测试样本 x^*，异常分数定义为

$$\mathcal{A}(x^*) = \| z - \hat{z} \|_2^2 \tag{3-42}$$

其中，z 和 $\hat{z}$ 分别是第一个和第二个编码器的输出，即潜向量。

接下来，异常分数集定义为 $\mathcal{S} = \{ s_i : \mathcal{A}(x^*), x^* \in \mathcal{D}^* \}$，然后用式 (3-43) 将异常分数值归一化到 $[0,1]$：

$$\hat{s}_i = \frac{s_i - \min(\mathcal{S})}{\max(\mathcal{S}) - \min(\mathcal{S})} \tag{3-43}$$

最后，给定测试图像 x^*，$\hat{s}_i$ 作为异常分数来判别正常和异常。$\hat{s}_i$ 的值越接近 1，表示图片越可能是缺陷图像。

3. 实验及性能分析

1) 数据集及实验设置

为了评估 DPAE 模型, 这里首先构建了铝型材表面缺陷 (APSD) 数据集, 其原始数据来自缺陷识别竞赛。原始数据是在不均匀的采样条件 (例如不同的光和焦距) 下手动收集的。因此, 首先对原始图像进行处理以适应异常检测任务。此外, 为了评估异常检测方法的有效性和泛化性, 还在其他三个数据集上进行了实验。例如, 路面缺陷 (RSD) 数据集、磁瓦缺陷 (MT) 数据集 [62] 和织物表面缺陷 (CSD) 数据集。图 3.43 展示了所有四个数据集的异常和正常类别的示例图像。第一行为无缺陷的图像; 第二行为有缺陷的图像。表 3.33 列出了这四个表面缺陷数据集的统计信息。

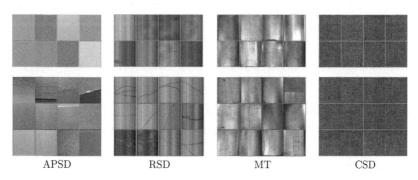

APSD   RSD   MT   CSD

图 3.43 四个表面缺陷数据集的真实图像示例 (彩图见封底二维码)

表 3.33 四个表面缺陷数据集统计信息

数据集	训练数	测试无缺陷数	测试有缺陷数	所有图片数	缺陷类别数
APSD	500	150	450	1100	11
RSD	500	150	450	1100	1
MT	330	142	422	894	5
CSD	280	28	89	397	5

APSD 数据集包括铝型材的 11 类表面缺陷, 包括起泡、凸起、粗糙度、涂层裂纹、凸度、损坏、脏点、压痕、喷射流、橘皮和擦痕, 并且有 650 个无缺陷图像和 450 个缺陷图像, 分辨率为 224 像素 ×224 像素。在实验中, 将 500 个无缺陷 (正常) 图像用作训练样本, 并利用 150 个无缺陷(正常)和 450 个缺陷 (异常) 图像测试 DPAE 模型的有效性。

RSD 数据集包含具有两类缺陷的柏油路面图像, 即裂纹和修补。文献 [63] 收集了 800 个缺陷图像, 大小约为 3000 像素 ×2000 像素。在该实验中, 将 450 个柏油路面缺陷图像随机翻转并调整其尺寸为 224 像素 ×224 像素, 以增强缺陷的多样性。此外, 裁剪了 650 张无缺陷的图像并将其尺寸调整为 224 像素 ×224 像素的大小，以获得正常样本。与 APSD 数据集相似，在训练阶段需要 500 张无缺陷图像，并且测试集包含 150 张无缺陷图像和 450 张缺陷图像。

MT 数据集由 1344 张磁瓦表面图像组成。MT 数据集包含来自 5 个缺陷类别的 392 个缺陷图像，即气孔、破裂、裂纹、磨损和不均匀，以及 952 个无缺陷图像，所有这些图像均具有不同的分辨率。这些图像大多数包含一系列噪声，例如复杂的纹理和不同的光照强度，给异常检测算法带来了巨大的挑战。在异常检测实验中，将 800 个无缺陷图像用作训练样本，并提供 152 个无缺陷图像和 392 个缺陷图像作为测试样本。

CSD 数据集 [64] 包含来自 5 种缺陷类型的 309 个无缺陷图像和 89 个缺陷图像。CSD 数据集中的大多数缺陷区域非常小，对比度低，并且与无缺陷图像间存在较高的相似度。我们在训练阶段使用了 280 个无缺陷图像，28 个无缺陷图像和 89 个缺陷图像用作测试样本，以评估异常检测模型。

DPAE 模型采用 SGD 优化器进行训练，学习率为 0.001，权值衰减为 0.0005，动量为 0.9。除此之外，所有的训练图像的尺寸为 224 像素 ×224 像素 ×3，训练过程中采用随机翻转来提高训练样本的多样性。训练过程中，以式 (3-41) 为目标函数进行优化，权重系数 λ 和 β 设置为 1。在每一个数据集上，模型训练 50 轮，批次大小为 8。

2) APSD 数据集上的结果

这里进行大量的对比实验，以验证 DPAE 模型的有效性。实验在四个数据集上进行，并与五种最优的异常检测模型进行比较，即具有 L2 损失的卷积自编码器 (AEL2)、具有 SSIM 损失的卷积自编码器 (AESSIM)、变分自编码器 (VAE)、AnoGAN 和 GANomaly[65,66]。在 APSD 数据集中，采用五个评估指标衡量异常检测模型的性能，这五个评估指标分别是精确度、灵敏度 (TPR，即真实阳性率)、特异性 (TNR，即真实阴性率)、$F1$ 得分以及 AUC (曲线下面积)。另外，AUC 和 $F1$ 得分用于验证其他数据集 (即 RSD、MT 和 CSD) 的泛化性能。

如上所述，缺陷样本难以获得，是表面质量检测任务中的固有问题，全监督学习方法的应用也因此受到限制。因此，本书 DPAE 模型旨在仅使用无缺陷的样本来完成异常检测任务。为此，本节对 APSD 数据集进行了大量翔实的实验，实验结果如表 3.34 所示。

与其他方法相比，DPAE 在所有评估标准方面均达到最佳性能。具体而言，DPAE 在精确度这一指标上比基础的异常检测模型 AESSIM 提升了 0.13。DPAE 的灵敏度为 0.92，特异性为 0.89，这表明正常图像和异常图像均可被很好地区分。此外，针对 $F1$ 得分这一指标，DPAE 优于其他最新方法，这进一步表明，DPAE 模型不仅可以准确识别异常图像，而且可以准确识别正常图像。此外，DPAE 模型超越了所有其他最新的异常检测模型，在不同阈值的情况下，AUC 获得了 0.2~0.29

的不同程度的提升。

表 3.34 在 APSD 数据集上不同方法的实验结果

数据集	精确度	灵敏度	特异性	$F1$ 得分	曲线下面积
AEL2	0.78	0.74	0.45	0.76	0.68
AESSIM	0.83	0.64	0.66	0.73	0.67
VAE	0.79	0.64	0.54	0.71	0.63
AnoGAN	0.69	0.68	0.58	0.63	0.64
GANomaly	0.79	0.74	0.49	0.76	0.72
DPAE	**0.96**	**0.92**	**0.89**	**0.94**	**0.92**

检测鲁棒性是异常检测系统的关键要素, 即鲁棒性较高的模型在更改检测阈值时的平均性能较高。图 3.44(a) 给出了 APSD 数据集上六种方法的 ROC 曲线。可以看出, 与其他五种方法相比, DPAE 模型对检测阈值变化表现出较高的鲁棒性。

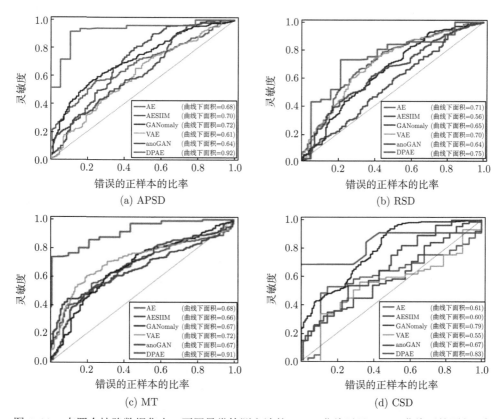

(a) APSD

(b) RSD

(c) MT

(d) CSD

图 3.44 在四个缺陷数据集上, 不同异常检测方法的 ROC 曲线以及 ROC 曲线下的面积 (在括号中指定)(彩图见封底二维码)

3) 模型泛化性能验证

为了验证 DPAE 模型的泛化性能，进一步在其他三个数据集上进行了实验。表 3.35[65,66] 列出了 RSD、MT 和 CSD 等数据。值得注意的是，当我们的方法应用于不同的数据集时，只需调整很少的参数。从表 3.35 看到，RSD 数据集上所有评估方法的曲线下面积 (AUC) 和 $F1$ 得分都相对差于其他三个数据集。实际上，这种现象是由 RSD 数据集中图像呈现的复杂背景导致的。对于 MT 数据集，DPAE 的各个指标均超过了所对比的五种方法，其 AUC 也取得了 0.19~0.25 的不同程度的提升，与 VAE 相同，获得了很强的 $F1$ 分数 0.78。此外，对于更具挑战性的 CSD 数据集，在 AUC 和 $F1$ 得分方面，DPAE 分别比其他最新方法平均提高 0.19 和 0.13。

表 3.35   在四个数据集上不同方法的实验结果

方法	APSD		RSD		MT		CSD	
	曲线下面积	$F1$ 得分	曲线下面积	$F1$ 得分	曲线下面积	$F1$ 得分	曲线下面积	$F1$ 得分
AEL2	0.68	0.76	0.71	0.77	0.68	0.73	0.61	0.73
AESSIM	0.70	0.73	0.56	0.62	0.66	0.65	0.60	0.76
VAE	0.61	0.71	0.70	**0.82**	0.72	**0.78**	0.55	0.69
AnoGAN	0.64	0.63	0.64	0.79	0.67	0.73	0.67	0.76
GANomaly	0.72	0.76	0.65	0.66	0.67	0.70	0.79	0.64
DPAE	**0.92**	**0.94**	**0.75**	0.69	**0.91**	**0.78**	**0.83**	**0.85**

图 3.44(b)~(d) 分别展示了 RSD、MT 和 CSD 数据集上不同方法的 ROC 曲线。与其他五种对比方法相比，DPAE 在所有三个数据集上，特别是在 MT 数据集上，具有最先进的异常检测性能。实验表明，DPAE 模型对于不同类型缺陷数据集的异常检测任务是有效且鲁棒的。

4) 消融实验

为了证明方法的有效性，这里以 APSD 数据集为例进行消融实验分析，研究了在异常检测任务中影响 DPAE 性能的三个方面：潜向量维度大小，损失函数和异常评分。

(1) DPAE 中潜向量维度。在 16、32、64、128、256、512、1024 这一离散值范围内改变潜向量 d 大小的值，观察 DPAE 的 AUC 指标的变化情况。异常检测结果如图 3.45 所示，可以看到，具有较小 d 值的 DPAE 对于 APSD 和 MT 数据集可以获得更好的 AUC 结果。特别是，当 $d = 32$ 时，DPAE 在 APSD 和 MT 数据集分别取得了 0.94 和 0.91 的 AUC。此外，当 d 取值较大时，DPAE 在 RSD 和 CSD 数据集可以获得更好的 AUC 结果。具体而言，当 $d = 512$ 时，DPAE 在 RSD 数据集上可以获得 0.75 的 AUC；当 $d = 256$ 时，在 CSD 数据集上取得 0.83 的 AUC。

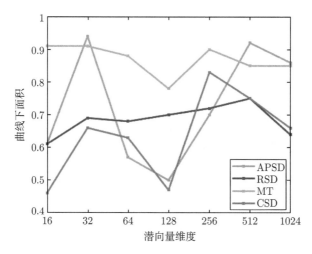

图 3.45　在不同数据集上潜向量维度对模型性能的影响 (彩图见封底二维码)

(2) DPAE 中的损失函数。考虑了五种不同的损失函数对 DPAE 性能的影响, 并在 APSD 数据集上进行了实验验证。五种不同的模型分别是: 具有 L2 损失函数的自编码器 (AEL2), 具有 SSIM 损失函数的自编码器 (AESSIM), 仅具有重构损失函数 (RS) 的 DPAE, 仅具有双原型损失函数 (DPS) 的 DPAE, 以及同时具有 RS 和 DPS 的 DPAE。结果如表 3.36 所示, 可以看到, 仅具有 RS 的 DPAE 的 AUC 为 0.72, 略高于 AEL2 和 AESSIM 的 AUC; 仅具有 DPS 的 DPAE 的 AUC 远低于其他方法, 这种现象表明, 仅具有双原型损失函数的异常检测方法很难区分正常和异常; 最后, 具有 RS 和 DPS 的 DPAE 模型达到了最佳的 AUC 性能, 这说明在异常检测任务的训练阶段将重建损失和双原型损失相结合的有效性。

表 3.36　基于 APSD 数据集的消融研究

方法	AUC
AEL2	0.68
AESSIM	0.67
仅具有 RS 的 DPAE	0.72
仅具有 DPS 的 DPAE	0.54
DPAE	**0.92**

(3) DPAE 中的异常评分。异常评分是直接影响异常检测方法有效性的关键组成因素。这里考虑了四种类型的异常评分: 式 (3-36) 中的重构损失 RLX; 式 (3-42) 中的重构损失 RL; 正常样本的第一个类原型和测试样本的第一个潜向

量之间的均方差 PL1；正常样本的第二个类原型与测试样本的第二个潜向量之间的均方损失 PL2。

在 APSD 数据集上进行了对比实验，具有上述异常分数的 DPAE 的 AUC 结果展示在表 3.37 中。可以发现，带有 RLZ 的模型获得的 AUC 为 0.92，比带有 RLX 的模型性能高 0.19。此外，具有 PL1 的 DPAE 的 AUC 为 0.90，而具有 PL2 的 DPAE 的 AUC 为 0.78。总的来说，该结果证明了将 RLZ 作为异常评分的有效性，以及将 PL1 作为异常评分的潜力。此外，可视化了测试样本的不同特征，结果如图 3.46 所示。可以看到，图 3.46(c) 中正常样本和异常样本的分布更可分离，这说明了使用 RL 异常评分的有效性。

表 3.37　不同类型的异常评分的有效性

异常评分	AUC
RLX	0.73
RLZ	**0.92**
PL1	0.90
PL2	0.78

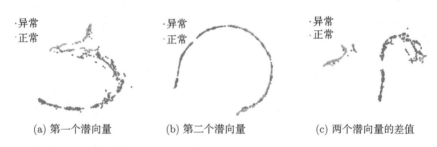

(a) 第一个潜向量　　　(b) 第二个潜向量　　　(c) 两个潜向量的差值

图 3.46　APSD 数据集上测试样品的 t-分布随机邻域嵌入可视化 (彩图见封底二维码)

3.3.2　基于最优运输的少样本图像分类算法

在工业生产过程中，许多不可抗因素会导致工业产品表面出现缺陷。因此，表面质量检测是保证工业产品质量的重要生产环节。传统的表面缺陷检测方法是依赖人眼进行分拣，这种方法不仅耗时耗力，分拣精度也会受工人的情绪、疲劳状态影响，从而会导致较高的误检率和漏检率。因此，表面质量检测过程亟需高效准确的缺陷检测方法。

计算机视觉技术在图像处理各领域取得了巨大成功，如图像分类、图像分割、目标检测、实例分割等任务。伴随着图像信息采集方法以及计算机视觉技术的发展，基于计算机视觉技术的缺陷检测方法很快取代了以人工为主的缺陷检测方式。其中，许多方法提出利用人工设计的特征，如 SIFT 和梯度直方图 (histogram of gradient, HOG), 作为缺陷图像的特征表示, 并采用 BP 神经网络、支持向量机等机器学习模型实现对缺陷图像的分类。尽管这些方法一定程度上缓解了表面质量检测过程中对人工检测方式的依赖, 但这类方法过度依赖于专家知识且缺乏普遍性。除此之外, 这类方法的性能也很容易受到一些因素的影响, 如复杂背景、不平衡光照等。

近年来, 深度学习技术在计算机视觉领域取得了巨大成功, 基于卷积神经网络的深度学习模型在表面缺陷检测领域也得到了广泛应用。许多方法采用基于深度学习的方法解决金属表面缺陷图像自动分类问题。然而, 全监督的深度学习模型需要大量的标注数据进行训练, 才能获得鲁棒性和泛化性较好的缺陷分类模型。事实上, 真实的工业场景下难以获得大量的标签数据, 这就导致了在少量样本上训练得到的模型难以有效地学习到训练数据的真实分布, 因而在训练过程中会产生严重的过拟合现象。一些方法尝试使用弱监督或半监督的方式学习一个有效的表面缺陷分类模型, 从而缓解对标注数据的需求。这些方法通常在训练过程中加入无标签数据, 实验证明, 这种弱监督的方式的确能够有效地提高缺陷分类精度。与弱监督的想法类似, 小样本学习 (few-shot learning) 旨在采用少量的标签样本, 让模型学会从少量样本对图像进行准确分类的能力。由于具备上述能力, 小样本分类问题在计算机视觉领域引起了广泛关注。比如, Matching Networks[121] 提出了一种端到端的小样本学习方法, 采用 K 近邻算法实现测试图像的分类; Portotypic Networks[75] 提出采用欧几里得距离, 最大化不同类别之间的类间差异的同时最小化相同类别之间的类内差异; Deep EMD[124] 提出了一种两阶段的小样本分类模型, 即模型在训练数据集上进行全监督训练, 在测试数据集进行微调并预测图像标签。

1. 理论分析

1) 表面缺陷分类

工业产品表面缺陷分类是表面质量控制过程中的重要环节, 是保证工业产品质量的关键方法。传统的表面缺陷分类方法是采用手工设计的特征 (如 SIFT 特征和 HOG 特征), 不仅手工特征设计过程复杂, 分类性能也不尽如人意。随着深度学习技术的发展, 大量的方法提出采用深度 CNN 实现表面缺陷分类任务。比如, Masci 等 [67] 提出 MSPyrPool, 用以解决任意尺寸的板带钢表面缺陷图像的分类问题, 该方法可以被视作全监督的分层词袋模型, 可以在线训练并根据给定的任务进行微调。然而值得注意的是, 表面缺陷图像分类任务中我们无法提供关于缺陷的任何信息, 如缺陷大小、位置等。Wang 等 [68] 提出了一个联合检测的 CNN 结构, 该结构包含两个部分, 即全局分类部分和局部检测部分; 前者学习整个图像的全局特征并对图像进行分类, 后者采用滑动窗口的形式在局部的图像块上学习局部的缺陷特征进行分类。Ren 等 [28] 提出了一种生成式的缺陷检测模型，该模型包含两个阶段：第一阶段采用全监督的方式预训练一个图像块分类器；第二阶段该方法使用预训练的分类器实现对图像块特征的分类，并生成整个图像的热力图用以预测缺陷的位置。这两种方法是使用分类网络实现了粗略的缺陷定位。受益于自然场景下目标检测方法的巨大成功，Cha 等 [69] 采用 Faster R-CNN 准确地检测同一幅图像中的多个缺陷。Chen 等 [70] 提出了一种渐进式的网络，由粗到精地预测缺陷位置。该网络包括两个检测器，用于连续定位悬臂梁节点及其紧固件，以及用于检测缺陷的分类器。然而，它们的检测器需要分别用 2366 张图像和 6371 张图像这两个相当大的数据集进行训练，并且每个图像都需要人工标注的边界框。

为了克服对人工标注数据的过度依赖，一些学者提出采用半监督或弱监督的方式解决表面缺陷分类任务。Lin 等 [71] 提出了一种弱监督的表面缺陷检测方法，该方法在少量数据的情况下便能取得很好的分类准确度，然而缺陷的检测结果比较差。Xu 等 [72] 提出仅使用词袋标注便可以同时实现缺陷的分类和定位任务，该模型提出一个类别明确的卷积池化模块，用以捕捉缺陷的位置，实验证明，其比类激活图更为有效。在本节的工作中，考虑采用小样本学习方法解决表面缺陷分类任务。

2) 小样本图像分类

小样本图像分类旨在训练一个深度学习模型，使其具有从少量样本识别未知类别的能力。目前，大多数小样本学习算法聚焦在对自然图像的识别上，暂时没有小样本学习算法应用于表面缺陷分类任务。在自然数据集上，主流的小样本分类算法均采用元学习的策略，即训练数据被转换成小样本学习的轮次 (episode)，以便更好地适应小样本的情形。在这一方向，基于优化的方法首先训练一个完成初始化的优化器，然后期望该优化器经过少数训练循环后能很快地适应未知类的识别。其他的一些方法是采用数据增强技术，人工地增加训练数据集的规模。

近年来，基于迁移的方法吸引了越来越多学者的研究兴趣。这类方法的核心思想在于训练一个特征提取器，使其能够很好地识别未知类别。比如，Finn 等 [73] 提出了一个基于距离的分类器，该分类器充分地考虑了类间距离；Ravi 和 Larochelle[74] 采用自监督技术为输出特征共同训练一个额外的分类器，以此提高小样本学习的分类精度。许多方法建立在一个特征提取器的基础上。比如说，Vinyals 等 [121] 采用一个最近邻均值分类器，拉近输入特征与其类别中心的 L2 距离；Sung 等 [76] 采用了一个迭代的方式调整这些类别中心；Garcia 等 [77] 建立了一个图神经网络，用以从相似的样本中收集特征信息。基于迁移的方法在几个标准的小样本学习数据集上均取得了最优的性能。

3) 最优运输理论

最优运输提供了一种推断两个分布之间对应关系的方法。最近，最优运输问题被广泛地应用于各种计算机视觉任务。Courty 等[78] 通过学习从源域到目标域的运输计划来解决域适应问题。Su 等[79] 利用最优传输理论解决 3D 形状匹配以及表面重构问题。Arjovsky 等[80] 将最优运输理论应用。此外，一些工作[81,82] 提出在图匹配任务中引入最优运输理论，建模两个图结构间的相似性。Liu 等[83] 提出将语义匹配任务视为最优传输问题进行解决。本节的工作旨在将最优运输理论运用于小样本缺陷分类任务，提高小样本缺陷分类任务的性能。

2. 模型

1) 任务定义

考虑经典的小样本分类问题，给定基类 (base) 数据集 $\mathcal{D}_{\text{base}}$ 以及一个新类 (novel) 数据集 $\mathcal{D}_{\text{novel}}$，需要注意的是这两个数据集是互斥的，即 $\mathcal{D}_{\text{base}} \cap \mathcal{D}_{\text{novel}} = \varnothing$。$\mathcal{D}_{\text{base}}$ 包含来自于若干个不同类别的大量标注数据。$\mathcal{D}_{\text{novel}}$ 作为另一个任务，包含少量的标注样本 (支撑集 (support set)$\mathcal{S}$)，以及一些无标签数据 (查询集 $\mathcal{Q}$)，支撑集和查询集的样本均来自于 N 个新类别。小样本分类的目标是为查询集中的无标签样本预测最终的类别标签。以下的参数对于定义下样本分类问题特别重要：novel 数据集中的类别数量为 N，每个类别中有标签样本的数量为 K，每个类别中的无标签样本的数量为 Q。因而小样本分类问题服从这种 N-way K-shot 设置，novel 数据集中总共包含 $N(K+Q)$ 个样本，其中 NK 个样本有标签，NQ 个样本无标签。在归纳式的小样本分类任务设置下，NQ 中的每一个样本单独进行标签预测。在直推式的小样本分类任务设置下，NQ 中的所有样本同时进行标签预测，大多数工作会充分利用每个类别中 Q 个样本所提供的信息。

2) 模型概览

本书提出的基于最优运输的小样本缺陷分类方法 (graph embedding and optimal transport for few-shot classification, GEOT) 如图 3.47 所示。给定支撑 (support) 和查询 (query) 图像，这里首先采用权值共享的骨干网络 (backbone) 提取特征，分别得到支撑图像的特征 f_{s} 和查询图像的特征 f_{q}。其次，合并了支撑和查询的特征，并得到相似度图，该图随后用于更新传播矩阵。之后，采用在 f_{s} 上初始化的类中心 c_j 进行 Sinkhorn 映射，以得到代价矩阵 $\boldsymbol{M}^*$，下一步迭代，更新类别中心。n 步之后，利用查询图像的特征计算预测精度。

3) 特征提取

首先，训练一个用于缺陷图像分类的深度神经网络作为骨干网络，使其可以判别 base 数据集 $\mathcal{D}_{\text{base}} = \{(x'_1, y_1), (x'_2, y_2), \cdots, (x'_m, y_m)\}$ 的输入样本，其中，$x'_i \in \mathbb{R}^d$ 是 base 数据集中的图片，y_i 是其对应的类别标签，m 是训练样本的数量。

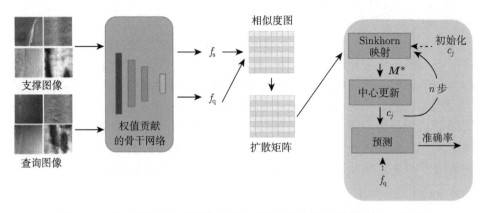

图 3.47　基于最优运输的小样本缺陷分类方法介绍 (彩图见封底二维码)

在模型测试阶段，GEOT 算法可以直接使用这个预训练的模型作为通用的特征提取器，常用的提取特征的方式是采用预训练中倒数第二层激活函数前的特征。假定特征提取器为 f_φ，novel 类中支撑图像为 x_s，查询图像为 x_q，则支撑图像和查询图像对应的特征分别为

$$f_s = f_\varphi(x_s) \tag{3-44}$$

$$f_q = f_\varphi(x_q) \tag{3-45}$$

4) 相似度传播

针对 N-way K-shot 小样本缺陷分类任务，在一次预测过程中有 $N(K+Q)$ 个样本，将这些样本构成的集合记作 V。首先，构建输入样本之间的相似度矩阵 S，这里采用余弦相似度进行计算：

$$S[i,j] = \begin{cases} \cos(V_i, V_j), & i \neq j \\ 0, & i = j \end{cases} \tag{3-46}$$

其中，$S[i,j]$ 代表第 i 个样本和第 j 个样本之间的相似度；V_i 和 V_j 之间的余弦相似度定义为

$$\cos(V_i, V_j) = \frac{V_i V_j^{\mathrm{T}}}{||V_i||_2 ||V_j||_2} \tag{3-47}$$

之后，对相似度矩阵进行归一化操作：

$$E = D^{-1/2} S D^{-1/2} \tag{3-48}$$

其中，D 是度矩阵，定义为

$$D[i,i] = \sum_j S[i,j] \tag{3-49}$$

为了平衡相似度矩阵中，某样本自身相似度和与其他样本的相似度，这里对归一化后的相似度矩阵进行了改进：

$$\boldsymbol{E}_{\text{new}} = (\alpha\boldsymbol{I} + \boldsymbol{E})^\kappa \tag{3-50}$$

其中，α 和 κ 是两个超参数，用以调节不同的权重。

5) 最优运输

接下来，假定 f_{s} 代表有标签数据 (支撑) 的特征向量，f_{q} 代表无标签数据 (查询) 的特征向量。对于特征向量 $f \in f_{\text{s}} \cup f_{\text{q}}$，将 $l(f)$ 定义为其标签。这里使用 $0 < i \leqslant NQ$ 表示无标签数据的索引，$c_j(0 < j \leqslant N)$ 表示类别 j 对应的特征向量中心。GEOT 算法包含几个重要步骤：首先从软分配矩阵中估计类别中心，然后基于新的类别中心更新分配矩阵，之后迭代以上过程。

(1) Sinkhorn 映射。

受 Sinkhorn 算法 [84] 的启发，我们首先定义映射矩阵 $\boldsymbol{M}^*$：

$$\begin{aligned}\boldsymbol{M}^* &= \text{Sinkhorn}(L, p, q, \lambda) \\ &= \arg\min_{M \in \mathbb{U}(p,q)} \sum_{ij} M_{ij} L_{ij} + \lambda H(\boldsymbol{M})\end{aligned} \tag{3-51}$$

其中，$\mathbb{U}(p,q) \in \mathbb{R}^{NQ \times N}$ 是一组每一行之和为 p，每一列之和为 q 的正矩阵。具体地，$\mathbb{U}(p,q)$ 有如下形式：

$$\mathbb{U}(p,q) = \{\boldsymbol{M} \in \mathbb{R}_+^{NQ \times N} | \boldsymbol{M}\mathbf{1}_N = p, \boldsymbol{M}^{\text{T}}\mathbf{1}_{NQ} = q\} \tag{3-52}$$

其中，p 代表每一个无标签样本用于类别分配的总量的分布；q 代表分配给每一个类别的无标签样本总量的分布。因此 $\mathbb{U}(p,q)$ 包含了将样本分配给类别的所有可能方式。代价函数 $L \in \mathbb{R}^{NQ \times N}$ 包含了无标签样本与类别中心的欧几里得距离，因此 L_{ij} 表示样本 i 和类别中心 j 之间的欧几里得距离。这里假定一个软类别映射，也就是每一个样本可以被分配为不同的类别。

式 (3-51) 的第二项表示 $\boldsymbol{M}$ 的熵，$H(\boldsymbol{M}) = -\sum_{ij} M_{ij} \log M_{ij}$，该熵由一个超参数 λ 调整。增大 λ 会促使熵变小，这样映射也就变得不均匀了。该规则化项也会使得目标函数严格收敛 [85]，因而有利于计算。Sinkhorn 的解有如下形式：

$$\boldsymbol{M}^* = \text{diag}(\boldsymbol{u}) \cdot \exp(-L/\lambda) \cdot \text{diag}(\boldsymbol{v}) \tag{3-53}$$

(2) 迭代更新。

这一步的目标是估计类别中心，首先，将类别中心 c_j 初始化为属于 j 类的有标签样本特征的平均值。之后，对 c_j 进行迭代估计。在每一个迭代中，使用 Sinkhorn 算法在无标签样本上计算映射矩阵 $\boldsymbol{M}^*$。与标注数据一起，通过对 j 的特征及其已分配的部分进行加权平均，对 c_j（临时记为 μ_j）进行重新估计：

$$\mu_j = g(\boldsymbol{M}^*, j) = \frac{\sum\limits_{i=1}^{NQ} M_{ij}^* f_i + \sum\limits_{f \in f_s, l(f)=j} f}{s + \sum\limits_{i=1}^{NQ} M_{ij}^*} \tag{3-54}$$

该公式对应式 (3-46) 的最小化。值得注意的是，有标签数据并不参与映射过程，由于它们的标签一致，这里将它们对于其标签的分配置 1，其他标签置 0。因此在重新估计类别中心时，有标签数据有最大的权重。

(3) 分配中心更新。

为了避免在算法的早期迭代中作出有风险的严格决策，这里提出用惯性参数来均衡类中心的更新。具体来说，是采用学习率 $0 < \alpha \leqslant 1$ 来更新类别中心。当 α 接近于 0 时，更新速度放缓；相反，当 $\alpha = 1$ 时直接分配新发现的类别中心。

$$c_j \leftarrow c_j + \alpha(\mu_j - c_j) \tag{3-55}$$

(4) 最终决策。

经过固定数量的迭代后，$\boldsymbol{M}^*$ 的每一行被转换为属于某一类的概率，每一行的最大值对应算法的最终决策。

3. 实验及性能分析

1) 数据集及实验设置

A. 数据集

为了评估以前的小样本分类算法以及 GEOT 网络的性能，这里首先构建了一个小样本金属表面缺陷分类数据集。该数据集由 10 类板带钢表面缺陷和 10 类铝型材表面缺陷构成，缺陷图像总数为 872，每一张图像的分辨率为 224 像素 $\times$224 像素。示例图像如图 3.48 所示。

在本节中，主要进行两种类型的实验。第一种是普通的小样本缺陷图像分类 (common few-shot defect classification) 实验，即选取 5 种板带钢缺陷和 5 种铝型材缺陷作为 base 类，剩余 5 种板带钢缺陷和 5 种铝型材缺陷作为 novel 类进行测试。第二种是跨域小样本缺陷图像分类 (cross-domain few-shot defect classification) 实验，在这种实验设置下，交替地选择 10 类板带钢缺陷或 10 类铝型材缺陷作为 base 类进行训练，剩余的 10 类缺陷作为 novel 类进行测试，以此验证 GEOT 模型在跨域情况下的性能。

图 3.48 提出的数据集中 20 个缺陷类别的样本示例 (彩图见封底二维码)

B. 实验设置

为了验证 GEOT 模型在不同数据集和训练策略上的通用性，实验中所采用的骨干网络分别为 WRN[86]、ResNet18、ResNet12[86] 以及 DenseNet[11]。在每次实验中，在 base 类上训练一个特征提取器，然后在 novel 类上微调并测试最终结果。因此，在每次循环中，随机从 novel 类中采集 N 个缺陷类。在这 N 个类别中，每个类别随机选取 K 个有标签的样本和 Q 个无标签的样本，最后组成 D_{novel}。实验中，得出了 5-way 1-shot 以及 5-way 5-shot 的结果。

2) 实验结果与分析

在第一个实验，即普通的小样本缺陷图像分类实验中，首先得出了现有的六种方法在本节提出的数据集上的性能，随后将 GEOT 模型的性能与这六种方法进行了对比，结果展示在表 3.38 中。表 3.38 不仅展示了归纳式方法的性能，还展示了直推式方法的性能。

表 3.38　普通的小样本缺陷图像分类结果

设置	方法	骨干网络	1-shot	5-shot
归纳式	S2M2_R	WRN	60.25%±0.60%	75.72%±0.43%
	ICI-FSL	Res12	60.10%±0.72%	75.87%±0.41%
直推式	PTNet	WRN	73.68%±0.16%	77.98%±0.11%
	Latent-space	WRN	73.94%±0.16%	78.09%±0.11%
	Transfer+SGC	WRN	62.57%±0.17%	77.07%±0.10%
	Epnet	WRN	54.50%±0.15%	73.10%±0.13%
	GEOT	WRN	75.69%±0.16%	81.56%±0.10%

从表 3.38 中可以看到，归纳式的方法中，1-shot 设置下对比算法性能最高的是 S2M2_R，测试精度为 60.25%±0.60%；5-shot 设置下，S2M2_R 和 ICI-FSL 性能相似，均为 75% 左右。相比于归纳式的方法，直推式的方法由于一次性预测所有测试的类别，即在预测过程中利用测试样本的分布信息，因而性能要更好。GEOT 方法在直推设置下，1-shot 和 5-shot 的结果分别为 75.69%±0.16% 和 81.56%±0.10%，相比于第二名的模型 Latent-space(1-shot: 73.94%±0.16%；5-shot: 78.09%±0.11%) 分别提高了 1.75% 和 3.47%，该结果进一步证明了 GEOT 模型的有效性。

第二个实验研究了现有方法和 GEOT 方法在跨域小样本缺陷分割任务中的性能，也就是说，以板带钢的 10 类缺陷作为 base 类进行训练，以铝型材的 10 类缺陷作为 novel 类进行测试，实验结果如表 3.39 所示。同时，也考虑将铝型材的 10 类缺陷作为 base 类进行训练，以板带钢的 10 类作为 novel 类进行测试，实验结果展示在表 3.40 中。

表 3.39　跨域小样本缺陷图像分类结果，base 类来自于板带钢缺陷

设置	方法	骨干网络	1-shot	5-shot
归纳式	S2M2_R	WRN	59.50%±0.92%	76.89%±0.56%
	ICI-FSL	Res12	54.34%±0.59%	73.94%±0.14%
直推式	PTNet	WRN	67.58%±0.32%	78.41%±0.16%
	Latent-space	WRN	67.87%±0.32%	78.16%±0.16%
	Transfer+SGC	WRN	62.92%±0.27%	76.56%±0.15%
	EPNet	WRN	54.50%±0.23%	73.10%±0.10%
	GEOT	WRN	69.46%±0.29%	83.28%±0.14%

从表 3.39 中可以看出，直推式设置下，GEOT 方法在 1-shot 和 5-shot 的结果分别为 69.46%±0.29% 和 83.28%±0.14%。不难看出，GEOT 方法的性能全面超越了其他对比算法。

从表 3.40 中可以看到，在归纳式设置下，S2M2_R 在 1-shot 和 5-shot 下均

达到了最佳性能，分别为 62.58%±0.88% 和 79.76%±0.66%；在直推式设置下，GEOT 方法在 1-shot 下取得了略高于方法 PTNet 的性能，但在 5-shot 下分类精度达到了 87.00%±0.14%，比最佳的方法 Latent-space 提升了约 2%。综合来看，GEOT 方法在两种跨域小样本缺陷图像分类任务中均取得了领先的性能，进一步说明了该方法强大的鲁棒性和泛化性。

表 3.40　跨域小样本缺陷图像分类结果，base 类来自于铝型材缺陷

设置	方法	骨干网络	1-shot	5-shot
归纳式	S2M2_R	WRN	62.58%±0.88%	79.76%±0.66%
	ICI-FSL	WRN	55.65%±0.88%	69.71%±0.74%
直推式	PTNet	WRN	77.81%±0.27%	84.09%±0.18%
	Latent-space	WRN	78.15%±0.27%	84.97%±0.16%
	Transfer+SGC	WRN	62.92%±0.27%	76.56%±0.15%
	EPNet	WRN	58.00%±0.15%	66.80%±0.21%
	GEOT	WRN	77.91%±0.27%	87.00%±0.14%

3) 消融实验

为了说明 GEOT 模型的组成元素的有效性，这里进行了一系列的消融实验。具体地，这些实验包括：不同模块的有效性、骨干网络的影响、查询数量的影响、超参数的影响以及支撑样本数量的影响。下面分别给出消融实验的结果和理论分析。

表 3.41 展示了这里提出的两个模块，即相似度传播和最优运输，对于模型性能的影响。从表中可以看出，这两个模块均有效地提高了模型性能，尤其是在 1-shot 下，加入最优运输模块大幅度地提高了基线的性能。与此同时，还可以发现，当相似度传播和最优运输同时加入基线时，模型性能进一步得到了提升。

表 3.41　GEOT 模型中不同模块的消融性分析

相似度传播	最优运输	1-shot	5-shot
—	—	59.11%±0.45%	72.31%±0.45%
√	—	60.61%±0.15%	75.89%±0.10%
—	√	73.68%±0.16%	77.99%±0.11%
√	√	75.69%±0.16%	81.56%±0.10%

表 3.42 展示了不同的骨干网络模型对于普通的小样本缺陷图像分类性能的影响。总体而言，在 1-shot 设置下，采用 WRN 和 Res12 作为骨干网络，GEOT 模型的性能相近，分别为 75.69%±0.15% 和 75.68%±0.16%，其性能较 Res18 为骨干网络的模型大幅度提高。然而，在 5-shot 设置下，三种骨干网络的性能基本相近，均为 81% 左右。

表 3.42　　GEOT 模型中不同骨干网络的消融性分析

方法	1-shot	5-shot
WRN	75.69%±0.15%	81.56%±0.10%
Res12	75.68%±0.16%	81.50%±0.10%
Res18	69.93%±0.26%	81.62%±0.08%

图 3.49 展示了不同的查询样本数量对于模型性能的影响，可以清楚地看到，随着查询样本数量的增加，模型性能并不一定能提升。1-shot 设置下，查询样本数量为 15 时，模型取得最佳性能；5-shot 设置下，查询样本数量为 5 时模型性能最好；7-shot 设置下，模型在查询样本数量为 1 时取得最佳性能。

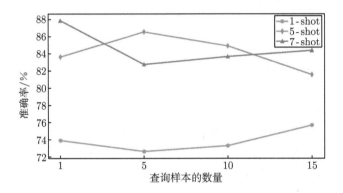

图 3.49　　不同的查询样本数量的消融实验 (彩图见封底二维码)

图 3.50 展示了 GEOT 模型中的三个超参数，即 k, α, κ 对于模型性能的影响。从图中可以看出，α 的取值为 1 时模型取得最优性能，k 的取值为 4 时模型性能最好。

图 3.51 展示了不同的 shot 数量对于模型性能的影响。从图中可以看出，随着 shot 数量的增加，GEOT 方法和对比方法的性能均在不断提高。这种现象很容易解释：因为 shot 数量的增加为每一类缺陷提供了更多的图片信息，从而能有效地促进模型性能的提升。从中也不难看出，尽管 shot 数量在一直变化，但 GEOT 模型性能一直保持领先地位。

3.3.3　基于图神经网络的少样本图像分割算法

缺陷分割 [87-89] 是一种有效的金属表面质量监测工具，伴随着深度学习方法的发展，已经取得了很大的进展。给定足够多像素级标注的训练样本时，全监督的缺陷分割模型 [90,91] 可以获得很好的分割结果。然而，这些模型在工业场景中通常是不符合实际的，其原因如下所述。首先，可以用于模型训练的像素级标注的缺陷样本通常非常稀少，尤其是在工业场景中。因为工业生产过程会不断进行优化,以求减少生产中缺陷产品的数量,从而缺陷样本通常难以获得。与此同时,在进行像素级标注时,所需的大量专业知识、成本和时间进一步加剧了这个问题。其次,潜在的分割目标 (金属表面不同类型的缺陷) 数目通常很大。在训练阶段没有可用样本的情况下,全监督模型很难分割出新的缺陷。同时,要为每一个未知类训练一个新的、具体的分割模型也是不现实的。

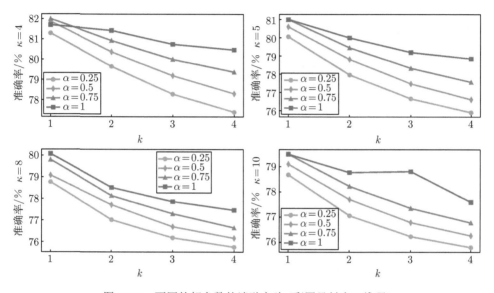

图 3.50 不同的超参数的消融实验 (彩图见封底二维码)

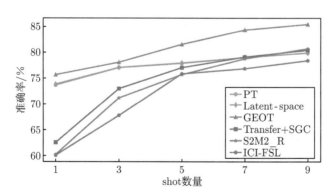

图 3.51 不同的 shot 数量的消融实验 (彩图见封底二维码)

针对上述问题,许多工作提出了一些弱监督的缺陷分割方法,使用轻量标注信息,如边框 [92]、图像级标注 [93]、点 [94]、线 [95] 等,训练缺陷分割模型。这些模型在一定程度上降低了标注成本,但在只有少量密集标注的训练图像时,分割性能仍然较差。Lin 等 [96] 进一步利用少量像素级标注的缺陷图像实现缺陷分割任务。该模型在 1-shot 和 5-shot 设置下均获得了良好的结果, 即在每个缺陷类中给定 1 个或 5 个图像掩模对其进行训练。然而, 这个方法在训练阶段包含了每个缺陷类, 当模型遇到未知的缺陷类时, 它往往会产生较差的性能。因此, 在实际的工业场景中, 需要一个鲁棒的系统, 只利用少量的标注图像来分割未知缺陷类。

基于典型的 PASCAL[97] 和 MS-COCO[98] 等自然数据集的小样本语义分割 (few-shot semantic segmentation, FSSS) 在计算机视觉领域引起了极大的研究兴趣, 这是因为它可以在只使用少量像素级标注图像的情况下分割新的物体类别。然而, 尽管小样本缺陷分割在工业缺陷检测领域展现出很大的潜力, 但其研究仍未得到充分的探索。本节将采用基于 episode 的元学习方案, 包括元训练 (meta-training) 和元测试 (meta-testing), 探讨小样本缺陷分割 (FSDS) 任务。如图 3.52 所示, 每个子任务由支撑集 (包括多个图像掩码对) 和查询图像组成。在每个子任务中, 以支撑图像及其对应的真值为指导对查询图像中的缺陷进行分割。与 Lin 等 [96] 的工作不同, 在元训练阶段使用的已知类与在元测试阶段使用的未知类是互斥的。

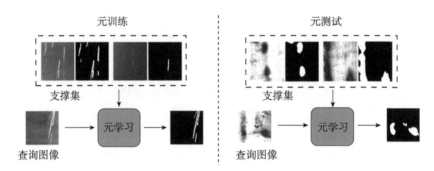

图 3.52　1-way 2-shot 缺陷分割任务的介绍

作为探索小样本缺陷分割任务的第一步, 这里建立了金属表面缺陷分割数据集 (MSD-Seg), 从而有利于小样本缺陷分割方法的评估。此外, 本节提出了一种用于小样本缺陷分割任务的协同注意图神经网络 (cooperative attention graph neural network, CAGNN)。将支撑图像和查询图像都嵌入 CAGNN 的节点中, 然后利用 k 步 (k-step) 协同注意力推理从支撑图像中提取有益信息来分割查询图像。在此基础上, 本节提出了一个混合推理模块, 进一步挖掘更多的信息用于查询图像的分割。本节提出的模型以端到端的形式进行训练, 以显著提高在 1-shot 和 5-shot 设置下的缺陷分割性能。据本书作者所知, 这里是第一个构建真实世界的小样本缺陷分割数据集, 并基于元学习方案开发了有效的小样本缺陷分割算法。本节的主要贡献如下所述:

(1) 为小样本缺陷任务构建了一种新的金属表面缺陷数据集 MSD-Seg。该数据集模拟了真实的工业缺陷检测场景，由 405 张像素级标注的缺陷图像组成。这些图像来自于两种类型的金属表面，即板带钢和铝型材，共包含九类不同形态的缺陷。

(2) 首次在提出的缺陷数据集上对当前最先进的小样本语义分割方法进行全面的评估。所建立的评估策略不仅表明了工作的广泛适用性，而且也促进了未来致力于提升小样本缺陷分割性能的工作。

(3) 提出了一种用于小样本缺陷分割任务的协同注意力图神经网络。利用 k-step 协同注意力推理从支撑图像中提取有益的上下文信息，对查询图像中的缺陷目标进行准确分割。此外，引入了混合推理模块来提取更多的信息用于查询图像分割。

(4) 在 MSD-Seg 数据集上的大量实验表明，本节提出的方法在 mIoU 和 FB-IoU 指标上都优于目前最先进的小样本语义分割方法。

1. 理论分析

1) 全监督缺陷分割

缺陷分割的目的是执行像素级的分类任务，即为图像中的每个像素分配一个特定的标签。在全卷积网络 (FCN) 的基础上，许多方法用来提高全监督设置下的缺陷分割性能。Yang 等 [99] 提出了一种新的网络，将上下文信息与底层特征结合起来，以特征金字塔的方式进行裂纹检测。PAM[100] 结合金字塔特征融合和全局上下文注意力模块，在 4 个表面缺陷数据集上实现了良好的分割效果。Xie 等 [87] 提出利用空间域和频域特征对纹理表面图像进行缺陷分割。Han 等 [101] 提出了一种基于深度卷积网络的多晶硅晶片缺陷分割方法。Tabernik 等 [102] 设计了一种基于分割的深度学习模型，用于表面缺陷的分割。Augustauskas 和 Lipnickas[103] 提出利用 U-Net 深度自编码器在多个路面裂缝数据集上实现缺陷分割。这些方法在相应的缺陷分割任务中都取得了很好的效果，因为它们有足够的数据来训练一个全监督的缺陷分割模型。

2) 弱监督语义分割

当像素级标注的训练数据不够充足时，全监督分割方法的性能将会退化。因此，计算机视觉领域已经开发了许多弱监督的技术，以利用一些更容易获得的标注形式，如边界框、图像级标签、点和线，来实现缺陷分割。对于弱监督的缺陷分割任务，现有的工作是相当少的，其大多集中在利用图像级标签。Li 等 [104] 采用分类模型生成类激活图，并在生成对抗网络 (GAN) 中将其用作伪掩模，以实现精确的缺陷分割。Dong 等 [105] 使用图像级标注生成合成标签，然后替换人工标注的像素级标签，用于缺陷分割模型的训练。在工作中，进一步考虑仅使用少量像素级标注图像对缺陷进行分割的场景，即小样本缺陷分割。

3) 小样本语义分割

与弱监督分割方法类似，为了实现在语义分割中尽可能少地使用像素级的标注数据，计算机视觉领域提出了许多小样本语义分割方法。现有的最先进的方法大多采用基于轮次的元学习方案来解决小样本语义分割任务。SG-One[106] 利用支撑图像和查询图像之间的余弦相似度作为指导，辅助查询图像进行分割。Zhang 等 [107] 提出了一种类别不可知的分割模型，该模型在支持图像和查询图像之间进行多层次的特征比较，然后利用一个迭代优化模块对预测结果进行迭代优化。Zhang 等 [108] 提出了一种具有连接注意力的金字塔图网络 (PGNet)，该网络利用图结构对分割数据进行结构性建模，并应用注意力图推理将标签信息从支撑图像传播到查询图像。Yang 等 [109] 引入了混合原型模型 PMMs，加强了基于原型的语义表示，进一步促进了查询图像的分割。近年来，PFENet[110] 是一种新的查询图像先验掩码和多尺度特征增强模块，性能较目前的其他方法获得了较大的提升。

虽然在 PASCAL 和 MS-COCO 等自然数据集上的小样本语义分割任务上已经得到了大量的探索，但对工业场景下的小样本缺陷分割任务的研究还很少。因此，在本节中，首次构建了一个小样本缺陷分割数据集，然后提出了一种基于 episode 元学习的小样本缺陷分割方法。

2. 模型

1) 任务定义

小样本语义分割任务旨在使用某一类别中少量的像素级标注图像实现对该类别中其他图像的分割。与大多数小样本语义分割方法相同，本节采用基于 episode 的元学习方案定义小样本缺陷分割任务 (FSDS)。给定训练集 $\mathcal{D}_{\mathrm{tr}}$、测试集 $\mathcal{D}_{\mathrm{ts}}$、$m$ 个已知类 C_{s} 和 n 个未知类 $C_{\mathrm{u}} = \{C_{\mathrm{u}}^1, C_{\mathrm{u}}^2, \cdots, C_{\mathrm{u}}^n\}$，训练类的集合 $C_{\mathrm{s}} = \{C_{\mathrm{s}}^1, C_{\mathrm{s}}^2, \cdots, C_{\mathrm{s}}^n\}$ 与测试类的集合 C_{u} 是互斥的，即 $C_{\mathrm{s}} \cap C_{\mathrm{u}} = \varnothing$。小样本缺陷分割任务旨在基于 $\mathcal{D}_{\mathrm{tr}}$ 训练一个缺陷分割模型，当只有少量 C_{u} 的像素级标注样本时，该模型可以在不用重新训练的条件下实现 $\mathcal{D}_{\mathrm{ts}}$ 中未知类 C_{u} 图像的分割。在元训练阶段，从 $\mathcal{D}_{\mathrm{tr}}$ 随机采样多个 episode，每一个 episode 包含一个支撑集 $\mathcal{S}$ 和一个查询集 $\mathcal{Q}$。对于 k-shot 缺陷分割任务，支撑集 $\mathcal{S} = \{(x_i^{\mathrm{s}}, m_i^{\mathrm{s}})\}_{i=1}^k$ 包含 k 个图像–标签对，x_i^{s} 和 m_i^{s} 分别是针对某一个具体的类 C 中第 i 个支撑图像及其对应的二值化的真值。相似地，让查询集 $\mathcal{Q} = \{(x^{\mathrm{q}}, m^{\mathrm{q}})\}$，$x^{\mathrm{q}}$ 和 m^{q} 来自某一个类 C 的查询集图像及其真值。给定 $\mathcal{Q}$ 和 x^{q} 作为输入，每一个 episode$(\mathcal{S}, \mathcal{Q})$ 聚焦于一个特定的类别，旨在为查询图像生成一个预测的掩码 (mask): $\hat{m}^q$。如此一来，可以进一步使用 $\hat{m}^q$ 和 m^q 间的二值交叉熵损失来监督元训练的过程。在元训练后，需从 $\mathcal{D}_{\mathrm{ts}}$ 中随机采样多个 episode$\{(\mathcal{S}_i^{\mathrm{ts}}, \mathcal{Q}_i^{\mathrm{ts}})\}_{i=1}^{N_{\mathrm{ts}}}$ 进行元测试。

2) 模型概览

如图 3.53 所示，协同注意力图神经网络 (CAGNN) 采用基于 episode 的元学习方案完成小样本缺陷分割任务。给定一个 episode$(\mathcal{S}, \mathcal{Q})$，CAGNN 通过一个权值共享的骨干网络提取支撑集图像和查询集图像的特征。接下来，支撑集图像和查询集图像的特征分别嵌入一个全连接图 $\mathcal{G} = (\mathcal{V}, \mathcal{E})$ 中的节点。随后，CAGNN 采用一个 k-step 协同注意力推理模块从支撑节点挖掘有用的上下文信息，辅助查询图像的分割。此外，这里提出了一个混合推理模块，作为一个互补模块，发现更多有用的上下文信息，以用于查询图像分割。最后，结合空洞卷积模块 (ASPP)[111] 对查询图像进行像素级预测，并使用预测掩码与真值之间的交叉熵损失函数作为监督指导模型训练。在测试阶段，通过将测试 episode$(\mathcal{S}^{ts}, \mathcal{Q}^{ts})$ 输入到 CAGNN 中预测缺陷的掩码。

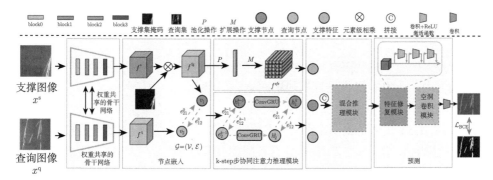

图 3.53　CAGNN 的框架以及 1-way 1-shot 缺陷分割任务的主要数据流向
(彩图见封底二维码)

3) 图嵌入

A. 节点嵌入

给定支撑集和查询集图像 x^s/x^q，CAGNN 采用一个权值共享的骨干网络 (如 VGG-16 和 ResNet50) 抽取图像特征。骨干网络模型在 ImageNet 上进行预训练，但由于自然图像与工业图像间的巨大差异，在训练过程中需对骨干网络的参数进行微调。CANet 指出，骨干网络的底层特征通常与目标的低级特征 (如边缘和颜色) 有关，而高层特征常与目标相关的概念 (如物体类别) 有关。因此，CAGNN 提取骨干网络中 block2 和 block3 的特征并将其拼接在一起，使用 1×1 卷积层将图像特征的通道维度压缩为 256。将上述过程表示为 $\mathcal{B}$，支撑特征和查询特征的提取过程可以分别形式化为

$$f^s = \mathcal{B}(x^s) \in \mathbb{R}^{H \times W \times C}, \quad f^q = \mathcal{B}(x^s) \in \mathbb{R}^{H \times W \times C} \tag{3-56}$$

其中，H, W 和 C 分别代表特征图的高度、宽度和通道维度。在图结构 $\mathcal{G} = (\mathcal{V}, \mathcal{E})$ 中，查询特征 f^{q} 直接被用作查询节点 v_1。对于支撑特征 f^{s}，这里首先对支撑特征及其对应的掩码进行逐像素相乘，获得缺陷的前景特征 f^{fg}，并将此作为支撑节点 v_2。对于一个给定的 episode，查询节点 v_1 的初始嵌入 h_1^0 以及支撑节点 v_2 的初始嵌入 h_2^0 为

$$h_1^0 = f^{\mathrm{q}} \tag{3-57}$$

$$h_2^0 = f^{\mathrm{s}} \otimes \mathcal{R}(m^{\mathrm{s}}) \tag{3-58}$$

其中，$\mathcal{R}$ 代表将 m^{s} 的尺寸调整到与 f^{s} 的尺寸相同这一操作；$\otimes$ 代表逐像素相乘。与此同时，将全局平均池化操作用于 f^{fg} 以获得缺陷前景的原型向量，随后将该向量扩展到原始特征图的大小。

$$f^{\mathrm{sfe}} = \mathcal{M}(\mathcal{P}(f^{\mathrm{fg}})) \tag{3-59}$$

其中，$\mathcal{M}$ 和 $\mathcal{P}$ 分别代表尺寸扩展和全局平均池化操作。相比于直接将 f^{sfe} 加入图结构当中，这里在混合推理模块中探索它的潜力。

B. 边嵌入

$\mathcal{G} = (\mathcal{V}, \mathcal{E})$ 是一个由两个节点 (支撑节点和查询节点) 构成的全连接图。给定节点 v_1 和 v_2，边 $e_{12} \in \mathcal{E}$ 表示节点之间的有向连接 $v_1 \to v_2$。这里，采用一个 k-step 协同推理模块挖掘支撑节点和查询节点间的上下文信息。对于第 k 步推理，从查询节点 v_1 到支撑节点 v_2 的边定义为

$$e_{12}^k = \hat{h}_1^k W (\hat{h}_2^k)^{\mathrm{T}} \in \mathbb{R}^{HW \times HW} \tag{3-60}$$

其中，$\hat{h}_1^k \in \mathbb{R}^{WH \times C} (\hat{h}_2^k \in \mathbb{R}^{WH \times C})$ 是由 $h_1^k \in \mathbb{R}^{W \times H \times C} (h_2^k \in \mathbb{R}^{W \times H \times C})$ 调整尺寸得到的；$W \in \mathbb{R}^{C \times C}$ 在训练过程中是一个可学习的参数 (图 3.54)。相似地，从支撑节点 v_2 到查询节点 v_1 的边可以定义为 $e_{21}^k = \hat{h}_2^k W (\hat{h}_1^k)^{\mathrm{T}} \in \mathbb{R}^{HW \times HW}$。边 e_{12}^k 和 e_{21}^k 反映了查询节点和支撑节点间的长范围相似度。

4) k-step 协同注意力推理模块

A. 信息传播

CAGNN 采用 k-step 注意力推理充分挖掘支撑节点和查询节点间的上下文信息，以准确地分割查询图像中的缺陷。对于第 k 步推理过程，从 v_1 流向 v_2 的信息可以表示为

$$g_{12}^k = \mathcal{I}(\hat{h}_1^{k-1}, e_{12}^{k-1}) = \mathrm{softmax}(e_{12}^{k-1}) \hat{h}_1^{k-1} \in \mathbb{R}^{HW \times C} \tag{3-61}$$

其中，$\mathrm{softmax}(\cdot)$ 是一个行归一化操作。相似地，从 v_2 流向 v_1 的信息可以表示为

$$g_{21}^k = \mathcal{I}(\hat{h}_2^{k-1}, e_{21}^{k-1}) = \mathrm{softmax}(e_{21}^{k-1})\hat{h}_2^{k-1} \in \mathbb{R}^{HW \times C} \tag{3-62}$$

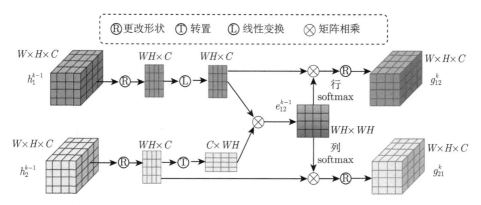

图 3.54 支撑节点和查询节点嵌入过程中的边嵌入和信息传播过程 (彩图见封底二维码)

B. 状态更新

在第 k 步，获得来自支撑集节点的信息之后，查询节点 v_1 通过融合其之前的状态 h_1^{k-1} 以及接收到的信息 g_{21}^k 更新自身状态 h_1^k。具体地，CAGNN 采用 convGRU 更新节点状态：

$$h_1^k = \mathcal{U}_{\mathrm{convGRU}}(h_1^{k-1}, g_{21}^k) \in \mathbb{R}^{H \times W \times C} \tag{3-63}$$

h_2^k 与上一步的状态 $v_2 h_1^{k-1}$ 相比，更新之后的查询节点状态 h_1^k 聚合了更多来自支撑节点的缺陷信息，因而有益于查询图像的缺陷分割。与此同时，为了增强查询节点和支撑节点的交互作用，同时更新支撑节点的状态：

$$h_2^k = \mathcal{U}_{\mathrm{convGRU}}(h_2^{k-1}, g_{12}^k) \in \mathbb{R}^{H \times W \times C} \tag{3-64}$$

5) 混合推理模块

在结束 k-step 协同注意力推理之后，得到了查询节点 v_1 的最终状态 h_1^k 以及支撑节点的最终状态 h_2^k。这里将 h_1^k 和 h_2^k 进行混合并进行推理，以挖掘更多上下文信息。首先，将 f^{sfe} 和 h_1^k 在通道维度上进行拼接，并采用一个 1×1 2D 压缩通道维度得到一个新的特征 f_N：

$$f_N = \mathrm{conv}(\mathrm{cat}(f^{\mathrm{sfe}}, h_1^k, h_2^k)) \in \mathbb{R}^{H \times W \times C} \tag{3-65}$$

其中，conv($\cdot$) 是一个 1×1 2D 卷积层；cat($\cdot$) 表示通道拼接操作。接下来，将 f_N 更改形状 (reshape) 为一个向量 $p \in \mathbb{R}^{N \times C}(N = H \times W)$，并对该向量进行通道维度和特征维度的推理 (图 3.55)。最终，将更新之后的特征图尺寸进行调整，便可以得到最终的特征 f_{mix}。以上处理过程可以表示为

$$f_{\mathrm{mix}} = \mathcal{R}\{\mathrm{conv1D}[\mathrm{conv1D}(p)^{\mathrm{T}}]^{\mathrm{T}}\} \tag{3-66}$$

其中，$\mathcal{R}$ 表示 reshape 操作；conv1D($\cdot$) 是一维卷积操作，用以进行特征推理。混合推理之后，查询图像中的像素级别的缺陷信息进一步得到了细化，消融实验证明了该混合推理模块的有效性。

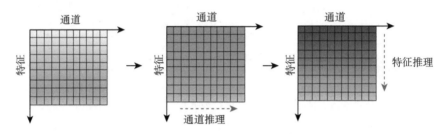

图 3.55　混合推理模块介绍 (彩图见封底二维码)

6) 标签预测

混合推理结束之后，得到了更新之后的查询图像特征，该特征有效融合了同时来自支撑特征和查询特征的上下文信息。之后，采用三个连续的操作为查询图像 x^{q} 预测分割的像素级标签 $\hat{m}^{\mathrm{q}}$。

$$\hat{m}^{\mathrm{q}} = \mathcal{F}_{\mathrm{cls}}\{\mathcal{F}_{\mathrm{ASPP}}[\mathcal{F}_{\mathrm{refine}}(f_{\mathrm{mix}})]\} \in \mathbb{R}^{W \times H \times 2} \tag{3-67}$$

其中，$\mathcal{F}_{\mathrm{cls}}$ 为标签预测层，由一个 1×1 2D 卷积层构成；$\mathcal{F}_{\mathrm{ASPP}}$ 是 ASPP 操作，用以捕获多尺度信息；$\mathcal{F}_{\mathrm{refine}}$ 是一个特征精炼模块，由三个级联的卷积和 ReLU 激活函数组成，用以进一步对查询图像的特征进行细化，从而获得更好的分割结果。

CAGNN 采取基于 episode 的元学习策略，可以进行端到端的训练。对于每一次迭代 t，CAGG 的输入为 N_{e} 个 episode$\{(\mathcal{S}_i, \mathcal{Q}_i)\}_{i=0}^{N_{\mathrm{e}}}$。给定 $\mathcal{Q}_i = (x_i^{\mathrm{q}}, m_i^{\mathrm{q}})$，可以得到 x_i^{q} 预测的预测标签，即 $\hat{m}_i^{\mathrm{q}} \in \mathbb{R}^{H \times W \times 2}$。所以这里采用二值交叉熵 (BCE) 损失函数更新 CAGNN 中的网络参数。每一个迭代的分割损失可以表示为

$$\mathcal{L}_{\mathrm{seg}}^{t} = \frac{1}{N_{\mathrm{e}}} \sum_{i=0}^{N_{\mathrm{e}}} \mathrm{BCE}(m_i^{\mathrm{q}}, \hat{m}_i^{\mathrm{q}}) \tag{3-68}$$

表 3.43 详细展示了 CAGNN 的训练过程。元训练之后，CAGNN 可以直接在未知类上进行元测试。

表 3.43 CAGNN 的训练过程

Algorithm 1: Training and evaluating CAGNN

Input: Training set $\mathcal{D}_{tr} = (\mathcal{S}_i, \mathcal{Q}_i)_{i=1}^{N_{tr}}$ and testing set $\mathcal{D}_{ts} = (\mathcal{S}_i, \mathcal{Q}_i)_{i=1}^{N_{ts}}$
Output: Trained CAGNN$(.|\mathcal{W})$

1 **for** each epoch **do**
2   **for** each episode $(\mathcal{S}_i, \mathcal{Q}_i) \in \mathcal{D}_{tr}$ **do**
3   Extract f^s, f^q with weight-sharing backbone;
4   Construct graph $\mathcal{G} = (\mathcal{V}, \mathcal{E})$ using Eqns.(2)-(4);
5   Implement k-step co-attention reasoning using Eqns.(5)-(8);
6   Carry out mix-reasoning using Eqns.(9)and(10);
7   Predict segmentation probilities for query image using Eqn. (11) ;
8   Compute the Binary Cross Entropy loss $\mathcal{L}_{seg}$;
9   Compute the gradient and optimize via SGD
10   **end**
11   **for** each episode $(\mathcal{S}_i, \mathcal{Q}_i) \in \mathcal{D}_{ts}$ **do**
12   Extract f^s, f^q with weight-sharing backbone;
13   Implement k-step co-attention reasoning using Eqns.(5)-(8);
14   Carry out mix-reasoning using Eqns.(9)and(10);
15   Predict segmentation probilities for query image using Eqn. (11) ;
16   **end**
17 **end**

---

3. 实验及性能分析

1) 数据集及实验设置

A. 数据集

为了更好地评估小样本缺陷分割方法,这里首先创建了一个新的数据集 MSD-Seg。具体来说,MSD-Seg 包含了钢材、钢轨和铝型材三种金属表面的 9 类缺陷。有像素级标注的缺陷图像共 405 幅,且每幅图像只包含一种缺陷类型。所有图像的分辨率都是 200 像素 ×200 像素。MSD-Seg 的部分缺陷样本及相应的真值标签如图 3.56 所示。

与之前的小样本语义分割方法类似,这里在 MSD-Seg 数据集上进行交叉验证实验,以测试不同的小样本缺陷分割模型。在交叉验证实验中,9 种缺陷类别被平均地分成 3 个组别 (fold),可以使用其中两个组别作为训练类,另外一个组别作为测试类。训练类和测试类的具体信息如表 3.44 所示。在每一组交叉验证的元测试过程中随机从测试集中采集 200 个 episode 进行性能评估。

B. 评估标准

这里采用两种评价指标,即平均交并比 (mIoU) 和前景–背景交并比 (FB-IoU) 来评价小样本缺陷分割模型的性能。mIoU 的计算方法是将测试集中不同前景缺陷类的并集 (union) 上的交集 (IoUs) 进行平均,而 FB-IoU 则是将测试集中所有缺陷类作为一个单一的前景类,将前景/背景的交集平均得到 FB-IoU。在接下来的实验中，采用 mIoU 作为主要的评价指标，因为它平等地考虑了每个缺陷类别，比 FB-IoU 更合理。

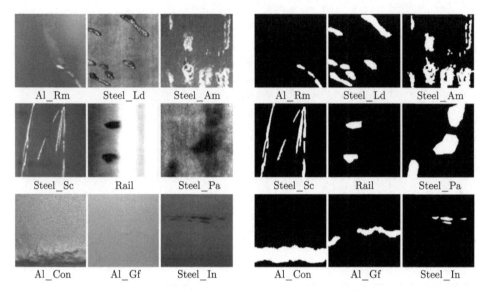

图 3.56　MSD-Seg 中 9 种缺陷类型的样本及标签示例

表 3.44　MSD-Seg 三个组别的详细信息

组别	测试类	样本数量	
		每一个类	共计
fold-0	Al_Rm, Steel_Ld, Steel_Am	23/48/50	121
fold-1	Steel_Sc, Rail, Steel_Pa	50/66/50	166
fold-2	Al_Con, Al_Gf, Steel_In	40/28/50	118

C. 实验设置

CAGNN 模型是在 PyTorch 上实现的，并且以 VGG-16 和 ResNet50 作为骨干网络。实验中的 ResNet 是空洞卷积版本，使用的 VGG 是原始版本。所有骨干网络都使用 ImageNet 预先训练的权值进行初始化，而其他层则由 PyTorch 缺省设置初始化。优化器是 SGD，动量和重量衰减分别设为 0.9 和 0.0001。采用 "poly" 策略通过乘以 $(1-\text{currentiter}/\text{maxiter})\text{power}$ 来衰减学习速率，其中 power 等于 0.9。

CAGNN 模型在 MSD-Seg 上训练 100 轮，批数为 4，学习率为 0.0025。在训练阶段，对样本进行镜像操作和 $-10° \sim 10°$ 的随机旋转处理。然后将原始尺寸 (200 像素 ×200 像素分辨率) 的训练样本输入模型。在评估过程中，每个输入样本的分辨率为 200×200，然后直接输出像素级的预测。实验在英伟达 1080Ti GPU

和英特尔 Xeon CPU E5-2620 v4 @ 2.10GHz 上进行。

2) 实验结果与分析

这里比较了 5 种最先进的小样本语义分割方法，即 SG-One、CANet、PGNet、PMMs 和 PFENet[65]。利用上述论文提供的源代码在 MSD-Seg 数据集上进行实验。1-shot 和 5-shot 设置下的结果分别列于表 3.45 和表 3.46，可以得出如下结论：① CAGNN 在 1-shot 和 5-shot 设置下都明显取得了最先进的结果。例如，在相同的评估标准和相同的 VGG-16 骨干网络下，以 mIoU 为度量标准，在 1-shot 和 5-shot 上，CAGNN 分别比 PFENet 高出 13.18% 和 13.61%；在 1-shot (25.51%) 和 5-shot (27.99%) 上 CAGNN 的效果优于 SG-One。② 以 ResNet50 为骨干网

表 3.45　1-shot 设置下 CAGNN 与 5 种算法性能比较

方法	1-shot 平均交并比				1-shot FB-IoU
	fold-0	fold-1	fold-2	平均	
VGG-16 骨干网络					
SG-One	17.01%	12.90%	3.46%	11.12%	50.95%
PFENet	23.89%	35.88%	10.57%	23.45%	56.79%
baseline	45.45%	34.76%	21.82%	34.01%	62.98%
CAGNN	**47.98%**	**36.54%**	**25.36%**	**36.63%**	**63.63%**
ResNet50 骨干网络					
CANet	27.21%	27.45%	5.46%	20.04%	53.36%
PGNet	32.26%	38.54%	5.38%	25.40%	55.23%
PMMs	32.39%	16.06%	2.39%	16.95%	54.67%
PFENet	44.88%	34.97%	12.40%	30.75%	59.31%
baseline	44.96%	31.16%	14.36%	30.16%	59.92%
CAGNN	**45.94%**	**36.23%**	**19.22%**	**33.80%**	**60.27%**

表 3.46　5-shot 设置下 CAGNN 与 5 种算法性能比较

方法	5-shot 平均交并比				5-shot FB-IoU
	fold-0	fold-1	fold-2	平均	
VGG-16 骨干网络					
SG-One	16.43%	14.23%	3.61%	11.42%	51.88%
PFENet	26.13%	37.95%	13.33%	25.80%	57.45%
Baseline	48.77%	35.60%	29.21%	37.86%	64.84%
CAGNN	**49.17%**	**36.42%**	**32.63%**	**39.41%**	**65.75%**
ResNet50 骨干网络					
CANet	28.94%	35.47%	20.00%	28.14%	57.58%
PGNet	38.34%	25.59%	23.51%	29.15%	57.72%
PMMs	32.43%	19.31%	11.10%	20.95%	56.48%
PFENet	47.05%	38.37%	15.79%	33.74%	61.80%
Baseline	47.13%	31.22%	20.39%	32.91%	59.91%
CAGNN	**49.37%**	**41.41%**	**23.96%**	**38.25%**	**64.75%**

络，在 mIoU 度量下，虽然在 fold-0 上仅略优于 PFENet，但在 3 个组别上也基本优于其他对比算法。③ 在 1-shot 和 5-shot 设置下，CAGNN 进一步优于基线的分割性能 (如使用 VGG-16 骨干网络，36.63% vs. 34.01%，39.41% vs. 37.86%)，这是在没有 k-step 推理和混合推理模块的情况下实现的。这进一步证明了所提出的 k-step 推理和混合推理模块能够充分利用支撑图像中的有利上下文信息来分割查询图像。

此外，在表 3.45 和表 3.46 中也给出了 CAGNN 与其他几种对比算法的 FB-IoU。值得注意的是，在 1-shot 和 5-shot 设置下，CAGNN 取得了最先进的 FB-IoU 性能。这进一步证明了该方法的有效性。

在 1-shot 设置下，从 MSD-Seg 中提取 episode 来可视化分割结果。可视化结果如图 3.57 所示，展示了缺陷分割结果的一些定性例子，描述了 CAGNN 与基线模型的定性比较。

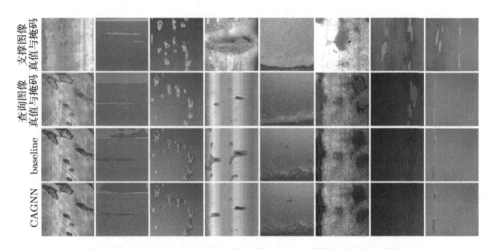

图 3.57　1-shot 设置下分割结果的可视化 (彩图见封底二维码)

从图 3.57 可以看出，给定一张带有像素级标注的支撑图像，这里提出的少样本缺陷分割模型 CAGNN 可以有效地分割查询图像中的缺陷目标。与此同时，我们也可以观察到，CAGNN 的分割效果比基线的分割效果有显著提升，进一步验证了 CAGNN 在小样本缺陷分割任务中的有效性。

3) 消融实验

这里在 MSD-Seg 数据集上进行了大量的消融实验，以验证 CAGNN 中不同模块的有效性。

A. 评估标准

在 1-shot 和 5-shot 设置下，对 CAGNN 中的两个关键组件 k-step 协同注意力推理和混合推理模块进行评估，结果分别见表 3.47 和表 3.48。由表可见，在 1-shot 设置下，k-step 协同注意力推理和混合推理模块都可以单独提高基线的性能，这两个模块的结合进一步提高了分割结果；在 5-shot 的设置下，消融结果是相似的，只是在使用混合推理模块的基础上有轻微的性能下降。这证明了 k-step 推理和混合推理模块能够捕获互补的上下文信息，从而提高了缺陷分割的性能。

表 3.47　1-shot 设置下本节提出的模块的有效性

k-step 推理	混合推理	fold-0	fold-1	fold-2	平均交并比	FB-IoU
—	—	45.45%	34.76%	21.82%	34.01%	62.98%
√	—	47.45%	35.50%	22.04%	35.00%	62.24%
—	√	45.50%	35.64%	24.35%	35.16%	62.95%
√	√	**47.98%**	**36.54%**	**25.36%**	**36.63%**	**63.63%**

表 3.48　5-shot 设置下本节提出的模块的有效性

k-step 推理	混合推理	fold-0	fold-1	fold-2	平均交并比	FB-IoU
—	—	48.77%	35.60%	29.21%	37.86%	64.84%
√	—	50.47%	**36.52%**	28.89%	38.63%	62.24%
—	√	48.79%	35.11%	29.47%	37.79%	62.95%
√	√	**49.17%**	36.42%	**32.63%**	**39.41%**	**65.75%**

B. 推理步数 k

从 1、2、3、4、5 中取不同的 k 值来研究 k 对 CAGNN 的影响，结果如图 3.58 所示。当 $k = 3$ 时，CAGNN 获得了最好的成绩 (1-shot，36.80%；5-shot，39.66%)。然而，当 $k > 3$ 时，性能开始下降。

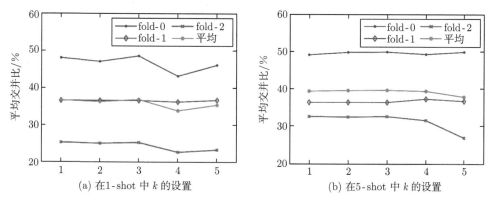

图 3.58　(a) 1-shot 和 (b) 5-shot 下关于推理步数 k 的消融实验 (彩图见封底二维码)

C. N-shot 的作用

小样本缺陷分割是一种基于少量标注图像的缺陷分割方法。给定的图像–掩码 (image-mask) 对越多, 也就是说, N 越大, 则 CAGNN 预计产生更好的性能, 因为它汇聚了更多来自于支撑集缺陷的信息。为了验证这个假设, 这里从 1,3,5,7,9 中对 N 进行取值, 研究 N 的取值对 CAGNN 模型性能的影响。在 1-shot 和 5-shot 设置下, CAGNN 中 N 取不同的值。图 3.59 展示了 CAGNN 在 3 个组别上的性能及其平均值。对于 fold-2, 当 $N = 5$ 时 CAGNN 的性能最好。fold-0 的性能总体趋势随着 N 的增加而增加, 而 fold-1 的性能基本保持稳定。因此, 随着支持图像–掩码对的增加, CAGNN 能否获得更好的分割性能是不可预测的。这可以解释为当有更多的数据时, 在某种程度上会存在信息冗余和混淆。

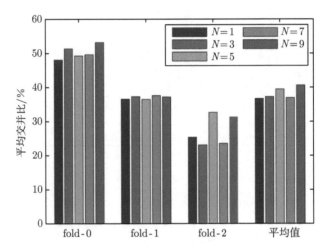

图 3.59　N 的个数对模型性能的影响 (彩图见封底二维码)

D. 节点大小的影响

CAGNN 包含两个节点, 即支撑节点和查询节点。实验中发现, 节点大小对最终的缺陷分割性能有显著的影响。因此, 这里将节点大小从 20 到 60 进行变化, 来评估节点大小对 CAGNN 模型性能的影响。1-shot 和 5-shot 设置下的结果分别如表 3.49 和表 3.50 所示。在 1-shot 设置下, 节点大小为 50 的 CAGNN 产生最好的 mIoU (36.63%), 比节点大小为 20 的 mIoU 高出 7.39%。对于 5-shot 设置, CAGNN 的性能随着节点大小的增加而提高, 节点大小为 60 时达到最佳的 mIoU(40.46%)。为了得到更好的分割结果, 实验中将节点大小设置为 50。

表 3.49　　1-shot 设置下节点大小的影响

节点大小	fold-0	fold-1	fold-2	mIoU	FB-IoU
20	32.84%	**37.74**%	17.15%	29.24%	59.78%
30	44.59%	36.62%	23.83%	35.01%	62.65%
40	47.22%	35.88%	24.30%	35.80%	65.77%
50	**47.98**%	36.54%	**25.36**%	**36.63**%	63.63%
60	43.90%	36.69%	22.31%	34.20%	**64.30**%

表 3.50　　5-shot 设置下节点大小的影响

节点大小	fold-0	fold-1	fold-2	mIoU	FB-IoU
20	34.34%	39.26%	24.88%	32.83%	62.29%
30	44.98%	37.10%	26.21%	36.10%	63.25%
40	48.60%	37.46%	29.57%	38.54%	64.55%
50	49.17%	36.42%	**32.63**%	39.41%	65.75%
60	**52.36**%	**37.81**%	31.22%	**40.46**%	**66.94**%

E. 5-shot 设置下融合方法的影响

在 5-shot 设置下，需要融合 5 个支撑图像–掩模对，然后送入 CAGNN。不同的融合方法通常会导致不同的 5-shot 性能。因此，这里将 5 种融合方法与 1-shot 的基线进行比较。其中三种方法都是基于 1-shot 基线模型，不需要再训练。这些融合方法具体如下所述：① 特征层面求均值 (feature-avg)，即将不同支撑样本生成的特征进行平均。② 掩模平均融合 (mask-avg)，即进行了平均操作的实验，以融合单次预测的 8 个置信图。③ 掩码的逻辑或融合 (mask-OR)，即使用 1-shot 模型对每个支持示例进行预测，然后利用逻辑或操作来融合各个预测的掩模。此外，采用特征级平均融合再训练 (feature-avg*) 来融合支持实例。最后，还连接了通道维数上的支撑实例，使用卷积 (feature-conv*) 对它们进行压缩。结果见表 3.51[65]。

表 3.51　　5-shot 设置下不同融合方式对模型性能的影响

方法	fold-0	fold-1	fold-2	平均值
1-shot 基线	47.98%	36.54%	25.36%	36.63%
feature-avg*	49.17%	36.42%	**32.63**%	**39.41**%
feature-conv*	**49.47**%	**38.96**%	27.97%	38.80%
feature-avg	48.72%	36.35%	25.26%	36.78%
mask-avg	48.50%	36.39%	25.03%	36.64%
mask-OR	48.45%	36.36%	24.83%	36.55%

由表 3.51 可以看出，feature-avg* 的 CAGNN 5-shot 性能最好 (39.41%)，比 feature-avg 高出 2.63%。同时，feature-conv * 的 CAGNN 在 feature 或 mask 级

别上也比其他非学习型融合方法得到了更好的结果。这表明，一种可学习的融合方法在 5-shot 场景下是非常有效的。

4) 失败案例分析

大量的实验表明，CAGNN 在小样本缺陷分割任务中取得了较好的效果。然而，仍然有一些具有挑战性的图像给 CAGNN 和基线模型带来了困难。失败案例示例如图 3.60 所示。具体来说，图 3.60(a)~(c) 中的查询图像具有复杂的背景，这导致了缺陷分割中的一些错误；如图 3.60(d)~(f) 所示，缺陷与背景相似度很高，因此肉眼很难识别；对于图 3.60(g) 中的查询图像，由于支持图像与查询图像的差异，查询图像的分割性能较差；最后，对于图 3.60(h) 中的查询图像，可以使用不规则形状的缺陷来解释分割结果较差。作为小样本缺陷分割的第一个工作，作者希望由此可以启发一些未来的工作来解决上述问题。

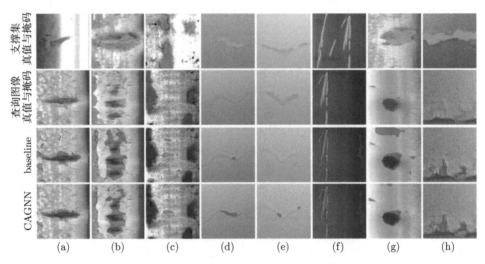

图 3.60　1-shot 设置下分割结果的失败案例 (彩图见封底二维码)

3.4　基于小样本学习的路面缺陷分类

基于监督学习的路面缺陷分类技术，采用 CNN 实现了路面缺陷图像多级多目标分类检测。该类方法的成功得益于大量带标注的样本以及网络模型多次迭代学习到的参数。但是，随着新类别的不断出现，当某些类别的样本不足或带标注样本太少时，神经网络模型容易出现过拟合，这恰好也是目前大多数实际应用领域面临的一个问题，比如医疗研究、军事保密研究，以及水下科学研究等领域，由于采集图像非常困难，能采集到的有效且带标签的样本少之又少，这样采用监督学习的 CNN 完成检测任务显然是不可能的。

人类则可以通过在极少量的带标签的样本中学习来获得对新事物的推理能力，比如，小孩子只需要看书中的一些图片就可以认识什么是"熊猫"，什么是"兔子"[113]。在人类这种快速学习能力的启发下，人们希望深度网络模型也能够在少量带标签样本中进行学习，即小样本学习[114]。如同大多数真实场景中面临小样本问题一样，路面缺陷也面临小样本问题。采集路面图像面临诸多困难：一方面，由于环境以及路况的影响，采集路面缺陷图像具有一定的难度，同时给缺陷图像打标签需要相当大的工作量；另一方面，采集到的路面缺陷图像面临类别不平衡的情况，对于某些特殊的缺陷类别 (如凸起、凹坑等)，能采集到的有价值的样本很少。这对于训练一个泛化性能很好的分类模型而言，是一个巨大挑战。因此，得到一个基于小样本学习的泛化性能很好的模型，对于某些实际领域的检测问题至关重要。

通过上述分析，这里提出了一种基于度量学习的小样本学习方法用于路面缺陷图像多目标分类检测任务 (deep metric learning-based for multi-target few-shot pavement distress classification)，即 DML，任务流程图如图 3.61 所示。首先采用基础数据集训练度量模型，并将支撑集样本和查询集样本输入训练好的度量模型中完成特征提取，通过分类器 $G(,)$ 计算查询特征与支撑特征的相似度，最终通过相似度分数完成对查询集样本的预测。

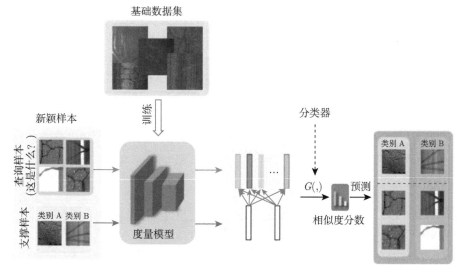

图 3.61　基于小样本学习的路面缺陷检测流程图 (彩图见封底二维码)

3.4.1　任务定义和描述

小样本分类任务通常包括三个数据集[115]，即支撑集 $D_{支撑}$、查询集 $D_{查询}$ 和

辅助集 D_{base}。如果 $D_{\text{支撑}}$ 中有 c 个类别，每个类别中包含 k 个带标签样本 ($k=1$ 或 $k=5$)，则将此类任务称为 c-way k-shot 任务。小样本学习的目的就是根据支撑集，对查询集中未标记的样本进行预测。由于支撑集中每个类别只有少量的带标签样本，无法有效地训练一个分类模型，因此，通常会引入一个辅助集去学习可迁移的知识来帮助完成预测。辅助集中包含更多的类别，并且每个类别中有较多的带标签样本。

- $D_{\text{base}} = \{(x_i, y_i)\}_{i=1}^{N}$ 表示辅助集，其中，x_i 表示训练样本，y_i 表示对应的标签是对应于样本的标签，N 是训练样本的数量。

- $D_{\text{novel}} = D_{\text{支撑}} \cup D_{\text{查询}}$ 表示新颖类别集，其中，$D_{\text{支撑}} = \{(x_i^{\text{s}}, y_i^{\text{s}})\}_{i=1}^{M}$ 表示支撑集，这里 y_i^{s} 表示对应样本 x_i^{s} 的标签，M 是带标签的样本数量；$D_{\text{查询}} = \{(x_i^{\text{q}})\}_{i=1}^{t}$ 表示查询集，查询集没有标签。

- $D_{\text{novel}} \cap D_{\text{base}} = \varnothing$ 表示新颖类别集与辅助集在类别空间的交集为空集。

3.4.2　模型结构

模型整体结构如图 3.62 所示，主要包括三部分：① 特征提取模块，该模块采用通用的主干网络提取输入缺陷图像的主要特征；② 度量模块，该模块通过注意力机制从图像中获取更多的鉴别信息；③ 分类器，通过计算支撑集与查询集之间的相似性，完成对查询集的预测。

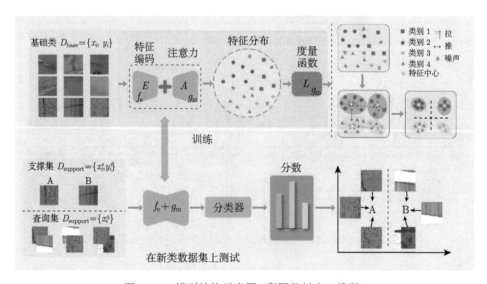

图 3.62　模型结构示意图 (彩图见封底二维码)

1. 特征提取模块

模型使用在 ImageNet 上预训练的 ResNet18 网络作为特征提取模块 E，并删除了 ResNet18 的全局平均池化层和全连接层，保留了其他剩余层，详细参数信息如表 3.52 所示。给定一批次图像 $\boldsymbol{X} = [x_1, x_2, \cdots, x_n] \in \mathbb{R}^{C \times W \times H}$ 对应标签类别 $\boldsymbol{C} = \{c_1, c_2, \cdots, c_n\}$。从 $f_e(E)$ 学习的特征可表示为

$$\boldsymbol{V} = f_e(x; \varphi) = \text{Res}\left(\text{BN}\left\{\sigma\left[\text{conv}\left(x_i \mid \varphi\right)\right]\right\}\right) \tag{3-69}$$

其中，Res 表示残差模块；BN 表示批量归一化；σ 表示非线性激活函数 ReLU；conv 表示卷积操作；φ 表示模型参数。ResNet18 网络参数详见表 3.52。

表 3.52 ResNet18 网络结构参数

模块名称	ResNet18	输出尺寸
conv1	7×7,64, 步长 =2	112×112
R1	$\begin{bmatrix} 3 \times 3, 64 \\ 3 \times 3, 64 \end{bmatrix} \times 2$	56×56
R2	$\begin{bmatrix} 3 \times 3, 128 \\ 3 \times 3, 128 \end{bmatrix} \times 2$	28×28
R3	$\begin{bmatrix} 3 \times 3, 256 \\ 3 \times 3, 256 \end{bmatrix} \times 2$	14×14
R4	$\begin{bmatrix} 3 \times 3, 512 \\ 3 \times 3, 512 \end{bmatrix} \times 2$	7×7
输出	GAP FC softmax	1×1

2. 度量模块

对于小样本分类任务而言，至关重要的是，如何使得模型最大限度地从少量的支撑集中获取重要的特征信息。这里提出了一种新颖的度量模块，该模块融合特征图的通道和空间信息生成小样本分类任务的特征表示。如图 3.63 所示，该模块由两部分组成：通道注意力和空间注意力。

1) 通道注意力

通道注意力可以让模型自动地对特征图中不同通道的特征信息的重要程度进行评估，让模型更加关注信息量最大的通道特征，抑制那些不重要的通道特征，如图 3.63 所示。输入特征图 $\boldsymbol{V} = [v_1, v_2, \cdots, v_{2C}] \in \mathbb{R}^{2C \times W \times H}$，通道注意力模块首先采用全局平均池化操作对输入特征进行压缩，获得全局特征描述 $\boldsymbol{U} =$

$[u_1, u_2, \cdots, u_{2C}] \in \mathbb{R}^{2C}$，$C$ 表示特征图通道数。

$$u_i = \frac{1}{W \times H} \sum_{w=1}^{W} \sum_{h=1}^{H} v_i \qquad (3\text{-}70)$$

其中，W 和 H 分别表示输入特征图的宽和高。

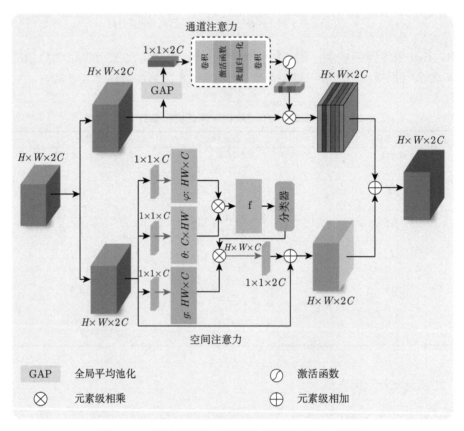

图 3.63　度量模块结构示意图 (彩图见封底二维码)

然后采用堆叠的卷积核与全局特征进行卷积，学习各个通道之间的关系，得到不同通道的权重：

$$\boldsymbol{M} = \delta\left[W_2 * \sigma\left(W_1 U\right)\right] = [m_1, m_2, \cdots, m_{2C}] \in \mathbb{R}^{2C} \qquad (3\text{-}71)$$

其中，δ 表示 sigmoid 函数；σ 表示 ReLU 函数；W_1 和 W_2 表示 1×1 卷积。

最后将不同通道的权重与原始特征图相乘，获取最终特征图 $\boldsymbol{E} = [m_1 v_1,$

$m_2v_2, \cdots, m_{2C}v_{2C}] \in \mathbb{R}^{2C \times W \times H}$。

$$E = M \otimes V \tag{3-72}$$

其中，$\otimes$ 表示数组元素依次相乘。

2) 空间注意力

对于 CNN 而言，通常采用重复的卷积操作，扩大相对感受野，以此获取原特征图中非相邻特征的空间关系信息。然而，这种重复的卷积操作会带来几个缺点：模型计算效率低；参数量大，模型优化困难；建模困难。这里引入了非局部 (non-local)[19] 注意力机制，通过计算特征图任意两个位置之间的交互信息，建立特征远距离依赖。与传统卷积只能局限于相邻特征不同，非局部注意力机制通过构建一个与特征图尺寸一样大的卷积核而获得更多特征信息，如图 3.63 所示。非局部注意力机制通过增大感受野，获取全局特征信息，为图像的补全获取更多丰富的特征信息。非局部注意力机制定义如下：

$$y_i = \frac{1}{C(\boldsymbol{V})} \sum_{\forall j} f(V_i, V_j) g(V_j) \tag{3-73}$$

其中，$\boldsymbol{V}$ 由式 (3-69) 计算得到；i 表示特征值当前位置的响应；j 表示全局位置的响应；$g(\cdot)$ 表示一个映射函数，用于计算输入特征 $\boldsymbol{V}$ 在 j 位置的特征值；$C(\boldsymbol{V})$ 表示归一化参数，使特征值分布趋于中心化，避免极值的出现；$f(\cdot)$ 通过矩阵相乘的计算方式，建立局部特征信息 V_i 和全局特征信息 V_j 的相似关系。

$$\boldsymbol{f} = f(V_i, V_j) = \mathrm{e}^{\theta(V_i)^{\mathrm{T}}\varphi(V_j)} \tag{3-74}$$

$$\theta(V_i) = W_\theta V_i \tag{3-75}$$

$$\varphi(V_j) = W_\varphi V_j \tag{3-76}$$

$$g(V_j) = W_g V_j \tag{3-77}$$

其中，W_θ，W_φ，W_g 表示权重。输出的空间注意力特征图 $\boldsymbol{S}$ 表示为

$$\boldsymbol{S} = W_{1 \times 1}[\xi(\boldsymbol{f})g(V_j)] + V_i \tag{3-78}$$

其中，ξ 表示 softmax；$W_{1 \times 1}$ 表示采用 1×1 大小的卷积核改变特征的通道数。

将通道注意力和空间注意力的输出特征信息进行融合，作为度量模块的最终输出，其表示为

$$\boldsymbol{F} = \sigma\{\mathrm{conv}[(\boldsymbol{S} + \boldsymbol{E}); \omega]\} \tag{3-79}$$

其中，σ 表示非线性激活函数 ReLU；ω 表示可训练参数。非局部注意力机制参数设置如表 3.53 所示。

表 3.53　非局部注意力机制参数

名称	$\theta(V_i)$	$\varphi(V_j)$	$g(V_j)$
输入大小	[8, 7, 7, 512]	[8, 7, 7, 512]	[8, 7, 7, 512]
卷积核	[512, 1×1, 1, 256]	[512, 1×1, 1, 256]	[512, 1×1, 1, 256]
输出大小	[8, 7, 7, 256]	[8, 7, 7, 256]	[8, 7, 7, 256]
输出大小重置	[8×7×7, 256]	[256, 8×7×7]	[8×7×7, 256]

3. 分类器

对于有监督的基于卷积神经网络的分类任务而言，网络模型通过在训练集上反复迭代优化，获得分类权重的最优模型，然后在测试集上计算分类分数，输出得分最高的类别。然而，这些分类权重不适合未包含在训练集中的新的类别。为了解决此类问题，这里引入了余弦分类器。在小样本分类任务中，余弦分类器被广泛地应用，可以定义为

$$\text{consinesimilarity}\,(x_s, x_q) = \frac{\langle x_s \cdot x_q \rangle}{\|x_s\|_2 \cdot \|x_q\|_2} \tag{3-80}$$

其中，$\langle \cdot \rangle$ 表示点积运算；$\|\cdot\|_2$ 表示 L2 归一化；x_s 和 x_q 分别表示从上述度量模块中提取的支持集特征向量和查询集特征向量。通过计算这两个特征向量之间的相似度，分类器输出查询样本的预测值。

3.4.3　网络模型训练

1. 损失函数设计

对于小样本任务而言，损失函数对于让网络模型在新颖类别生成可分离的表示很重要。本实验采用级联函数的形式完成对网络模型的优化，使得模型对同类样本特征表现更加紧凑，同时增强不同类别样本特征的可分离性。损失函数定义如下：

$$L_{\text{loss}} = \alpha L_{\text{CE}} + L_c + L_d \tag{3-81}$$

其中，$\alpha \in [0, 1]$ 表示平衡超参数。

L_{CE} 表示 softmax 损失函数 (softmax loss function)，softmax 损失函数用来评估模型的预测值 p 与真实值 q 的相似程度，损失函数越小，就代表模型的鲁棒性越好，其定义为

$$L_{\text{CE}} = -\frac{1}{N} \sum_{i=1}^{N} \left(q_i \log\,(p_i) + (1 - q_i) \log\,(1 - p_i) \right) \tag{3-82}$$

其中，N 表示样本数量。

L_c 表示中心损失函数 (center loss function)，中心损失函数首先为每个类别学习一个中心特征，然后使每个类别的样本的特征离中心特征的平方和越小越好，也就是类内距离越小越好，其定义为

$$L_c = \frac{1}{2} \sum_{i=1}^{B} \|x_i - z_{y_i}\|_2^2 \tag{3-83}$$

其中，y_i 表示第 i 张图像的类别；x_i 表示第 i 张图像由网络提取到的特征；z_{yi} 表示 y 类别的中心特征；B 表示批次的样本数量。

L_d 表示判别函数 (discriminant function)，对于小样本分类任务而言，中心损失函数可以最小化同类别特征之间的空间距离。但是，有些不同类别之间的差异很小，则如何增大不同类别特征的可分离性很重要。算法引入了判别函数，让模型最大化类间差异，其定义为

$$L_d = -\log\left(\frac{\exp\left(-\mathrm{ED}\left(o_k, z_k\right)\right)}{\sum_{k' \in N} \exp\left(-\mathrm{ED}\left(o_{k'}, z_{k'}\right)\right)} \right) \tag{3-84}$$

其中，$\mathrm{ED}(\cdot,\cdot)$ 为标准化欧几里得距离，表示 k 类别的中心特征；o_k 表示在批次样本数量 B 中第 k 个类别的平均特征，其定义为

$$o_k = \frac{1}{B} \sum_{x_k^i \in D_{\mathrm{train}}} F_{x_k^i} \tag{3-85}$$

2. 模型训练细节

骨干网络模型采用 ResNet18 的 ImageNet 预训练模进行初始化。网络初始学习速率设置为 5×10^{-5}，采用逐渐降低学习速率的策略，每迭代 10 个批次后将学习速率除以 10。对所有添加的新的卷积层使用 Xavier[33] 方法进行初始化。训练总共迭代 100 个批次。所有实验均使用一块 12G GeForce GTX Titan Xp 显卡完成。开发环境为 Ubuntu 16.04+Python 3.6+PyTorch。

3.4.4 实验结果及分析

1. 数据集与评估指标

1) 路面缺陷数据集

本实验采用的路面缺陷数据集来自美国 22 个不同的路面，采用谷歌应用程序编程接口 (API) 通过指定全球定位系统 (GPS) 坐标以及相机和图像参数来自动

提取路面图像。该数据集中大多数图像采用仰角 −70° 拍摄。数据集总共有 7237 张图像, 包括 9 个路面缺陷类别, 每张图像大小为 640 像素 ×640 像素。部分路面缺陷图像如图 3.64 所示, 从图中可以观察到, 该数据集中的样本复杂多变, 如亮度不均匀、对比度低、油渍和存在斑马线等, 使得检测更具挑战性。

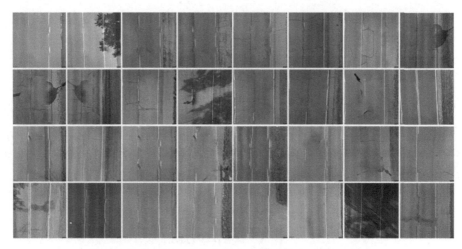

图 3.64　路面缺陷数据集样本示例 (彩图见封底二维码)

2) MVTec 异常检测 (MVTec AD) 数据集

MVTec AD[120] 是一个用于异常检测的数据集。它包含超过 5000 张高分辨率图像, 分为 15 个不同的大类 (瓶子、电缆、胶囊、地毯、网格、榛子、皮革、螺母、药丸、螺丝、平铺、牙刷、晶体管、木材、拉链), 每个大类里面又包含不同的纹理类别, 该数据集部分缺陷图像如图 3.65 所示。本节在 MVTec AD 数据集上进行了扩充实验, 进一步证明了 DML 方法在不同应用领域的泛化性。

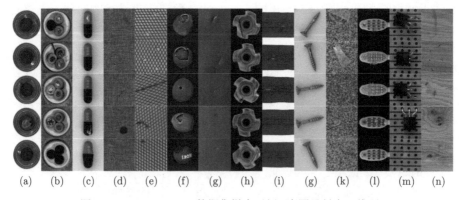

(a)　(b)　(c)　(d)　(e)　(f)　(g)　(h)　(i)　(g)　(k)　(l)　(m)　(n)

图 3.65　MVTec AD 数据集样本示例 (彩图见封底二维码)

3) miniImageNet 数据集

miniImageNet 数据集节选自 ImageNet 数据集，该数据集包含 100 类共 60000 张彩色图片，其中每类有 600 个样本，每张图片大小为 84 像素 × 84 像素。在小样本应用中，通常将 miniImageNet 划分为 64 个、16 个和 20 个类别，分别作为训练集、验证集和测试集。miniImageNet 数据集部分样本示例如图 3.66 所示。

图 3.66　miniImageNet 数据集样本示例 (彩图见封底二维码)

4) 评估指标

本实验采用分类准确率来评估 DML 方法与其他对比方法的性能，分类准确率可定义为

$$\text{accuracy} = \frac{1}{T_s} \sum_{i=1}^{T_s} \frac{r^{(i)}}{Q} \tag{3-86}$$

其中，Q 表示查询集样本数量；T_s 表示测试批次；$r^{(i)}$ 表示第 i 次测试时输出的正确查询样本数量。

2. 对比方法结果与分析

这里将 DML 方法与几种经典的基于度量的小样本学习方法进行比较，包括原型网络 (prototypical net)、匹配网络 (matching net)、关系网络 (relation net)。此外，基于元学习的小样本学习方法 (model-agnostic meta-learning, MAML)[122,123] 同样被加入了对比方法中。对比实验分别在路面缺陷数据集、MVTecAD 数据集以及 miniImageNet 数据集进行了验证。

对比方法的部分实验结果来自于论文 [75] 开源代码在上述数据集中的测试结果。其中在 miniImageNet 数据集的对比结果来自于相关论文 [121] 中的结果。此外，由于设备配置不同，可能会带来不同的实验结果，为了公平比较，实验中使用了对比方法对应论文 [125] 中的结果。

1) 路面缺陷数据集上的小样本分类

本实验在上述路面缺陷数据集上构造了一个用于小样本分类任务的路面缺陷数据集。原始数据集中的图像包含一些与路面不相关信息, 如图 3.67 (a) 所示, 实验中对原始图像进行预处理, 从原始图像中裁剪出有效的路面区域。对于小样本分类任务而言, 通常一张图像中只包含一类目标, 进而尽可能地使得裁剪后的图像只包含一类路面缺陷, 如图 3.67 (b) 所示。为了更好地适应 CNN 对输入图像的要求, 减少模型计算量, 加速模型训练等条件, 将剪切后的路面缺陷图像分辨率调整为接近 224 像素 ×224 像素。调整后的数据集如图 3.68 所示, 新路面缺陷数据包括 10 类: 横向裂缝 (transverse crack)、纵向裂缝 (longitudinal crack)、横向修补 (sealed transverse)、纵向修补 (sealed longitudinal)、纵向车道 (lane longitudinal)、龟裂 (alligator crack)、大块裂缝 (block crack)、坑洼 (pothole)、反射裂缝 (reflective crack)、大块修补 (sealed block), 每个类别包括 300 张图像, 图像大小为 224 像素 ×224 像素。实验将数据集随机分为两个子集 (数据集 1, 数据集 2), 每个子集包含 5 个类别, 如表 3.54 所示。实验采用交叉验证方式, 将其中一个子集作为辅助集 D_{base} 用于训练模型, 另一个子集作为新颖类别集 D_{novel} 来验证小样本分类任务。

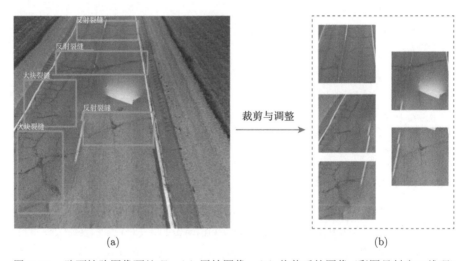

图 3.67　路面缺陷图像预处理: (a) 原始图像; (b) 裁剪后的图像 (彩图见封底二维码)

本实验在路面缺陷数据集上构建了 5-way 1-shot 和 5-way 5-shot 分类任务, 各个对比方法的实验结果如表 3.55 所示, 从表中可以看出, DML 方法优于其他对比方法。在 5-way 1-shot 场景下, 基于度量的小样本学习方法原型网络、匹配网络、关系网络分别获得了 54.59%、58.97%、59.19% 的分类准确率, DML 方法在 5-way 1-shot 场景下获得了 77.20% 的分类准确率, 相比较几种经典的基于度量的小样本方法,DML 方法大幅度提高了分类准确率,分别提高了 22.61%、18.23%、18.01%。同样,与经典的基于元学习的小样本方法 MAML 相比,DML 方法在 MAML 的分类准确率 58.43%基础上,提升了 18.77%。在 5-way 5-shot 场景下,基于度量的小样本学习方法原型网络、匹配网络、关系网络分别获得了 70.21%、71.36%、67.80%的分类准确率,DML 方法获得了 87.28%的分类准确率,相比较几种经典的基于度量的小样本方法,该方法将分类性能分别提升了 17.07%、15.92%、19.48%。同样,DML 方法在 MAML 的分类准确率 73.80%基础上,提升了 13.48%。这有效验证了 DML 方法的有效性和优越性。

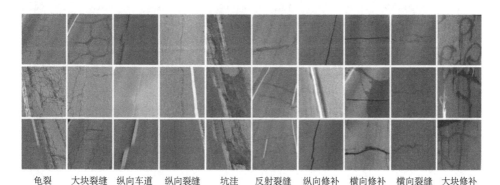

<table>
<tr><td>龟裂</td><td>大块裂缝</td><td>纵向车道</td><td>纵向裂缝</td><td>坑洼</td><td>反射裂缝</td><td>纵向修补</td><td>横向修补</td><td>横向裂缝</td><td>大块修补</td></tr>
</table>

图 3.68 路面缺陷类型 (彩图见封底二维码)

表 3.54 各子集包含的缺陷类别信息

数据集		类别名称				
数据集 1	辅助集	龟裂	横向裂缝	纵向车道	修补	横向反向裂缝
	新数据集	反射裂缝	纵向修补	大块裂缝	坑洼	横向龟裂
数据集 2	辅助集	反射裂缝	纵向修补	大块裂缝	坑洼	横向龟裂
	新数据集	龟裂	横向裂缝	纵向车道	修补	横向反向裂缝

2) MVTecAD 数据集上的小样本分类

实验在 MVTec AD 数据集上对 DML 方法进一步验证。如上文所述,MVTec AD 分为 15 个不同的大类,每个大类里面又包含不同的纹理类别。实验对 MVTec AD 数据集重新整理,将每个大类里面不同的纹理类别作为单独的类别进行分析。重新整理后的 MVTec AD 数据集有 66 个类别,每个类别包含 130 张图像,每张图像大小为 900 像素 ×900 像素。实验中随机选取其中的 40 类作为辅助集 D_{base} 用于训练模型,剩余的类别作为新颖集 D_{novel} 来验证小样本分类任务。

表 3.55　路面缺陷数据集上，5-way 1-shot 和 5-way 5-shot 分类任务的平均准确率，包括含 95%的置信区间 (实验结果基于 50 个测试批次，每批次包含 75 个查询样本)

方法	骨干网络	5-way 准确率/%					
		1-shot			5-shot		
		数据集 1	数据集 2	平均值	数据集 1	数据集 2	平均值
原型网络	64-64-64-64	62.23 ± 0.98	46.95 ± 1.02	54.59 ± 1.01	75.70 ± 0.86	64.72 ± 0.96	70.21 ± 0.93
匹配网络	64-64-64-64	60.83 ± 0.99	57.12 ± 1.00	58.97 ± 0.99	68.43 ± 0.94	74.30 ± 0.88	71.36 ± 0.91
关系网络	64-96-128-256	64.26 ± 0.97	54.13 ± 1.01	59.19 ± 0.99	69.07 ± 0.93	66.54 ± 0.95	67.80 ± 0.94
MAML	32-32-32-32	59.00 ± 0.99	57.86 ± 1.00	58.43 ± 0.99	73.70 ± 0.89	73.90 ± 0.89	73.80 ± 0.89
DML	ResNet18	**75.00 ± 0.88**	**79.40 ± 0.82**	**77.20 ± 0.85**	**86.53 ± 0.69**	**88.03 ± 0.66**	**87.28 ± 0.67**

MVTec AD 数据集上 5-way 1-shot 和 5-way 5-shot 分类任务的对比结果如表 3.56 所示，从表中可以看出，DML 方法优于其他对比方法。在 5-way 1-shot 场景下，基于度量的小样本学习方法原型网络、匹配网络、关系网络分别获得了 92.75%、89.28%、92.57%的分类准确率，DML 方法获得了 95.33%的分类准确率，在 MAML 的分类准确率 70.96%基础上，提升了 24.37%。在 5-way 5-shot 场景下，基于度量的小样本学习方法原型网络、匹配网络、关系网络分别获得了 94.85%、92.54%、93.59%的分类准确率，基于元学习的小样本方法 MAML 方法取得了 89.77%的分类准确率。DML 方法在 5-way 5-shot 场景下，取得了高达 99.60%的分类准确率。这有效验证了 DML 方法的有效性和优越性，同时也证明了 DML 在不同工业领域的泛化性。

表 3.56　MVTec AD 数据集上，5-way 1-shot 和 5-way 5-shot 分类任务的平均准确率，包括含 95%的置信区间 (实验结果基于 50 个测试批次，每批次包含 75 个查询样本)

方法	骨干网络	MVTec 5-way 准确率/%	
		1-shot	5-shot
原型网络	64-64-64-64	92.75 ± 0.52	94.85 ± 0.44
匹配网络	64-64-64-64	89.28 ± 0.63	92.54 ± 0.53
关系网络	64-96-128-256	92.57 ± 0.53	93.59 ± 0.49
MAML	32-32-32-32	70.96 ± 0.92	89.77 ± 0.61
DML	ResNet18	**95.33 ± 0.42**	**99.60 ± 0.13**

3) miniImageNet 上的小样本分类

上述实验验证了 DML 方法在路面缺陷以及 MVTec AD 小样本分类任务的有效性和优越性。为了进一步验证该方法的分类性能，实验在 miniImageNet 数据集构建了 5-way 1-shot 和 5-way 5-shot 小样本分类任务, miniImageNet 数据集成为小样本学习领域的基准数据集, 用于评估各个基于小样本学习方法的分类性能。对比实验中额外加入了几种最先进的基于度量学习和基于元学习的小样本方法, 包括: shot-free[126]、MetaOptNet[127]、CTM[128]、RFS[129] 和 DeepEMD[124]。实验结果如表 3.57 所示, 从表中可以看出, DML 方法在 5-way 1-shot 和 5-way 1-shot 场景下优于所有对比方法。在这两种场景下, 该方法分别实现 70.40% 和 84.40% 的分类准确率, 在次优的 DeepEMD 方法实现的 65.19% 和 82.41% 的分类准确率的基础上分别获得了 5.21% 和 1.99% 的性能提升。这有效验证了 DML 方法在特定领域的有效性和优越性, 同时, 该方法在自然场景中的小样本任务中也表现出一定的优越性。

表 3.57 **miniImageNet 数据集上, 5-way 1-shot 和 5-way 5-shot 分类任务的平均准确率, 包括含 95% 的置信区间 (实验结果基于 50 个测试批次, 每批次包含 75 个查询样本)**

方法	骨干网络	5-way 准确率/%	
		1-shot	5-shot
原型网络	64-64-64-64	49.42 ± 0.78	68.20 ± 0.66
匹配网络	64-64-64-64	43.56 ± 0.84	55.31 ± 0.73
关系网络	94-96-128-256	50.44 ± 0.82	65.32 ± 0.70
MAML	32-32-32-32	48.70 ± 1.84	63.11 ± 0.92
shot-free	ResNet12	$59.04 \pm$ n/a	$77.64 \pm$ n/a
MetaOptNet	ResNet12	62.64 ± 0.61	78.63 ± 0.46
CTM	ResNet18	64.12 ± 0.82	80.51 ± 0.13
RFS	ResNet12	64.82 ± 0.60	82.14 ± 0.43
DeepEMD	ResNet12	65.19 ± 0.82	82.41 ± 0.56
DML	ResNet18	$\mathbf{70.40 \pm 0.93}$	$\mathbf{84.40 \pm 0.73}$

3. 消融实验与分析

这里对 DML 方法模型中的四个组件进行了消融实验, 包括: 骨干网络、损失函数、注意力机制模块和平衡超参数。所有的消融实验在路面缺陷数据集上完成。

1) 骨干网络的消融实验

在实验中, 使用不同的骨干网络作为特征提取模块来验证不同骨干网络对 DML 方法性能的影响。实验结果如表 3.58 所示, 从表中可以观察到, 随着骨干网络深度的增加, DML 方法表现出的分类性能逐渐提升。选择 ResNet 系列作为骨干网络可以显著提高方法的分类性能。这表明, 从浅层网络中提取的大部分特征是低级特征, 不能有效地表示对象类别信息, 随着网络深度的增加, 可以有效地提取对象的高级语义特征, 这对对象的类别信息至关重要。然而实验发现, 随着网络深度的增加, 网络变得更加复杂, 由于参数过拟合训练集, 模型的性能会下降, 无法有效地泛化到新的类别中。表 3.58 证明了该分析的可能性, 从表中可以看出，使用 ResNet18 作为编码器模型，DML 方法在 5-way 1-shot 和 5-way 5-shot 的分类任务中分别取得了 77.20% 和 87.28% 的分类准确率，优于使用 ResNet50 和 ResNet101 作为编码器模型所表现出的分类性能。

表 3.58　　路面缺陷数据集上，关于骨干网络和损失函数的消融实验

| 方法 | 消融 | 5-way 准确率/% | | | | | |
| | | 1-shot | | | 5-shot | | |
		数据集 1	数据集 2	平均值	数据集 1	数据集 2	平均值
骨干网络	32-32-32-32	54.07 ± 1.01	56.08 ± 1.00	55.08 ± 1.01	62.56 ± 0.98	68.93 ± 0.93	65.75 ± 0.96
	64-64-64-64	54.10 ± 1.01	58.13 ± 0.99	56.12 ± 1.00	63.40 ± 0.97	70.27 ± 0.92	66.84 ± 0.95
	64-96-128-256	55.33 ± 1.00	58.67 ± 0.99	57.00 ± 1.00	65.87 ± 0.96	71.20 ± 0.91	68.54 ± 0.94
	ResNet18	**75.00 ± 0.88**	**79.40 ± 0.82**	**77.20 ± 0.85**	**86.53 ± 0.69**	**88.03 ± 0.66**	**87.28 ± 0.68**
	ResNet50	65.89 ± 0.95	61.20 ± 0.98	63.55 ± 0.97	72.83 ± 0.90	72.16 ± 0.91	72.50 ± 0.91
	ResNet101	62.96 ± 0.98	62.64 ± 0.99	62.80 ± 0.99	71.65 ± 0.91	71.31 ± 0.92	71.48 ± 0.92
损失函数	ResNet18 $+L_{CE}$	65.12 ± 0.96	78.07 ± 0.83	71.60 ± 0.90	79.96 ± 0.81	86.14 ± 0.70	83.05 ± 0.76
	ResNet18 $+$Att.$+L_{CE}$	67.12 ± 0.95	78.80 ± 0.82	72.96 ± 0.89	84.50 ± 0.73	85.60 ± 0.71	85.05 ± 0.72
	ResNet18 $+$Att.$+L_{loss}$	**75.00 ± 0.88**	**79.40 ± 0.82**	**77.20 ± 0.85**	**86.53 ± 0.69**	**88.03 ± 0.66**	**87.28 ± 0.68**

2) 损失函数的消融实验

上文提到，在小样本分类任务当中，尤为重要的是，使得模型在新颖类别中表现出良好的泛化性能。本节采用了级联损失的方法对模型进行优化训练，目的是使得模型从少量样本中学习一个度量空间，可以最小化类内距离，同时最大化类间距离。图 3.69 展示了方法模型在路面缺陷数据集上提取的特征空间分布可视化图。图 3.69 第一行表示交叉熵损失函数下的特征空间分布，可以看出，类间特征重叠，无法区分。图 3.69 第二行表示加入判别函数 L_d 后的特征空间分布，可以看出，随着训练过程中迭代次数的增加，不同类别的特征明显被区分开，但同一类别的特征分散比较严重。图 3.69 第三行表示加入中心损失函数 L_c 后的学习特征空间分布，从图中可以看出，随着训练过程中迭代次数的增加，模型使得同一类别之间的空间距离变小，不同类别之间的空间距离变大。表 3.58 给出了定量结果，可以看出，设计的级联损失函数在 5-way 1-shot 分类任务中将准确率从 72.96% 提高到了 77.20%，在 5-way 5-shot 分类任务中将准确率从 85.05% 提高

到了 87.28%。这验证了该损失函数的有效性。

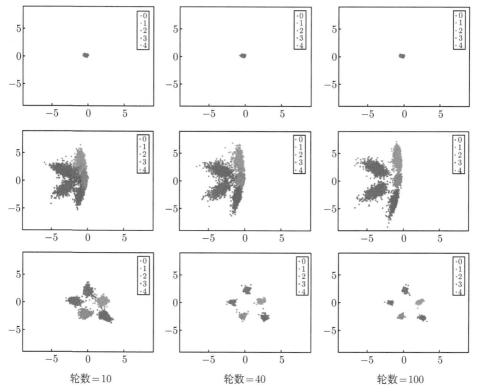

轮数 = 10　　　　　　　　轮数 = 40　　　　　　　　轮数 = 100

图 3.69　路面缺陷数据集上，不同损失函数作用下的特征空间分布可视化图
(彩图见封底二维码)

3) 注意力机制模块的消融实验

如上文所述，如何获取更鲁棒的特征，在小样本学习的分类任务中至关重要。算法引入了一种并行策略注意力机制模块，同时获取特征图的通道信息和空间信息，以此得到更有鉴别的特征信息。在实验中，将提出的并行注意力机制模块与几种经典的注意力模型进行了对比，包括：GC-Net，SENet，ECA-Net，CBAM。实验将这四个注意力模块分别取代 DML 方法中的注意力机制模块，然后验证其分类效果。实验结果如表 3.59 所示，可以观察到在 5-way 1-shot 和 5-way 5-shot 分类任务中，本节采用的注意力机制模块表现更加优越。

4) 平衡超参数的消融实验

级联损失函数中引入了超参数 α(如式 (3-79))，用来平衡模型的泛化能力和拟合能力。其中，α 越小，表示模型的泛化能力越强；α 越大，表示模型的拟合能力越强。实验研究了不同 α 对实验结果的影响。如图 3.70 所示，当 α 的值处

于区间 [0.6, 0.7] 内时，模型在 5-way 1-shot 和 5-way 5-shot 分类任务中都达到了最佳分类效果。

表 3.59　路面缺陷数据集上，关于注意力模块的消融实验

方法	骨干网络	5-way 准确率/%					
		1-shot			5-shot		
		数据集 1	数据集 2	平均值	数据集 1	数据集 2	平均值
GC-Net		67.25±0.95	76.29±0.86	71.77±0.74	76.85±0.86	85.79±0.71	81.32±0.79
SENet		68.88±0.94	72.16±0.91	70.52±0.95	79.52±0.82	83.63±0.75	81.58±0.78
ECA-Net	ResNet18	67.04±0.95	72.88±0.90	69.96±0.93	76.75±0.85	84.08±0.74	80.42±0.80
CBAM		70.11±0.92	72.11±0.91	71.11±0.92	79.31±0.82	81.17±0.79	80.24±0.81
DML		**75.00±0.88**	**79.40±0.82**	**77.20±0.85**	**86.53±0.69**	**88.03±0.66**	**87.28±0.67**

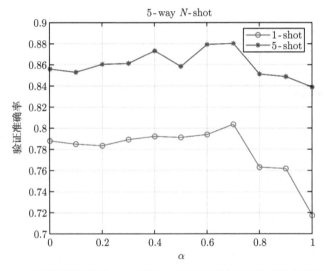

图 3.70　路面缺陷数据集上，不同 α 值下分类准确率的变化情况示意图

4. 可视化结果

图 3.71 展示了 DML 方法在路面缺陷数据集小样本分类任务的混淆矩阵示意图。图中第 i 行和第 j 列的交点表示查询样本中第 i 类被预测为第 j 类的概率值。从图中可以看出，在 5-way 1-shot 分类任务中，DML 方法对新颖类别 3 和 4 的预测表现不佳。在 5-way 5-shot 分类任务中，DML 方法对新颖类别 3 和 4 的预测得到了很大的提高。

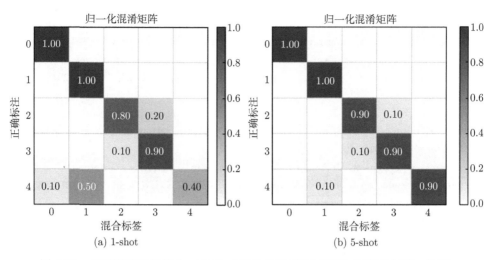

图 3.71　路面缺陷数据集上，DML 方法的混淆矩阵示意图 (彩图见封底二维码)

参 考 文 献

[1] Ma D, Li S, Zhang X, et al. Interactive attention networks for aspect-level sentiment classification[C]. Proceedings of the 26th International Joint Conference on Artificial Intelligence, 2017: 4068-4074.

[2] Tang D, Qin B, Feng X, et al. Effective LSTMs for target-dependent sentiment classification[C]. Proceedings of COLING 2016, Osaka, Japan, 2016: 3298-3307.

[3] Graves A. Supervised Sequence Labelling with Recurrent Neural Networks[M].Berlin, Heidelberg: Springer, 2012.

[4] Wang Y Q, Huang M L, Zhao L, et al. Attention-based LSTM for aspect-level sentiment classification[C]. Conference on Empirical Methods in Natural Language Processing, 2016: 606-615.

[5] Tang D, Qin B, Liu T. Aspect level sentiment classification with deep memory network[J]. arXiv preprint, 2016.

[6] Huang B, Ou Y, Carley K M. Aspect level sentiment classification with attention over attention neural networks[C]. International Conference on Social Computing, Behavioral-Cultural Modeling and Prediction and Behavior Representation in Modeling and Simulation, 2018: 197-206.

[7] He Z D, Wang Y N, Yin F, et al. Surface defect detection for high-speed rails using an inverse P-M diffusion model[J]. Sensor Review, 2016, 36(1): 86-97.

[8] 张德富. 欠样本下钢轨表面缺陷快速检测与分割方法研究 [D]. 沈阳: 东北大学,2021.

[9] Zhang D, Song K, Wang Q, et al. Two deep learning networks for rail surface defect inspection of limited samples with line-level label[J]. IEEE Transactions on Industrial Informatics, 2020, 17(10): 6731-6741.

[10] Yu H M, Li Q Y, Tan Y Q, et al. A coarse-to-fine model for rail surface defect detection[J]. IEEE Transactions on Instrumentation and Measurement, 2019, 68(3): 656-666.

[11] Huang G, Liu Z, van der Laurens M, et al. Densely connected convolutional networks[C]. IEEE Conference on Computer Vision and Pattern Recognition (CVPR), 2017: 2261-2269.

[12] Zhang D, Song K, Xu J, et al. MCnet: Multiple context information segmentation network of no-service rail surface defects[J]. IEEE Transactions on Instrumentation and Measurement, 2020, 70: 1-9.

[13] Zeiler M D, Fergus R. Visualizing and understanding convolutional networks[C]. European Conference on Computer Vision(ECCV), Zurich, Switzerland, 2014: 818-833.

[14] Wang F, Tax D M J. Survey on the attention based on RNN model and its applications in computer vision[P]. arXiv preprint, 2016.

[15] Lee J B, Rossi R A, Kim S C, et al. Attention models in graphs: A survey[J]. ACM Transactions on Knowledge Discovery from Data, 2019, 13(6): 62.

[16] Chaudhari S, Mithal V, Polatkan G, et al. An attentive survey of attention models[EB/OL]. arXiv preprint, 2019.

[17] He K, Zhang X, Ren S, et al. Deep residual learning for image recognition[C].2016 IEEE Conference on Computer Vision and Pattern Recognition (CVPR), 2016: 770-778.

[18] Liu N, Han J, Yang M H. PiCANet: Pixel-wise contextual attention learning for accurate saliency detection[J]. IEEE Transactions on Image Processing, 2020, 29: 6438-6451.

[19] Wang X, Girshick R, Gupta A, et al. Non-local neural networks[J]. 2018 IEEE/CVF Conference on Computer Vision and Pattern Recognition, 2018.

[20] Hu J, Shen L, Albanie S, et al. Squeeze-and-excitation networks[J]. IEEE Transactions on Pattern Analysis and Machine Intelligence, 2020, 42(8): 2011-2023.

[21] Park J, Woo S, Lee J Y, et al. BAM: Bottleneck attention module[EB/OL]. arXiv preprint, 2018.

[22] Woo S, Park J, Lee J Y, et al. CBAM: Convolutional block attention module[C]. European Conference on Computer Vision(ECCV), 2018: 3-19.

[23] Pan S J, Yang Q. A survey on transfer learning[J]. IEEE Transactions on Knowledge and Data Engineering, 2010, 22(10):1345-1359.

[24] Radford A, Metz L, Chintala S. Unsupervised representation learning with deep convolutional generative adversarial networks[C]. 4th International Conference on Learning Representations (ICLR), 2016.

[25] Hosang J, Benenson R, Dollár P, et al. What makes for effective detection proposals?[J]. IEEE Transactions on Pattern Analysis and Machine Intelligence, 2016, 38(4):814-830.

[26] Natarajan V, Hung T Y, Vaikundam S, et al. Convolutional networks for voting-based anomaly classification in metal surface inspection[C]. 2017 IEEE International Conference on Industrial Technology(ICIT), Toronto, Ontario, Canada, 2017: 986-991.

[27] Chen P H, Ho S S. Is overfeat useful for image-based surface defect classification tasks? [C]. 2016 IEEE International Conference on Image Processing(ICIP), Phoenix, Arizona,

2016: 749-753.

[28] Ren R, Hung T, Tan K C. A generic deep-learning-based approach for automated surface inspection[J]. IEEE Transactions on Cybernetics, 2018, 48(3):929-940.

[29] Yosinski J, Clune J, Bengio Y et al. How transferable are features in deep neural networks? [J]. Advances in Neural Information Processing Systems (NIPS), Montreal, Quebec, Canada, 2014, 4(January): 3320-3328.

[30] Ghodrati A, Diba A, Pedersoli M, et al. Deepproposal: Hunting objects by cascading deep convolutional layers[C].2015 IEEE International Conference on Computer Vision(ICCV), Santiago, Chile, 2015: 2578-2586.

[31] Lecun Y, Bottou L, Bengio Y, et al. Gradient-based learning applied to document recognition[J]. Proceedings of the IEEE, 1998, 86(11):2278-2324.

[32] Ren S, He K, Girshick R, et al. Faster R-CNN: Towards real-time object detection with region proposal networks[C]. IEEE Transactions on Pattern Analysis and Machine Intelligence, 2017: 1137-1149.

[33] Goldman S A, Zhou Y. Enhancing supervised learning with unlabeled data[C]. Proceedings of the Seventeenth International Conference on Machine Learning (ICML), Stanford, CA, USA, 2000:327-334.

[34] Wang W, Zhou Z H. Analyzing co-training style algorithms[C]. Proceedings of the 18th European Conference on Machine Learning, 2007: 454-465.

[35] Ketkar N. Introduction to PyTorch// Deep learning with Python[M]. Berlin: Springer, 2017: 195-208.

[36] 何彧. 有限样本条件下纹理表面缺陷分类与检测方法研究 [D]. 沈阳: 东北大学, 2021.

[37] He Y, Song K C, Meng Q G, et al. An end-to-end steel surface defect detection approach via fusing multiple hierarchical features[J]. IEEE Transactions on Instrumentation and Measurement, 2020, 69(4):1493-1504.

[38] Kingma D, Ba J. ADAM: A method for stochastic optimization[C]//International Conference on Learning Representations (ICLR). Eprint Arxiv, 2014.

[39] Song K , Yan Y. A noise robust method based on completed local binary patterns for hot-rolled steel strip surface defects[J]. Applied Surface Science, 2013, 285(Pt.B):858-864.

[40] Uijlings J R R, van de Sande K E A, Gevers T, et al. Selective search for object recognition[J]. International Journal of Computer Vision, 2013, 104(2):154-171.

[41] Silvén O, Niskanen M , Kauppinen H. Wood Inspection with non-supervised clustering[J]. Machine Vision and Applications, 2003, 13(5-6):275-285.

[42] Kampouris C, Zafeiriou S, Ghosh A, et al. Fine-grained material classification using micro-geometry and reflectance[C]. European Conference on Computer Vision. Cham: Springer, 2016: 778-792.

[43] Goodfellow I J, Pouget-Abadie J, Mirza M et al. Generative adversarial networks[J]. Advances in Neural Information Processing Systems, 2014, 3:2672-2680.

[44] Larsen A B L, Larochelle H, Winther O. Auto-encoding beyond pixels using a learned

similarity metric[C]. International Conference on Machine Learning (ICML), New York, USA, 2016:2341-2349.

[45] Chen X, Duan Y, Houthooft R, et al. InfoGAN: Interpretable representation learning by information maximizing generative adversarial nets[C].Proceedings of the 30th International Conference on Neural Information Processing Systems (NIPS), Barcelona, Spain, 2016: 2180-2188.

[46] Zhu J Y, Park T, Isola P, et al. Unpaired image-to-image translation using cycle-consistent adversarial networks[C]. 2017 IEEE International Conference on Computer Vision(ICCV), Venice, Italy, 2017: 2242-2251.

[47] Yeh R, Chen C, Lim T Y, et al. Semantic image inpainting with perceptual and contextual losses[J]. Arxiv.org, Eprint Arxiv, 2016.

[48] Springenberg J T. Unsupervised and semi-supervised learning with categorical generative adversarial networks[C]//International Conference on Pattern Recognition(ICPR). Eprint Arxiv, 2015.

[49] Lee D H. Pseudo-label: The simple and efficient semi-supervised learning method for deep neural networks[C].International Conference on Machine Learning (ICML) Workshop, Atlanta, GA, USA, 2013: 1-6.

[50] Huang Y, Qiu C, Guo Y. Saliency of magnetic tile surface defects[C]. the 14th IEEE International Conference on Automation and Engineering, Munich, Germany, 2018: 612-617.

[51] He D, Xu K, Zhou P, et al. Surface defect classification of steels with a new semi-supervised learning method[J]. Optics and Lasers in Engineering, 2019, 117(6):40-48.

[52] Chen Y, Zhou X S, Huang T S. One-class SVM for learning in image retrieval [C]. Proceedings 2001 International Conference on Image Processing, Thessaloniki, Greece, 2001: 34-37.

[53] Zhuang B, Shen C, Tan M, et al. Structured binary neural networks for accurate image classification and semantic segmentation[C]. Proceedings of the IEEE Conference on Computer Vision and Pattern Recognition, 2019: 413-422.

[54] Bezdek J C, Ehrlich R, Full W. FCM: The fuzzy c-means clustering algorithm[J]. Computers & Geosciences, 1984, 10(2-3): 191-203.

[55] Zimek A, Schubert E, Kriegel H P. A survey on unsupervised outlier detection in high-dimensional numerical data[J]. Statistical Analysis and Data Mining: The ASA Data Science Journal, 2012, 5(5): 363-387.

[56] Xiong L, Póczos B, Schneider J. Group anomaly detection using flexible genre models [J]. Proceedings of the 24th International Conference on Neural Information Processing Systems, 2011: 1071-1079.

[57] Gong D, Liu L, Le V, et al. Memorizing normality to detect anomaly: Memory-augmented deep autoencoder for unsupervised anomaly detection [C].2019 IEEE/CVF International Conference on Computer Vision, Seoul, Korea, 2019: 1705-1714.

[58] Akcay S, Atapour-Abarghouei A, Breckon T P. GANomaly: Semi-supervised anomaly

detection via adversarial training [C]. Asian Conference on Computer Vision, Perth, Australia, 2018: 622-637.

[59] Schlegl T, Seeböck P, Waldstein S M, et al. Unsupervised anomaly detection with generative adversarial networks to guide marker discovery [C]. International Conference on Information Processing in Medical Imaging, Boone, America, 2017: 146-157.

[60] Zimmerer D, Isensee F, Petersen J, et al. Unsupervised anomaly localization using variational auto-encoders [C]. International Conference on Medical Image Computing and Computer-Assisted Intervention, Hong Kong, China, 2019: 289-297.

[61] Mastan I D, Raman S. Multi-level encoder-decoder architectures for image restoration [C]. 2019 IEEE/CVF Conference on Computer Vision and Pattern Recognition Workshops, 2019: 1728-1737.

[62] Huang Y, Qiu C, Yuan K. Surface defect saliency of magnetic tile [J]. The Visual Computer, 2020, 36(1): 85-96.

[63] Strom Y. Automatic surface inspection of continuous cast billets [J]. Iron and Steel Engineering, 1992, 69: 29-33.

[64] 贺笛. 深度学习在钢板表面缺陷与字符识别中的应用 [D]. 北京：北京科技大学, 2021.

[65] 刘杰. 少样本场景下金属表面缺陷识别方法研究 [D]. 沈阳: 东北大学, 2021.

[66] Liu J, Song K, Feng M, et al. Semi-supervised anomaly detection with dual prototypes autoencoder for industrial surface inspection [J]. Optics and Lasers in Engineering, 2021, 136: 106324.

[67] Masci J, Meier U, Fricout G, et al. Multi-scale pyramidal pooling network for generic steel defect classification [C]. The 2013 International Joint Conference on Neural Networks, Dallas, America, 2013: 1-8.

[68] Wang T, Chen Y, Qiao M, et al. A fast and robust convolutional neural network-based defect detection model in product quality control [J]. The International Journal of Advanced Manufacturing Technology, 2018, 94(9): 3465-3471.

[69] Cha Y J, Choi W, Suh G, et al. Autonomous structural visual inspection using region-based deep learning for detecting multiple damage types [J]. Computer-Aided Civil and Infrastructure Engineering, 2018, 33(9): 731-747.

[70] Chen J, Liu Z, Wang H, et al. Automatic defect detection of fasteners on the catenary support device using deep convolutional neural network [J]. IEEE Transactions on Instrumentation and Measurement, 2018, 67(2): 257-269.

[71] Lin H, Li B, Wang X, et al. Automated defect inspection of LED chip using deep convolutional neural network [J]. Journal of Intelligent Manufacturing, 2019, 30(6): 2525-2534.

[72] Xu L, Lv S, Deng Y, et al. A weakly supervised surface defect detection based on convolutional neural network [J]. IEEE Access, 2020, 8: 42285-42296.

[73] Finn C, Abbeel P, Levine S. Model-agnostic meta-learning for fast adaptation of deep networks [C]. Proceedings of the 34th International Conference on Machine Learning, 2017: 1126-1135.

[74] Ravi S, Larochelle H. Optimization as a model for few-shot learning [C]. International Conference on Learning Representations, 2017.

[75] Snell J, Swersky K, Zemel R S. Prototypical networks for few-shot learning [J]. arXiv preprint, 2017.

[76] Sung F, Yang Y, Zhang L, et al. Learning to compare: Relation network for few-shot learning [C]. 2018 IEEE/CVF Conference on Computer Vision and Pattern Recognition, Salt Lake, America, 2018: 1199-1208.

[77] Garcia V, Bruna J. Few-shot learning with graph neural networks [EB/OL]. arXiv preprint, 2017.

[78] Courty N, Flamary R, Tuia D, et al. Optimal transport for domain adaptation [J]. IEEE Transactions on Pattern Analysis and Machine Intelligence, 2017, 39(9): 1853-1865.

[79] Su Z, Wang Y, Shi R, et al. Optimal mass transport for shape matching and comparison[J]. IEEE Transactions on Pattern Analysis and Machine Intelligence, 2015, 37(11): 2246-2259.

[80] Arjovsky M, Chintala S, Bottou L. Wasserstein generative adversarial networks [C]. Proceedings of the 34th International Conference on Machine Learning, Sydney, Austrilia, 2017: 214-223.

[81] Xu H, Luo D, Carin L. Scalable Gromov-Wasserstein learning for graph partitioning and matching [EB/OL]. arXiv preprint, 2019.

[82] Xu H, Luo D, Zha H, et al. Gromov-Wasserstein learning for graph matching and node embedding [C]. International Conference on Machine Learning, Akarta, Indonesia, 2019: 6932-6941.

[83] Liu Y, Zhu L, Yamada M, et al. Semantic correspondence as an optimal transport problem [C]. 2020 IEEE/CVF Conference on Computer Vision and Pattern Recognition, 2020: 4463-4472.

[84] Villani C. Optimal Transport: Old and New [M]. Berlin: Springer Science & Business Media, 2008.

[85] Cuturi M. Sinkhorn distances: Lightspeed computation of optimal transport [J]. Advances in Neural Information Processing Systems, 2013, 26: 2292-2300.

[86] Zagoruyko S, Komodakis N. Wide residual networks [EB/OL]. arXiv preprint, 2016.

[87] Xie Y, Zhu F, Fu Y. Main-secondary network for defect segmentation of textured surface images [C]. 2020 IEEE Winter Conference on Applications of Computer Vision, Colorado, America, 2020: 3531-3540.

[88] Win M, Bushroa A R, Hassan M A, et al. A contrast adjustment thresholding method for surface defect detection based on mesoscopy [J]. IEEE Transactions on Industrial Informatics, 2015, 11(3): 642-649.

[89] Wang J, Li Q, Gan J, et al. Surface defect detection via entity sparsity pursuit with intrinsic priors [J]. IEEE Transactions on Industrial Informatics, 2020, 16(1): 141-150.

[90] Long Z, Zhou X, Wu X. Cascaded approach to defect location and classification in microelectronic bonded joints: improved level set and random forest [J]. IEEE Transactions

on Industrial Informatics, 2020, 16(7): 4403-4412.

[91] Zhou X, Wang Y, Zhu Q, et al. A surface defect detection framework for glass bottle bottom using visual attention model and wavelet transform [J]. IEEE Transactions on Industrial Informatics, 2020, 16(4): 2189-2201.

[92] Dai J, He K, Sun J. Boxsup: Exploiting bounding boxes to supervise convolutional networks for semantic segmentation [C]. 2015 IEEE International Conference on Computer Vision, 2015: 1635-1643.

[93] Pathak D, Krähenbuhl P, Darrell T. Constrained convolutional neural networks for weakly supervised segmentation [C]. 2015 IEEE International Conference on Computer Vision, 2015: 1796-1804.

[94] Bearman A, Russakovsky O, Ferrari V, et al. What's the point: Semantic segmentation with point supervision? [C]. European Conference on Computer Vision, Amsterdam, Netherlands, 2016: 549-565.

[95] Lin D, Dai J, Jia J, et al. Scribblesup: Scribble-supervised convolutional networks for semantic segmentation [C]. 2016 IEEE Conference on Computer Vision and Pattern Recognition, Las Vegas, America, 2016: 3159-3167.

[96] Lin D, Cao Y, Zhu W, et al. Few-shot defect segmentation leveraging abundant normal training samples through normal background regularization and crop-and-paste operation [EB/OL]. arXiv preprint, 2020.

[97] Everingham M, Van Gool L, Williams C K I, et al. The pascal visual object classes (VOC) challenge [J]. International Journal of Computer Vision, 2010, 88(2): 303-338.

[98] Lin T Y, Maire M, Belongie S, et al. Microsoft coco: Common objects in context [C].European Conference on Computer Vision, Zurich, Switzerland, 2014: 740-755.

[99] Yang F, Zhang L, Yu S, et al. Feature pyramid and hierarchical boosting network for pavement crack detection [J]. IEEE Transactions on Intelligent Transportation Systems, 2020, 21(4): 1525-1535.

[100] Dong H, Song K, He Y, et al. PGA-Net: Pyramid feature fusion and global context attention network for automated surface defect detection [J]. IEEE Transactions on Industrial Informatics, 2020, 16(12): 7448-7458.

[101] Han H, Gao C, Zhao Y, et al. Polycrystalline silicon wafer defect segmentation based on deep convolutional neural networks [J]. Pattern Recognition Letters, 2020, 130: 234-241.

[102] Tabernik D, Šela S, SkvarčJ, et al. Segmentation-based deep-learning approach for surface-defect detection [J]. Journal of Intelligent Manufacturing, 2020, 31(3): 759-776.

[103] Augustauskas R, Lipnickas A. Improved pixel-level pavement-defect segmentation using a deep autoencoder [J]. Sensors, 2020, 20(9): 2557.

[104] Li F, Hu G, Zhu S. Weakly-supervised defect segmentation within visual inspection images of liquid crystal displays in array process [C]. 2020 IEEE International Conference on Image Processing, 2020: 743-747.

[105] Dong Z, Wang J, Cui B, et al. Patch-based weakly supervised semantic segmentation network for crack detection [J]. Construction and Building Materials, 2020, 258: 120291

[106] Zhang X, Wei Y, Yang Y, et al. Sg-one: Similarity guidance network for one-shot semantic segmentation [J]. IEEE Transactions on Cybernetics, 2020, 50(9): 3855-3865.

[107] Zhang C, Lin G, Liu F, et al. Canet: Class-agnostic segmentation networks with iterative refinement and attentive few-shot learning [C]. 2019 IEEE/CVF Conference on Computer Vision and Pattern Recognition, 2019: 5217-5226.

[108] Zhang C, Lin G, Liu F, et al. Pyramid graph networks with connection attentions for region-based one-shot semantic segmentation [C]. 2019 IEEE/CVF International Conference on Computer Vision, Seoul, Korea, 2019: 9587-9595.

[109] Yang B, Liu C, Li B, et al. Prototype mixture models for few-shot semantic segmentation [C]. European Conference on Computer Vision, Glasgow, United Kingdom, 2020: 763-778.

[110] Tian Z, Zhao H, Shu M, et al. Prior guided feature enrichment network for few-shot segmentation [J]. IEEE Transactions on Pattern Analysis and Machine Intelligence, 2022, 44(2): 1050-1065.

[111] Chen L C, Papandreou G, Schroff F, et al. Rethinking atrous convolution for semantic image segmentation [J]. arXiv preprint, 2017.

[112] Lake B M, Salakhutdinov R, Tenenbaum J B. Human-level concept learning through probabilistic program induction[J]. Science, 2015, 350(6266): 1332-1338.

[113] Swingley D. Fast mapping and slow mapping in children's word learning[J]. Language Learning and Development, 2010, 6(3): 179-183.

[114] Li F F, Fergus R, Perona P. A Bayesian approach to unsupervised one-shot learning of object categories[C]. Proceedings Ninth IEEE International Conference on Computer Vision, 2003: 1134-1141.

[115] Wang Y, Yao Q, Kwok J T, et al. Generalizing from a few examples: A survey on few-shot learning[J]. ACM Computing Surveys, 2020, 53(3): 1-34.

[116] Tan P N, Steinbach M, Kumar V. Introduction to Data Mining[M]. New York: Pearson Education India, 2016.

[117] Wen Y, Zhang K, Li Z, et al. A discriminative feature learning approach for deep face recognition[C]//European Conference on Computer Vision. Cham: Springer, 2016: 499-515.

[118] Deza M M, Deza E. Encyclopedia of Distances[M]. Berlin, Heidelberg: Springer, 2009: 1-583.

[119] Majidifard H, Jin P, Adu-Gyamfi Y, et al. Pavement image datasets: A new benchmark dataset to classify and densify pavement distresses[J]. Transportation Research Record, 2020, 2674(2): 328-339.

[120] Bergmann P, Fauser M, Sattlegger D, et al. MVTec AD—A comprehensive real-world dataset for unsupervised anomaly detection[C]. IEEE Conference on Computer Vision and Pattern Recognition(CVPR), 2019: 9592-9600.

[121] Vinyals O, Blundell C, Lillicrap T, et al. Matching networks for one shot learning[C]. Proceedings of the 30th International Conference on Neural Information Processing

Systems, 2016: 3637-3645.

[122] 董洪文. 基于卷积神经网络的高速公路路面缺陷检测关键技术研究 [D]. 沈阳: 东北大学,2022.

[123] Dong H, Song K, Wang Q, et al. Deep metric learning-based for multi-target few-shot pavement distress classification[J]. IEEE Transactions on Industrial Informatics, 2022, 18(3):1801-1810.

[124] Zhang C, Cai Y, Lin G, et al. Deepemd: Few-shot image classification with differentiable earth mover's distance and structured classifiers[C]. Proceedings of the IEEE/CVF Conference on Computer Vision and Pattern Recognition, 2020: 12203-12213.

[125] Bin Y, Yang Y, Tao C, et al. Mr-net: Exploiting mutual relation for visual relationship detection[C]. Proceedings of the AAAI Conference on Artificial Intelligence, 2019, 33(1): 8110-8117.

[126] Ravichandran A, Bhotika R, Soatto S. Few-shot learning with embedded class models and shot-free meta training[C]. Proceedings of the IEEE/CVF International Conference on Computer Vision, 2019: 331-339.

[127] Lee K, Maji S, Ravichandran A, et al. Meta-learning with differentiable convex optimization[C]. Proceedings of the IEEE/CVF Conference on Computer Vision and Pattern Recognition, 2019: 10657-10665.

[128] Li H, Eigen D, Dodge S, et al. Finding task-relevant features for few-shot learning by category traversal[C]. Proceedings of the IEEE/CVF Conference on Computer Vision and Pattern Recognition, 2019: 1-10.

[129] Liu S, Huang D. Receptive field block net for accurate and fast object detection[C]. Proceedings of the European Conference on Computer Vision (ECCV), 2018: 385-400.

第 4 章　图像级标注下的缺陷检测

4.1　基于弱监督学习的金属表面缺陷定位检测

弱监督目标检测的目的是只利用图像的类别标签来对图像中的目标进行分类和定位。目前解决弱监督目标检测任务的主流思路有两种，一种是多示例学习 (multi-instance learning) 的方法，另外一种就是基于类激活映射的方法。

基于多示例学习的弱监督目标检测是将图像看成一个包 (bag)，在目标图像中用 Selective Search 或者 Edge Boxes 方法根据颜色、对比度、纹理等底层信息生成可能含有目标的矩形区域，矩形区域所对应的原始图像内容作为多示例学习的示例 (instance)；在这些示例使用训练好的分类网络进行分组，每一组的示例给看成是一个类别；然后对图像中分组后的每一组中的示例进行优化，并选择置信度最高的示例作为该组中对相应类别目标的定位结果，实现目标检测任务。这种方法非常依赖于预先生成示例的质量，如果示例中没有对真实目标很好地描述的矩形区域，那么最后的检测结果并不可靠；同时，示例的生成只依赖于原始图像中的底层信息，非常有局限性。基于类激活映射 (CAM) 的方法，采用与 CAM 相似的思路，利用卷积神经网络对图像中目标特征的激活实现对目标的定位，并将最终的定位结果作为检测结果，这种弱监督定位技术多用来定位图像中的一个主要目标，不能实现图像中多个类别的检测任务，同时该方法倾向于激活目标最具识别度的区域，很难激活目标的整体区域，导致最终的检测精度被限制。

针对上述问题，可以采用一种基于弱监督学习的金属表面缺陷定位检测方法 WSL-LDD (weakly supervised learning based localization detection of defects on metal surfaces)，在生成特征激活图的基础上对缺陷进行阈值分割，将前景区域和背景区域分离，并根据前景区域所在的位置生成伪标签，将伪标签作为一种监督信息训练一个全监督的目标检测模型，实现最终的表面缺陷检测任务。

4.1.1　基于特征激活图的伪标签生成

基于类激活映射的弱监督目标检测方法中，很多方法都是采用阈值法将特征激活图进行二值化，将前景和背景区域分离，然后生成前景区域的最小包围矩形作为目标的检测结果，这种方法很难确定合适的阈值，需要根据经验或者实验的调试来确定最终的阈值。根据类别激活图中的对不同目标的激活，这里采用自适应阈值的方法对图像的特征激活图进行二值化，自适应阈值法可以根据当前生成特征激活图的激活值分布自行计算最合适的分割阈值，然后分离出前景区域和背景区域。根据分割后的前景区域生成最小包围矩形，作为目标位置信息的标签与激活类别相对应，从而生成原始数据的伪标签，其过程如图 4.1 所示。

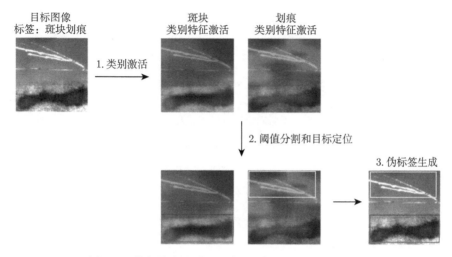

图 4.1　伪标签生成过程示意图 (彩图见封底二维码)

对于输入图像，首先利用文献 [1] 第四章优化后的 ResNet50 卷积神经网络提取图像特征，网络最后输出的卷积特征用文献 [1] 提出的 CRAM 模块直接生成每一类的特征激活图，根据图像中目标的类别，选取对应的特征激活图作为目标定位的基础，然后采用自适应阈值法对选取的特征激活图阈值化，并根据响应区域生成最小包围矩形，作为目标的位置伪标签 (如图 4.1 中红色和黄色矩形区域)。这样就用弱监督学习的方式对没有详细位置标注的图像中的目标进行了定位，这种伪标签可以作为一种监督信息，继续挖掘目标的精确位置信息。很多基于弱监督学习的目标检测模型 [2] 也是采用弱监督方法对目标进行定位，定位结果作为一种监督信息，训练一个全监督的目标检测模型作为最终的目标检测器而实现目标检测任务。

4.1.2　表面缺陷检测网络结构设计与训练过程

这里将生成的伪标签信息作为监督信息，训练一个全监督的目标检测模型作为最终的缺陷检测器。通过对当前全监督目标检测模型的分析，为了满足工业生产中实时性的需要，全监督目标检测模型采用 YOLO 系列的单阶段目标检测模型为基础检测模型。由于 YOLO 系列目标检测模型的正负样本直接在原图中生成，所以正负样本的比例严重不平衡。针对这个问题和所生成伪标签相对于真实标注数据的精度损失，以及表面缺陷检测任务的特性，对所选模型进行了相应的结构优化，在保持快速检出的同时提高检测精度，整个流程如图 4.2 所示。

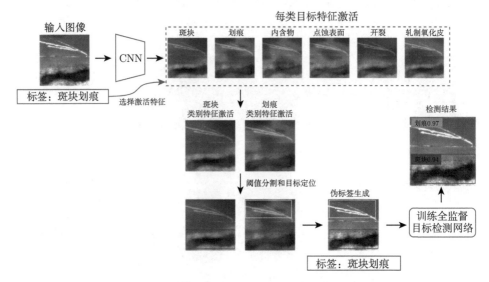

图 4.2　弱监督表面缺陷检测流程 (彩图见封底二维码)

如图 4.2 所示，输入图像经过半全角的匹配 (SGM) 改进后的卷积神经网络 (CNN) 提取图像特征，然后用 CRAM 方法生成对每一目标类的特征激活图。之前的实验已经验证 SGM 和 CRAM 方法对目标定位的有效性，对于图像中出现的目标类，能很好地激活其所在的区域；对于多种类别缺陷同时存在的图像，能很好地区分不同类缺陷所在的区域；对于图像中未出现的目标激活，更倾向于激活图像中背景区域。经过对图像的特征激活，就能很好地对图像中的目标区域进行定位，最终的定位结果将作为数据的伪标签进行监督学习。

4.1.3　回归损失函数的选择

1. YOLOv3 损失函数

文献 [1] 第二章中详细分析了 YOLO 系列目标检测模型的基本原理，重点解析了经典的 YOLOv3 模型的算法流程，并分析了其中可以改进的地方。YOLOv3 的损失函数包括分类损失函数 L_{cls}、位置回归损失函数 L_{box} 以及目标损失函数 L_{obj} 三个部分，整个损失函数见式 (4-1)∼ 式 (4-4)，其中，λ_{coord}、λ_{noobj} 为三个部分损失函数的权重，S、B 分别表示图片划分网格的单边个数和一个基础网格生成的候选区域的数量。

$$L_{\text{cls}} = \lambda_{\text{cls}} \sum_{i=0}^{S^2} \sum_{j=0}^{B} l_{i,j}^{\text{obj}} (2 - w_i \times h_i) \sum_{c \in \text{cls}} pi(c) \log(\hat{p}i(c)) \tag{4-1}$$

分类损失函数 L_{cls} 采用二值交叉熵损失函数组成多分类损失函数，用于处理多分类问题，提高分类的准确性。其中，w_i 和 h_i 代表标签中目标区域归一化后的尺度，$(2 - w_i \times h_i)$ 系数可以用来缓解小目标的检测的问题，通过惩罚小目标的损失值来提高小目标损失的权重，优化网络对小目标特征和位置信息的学习。

$$L_{\text{box}} = \lambda_{\text{coord}} \sum_{i=0}^{S^2} \sum_{j=0}^{B} l_{i,j}^{\text{obj}} (2 - w_i \times h_i)[(xi - \hat{x}i)^2 \\ + (yi - \hat{y}i)^2 + (wi - \hat{w}i)^2 + (hi - \hat{h}i)^2] \tag{4-2}$$

位置回归损失函数 L_{box} 采用了简单的范数损失，通过表示位置的四个参数的预测值和真实值的平方差和来约束目标位置的预测；同样地，也使用 $(2 - w_i \times h_i)$ 系数来增强小目标的位置预测的学习，提高总体的位置预测精度。

$$L_{\text{obj}} = \lambda_{\text{noobj}} \sum_{i=0}^{S^2} \sum_{j=0}^{B} l_{i,j}^{\text{noobj}} (ci - \hat{c}i)^2 + \lambda_{\text{obj}} \sum_{i=0}^{S^2} \sum_{j=0}^{B} l_{i,j}^{\text{obj}} (ci - \hat{c}i)^2 \tag{4-3}$$

目标损失函数 L_{obj} 是用来平衡目标置信度的损失函数，$l_{i,j}^{\text{obj}}$ 表示在位置 i，j 的网格处有无目标值，若有，其值为 1，否则为 0。反之，$l_{i,j}^{\text{noobj}}$ 表示在位置 i，j 的网格处是否没有目标值，若无，其值为 1，否则为 0。总体的损失函数 Loss 可以表示为三个损失函数的组合：

$$\text{Loss} = L_{\text{cls}} + L_{\text{box}} + L_{\text{obj}} \tag{4-4}$$

2. 回归损失函数的选择

对于回归损失函数，YOLOv3 中采用简单直接的 l_2 范数损失函数作为位置回归任务的损失函数，l_2 范数损失函数就是将衡量位置的四个参数的 2 范数的平方和作为损失函数，这种损失函数简单直接，但是很难描绘出预测目标位置和真实目标位置在空间上的相对分布，只能描绘出两者形状和中心位置的相对情况。Yu 等 [3] 提出以交并比损失 IoU Loss 来替代 l_2 范数损失，IoU Loss 考虑了预测目标和真实目标区域相对分布的情形，其原理如图 4.3 所示。IoU Loss 用两个矩形框 (box) 交并区域比值的负对数来衡量预测位置和真实位置在空间上的相对状态，目标检测任务最后的评价指标是基于预测结果与真实标注位置的 IoU 值来评价模型性能的优良，很多研究也表明，直接用 IoU Loss 代替 l_2 范数损失能够提升原有模型的检测性能 [4]。

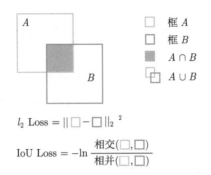

$$l_2 \text{ Loss} = \|\square - \square\|_2{}^2$$

$$\text{IoU Loss} = -\ln \frac{相交(\square, \square)}{相并(\square, \square)}$$

图 4.3　IoU Loss 原理图 (彩图见封底二维码)

采用 IoU Loss 替换 l_2 范数损失, 可以在一定程度上提高现有目标检测模型的检测精度, 是一个不错的选择。但是当预测位置和真实位置不相交时, 其 IoU Loss 值为 0, 不能很好地对这种情形的定位结果进行反向传播来调整网络的参数。Rezatofighi 等 [5] 在此基础上提出了 Generalized-IoU Loss(GIoU Loss)。如图 4.4 所示, GIoU Loss 将预测结果与真实标注位置的最小包围矩形考虑在内, 这样当两个矩形框不相交时 (即 IoU Loss 为 0), GIoU Loss 依然能够进行反向传播以及网络参数的调整和学习, 使得网络的学习更加全面, GIoU Loss 可以描述为

$$\text{IoU}_{A,B} = \frac{|A \cap B|}{|A \cup B|} \tag{4-5}$$

$$\text{GIoU}_{A,B} = \text{IoU}_{A,B} - \frac{|C - (A \cap B)|}{|C|}$$

$$\text{GIoULoss}(A, B) = 1 - \text{GIoU}_{A,B} \tag{4-6}$$

图 4.4　GIoU Loss 原理图 (彩图见封底二维码)

GIoU Loss 改善了 IoU Loss 为 0 无法进行梯度反向传播的情况, 但是其收敛速度较慢, Zheng 等 [6] 总结了预测目标和真实目标相对位置的三个几何因素, 即重叠面积、中心点距离和长宽比, 并在此基础上提出了 Distance-IoU Loss (DIoU Loss), 从而使得网络相对于 GIoU Loss 有着更快的收敛速度和更好的性能。如

图 4.5 所示，DIoU Loss 除了用最小包围矩形解决预测目标和真实目标不相交的情况，还增加了预测目标与真实目标中心点和最远距离角点的距离限制，更完整地描述了两个区域的空间位置分布状态，DIoU Loss 可以描述为式 (4-7)，其中，$\rho(\cdot)$ 表示中心点间距。

$$\mathrm{DIoU}_{A,B} = \mathrm{IoU}_{A,B} - \frac{\rho^2(A,B)}{l^2} = \mathrm{IoU}_{A,B} - \frac{d^2}{l^2}$$

$$L_{\mathrm{DIoU}}(A,B) = 1 - \mathrm{DIoU}_{A,B}$$

$$(4\text{-}7)$$

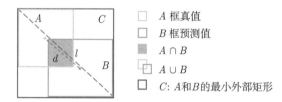

图 4.5 DIoU Loss 原理图 (彩图见封底二维码)

Zheng 等 [7] 发现，预测目标区域和真实目标区域的形状相似度也是非常重要的参考因素，于是提出了 Complete-IoU Loss (CIoU Loss) 来进一步优化回归损失函数 (其原理如图 4.6 所示)。

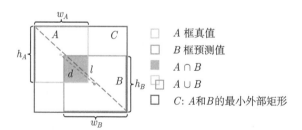

图 4.6 CIoU Loss 原理图 (彩图见封底二维码)

引入描述两个区域宽高尺度相似性的惩罚因子 υ 和 α (见式 (4-8) 和式 (4-9)) 来限制预测目标区域和真实目标在区域形状上的差异性，最后将二者的乘积与 DIoU Loss 中的中心距离一同作为惩罚项进行约束。

$$\upsilon = \frac{4}{\pi^2} \left(\arctan \frac{w_A}{h_A} - \arctan \frac{w_B}{h_B} \right)^2$$

$$(4\text{-}8)$$

$$\alpha = \frac{\upsilon}{(1 - \mathrm{IoU}_{A,B}) + \upsilon}$$

$$(4\text{-}9)$$

$$\mathrm{CIoU}_{A,B} = \mathrm{IoU}_{A,B} - \left(\frac{d^2}{l^2} + \alpha v\right)$$

(4-10)

$$\mathrm{CIoULoss}(A, B) = 1 - \mathrm{CIoU}_{A,B}$$

CIoU Loss 在解决原始预测目标区域与真实目标区域不相交的同时，引入了中心距离、最远角点距离以及尺度相似性的惩罚项，因此是更加完整的回归损失函数，这里也将选择 CIoU Loss 作为所优化模型的回归损失函数。

4.1.4　正负样本选择机制的优化

1. YOLO 正负样本选择机制

文献 [1] 第二章中详细地分析了 YOLO 系列目标检测模型的整体原理和训练流程，并且提出，最为经典的 YOLOv3 目标检测模型的正负样本选择机制上还有可以改良的空间，即单阶段 (one-stage) 目标检测模型由于没有两阶段 (two-stage) 目标检测模型中对目标进行粗定位的第一阶段 (如 Faster R-CNN 模型中的 RPN)，直接选择得到正负样本的质量受到很大的限制。

为了在一定程度上保证正负样本的质量，YOLOv3 的正负样本选择机制比较严格，要根据目标中心 (如图 4.7 中红色点) 的落点位置选择生成候选区域的基础网格 (图 4.7 中的实线黄色矩形框区域)，然后根据生成的预先设定好形状大小的区域与目标区域的 IoU 值进行正样本的筛序，需要满足两个条件才能得到符合条件的正样本，这样会忽略掉一些质量较高的样本。比如图 4.7 中的紫色矩形中的样本，能够包含目标的大部分区域，但是由于目标中心的落点不在生成紫色区域的网格，紫色区域这样的样本就不能当作正样本参与网络的训练，使得最终选择的正样本数量较少。而负样本是目标区域中心落点不在的基础网格所生成的 IoU 小于设定阈值的候选区域，符合负样本筛选条件的候选区域相对于正样本的数量就非常多，大量的负样本输入会影响网络对目标特征的学习。YOLOv4 和 YOLOv5 中优化了 YOLOv3 中正样本的选择机制，为了生成更多的正样本，生成正样本候

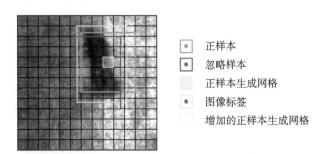

图 4.7　YOLOv3 正负样本选择机制 (彩图见封底二维码)

选区域的基础网格不只是目标区域中心点所在的一个基础网格，还会根据中心落点的真实位置，选择左右方向和上下方向中最接近目标中心落点位置的两个基础网格来负责正样本的生成，这样正样本的数量就会有一定量的增加，在一定程度上缓解正负样本的不平衡问题。

2. 改进的正负样本选择机制

通过分析 YOLOv4、YOLOv5 的正样本选择机制，这里提出了再一次增加负责正样本生成基础网格的方式，通过增加与目标中心落点相邻近网络和对角网络同时作为辅助的正样本生成网络，进一步增加了正样本的数量，其原理如图 4.8 所示。

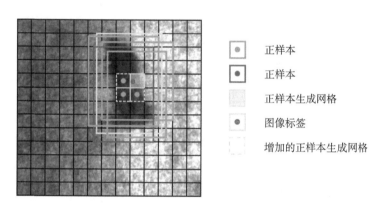

图 4.8　本节提出的正负样本选择机制 (彩图见封底二维码)

通过将中心落点所在网格的对角网格作为正样本生成的辅助网格，来进一步增加正样本的数量，从图 4.8 中可以看到辅助生成的正样本 (图 4.8 中绿色矩形区域) 可以包含目标标注区域 (图 4.8 中黄色矩形区域) 的大部分，同时，之前被忽略的高质量样本 (图 4.8 中紫色矩形区域) 在改进之后也会作为正样本参与网络的训练，这样能在保证样本质量的情况下进一步缓解正负样本不平衡的情况，提高最终模型的性能。

4.1.5　实验研究

1. 实验环境及设置

本实验是基于 Ubuntu16.04 系统，实验使用的计算机 CPU 是 AMD Ryzen R5 2600X Six-Core，GPU 是英伟达 Geforce GTX 1070Ti 显卡，显存是 8GB，处理器是 AMD Ryzen R5 2600X Six-Core，主机内存为 16GB，使用开源的深度学习框架 PyTorch1.5 完成所有实验。在训练时，本实验中设置的训练批次大小

(batch size) 是 24，采用随机梯度下降 (SGD) 算法进行反向传播优化模型参数，初始学习率设置为 0.001，采用余弦退火[8] 的方法进行学习率的衰减。

2. 数据集简介

本实验除了使用 NEU-DET 板带钢表面缺陷数据集，还用到了 DAGM 数据集和 RSDDs 数据集。DAGM 是用于工业光学检测的表面缺陷数据集，对于本节的研究，选择了其中的八种表面缺陷图像 (部分图像样本如图 4.9 所示)，每个图像中包含一个目标缺陷，缺陷的纹理与背景较为相似，且多为小目标，具有一定的挑战性，很多工业表面缺陷检测方法的研究都会用 DAGM 来验证自己方法的有效性[9]。

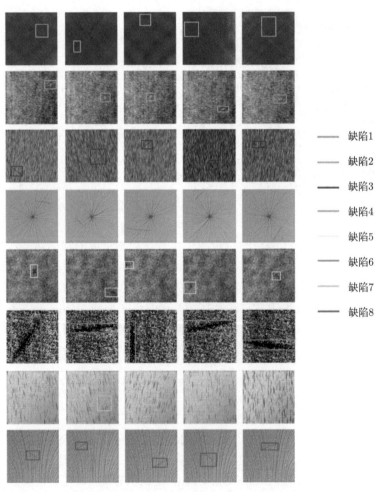

—— 缺陷1

—— 缺陷2

—— 缺陷3

—— 缺陷4

—— 缺陷5

—— 缺陷6

—— 缺陷7

—— 缺陷8

图 4.9　DAGM 数据集中的缺陷图像和标注信息 (彩图见封底二维码)

RSDDs 数据集是钢轨表面缺陷数据集 (图 4.10), 其中有两类表面缺陷, 第一类是来自快速轨道的表面缺陷, 第二类是来自普通轨道的表面缺陷。DAGM 数据集和 RSDDs 数据集提供了图像中缺陷的像素级标注, 本节根据数据集所提供的目标像素级标注生成最小包围矩形, 来对缺陷位置信息进行标注, 以便应用于检测任务。在训练时, 对于每幅图像进行随机水平翻转操作, 并采用嵌合算法 [4,10] 进行数据增强, 提高网络对于多目标缺陷图像的识别能力。

缺陷1

缺陷2

图 4.10 RSDDs 数据集中的缺陷图像和标注信息 (彩图见封底二维码)

如图 4.11 所示, 为三个数据集中对图像数据进行嵌合数据增强后的结果, 嵌合数据增强就是将随机的四个训练图像进行随机裁剪和拼接后组成一幅新的图像, 这种数据增强可以将多个图像中的内容进行组合, 有助于网络对多种目标同时存在的图像的检测能力的提升, 以及对杂乱背景信息的学习。

(a) NEU-DET 数据集嵌合数据增强示例

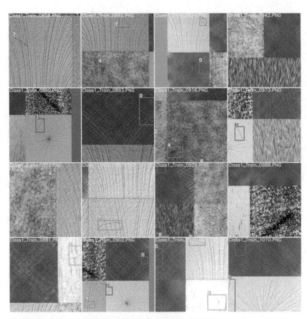

(b) DAGM 数据集嵌合数据增强示例

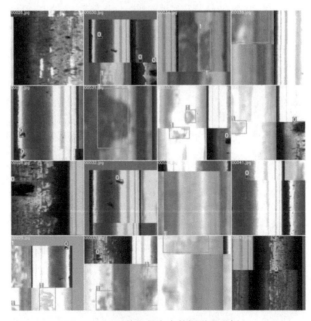

(c) RSDDs 数据集嵌合数据增强示例

图 4.11   嵌合数据增强示例 (彩图见封底二维码)

3. 实验结果及分析

这里采用文献 [1] 第四章中自行提出的定位算法对 NEU-DET 数据集、DAGM 数据集和 RSDDs 数据集进行伪标签生成，用基于 YOLO 系列模型改进的全监督目标检测模型对伪标签数据集进行训练，并在带有真实标注数据的测试集上进行测试，来验证 WSL-LDD 方法的效果。同时，采用 YOLOv5 目标检测模型对带有真实标签的数据进行训练和验证，并与 WSL-LDD 方法进行比较，实验结果见表 4.1～ 表 4.3。

表 4.1　　NEU-DET 数据集实验结果对比

	方法	50%精度	平均精度	帧数
全监督方法	YOLOv5	0.722	0.368	75
弱监督方法	MELM	0.543	0.222	——
	PCL	0.559	0.240	——
	WSL-LDD	0.617	0.347	75

表 4.2　　DAGM 数据集实验结果对比

	方法	50%精度	平均精度	帧数
全监督方法	YOLOv5	0.989	0.616	63
弱监督方法	MELM	0.708	0.278	——
	PCL	0.730	0.281	——
	WSL-LDD	0.793	0.321	63

表 4.3　　RSDDs 数据集实验结果对比

	方法	50%精度	平均精度	帧数
全监督方法	YOLOv5	0.675	0.502	85
弱监督方法	MELM	0.537	0.297	——
	PCL	0.556	0.298	——
	WSL-LDD	0.605	0.329	85

在对 NEU-DET 板带钢表面缺陷数据集的实验中，使用数据集中提供的人工标签进行全监督训练的 YOLOv5 模型的 mAP(平均精度) 指标为 0.368；使用 WSL-LDD 方法对只有图像级标签的数据进行训练的最终 mAP 能达到 0.347，接近于全监督方法的准确率，并且效果相对于当前主流的 MELM 和 PCL 方法，在 mAP 指标上分别有 0.125 和 0.107 的提升。在对 DAGM 缺陷数据集的实验结果中，全监督方法的最终 mAP 为 0.616；WSL-LDD 方法的 mAP 为 0.321，在最终指标中有一定的差距，分析原因是 DAGM 数据集中的目标都偏向于小目标，且背景与缺陷之间的纹理结构较为相似，在没有实例级标签的监督下，网络在自

行发现并定位目标时的结果会不准确, 造成最终的检测结果与人工标注标签数据训练的结果有较大差异。在对 RSDDs 钢轨表面缺陷数据集的实验中, 全监督方法最终的 mAP 为 0.502; WSL-LDD 方法的最终 mAP 为 0.329; 当前主流的 MELM 方法和 PCL 方法的最终检测效果与全监督方法的差距较大, 分析原因是 RSDDs 数据集中的数据量较少, 在没有实例级标签的监督学习下, 不充足的样本数量无法让网络充分学习目标的特征, 导致对目标的检测精度较低。同时, 由于采用了两阶段的弱监督检测方式, 采用检测速度较快的 YOLO 系列目标检测模型在 NEU-DET 数据集、DAGM 数据集和 RSDDs 数据集中分别达到了 75FPS、63FPS、85FPS 的检测速度, 能够做到实时检测。

　　为了更直观地观察所提出模型的有效性, 这里将模型的检测结果进行可视化并进行分析, 部分检测结果如图 4.12~ 图 4.14 所示。图 4.12 为 NEU-DET 板带钢表面缺陷数据集部分图像检测结果示例, 可以看到, WSL-LDD 模型能精确地识别出图像中的目标缺陷的种类和位置, 在第一行的第一幅图像中, 可以检测出较小的夹杂缺陷目标; 在第一行的第二幅和第三幅图像中, 对含有同一缺陷的多个缺陷实例的情况可以很好地检测出来; 在第二行的前三幅图像中, 目标均较大, 目标区域甚至覆盖了图像的整个区域, 也可以很好地检出; 在第二行的第四幅图像中, 存在多种缺陷密集分布的情况, 所提出的模型依然能很好地将目标分离, 并进行精确的识别和定位。

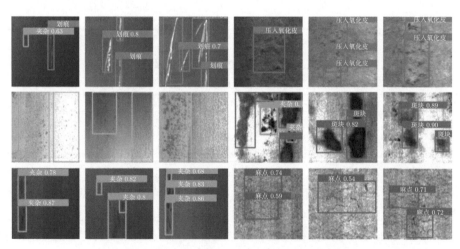

图 4.12　NEU-DET 数据集检测结果示例 (彩图见封底二维码)

　　图 4.13 为 DAGM 数据集的部分检测结果, DAGM 数据集中全部是单缺陷目标的图像, 可以看到, WSL-LDD 方法没有漏检的情况, 图像中的目标都能一一检出。同时, 同一类缺陷目标大小相差较多的也可以检出, 对于较小的目标 Class3,

所预测区域相较于真实目标区域较大,但依然能很好地包围缺陷目标所在区域,不会发生误检的情况。

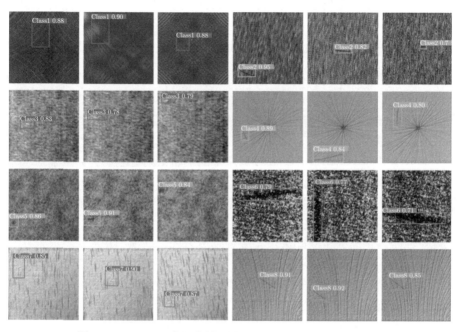

图 4.13　DAGM 数据集检测结果示例 (彩图见封底二维码)

图 4.14 为 RSDDs 数据集的部分检测结果,RSDDs 数据集中含有两种轨道缺陷。第一种轨道缺陷相对于背景有着较为明确的边缘,并且缺陷大小不一,可以看到,对于较大的第一类缺陷,WSL-LDD 模型能够很好地检出,所预测位置可以紧紧地包围真实目标所在区域;对于较小的第一类缺陷,由于其纹理形态与

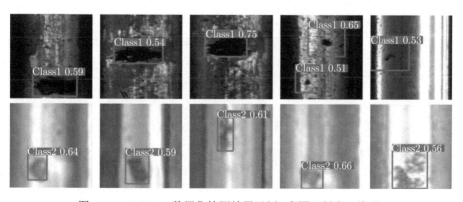

图 4.14　RSDDs 数据集检测结果示例 (彩图见封底二维码)

背景相似性，WSL-LDD 模型所预测位置较大于真实目标所在区域，但不会发生误检的情况。对于第二种轨道缺陷，缺陷目标与背景没有较为明确的边缘，可以看到，WSL-LDD 模型仍然能很好地将缺陷目标进行精确的识别和定位。

4.2　基于弱监督学习的钢轨表面缺陷分割检测

像素级标注过程极为烦琐，不仅需要消耗大量人力和物力，而且对于工业缺陷标注而言，专业性强且没有统一标准，易产生标签噪声。标注工作需要具备相关专业知识和一定计算机应用技能的人员完成，而找到合适的标注人员并不容易，有时甚至无法完成。

针对以上问题，这里展开图像级标注下的钢轨缺陷分割研究。只需对样本进行图像级标注即可，大大简化标注工作量及难度。对于生产线冷态钢轨表面缺陷，在图像级标签下分割主要有以下技术难点，同时也是需要解决的重点。

1) 构建图像级缺陷子类

生产线冷态钢轨人工缺陷采用了多种制造方式，呈现丰富的形态，形状、纹理、面积、凹凸等众多属性都不尽相同。此外，无缺陷区域也可视为一种特殊的缺陷子类。如何构建图像级缺陷子类，成为研究的一个重点。

2) 许多缺陷边界模糊或无明显色差

目标明显的边界信息，对于弱监督模型而言可提供有效的边界约束。但生产线冷态钢轨许多缺陷的边界却很模糊，有些甚至人眼也很难明确其边界，与背景无明显色差。这无疑既使边界约束无法发挥作用，又加大了本身的分割难度。

针对以上重难点，这里提出以尺寸 (形状和面积) 为分类基准构建图像级缺陷子类，并以尺寸为先验信息设计弱监督分割模型，避免对边界信息的刚性使用。

4.2.1　任务分析及解决方案

通过对目前图像级弱监督分割模型的调研发现，基于类激活图的模型已经成为主流。想要得到类激活图，就需要构建多个缺陷子类以训练深度分类网络，有两种构建方式：一种是再收集数量相当的无缺陷图像，对缺陷图像和无缺陷图像进行二分类；另一种是将缺陷按照某一属性分为多个子类，对子类进行分类来获取类激活图。

第一种方式相比于第二种方式虽然更加直观，但其需要额外收集无缺陷图像，这无疑加大了数据制造工作量，并且无法加入先验信息来优化分割结果。因此，这里采用第二种方式来构建缺陷子类。

构建子类的基准属性应满足以下特性：① 该属性应直观、简易、易被识别，且可明确地将缺陷划分为几个子类；② 该属性可提供分割约束，作为先验信息来提高分割精度。

通过对缺陷样本属性的分析，缺陷的物理生成方式虽可将缺陷明确地分为几个子类，但是无法构建分割约束。而缺陷的尺寸 (面积和形状) 属性具有显著的识别度且可以提供分割约束。因此，这里以尺寸为基准属性构建缺陷子类，可将样本缺陷分为三个子类：条状缺陷、点状缺陷和块状缺陷，如图 4.15 所示。对于分割模型的设计，针对不同的子类，基于尺寸先验设计不同的分割约束函数。

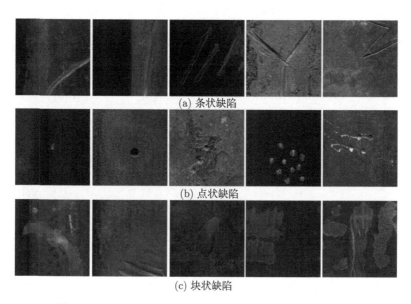

(a) 条状缺陷

(b) 点状缺陷

(c) 块状缺陷

图 4.15　根据尺寸先验缺陷分类示例 (彩图见封底二维码)

4.2.2　基于尺寸先验图像级分割模型

文献 [14] 提出的基于尺寸先验图像级分割模型 WSS-SP (an image-level weakly supervised segmentation method for no-service rail surface defect with size prior) 针对子类的先验属性设计了相应的分割约束函数，可充分地利用已知信息。具体而言，缺陷被分为三个子类，针对不同子类的尺寸先验设计不同的池化函数，形成池化组合模块。

图 4.16 展示了 WSS-SP 模型的详细结构。其分两大部分：一部分为包含池化组合模块的分类网络，用于生成子类激活图，进而生成像素级伪标签；另一部分为全监督分割网络，将像素级伪标签视为真值图进行强监督训练。

模型的具体流程如下所述。首先，特征提取器提取图像的深层特征，子类激活模块 (CAM) 将这些深层特征转换为子类激活图。然后，子类激活图经过池化组合模块得到相应的预测类别概率值。接着，根据训练后的子类激活图和尺寸先验求得像素级伪标签。最后，应用得到的像素级伪标签及原始图像对全监督分割网络 (MCnet) 进行训练。

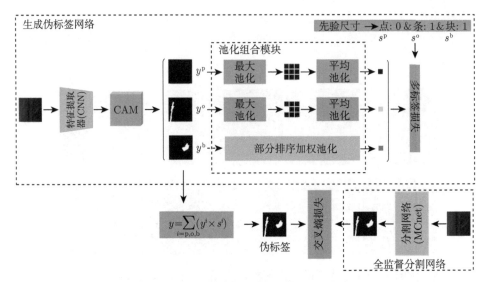

图 4.16　WSS-SP 模型架构 (彩图见封底二维码)

池化组合模块对不同子类进行不同的池化操作。由于点状缺陷和条状缺陷两个子类的面积都比较小，因此采用最大池化和平均池化相结合的方式进行分割约束，根据子类缺陷的面积调整最大池化核的大小。对于大面积的块状缺陷，采用部分排序加权池化 (partial weighted rank-pooling，PWRP) 进行分割约束。PWRP本质上是全局排序加权池化 [11] 的一个特例，将其中排名较低部分的权重设置为0。以上的池化函数共同组成池化组合模块，其充分地利用了子类的尺寸属性。

深度卷积网络可以通过多次卷积和池化运算来提取深层特征，因此在特征提取中被广泛应用。这里选用 DenseNet-121[12] 作为特征提取的基础网络，去除了其分类层。为了保持一定的分辨率，删除了卷积块-4 和卷积块-3 的池化层。特征提取器的详细结构如表 4.4 所示，输出尺寸是以输入尺寸 400×400 时为例；stride表示步长。提取到的深层特征具有 1024 个通道。

1) 子类激活模块

子类激活模块由两个卷积层实现。前一个卷积层将特征映射的通道数从 1024减少到 256。类似地，后一个卷积层将通道数从 256 减少到 3 (通道数等于子类的数目)。子类激活图的每个通道对应一个子类。两个卷积层的卷积核均为 1×1，偏置均设置为 0，步长为 1。

表 4.4　特征提取器详细结构

卷积块	配置	输出尺寸
卷积块-0	7×7conv[stride=2] 3×3max-pool[stride =2]	$64\times100\times100$
卷积块-1	[1×1conv[stride=1] 3×3conv[stride=1]]$\times6$ 1×1conv[stride=1] 2×2avg-pool[stride =2]	$128\times50\times50$
卷积块-2	[1×1conv[stride=1] 3×3conv[stride=1]]$\times12$ 1×1conv[stride=1] 2×2avg-pool[stride =2]	$256\times25\times25$
卷积块-3	[1×1conv[stride=1] 3×3conv[stride=1]]$\times24$ 1×1conv[stride=1]	$512\times25\times25$
卷积块-4	[1×1conv[stride=1] 3×3conv[stride=1]]$\times16$	$1024\times25\times25$

2) 池化组合模块

池化组合模块中包括两类不同的池化组合。① 最大池化和平均池化组合。首先，选取具有代表性的值 (局部最大值) 作为有效值；然后，通过平均池化将这些有效值的平均值作为子类的估计概率。② 部分排序加权池化 (PWRP)。首先，所有值按降序排列；然后，前 M 个值作为有效值按照等差数列 $[N,1]$ 进行权值分配，后面的值的权重为 0，也就是无效值；最后，将有效值进行加权求和的平均值作为子类估计概率。

对于点状缺陷子类，保留了 $4(2\times2)$ 个局部最大值，条形缺陷子类保留了 $36(6\times6)$ 个局部最大值。部分排序加权池化的 M 设置为 150，N 设置为 10。

3) 生成伪标签

如图 4.16 所示，子类激活图分别表示为 y^{p} (点状缺陷)、y^{o} (条状缺陷)、y^{b} (块状缺陷)。每个缺陷图像的尺寸先验信息是个一维数组 $[s^{\mathrm{p}},s^{\mathrm{o}},s^{\mathrm{b}}]$，$s^{i}(i=\mathrm{p,o,b})$ 为布尔值。$s^{i}=1$ 表示图像中存在该子类缺陷；相反，$s^{i}=0$ 表示其不包含该子类缺陷。类别激活图由子类激活图与尺寸先验数组相乘生成，该过程可以表示为

$$y = \sum_{i=\mathrm{p,o,b}} (y^{i}\times s^{i}) \tag{4-11}$$

然后，用阈值 100 二值化类别激活图 y 得到分割图。最后，对分割图上采样到原图像大小，得到最终的像素级伪标签。

4) 分割网络 MCnet

MCnet 网络是一个全监督分割网络，其详细结构见 3.1.2 节。

5) 模型训练

模型中有两个网络 (带有池化组合模块的分类网络和 MCnet 分割网络) 需要训练。MCnet 的训练过程与 3.1.2 节基本一致；唯一不同之处在于，模型参数保存的判断条件由验证集的 mIoU 值改变为训练损失值。当训练损失值下降时，网络参数被保存。

对于带有池化组合模块的分类网络的训练，与常规深度分类网络训练相同。特征提取器的权值初始化只使用经 ImageNet 数据集预训练后的权值。所有训练数据 (图像和标签) 的大小调整为 400×400 并归一化。训练数据随机加载到网络中，批量大小为 4。损失函数选择 PyTorch 中的 SoftMarginLoss 函数。优化器选择 PyTorch 中的 SGD 函数。学习率初始设置为 0.1，每 5 个或 10 个周期下降一半。权重衰减值设定为 0.0005。在训练损失下降时，网络参数被保存。模型训练需至少 12GB 内存的显卡支持。

4.2.3 数据集及评价指标

数据集采用 3.1.2 节所构建的 NRSD-MN 数据集。关于 NRSD-MN 数据集的详细介绍见 3.1.2 节。在这里中，只使用 NRSD-MN 中的训练集和测试集。根据尺寸先验，将训练集样本缺陷分为点状缺陷、条状缺陷和块状缺陷三个子类。子类的划分主要基于两个指标，即缺陷面积比 (缺陷面积与图像面积之比) 和缺陷外接矩形长宽比。例如，面积比大于 0.002 和小于 0.02，长宽比小于 3 的缺陷被视为点状子类，详细划分规则如表 4.5 所示。由于缺陷的面积和形状是非常直观的属性，而位于划分分界线的缺陷数量并不多，在没有精确边界数值的情况下，划分缺陷子类也是一项很容易完成的任务。这些边界值只是划分子类的面积和形状的大致判断依据，无需精确数值。

表 4.5　划分缺陷子类规则

缺陷子类	面积比	长宽比
点状缺陷	<0.002	—
	>0.002 和 <0.02	<3
条状缺陷	>0.002 和 <0.05	>3
	>0.05	>5
块状缺陷	>0.002 和 <0.05	<3
	>0.05	<5

实验评估指标与 3.1.2 节的完全相同，详见 3.1.2 节。

4.2.4 实验结果及分析

1. 模型性能对比研究

在 NRSD-MN 数据集上与已提出的六种优秀的图像级弱监督分割模型 CAM、SEC、WILDCAT、OAA、OAA+、SEAM 进行了实验对比研究 [13,14]，结果如表 4.6 所示。最佳和次佳结果分别以红色和绿色显示。WSS-SP 模型在平均交并比 (mIoU) 指标上取得了最好的结果，远优于次优的 OAA 方法，在人工缺陷和自然缺陷上均提高 0.2% 以上。SEC 在 PA 指标上以接近 100% 的结果获得最佳，但其 mIoU 指标值太低，这意味着其分割图实则是一个大面积的白板，如图 4.17(d) 所示，这种分割是没有意义的。图 4.17 直观地展示了这些模型的几个分割结果图。

表 4.6 不同模型在 NRSD-MN 数据集上的像素准确率和平均交并比 (见封底二维码)

模型	人工缺陷		自然缺陷	
	像素准确率	平均交并比	像素准确率	平均交并比
CAM	0.5105	0.0539	0.3832	0.0845
SEC	0.9648	0.0946	0.9704	0.1418
WILDCAT	0.6036	0.1476	0.7204	0.1430
OAA	0.3503	0.1659	0.2822	0.1501
OAA+	0.4836	0.1504	0.2007	0.1058
SEAM	0.4163	0.0716	0.3583	0.0792
WSS-SP	0.7095	0.3678	0.6971	0.4159

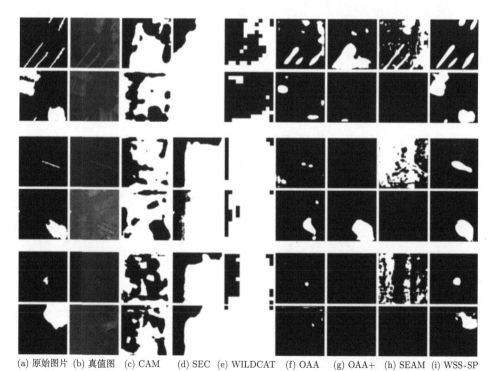

(a) 原始图片 (b) 真值图 (c) CAM (d) SEC (e) WILDCAT (f) OAA (g) OAA+ (h) SEAM (i) WSS-SP

图 4.17 不同模型在 NRSD-MN 数据集上分割结果的可视化示例 (彩图见封底二维码)

此外，在评价指标结果相似的情况下，WSS-SP 模型的分割图更接近于真值图。如图 4.18 所示，在前两行中，WSS-SP 模型的分割图 mIoU 值只是比对比模型的略高一点，但是从可视化图中可以看出，WSS-SP 模型的分割效果明显优于 OAA 的分割结果。在最后一行中，WSS-SP 模型的分割图甚至在 mIoU 值低于对比模型 SEAM 时，其分割效果仍然更接近于真值图。

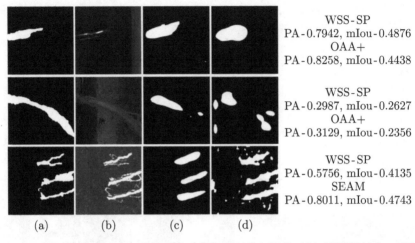

WSS-SP
PA-0.7942, mIou-0.4876
OAA+
PA-0.8258, mIou-0.4438

WSS-SP
PA-0.2987, mIou-0.2627
OAA+
PA-0.3129, mIou-0.2356

WSS-SP
PA-0.5756, mIou-0.4135
SEAM
PA-0.8011, mIou-0.4743

(a)　　　　(b)　　　　(c)　　　　(d)

图 4.18　WSS-SP 模型和对比模型评估指标相似的可视化示例 (彩图见封底二维码)

2. 模型模块性能评估

1) 池化组合模块

为了量化评估池化组合模块性能的优越性，这里展开了与统一池化函数的对比实验。不同池化操作下模型在 NRSD-MN 数据集上的实验结果如表 4.7 所示。

表 4.7　不同池化操作下模型在 NRSD-MN 数据集上的像素准确率和平均交并比

池化函数	人工缺陷		自然缺陷	
	像素准确率	平均交并比	像素准确率	平均交并比
平均池化	0.9119	0.1121	0.9375	0.1676
2×2 最大池化 + 平均池化	0.2189	0.1611	0.1297	0.1031
6×6 最大池化 + 平均池化	0.4807	0.2796	0.4303	0.2846
排序加权池化 + 平均池化	0.7894	0.3479	0.6767	0.3656
池化组合模块	0.7095	0.3678	0.6971	0.4159

实验结果表明，池化组合模块在人工缺陷和自然缺陷上的 mIoU 指标都优于统一池化函数。虽然平均池化函数在 PA 指标上获得了很好的结果，但其 mIoU 值太低而使其结果毫无意义，分割图接近于白板。图 4.19 直观地展示了 WSS-SP 方法在不同池化操作下的分割图可视化示例。

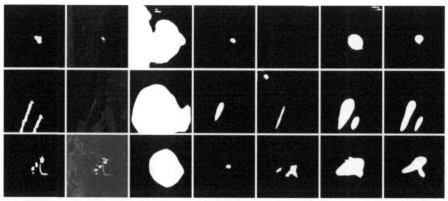

(a) 真值图   (b) 原始图像   (c) 平均池化   (d) 2×2 最大   (e) 6×6 最大   (f) PWRP   (g) 池化组合
                                              池化   池化

图 4.19   WSS-SP 方法在不同池化操作下的分割图可视化示例 (彩图见封底二维码)

2) 分割网络 MCnet

MCnet 提出用于钢轨表面缺陷检测的全监督分割网络。为了验证其是否也适用于本任务，展开了与 FCN8、Unet、Enet、GCN、DeepLabv3+、DeepLab + DUC + HDC、PSPnet 等主流分割网络的对比实验[13,14]。表 4.8 展示了全监督分割网络采用这些模型时的 PA 和 mIoU。很明显，MCnet 优于 FCN8 以外的其他对比网络。FCN8 在人工缺陷上的 mIoU 值比 MCnet 高约 0.005。然而，在自然缺陷上，MCnet 的 mIoU 值比 FCN8 的高 0.1 左右。因此，综合考虑，MCnet 是最适合任务的全监督分割网络。

表 4.8   不同全监督分割网络下模型在 NRSD-MN 上的实验结果

全监督分割模型	人工缺陷		自然缺陷	
	像素准确率	平均交并比	像素准确率	平均交并比
FCN8	0.7025	0.3728	0.5115	0.3162
Unet	0.5496	0.3034	0.3098	0.2289
Enet	0.3600	0.2203	0.2329	0.1716
GCN	0.5608	0.3199	0.4459	0.2973
DeepLabv3+	0.2972	0.2115	0.1529	0.1225
DeepLab+DUC+HDC	0.5293	0.3166	0.4353	0.2880
PSPnet	0.4637	0.2659	0.5214	0.3337
MCnet	0.7095	0.3678	0.6971	0.4159

3) 条状缺陷最大池化的局部最大值个数

最大池化的局部最大值个数决定了对缺陷区域大小的期望。为了选取最合适的数值，这里进行了一系列的对比实验，结果如表 4.9 所示。当局部最大值为 36

个时，模型得到最佳结果。结合图 4.17 所示的可视化分析，当局部最大值为 36 个时，条状缺陷分割区域已经大于真值图。因此，对条状缺陷最大池化的局部最大值的个数为 36(6×6)。

表 4.9　不同局部最大值个数下模型在 NRSD-MN 数据集上的实验结果

局部最大值个数	人工缺陷		自然缺陷	
	像素准确率	平均交并比	像素准确率	平均交并比
4 (2×2)	0.4673	0.3211	0.5110	0.3834
9 (3×3)	0.4665	0.3157	0.5867	0.3934
16 (4×4)	0.4831	0.3183	0.4704	0.3367
36 (6×6)	0.7095	0.3678	0.6971	0.4159
64 (8×8)	0.5390	0.3090	0.4858	0.3344

4) PWRP 的 M 值

PWRP 的 M 值决定了用于评估块状缺陷激活图的有效值数量。为了找到最合适的 M 值，这里进行了一系列的对比实验，实验结果如表 4.10 所示。可以看到，开始时，mIoU 值随 M 值的增大而增大，模型性能越来越好；当 M 值超过 150 后，mIoU 值随 M 值的增大而减小。因此，最终对块状缺陷进行 PWRP 操作的 M 值为 150。

表 4.10　不同 M 值下模型在 NRSD 数据集上的实验结果

有效值数量 (M)	人工缺陷		自然缺陷	
	像素准确率	平均交并比	像素准确率	平均交并比
50	0.5306	0.3213	0.3924	0.2899
100	0.5345	0.3204	0.4934	0.3406
150	0.7095	0.3678	0.6971	0.4159
200	0.6315	0.3526	0.6309	0.3914
250	0.6826	0.3358	0.6532	0.3480

4.3　等效标签的弱监督缺陷检测算法研究

EL-CAM 提出一种等效标签的弱监督缺陷检测算法 (equivalence label class activation mapping)。该算法可以避免工业检测领域中繁重且专业性强的实例级标注工作，只使用图像级标签进行缺陷检测。EL-CAM 同样使用生成对抗网络 (GAN) 进行样本生成，同时使用等效标签 (equivalence label，EL) 算法为无标记样本分配图像级标签。考虑到生成样本的质量问题，EL 算法将高质量的生成样本分配到真值标签分布，而将低质量的生成样本分配到一个不属于任何类别的均值标签分布，使其既可以进行参与训练又不影响模型的优化方向，降低对检测结果的影响。由于图像级标注样本无法对检测网络进行监督训练，因此引入类激活映射模型，利用卷积神经网络的分类结果来获取目标空间信息，使得 EL-CAM 具有缺陷定位的能力。与 DDN 模型相同的是，EL-CAM 也集成了 MFN 来提取多级特征用于类激活图的生成，以此来获取更多的细节信息，提升定位效果。

4.3.1 网络 EL-CAM

1. EL-CAM 整体架构

针对样本标签不完备的纹理缺陷检测任务，可以采用基于等效标签的检测网络 EL-CAM，其结构如图 4.20 所示。EL-CAM 通过 DCGAN 生成大量假样本并加入训练集，随后通过等效标签算法分配图像级标签。等效标签算法能够为不同质量的生成样本分配不同的标签分布，以此来抑制低质量生成样本对于模型学习过程的影响。一部分质量较好的假样本会跟真样本一样，获得真值标签，分配到器对应的 one-hot (独热编码) 标签分布；而质量较差的假样本会获得等效标签，分配到基于所有现有类别的均匀标签分布。以这种方式，具有等效标签的样本将参与训练，但不会跟正样本一样对模型学习产生影响。在标签分配之后，利用类激活映射模型 CAM 进行弱监督缺陷分类与定位。类激活映射模型通过主干网络

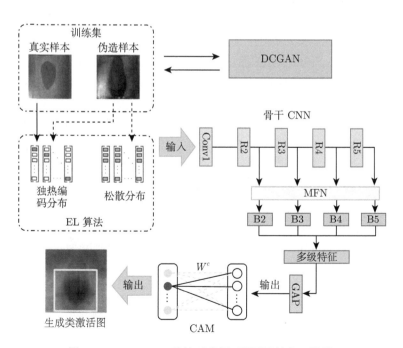

图 4.20 EL-CAM 结构示意图 (彩图见封底二维码)

的分类预测结果反向映射，生成类激活图，并通过类激活图对特定区域的凸显进行缺陷定位。EL-CAM 中进行缺陷分类任务的网络模型，同时也是类激活映射模型的主干网络 ResNet34 模型。此外，这里将 3.2.1 节提出的 MFN 模型集成到类激活映射模型中，以此提取多级特征，并基于该特征生成类激活图。相比于原始的类激活映射模型，多级特征具有更多的细节信息，有助于提高类激活图对缺陷目标区域响应的准确性。

2. 等效标签算法

考虑到生成样本的质量不如真实样本，但数量却又远多于后者，所以标签分配算法需要对这些样本进行合理的假设，才能为其分配恰当的标签。最理想的情况是，生成样本能够在学习过程中辅助原有标记样本，保证模型的充分训练，同时数量过多的生成样本不会对学习产生过度的影响，损伤检测精度。现有方法对 GAN样本的假设主要分两类：① "another label"（真值标记）[15,16]，将所有的 GAN 的生成样本视为一个未知的新类，这些无标记样本将获得真值标签，将原本的 C 类预测分类器变为 $(C+1)$ 类；② "pseudo label"（伪标记）[17]，根据预测类分数，将生成样本分配到原有的真实类中，不会增加分类器的预测类别数。以上两类方法确实是有效的，但并不是最适合于本节所面向的 "有限样本" 下表面缺陷检测。在这样的任务中，生成样本的数量远多于初始的真实样本，而 "another label" 将所有的生成样本归到一个新的类中，会加剧数据集的类间不平衡，导致精度进一步下降。由此可以看出，"another label" 更适合初始就具有一定规模的真实样本的情况。至于 "pseudo label" 将无标记样本根据预测分数分配到现有类的做法，表明该方法更适合通用领域中无标记样本均为真实样本的情况，但事实上 GAN 样本的质量并不能与真实样本比肩。

事实上，GAN 生成样本的质量是不可预测的，不同类别的生成样本的质量也不相同。考虑生成样本的复杂性，上述两种对于无标记样本的假设方法并不适用于生成样本，由此本节提出等效标签算法，将生成样本依据类分数分配不同的标签分布，整个过程如图 4.21 所示。具体地，等效标签算法首先将骨干网络在初始的标记样本上进行训练，并利用该模型对生成样本进行预测，将预测概率向量的最大项的值作为类分数，并根据这一数值来判定生成样本的质量。已知骨干网络ResNet 的输出为 softmax 函数，第 i 张生成样本的预测概率为

$$p^{(i)} = [p_1^{(i)}, p_2^{(i)}, \cdots, p_C^{(i)}] \tag{4-12}$$

其中，C 为现有的预测类别数。第 i 张生成样本的类分数为

$$\text{class\_score} = \arg\max[p^{(i)}] \tag{4-13}$$

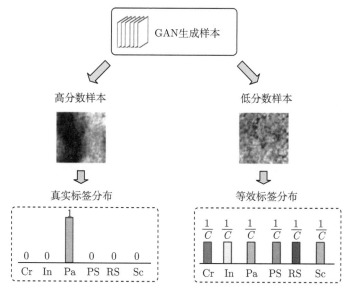

图 4.21 等效标签算法示意图

根据设定的阈值，类分数高的生成样本获得其对应类别的真值标签 (GT)，真实标签分布的表达式为

$$q_{\mathrm{GT}} = \begin{cases} 0, & k \neq y \\ 1, & k = y \end{cases} \tag{4-14}$$

这些样本将加入现有的类别中，充当真实样本，扩充训练集。而类分数低的生成样本会分配一个基于现有类的均匀分布，获得等效标签，其分布的表达式为

$$q_{\mathrm{EL}} = \frac{1}{C} \tag{4-15}$$

与交替训练算法不同，等效标签算法分配的并不是伪标签，这些分数低的生成样本既不会属于现有类，也不会属于一个新类。3.2.2 节的实验已经证明，GAN 生成样本具有与真实样本相同的知识，可以同后者一同训练，并提高最终的分类精度。因此，通过等效标签算法，模型可以获得充足的标记样本进行训练，防止网络训练出现过拟合的现象，同时抑制了低质量的生成样本对模型学习方向的影响。等效标签算法的具体流程如表 4.11 所示。

表 4.11   等效标签算法具体流程

等效标签算法
Input: GAN samples S_{GAN}, real samples S_{r}, and ground-truth class labels θ_{gt}.
1:        Train ALLnet on $\{S_{\mathrm{r}}, \theta_{\mathrm{gt}}\} \Rightarrow$ startup model M_{s}.

续表

2:	**for** i **in** S_{GAN}:
3:	**if no** M_{s}:
4:	Label S_{GAN} as a uniform label distribution L_{uniform}.
5:	$S_{\text{r}} \leftarrow S_{\text{GAN}}, S_{\text{l}} \leftarrow S_{\text{r}}$.
6:	**Break**
7:	**end if**
8:	Use M_{s} on $S_{\text{GAN}}^{(i)} \Rightarrow$ class scores $\tau^{(i)}$.
9:	**if** $\tau^{(i)} \geqslant \tau_{\text{threshold}}$:
10:	Label $S_{\text{GAN}}^{(i)}$ as L_{GT} according to $\tau^{(i)}$.
11:	$S_{\text{u}} \leftarrow S_{\text{u}} + S_{\text{GAN}}^{(i)}$.
12:	**else**:
13:	Label S_{GAN} as L_{EL}.
14:	$S_{\text{l}} \leftarrow S_{\text{l}} + S_{\text{GAN}}^{(i)}$..
15:	**end if**
16:	$S_{\text{l}} \leftarrow S_{\text{r}}$.
17:	Training data $S_{\text{T}} \leftarrow S_{\text{u}} + S_{\text{l}}$.
18:	**end for**
19:	**Return** S_{T}

3. 基于多级融合特征的 CAM 网络

等效标签算法使得生成样本获得图像级标签，但这种弱监督信息不足以使检测模型进行监督训练。故此，EL-CAM 使用类激活映射模型在这样的弱监督数据集上进行纹理表面缺陷的检测。类激活映射模型具有两个部分：一部分是骨干网络，通常是基准卷积神经网络模型，进行图像分类任务；另一部分是类激活图生成网络，利用分类结果反向映射，生成类激活图。根据分类结果，类激活图会对图像中特定的区域进行凸显，框选该区域就可以完成目标的定位。具体地，类激活映射模型是利用主干卷积神经网络提取特征图，使用 GAP 层对最后的卷积层所输出的特征图取全局均值，将其转化为一个特征向量。以这样的方式，每一层特征图就表示为了一个数值，然后根据分类结果将 softmax (归一化指数函数) 输出层的权值参数反向映射到 GAP 之前的输出特征图上，进行加权求和，最终就得到类激活图。根据权值参数的大小，类激活图会对图像中的区域进行不同程度的凸显，其中凸显区域的颜色越深，则表明该区域对于分类结果的重要性越大，或者说该区域存在的特征越关键，这是使分类器将该图像归为该类的重要依据。最后，将类激活图上采样到与原图像相同的尺寸，就可以获得凸显区域的空间位置，实现对缺陷的定位。

标准类激活映射模型的最大问题在于，其只使用最后一层卷积层输出的高层级特征图来生成类激活图。根据 3.2.1 节的研究可知，高层级特征虽然具有特异性最强的语义信息，但损失了大量的细节信息，不利于目标的准确定位。这样生成的类激活图，很多时候只会凸显目标最具特异性的部分，而忽视了特异性较弱的缺陷边缘区域。为了获得更准确的预测框，EL-CAM 集成了 3.2.1 节所提的 MFN 网络，通过多级特征来生成类激活图。如前文分析，多级特征可以保留图像中更多的细节信息，有利于目标区域更准确的框选，这种特性对类激活图也是同样适用的。除了上述问题，标准类激活映射网络会删除基线模型的一部分卷积层，以增大输出特征图的分辨率，这一分辨率称为 "映射分辨率"[18]。比如，ResNet34 模型的最后一层的输出特征图的分辨率太低，仅为 7 像素 ×7 像素，因此该模型进行类激活图的生成时，会删除残差模块 R5，将映射分辨率提高到 14 像素 ×14 像素。这种做法会破坏主线网络的原始结构，并且丢弃了残差模块 R5 所产生的深层级特征。而将 MFN 网络集成到主干网络上，不仅可以克服上述问题，而且通过更改其支线网络参数，可以获得任意的映射分辨率。

EL-CAM 网络中的 MFN 网络结构与 DDN 网络中的相同，每条支线都是连接在主干网络 ResNet34 的残差模块 {R2，R3，R4，R5} 的最后一层卷积层上，分别经过 MFN 的支线网络 {B2，B3，B4，B5} 对每个特征图进行分辨率和维度的调整，最后进行线性连接获得融合特征 M_F，其尺寸与 B4 特征相同，尺寸为 14 像素 ×14 像素 ×256 像素。然后，将特征图 M_F 导入 GAP 层和 softmax 输出层求出分类结果，并获得类激活图进行定位。令 $M_i(x,y)$ 表示 MFN 网络最后一层的第 i 个神经元，其在输入图像上的空间坐标为 (x,y) 的激活值为

$$M_i(x,y) = \sum_{x,y} z_i(x,y) \tag{4-16}$$

在 $M_i(x,y)$ 通过 GAP 的处理后，对于类别 c 的类激活图为

$$M_c = \sum_{x,y} \sum_i W_i^c \cdot \mathrm{GAP}(M_i(x,y)) \tag{4-17}$$

其中，W_i^c 表示神经元 i 对应于类别 c 的权值参数。因此，类激活图 M_c 可以指示在图像空间上坐标 (x,y) 处的激活值的重要性，即该区域信息导致分类器将该样本预测为类别 c 的依据。在整个类激活图的计算中忽略了偏移值的参与，因为它对于分类结果的影响很小。

4.3.2 网络训练

1. 损失函数

EL-CAM 的输出层是多分类的 softmax 函数，因此其损失函数仍是交叉熵函数。由上文的分析可知，弱监督的训练样本具有两种类型的标签，所以该函数将

由两项组成: 其一是分配真实标签的真实样本和高分数生成样本, 根据式 (4-14), 损失函数的表达式为

$$L_{\text{GT}} = -\log(p(y)) \tag{4-18}$$

另一部分为分配等效标签的低分数生成样本, 根据式 (4-15), 损失函数的表达式为

$$L_{\text{EL}} = -\frac{1}{C}\sum_{k=1}^{C}\log(p(k)) \tag{4-19}$$

综合式 (4-18) 和式 (4-19), 可知 EL-CAM 的总损失函数为

$$L = L_{\text{GT}} + L_{\text{EL}}$$
$$= -(1-\omega)\log(p(y)) - \alpha(n)\frac{\omega}{C}\sum_{k=1}^{C}\log(p(k)) \tag{4-20}$$

其中, $\alpha(n)$ 是对低分数生成样本的惩罚函数, 定义于式 (3-30)。由此可见, EL-CAM 的损失函数是由两部分组成, 通过设置参数 ω 取 0 或 1 来进行区分。其中, 一部分样本分配的是真实标签分布, 它们会影响模型的学习过程和优化方向; 另一部分样本分配的是等效标签分布, 它们不会对模型优化产生影响, 但是由于其同样具有与真实样本相同的特异性信息, 因此可以在训练过程中帮助模型对于特征的学习, 并扩充训练数据集, 防止网络过拟合, 达到类似正则器的作用。

2. 训练过程

用于样本生成的 DCGAN 模型的训练过程与第 3 章相同, 这里不再赘述其训练过程。除此之外, EL-CAM 需要训练的模型主要是类激活映射网络 CAM 和 MFN。由于 EL-CAM 不使用预训练模型, 因此将 CAM 和 MFN 视为一个整体进行训练, 即基于多级特征提取的类激活映射网络。根据以往的经验[19], 弱监督的检测器经过多次的训练过程可以取得更好的精度。因此, 这里对于 EL-CAM 执行了三重优化训练过程, 具体步骤如下所述。

Step 1: 将主干网络 ResNet34 模型单独在初始标记样本 S_{L} 上进行第一次优化训练, 训练完成后得到模型 M_{R}。随后, 使用模型 M_{R} 在生成的无标记样本 S_{U} 上进行类别预测, 根据式 (4-13) 获得类别分数 s。

Step 2: 将 MFN 模型与类激活映射模型 M_{C} 进行集成, 形成完整的 EL-CAM 模型, 使类激活映射模型可以使用多级特征进行类激活图的生成。将集成的模型在标记数据集 S_{L} 上完成第二次优化训练, 训练完成后获得模型 M_{E}。

Step 3: 根据 Step 1 获得的类别分数 s, 对样本 S_{U} 使用等效标签算法, 算法过程如表 4.11 所示。在对 S_{U} 分配对应的标签分布之后, 将其加入数据集 S_{L},

获得新的训练集 S_T。最后，将模型 M_E 在训练集 S_T 上进行第三次优化训练，直到训练达到最大迭代次数，生成最终的 EL-CAM 模型 M_F，执行弱监督缺陷检测任务。

3. 训练设置

EL-CAM 的整个训练过程使用 Adam 优化算法，其配置的指数衰减参数 β_1 和 β_2 分别为 0.9 和 0.99，模型权重参数采用 "Xavier" 初始化方法。模型的三次优化训练过程使用阶梯训练策略：第一次和第二次优化训练时的超参数相同，其中学习率为 0.001，批量尺寸为 64，训练周期为 300 轮；第三次优化训练时降低学习率并增大批量尺寸和训练周期，分别设为 0.0005 轮，128 轮和 600 轮。

4.3.3 在缺陷检测数据集上的实验结果及分析

为了验证 EL-CAM 模型的检测效果，需要在具有实例级标注的缺陷检测数据集上进行测试。因此，这里选择之前章节使用的 NEU-DET 数据集来进行弱监督缺陷检测实验。NEU-DET 数据集的具体细节见 3.2.1 节。

EL-CAM 是利用分类结果进行缺陷定位的弱监督方法，因此本实验使用了两个评价指标对其分类和定位能力进行评估。其一是分类错误率，表示模型预测分类正确的概率，用于评价其缺陷分类结果。其二是定位错误率 (localization error rate)，表示预测框正确框选真实框的概率，将 IoU (交并比) 超过 0.5 的预测框判定为正确框选，该指标用于评价缺陷定位结果。其中，为了评价模型的定位能力，需要在类激活图上生成包围框，这里使用阈值法对激活响应大于 50% 的最大连续区域进行框选，用以表示目标预测位置。

1. 在 NEU-DET 数据集上的实验结果及分析

由于 NEU-DET 是具有实例级标签的缺陷数据集，因此本实验可以对 EL-CAM 的分类能力和定位能力进行完整的评估。数据集中的实例级标签不会参与弱监督训练过程，网络的训练只使用等效标签算法分配的图像级标签，而在检测阶段使用实例级标签进行评估。图 4.22 展示了 EL-CAM 在 NEU-DET 数据集上的类激活图示例，图中每类示例中左侧图为真实图像，其中黄色矩形框为标注的真值；右侧图为 EL-CAM 所生成的类激活图，其中橙色矩形框为缺陷定位结果。需要注意的是，EL-CAM 不是使用右侧的真值进行监督训练的方法，因此无法使用强监督信息的指导而获得每个实例的位置，只能通过获得连续的激活区域获得。从图中可以看出，EL-CAM 可以凸显样本中最具特异性的区域，实现仅使用图像级标签进行弱监督的缺陷定位。尽管 EL-CAM 无法将图像中的每个实例进行分别激活，但可以发现其激活的区域与数据集原本的 ground-truth 标注区域的总体面积是大致相同的。

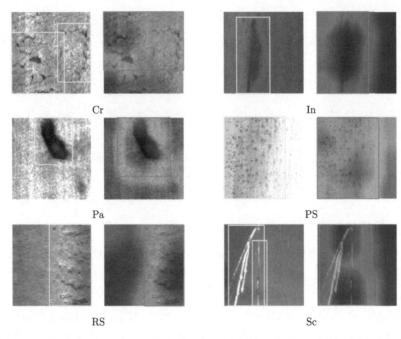

图 4.22　EL-CAM 在 NEU-DET 数据集上的类激活图示例 (彩图见封底二维码)

表 4.12[20] 统计了 EL-CAM 和其他弱监督方法在 NEU-DET 数据集上的缺陷检测实验结果。实验中不仅对比了原始的类激活映射模型，还与其他基准网络模型进行对比。从实验结果上看，目前主流基准网络模型的分类错误率普遍都低于 1%，这就意味着缺陷分类并不是缺陷检测网络构建的难点，如何提高定位精度才是更加需要重点关注的问题。在缺陷定位上，EL-CAM 模型取得了最低的定位错误率，相较于原始的类激活映射模型，降低了大约 10%。此外，MFN 对于提升类激活映射模型的定位能力效果显著，这一方面是由于多级特征具有更多细节信息，能够帮助类激活图凸显更准确的缺陷目标区域；另一方面是 MFN 可以提高类激活映射模型的映射分辨率，使多级特征保留了网络后半部分的特征特性。

表 4.12　NEU-DET 数据集上的弱监督缺陷检测实验结果

方法	分类错误率/%	定位错误率/%
CAM+AlexNet	0.90	27.19
CAM+ AlexNet+MFN	1.06	19.22
HaS+AlexNet	0.90	21.46
HaS+ GeogLeNet	0.55	26.98
EL-CAM+AlexNet	0.90	25.03
EL-CAM+ ResNet34	0.55	24.57
EL-CAM+ResNet34+MFN	0.68	17.35

2. 评估 MFN 对于 EL-CAM 的影响

为了验证多级特征对类激活图的作用，以及研究 MFN 融合不同层级特征组合对检测模型的影响，对 MFN 在 NEU-DET 数据集上进行了消融实验，结果归纳于表 4.13。从表中的实验结果可以观察到，无论哪种融合策略，对于分类效果的影响都不大，联合所有的四层依旧是最好的选择。低层级特征的融合对于分类错误率产生了轻微的损伤，但其对于定位错误率的降低起到至关重要的作用。其中，MFN 融合 R2 和 R3 特征图之后，使得定位错误率开始大幅度降低。本实验进一步证明了低层级的细节信息有助于缺陷定位的准确性，同时也证明了 MFN 提取的多级特征能够提高类激活图的质量，致使检测器最终的精度提升。

表 4.13　MFN 的消融实验结果

融合特征层级				分类错误率/%	定位错误率/%
R2	R3	R4	R5		
			√	0.55	24.57
		√	√	0.55	24.06
	√	√	√	0.58	22.88
√	√	√		0.73	18.42
√	√	√	√	0.68	17.35

4.3.4　在缺陷分类数据集上的实验结果及分析

1. 等效标签算法的评估

为了进一步评估等效标签算法的性能，实验选取了具有代表性的标签匹配算法 "another label" (真值标记) 和 "pseudo label" (伪标记) 进行对比。所使用的缺陷数据集为 KNOTS 和 MT 数据集，二者具有图像级的真值标签，分类结果如图 4.23 所示。从图中可以清晰地观察到，"another label" 和 "pseudo label" 算法都具有可靠的分类效果，但本节所提的等效标签匹配方法更加出色，胜过二者 1%~2% 的分类精度。其原因很可能在于，等效标签对于 GAN 生成样本的假设更加合理。"another label" 只是简单地将所有生成样本划分为低分数的样本，这种假设过于粗糙，失去了利用高分数样本提升学习效果的机会。而与之相对的，"pseudo label" 对于生成样本质量的评估过于乐观，将所有的样本分配到现有的真值类中。随着生成样本的大量添加，过多的低分数样本会使得学习过程恶化，导致精度快速地达到峰值然后急剧地下降。而等效标签算法是根据生成质量给其匹配不同的标签分布，更合理的假设就使得模型具有了更优越的性能。

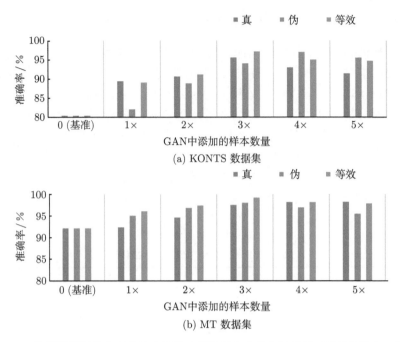

图 4.23　使用不同标签分配算法在缺陷分类数据集上的实验结果 (彩图见封底二维码)

2. 在多种缺陷分类数据集上的检测结果及分析

为了进一步验证 EL-CAM 的泛化性与通用性，将其在 KNOTS 和 MT 缺陷分类数据集上进行缺陷检测实验，二者的具体细节见 3.2.2 节。其中，Fabrics 仅是织物表面纹理数据集，不具有缺陷目标，因此无法进行缺陷检测实验。图 4.24 和图 4.25 分别为 EL-CAM 在 KNOTS 和 MT 数据集上的类激活图示例，图中每类示例中左侧图为真实图像，右侧图为 EL-CAM 所生成的类激活图。由于分类数据集不具有真值框，因此无法在这两个数据集上进行定量分析，所以本实验在图 4.24 和图 4.25 上给出了更多的检测示例，并与原始的 CAM 模型检测结果进行直观的对比。

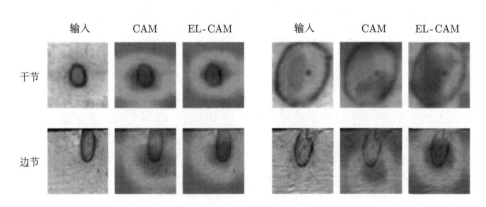

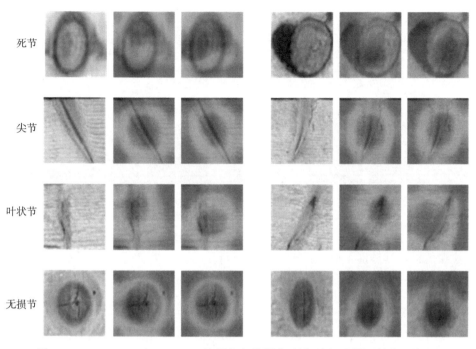

图 4.24 EL-CAM 在 KNOTS 数据集上的类激活图示例 (彩图见封底二维码)

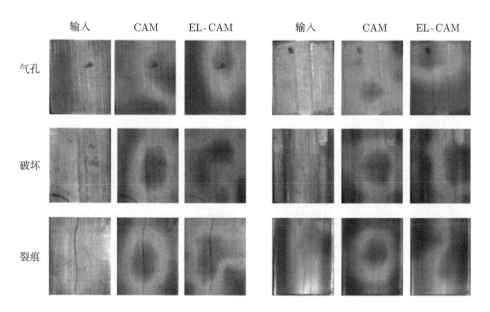

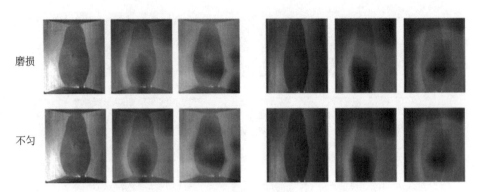

磨损

不匀

图 4.25　EL-CAM 在 MT 数据集上的类激活图示例 (彩图见封底二维码)

从图 4.24 的实验结果可以看出，EL-CAM 相较于原始 CAM 模型具有更好的检测效果。具体地，在"干节"、"边节"和"死节"类组的类激活图对比中观察到，EL-CAM 能够对缺陷目标区域进行更准确的激活定位，对于缺陷区域的覆盖更加全面。"尖节"和"叶状节"的类激活图表明，CAM 模型不擅长对狭长的缺陷进行准确定位，但其依旧可以激活目标所在区域。

图 4.25 的实验结果进一步证明了上述结论。在 "Blowhole" 和 "Uneven" 类的实验中，CAM 模型甚至发生了错误定位，而 EL-CAM 却能够准确地激活缺陷目标。而在 "Crack" 类上，EL-CAM 能够定位缺陷目标，但是对于狭长缺陷依旧无法准确地框选。在 "Fray" 类中也能够清晰地观察到，EL-CAM 对缺陷目标边界的界定更加准确。

图 4.24 和图 4.25 的实验结果证明，EL-CAM 能够应用在不同的纹理表面进行缺陷检测，与原始 CAM 模型相比，EL-CAM 生成的类激活图的激活准确性更高，能够获得更精确的检测结果。

参 考 文 献

[1] 刘天赐. 基于弱监督学习的金属表面缺陷检测技术研究 [D]. 沈阳：东北大学, 2021.

[2] Chen Z, Fu Z, Jiang R, et al. SLV: Spatial likelihood voting for weakly supervised object detection [C]. 2020 IEEE/CVF Conference on Computer Vision and Pattern Recognition, 2020: 12995-13004.

[3] Yu J, Jiang Y, Wang Z, et al. Unitbox: An advanced object detection network [C]. Proceedings of the 24th ACM International Conference on Multimedia, 2016: 516-520.

[4] Bochkovskiy A, Wang C Y, Liao H Y M. Yolov4: Optimal speed and accuracy of object detection [J]. arXiv. USA, 2020.

[5] Rezatofighi H, Tsoi N, Gwak J Y, et al. Generalized intersection over union: A metric and a loss for bounding box regression [C]. 2019 IEEE/CVF Conference on Computer Vision and Pattern Recognition, 2019: 658-666.

[6] Zheng Z, Wang P, Liu W, et al. Distance-IoU loss: Faster and better learning for bounding box regression [J]. Proceedings of the AAAI Conference on Artificial Intelligence, 2020, 34(7): 12993-13000.

[7] Zheng Z, Wang P, Ren D, et al. Enhancing geometric factors in model learning and inference for object detection and instance segmentation [J]. IEEE Transactions on Cybernetics, 2022, 52(8): 8574-8586.

[8] Loshchilov I, Hutter F. SGDR: Stochastic gradient descent with warm restarts [J]. arXiv, 2016.

[9] Zhang J, Su H, Zou W, et al. CADN: A weakly supervised learning-based category-aware object detection network for surface defect detection [J]. Pattern Recognition, 2021, 109: 107571.

[10] Github (2020) ultralytics [YoloV5][EB/OL]. https://github.com/ultralytics/yolov5.

[11] Kolesnikov A, Lampert C H. Seed, expand and constrain: three principles for weakly-supervised image segmentation[C]. European Conference on Computer Vision(ECCV), 2016: 695-711.

[12] Huang G, Liu Z, van der Maaten L, et al. Densely connected convolutional networks[C]. 2017 IEEE Conference on Computer Vision and Pattern Recognition (CVPR), 2017: 2261-2269.

[13] 张德富. 欠样本下钢轨表面缺陷快速检测与分割方法研究 [D]. 沈阳：东北大学, 2021.

[14] Zhang D, Song K, Xu J, et al. An image-level weakly supervised segmentation method for no-service rail surface defect with size prior[J]. Mechanical Systems and Signal Processing, 2022, 165: 108334.

[15] Odena A. Semi-supervised learning with generative adversarial networks[C]. International Conference on Machine Learning (ICML) Workshop, New York, USA, 2016: 1-6.

[16] Salimans T, Goodfellow I, Zaremba W, et al. Improved techniques for training GANs[C]. Neural Information Processing Systems (NIPS), Barcelona, Spain, 2016: 2234-2242.

[17] Lee D H. Pseudo-label: The simple and efficient semi-supervised learning method for deep neural networks[C]. International Conference on Machine Learning (ICML) Workshop, Atlanta, GA, USA, 2013: 1-6.

[18] Zhou B, Khosla A, Lapedriza A, et al. Learning deep features for discriminative localization[C]. 2016 IEEE Conference on Computer Vision and Pattern Recognition (CVPR), Las Vegas, NV, USA, 2016: 2921-2929.

[19] Wei Y, Xiao H, Shi H, et al. Revisiting dilated convolution: A simple approach for weakly- and semi- supervised semantic segmentation[C]. 2018 IEEE/CVF Conference on Computer Vision and Pattern Recognition (CVPR), Salt Lake City, UT, USA, 2018: 7268-7277.

[20] 何彧. 有限样本条件下纹理表面缺陷分类与检测方法研究 [D]. 沈阳：东北大学, 2021.

三维点云篇

第 5 章　结构光下的缺陷检测

5.1　基于 Hg_Census 变换的立体匹配方法

立体匹配方法已经发展了很多年，不断有新的不同计算方式的匹配方法被提出，然而一些重要的共性问题依然没有很好地解决。第一个重要的共性问题就是遮挡问题。与通常图像处理中所定义的遮挡 (一个物体被另一个物体挡住) 不同，在立体视觉里的遮挡指的是：一些目标信息在左图像中可以看到，而在右图像中却看不到。第二个重要的共性问题就是低纹理和重复纹理问题。对于被动立体匹配方法来讲，其匹配过程中非常重要的信息是纹理特征信息，如果待匹配图像中出现了低纹理或重复纹理问题 (即有效的纹理特征信息较少)，那么匹配的精度就会受到严重影响。第三个重要的共性问题就是来源于外界环境的干扰。在不同的环境中，光照和曝光等亮度信息会有差异，加上各种可能的噪声混入，进而导致待匹配图像中的有用目标信息受到影响，最终影响到视差图像的效果。

上述这些问题的根源基本可以归结为：立体匹配方法对输入图像的放射差异 (radiometric differences) 的鲁棒性较差，具体来讲是，立体匹配方法中计算的匹配代价鲁棒性不好。因此，提高立体匹配方法中匹配代价的鲁棒性是解决上述问题的关键。为了了解各种匹配代价计算方法的性能，Hirschmüller 等 [1] 利用多种评估参数对比了不同匹配代价的计算方法，并认为使用 Census 变换 (普查变换) 计算匹配代价的整体性能更好，放射差异的鲁棒性较好。虽然 Census 变换在整体上对放射差异具有较好的鲁棒性，但是其对噪声的鲁棒性比较差，具体可以通过一个实例说明。

选取 Middlebury 数据库上的 "Venus" (金星) 图像对作为实验对象。首先，将 "Venus" 原图像加入不同程度的高斯噪声，即不同的信噪比 (SNR)，SNR = 25, SNR = 15, SNR = 10。然后，使用 Census 变换计算匹配代价，并使用超像素分割算法 SLIC (简单线性迭代聚类，simple linear iterative clustering)[2] 和全局优化方法 ARW (自适应随机游走，adaptive random walk)[3] 进行匹配代价的优化，实验结果如图 5.1 所示。从图中可以看出，由于噪声的干扰，视差图像的质量受到了严重的干扰；而且噪声干扰越多，视差图像的质量就越差，尤其是当噪声干扰非常严重的时候，即 SNR 小于 25 的时候，视差图像效果非常不好。通过上述实验可以发现，Census 变换抵抗图像噪声干扰的鲁棒性不强。

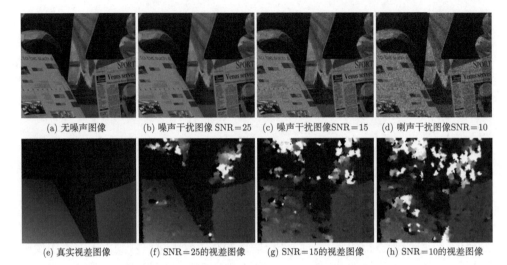

(a) 无噪声图像　　(b) 噪声干扰图像 SNR＝25　　(c) 噪声干扰图像SNR＝15　　(d) 喇声干扰图像SNR＝10

(e) 真实视差图像　　(f) SNR＝25的视差图像　　(g) SNR＝15的视差图像　　(h) SNR＝10的视差图像

图 5.1　加入不同高斯噪声，Census 变换的实验结果

通过分析其计算原理可以发现，Census 变换重点考虑中心像素的灰度值，并将邻域的灰度值与中心像素的灰度值进行比较。若中心像素的灰度值在干扰下发生改变，则其邻域的对比计算结果也将发生很大的改变，这也进一步影响到最终获得的视差图像效果。此外，Census 变换在邻域信息的使用上，也仅仅是将其周围直接相邻的像素考虑在内，并未充分考察利用其他邻域内的像素信息，即邻域信息利用不充分，进而导致上述实验结果。

对于 Census 变换抵抗干扰的鲁棒性不强的问题，通常可以采用图像滤波技术对被干扰图像进行修复处理，然而这种处理在滤除噪声等干扰的同时，也丢失了许多有用的图像信息，具体也可以通过一个实例说明。Jin 等 [4] 最近提出了一种新的噪声滤除方法，即自适应加权四元数颜色距离 (adaptive weighted quaternion color distance，AWQD)，这里将其文章中对比的一些方法在 "zebras" (斑马) 图像上进行了实验，并做了局部区域放大处理，对比结果如图 5.2 所示。图中与 AWQD 方法进行对比实验的方法包括：矢量中值滤波器 (vector median filter，VMF)、自适应矢量中值滤波器 (adaptive vector median filter，AVMF)、基于四元数的开关滤波器 (quaternion-based switching filter，QBSF) 和两级四元数开关矢量中值滤波器 (two-stage quaternion switching VMF，TSQSVF)。从实验结果可以看出，尽管最新的 AWQD 方法已经取得了不错的结果 (图 5.2(f))，但是原图像里仍有很多有用的信息被滤波掉了。

通过上述分析可知，被动的图像修复技术不足以解决 Census 变换抵抗干扰的鲁棒性不强的问题。为了解决该问题，这里从主动防御的角度考虑改进 Census 变换计算原理，以增强其对干扰的鲁棒性。针对 Census 变换计算过程中未充分考察利用其他邻域内的像素信息的问题，这里提出了基于六边形网格的 Hg_Census (hexagonal grid census) 变换的立体匹配方法。Hg_Census 方法充分利用六边形网格向外扩散的优势，将中心像素周围的相关邻域进行综合评估，进而减弱干扰的影响。为了增强匹配代价聚集和视差图优化的鲁棒性，这里提出的方法选用了基于递归边缘感知滤波器 (recursive edge-aware filter，REAF)[5] 的匹配代价聚合方法，并使用胜者为王 (winner takes all，WTA) 的方法进行视差优化的处理。此外，为了充分考虑视差图像与引导图像之间的结构不一致性，Hg_Census 方法引入了交互引导图像滤波 (mutually guided image filtering，MuGIF)[6] 进行视差后处理。

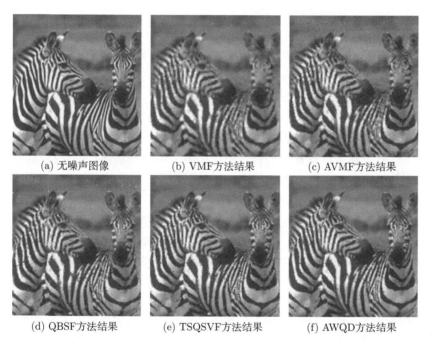

(a) 无噪声图像   (b) VMF方法结果   (c) AVMF方法结果

(d) QBSF方法结果   (e) TSQSVF方法结果   (f) AWQD方法结果

图 5.2 对于被噪声干扰的 "zebras" 图像使用不同图像滤波方法的结果 (彩图见封底二维码)

5.1.1 立体匹配方法的理论基础

为了更深入地研究立体匹配方法及后续内容的展开，这里分别从以下四个方面给出立体匹配方法的理论基础，即基本假设与约束、选择匹配基元、选择相似性测度函数，以及选择优化策略。

1. 基本假设与约束

由于三维现实场景在转变为二维图像的时候，丢失了部分重要的深度信息，在从二维图像重构回三维立体的过程中，很容易出现重构错误甚至完全失败。为了避免该问题的发生，在进行立体匹配时，需要进行一些必要的假设和约束。这些基本假设和约束包括以下几个方面。

1) 唯一性约束

所谓唯一性约束，就是指从二维图像 (即校正后的左右图像) 重构得到的三维空间位置点是唯一的。这也就要求左右两幅图像上的像素点在匹配时是一一对应的。在立体匹配时应用唯一性约束，可以有效地减小误匹配的概率。

2) 顺序约束

所谓顺序约束，就是指从三维空间位置点在投射到左右两幅二维图像时，在图像中相应极线中的顺序是一致的。顺序约束是立体视觉在投射时的必然结果，该约束可有效减少匹配歧义现象的发生。

3) 几何相似性约束

所谓几何相似性约束，就是指左右两幅二维图像中相对应的匹配基元 (如角点、边缘和轮廓等特征) 应该具有相同或相似的属性。在基于特征基元的这类立体匹配方法中，几何相似性约束是其核心的约束准则。

4) 视差连续性约束

视差连续性约束又可称为表面光滑性约束，即物体的表面大都是连续的，因而所获得的视差图像的变化应该是平滑连续的。但是在物体存在遮挡或在物体边界时，所获得的视差图像是不连续的。

5) 视差范围约束

所谓视差范围约束，就是指设置一个最大视差搜索范围，即搜索视差时小于该设定值，以缩小搜索范围，降低搜索时间，进而提高立体匹配的效率。设置该范围时，需要依据采集设备 (即相机) 的基本型号以及其到物体的距离来确定。

2. 选择匹配基元

在图像立体匹配方法中，匹配基元是其最基本的匹配元素，主要是由待匹配二维图像的信息组成。匹配基元的形式有多种，其中像素灰度值是一个最基本的匹配基元，也就是将图像中像素的灰度值作为基本元素来计算。然而，对单个像素点进行简单操作而不考虑其周围像素，其过程非常容易受到环境因素的干扰，尤其是容易受到噪声干扰 (例如椒盐噪声)，最终导致误匹配率较高，甚至是完全匹配错误。

除了像素灰度值，匹配基元还包括图像相位、图像基本特征等。这里将重点研究图像基本特征的匹配基元，主要包括：点特征基元、边缘特征基元以及区域特征基元。

1) 点特征基元

点特征是图像特征中最简单也是最基本的一个特征，该特征具备描述简单、定位精准等优点，因此，将点特征作为匹配基元，可以快速准确地定位到匹配位置。最常见的点特征基元是各种角点，例如 Harris、SIFT、FAST、SURF 等角点检测子。由于这些点特征基元的尺度较小，所以数量较大，因而通常加入合适的约束以提高效率。

2) 边缘特征基元

边缘特征是图像特征中一种非常重要的特征类型，与点特征相比，边缘信息保留了更多的轮廓结构信息。因此，使用边缘特征基元进行匹配，更加有利于降低误匹配率。

3) 区域特征基元

与点特征基元和边缘特征基元都不同，区域特征基元则是选取一定区域的图像信息来综合表示待匹配的元素，因此在整体元素数量上小于前两者。同时，区域特征基元所包含的图像信息也更加丰富和全面。

综上所述，在选择匹配基元时，需要根据待匹配图像的实际工况，综合考虑匹配基元的可判别性、准确性以及鲁棒性，有针对性地挑选合适的匹配基元，协助完成最终的立体匹配任务。

3. 选择相似性测度函数

所谓相似性测度函数，即度量元素之间相似性关系的一个函数，利用该函数可以建立匹配基元之间的相似性关系，进而影响匹配结果。因此，该函数在整个立体匹配方法中扮演着非常重要的角色。与匹配基元的表示形式类似，相似性测度函数的表示方式也有很多种，主要可以分为两大类：基于像素的相似性测度函数、基于区域的相似性测度函数。

在基于像素的相似性测度函数中，最简单的两种计算式分别是：平方误差 (squared difference，SD) 和绝对误差 (absolute difference，AD)。

与基于像素的相似性测度函数仅选择单个像素进行计算不同，基于区域的相似性测度函数选取了一块区域 (即像素集) 进行分析判断，因而可以更全面地度量其相似程度。根据不同的计算式，基于区域的相似性测度函数可以分为以下三类：距离测度、相关测度以及非参数测量。

常用的距离测度主要包括：像素灰度差的绝对值和 (sum of absolute difference，SAD)、像素灰度差的平方和 (sum of squared difference，SSD)、截断像素灰度差的绝对值和 (sum of truncated absolute differences，STAD)、零均值像素灰度差的绝对值和 (zero mean sum of absolute difference，ZSAD)、零均值像素灰度差的平方和 (zero mean sum of squared difference，ZSSD) 等。其最优匹配处在距离测度数值最小时的位置。

上述距离测度都未进行归一化处理，而相关测度则充分利用了该处理，因此，其数值最大的时候则为最优匹配处。代表性的相关测度主要包括：归一化相关 (normalized cross-correlation，NCC)[8] 以及零均值归一化交叉相关 (zero mean normalized cross-correlation，ZNCC)[9]。

非参数测量的基本原理一般是建立一个邻域窗口，并将中心像素点与邻域像素点进行比较计算位串数值，这种测度函数的计算速度比较快，常见的非参数测度函数包括：rank 变换 (秩变换) 和 Census 变换 [10,11]。其中，Census 变换是对 rank 变换的一种改进和提升，因而被广泛地用来计算匹配代价，后续将详细介绍该变换，并针对该变换中的问题，提出了改进方法。

4. 选择优化策略

在整个立体匹配方法中，优化策略是最为关键的一步，其优化性能的好坏将直接决定最终的匹配结果，因此，如何选择合适的优化策略，是立体匹配方法中非常重要的工作。优化策略的理论基础源于最优化方法，即把立体匹配问题转变为能量函数的最小化求解问题。建立一个合适的能量函数，并增加一些合适的约束条件，这是优化策略的核心问题。

目前，建立能量函数的方式主要有两种，即局部区域的方式和全局的方式。局部区域的方式主要是基于区域特征的匹配基元，选择合适的相似性测度，建立并求解能量函数的最优值而获得最终的匹配结果。而全局的方式则是建立一个全局的能量函数，并通过寻求全局最优解来获得最终的匹配结果。

上述两种方式在计算速度上有差异，局部的方式速度较快，但在精度上全局的方式的结果更好。为了将两者的优缺点进行互补，研究人员提出了一种半全局的方式，既想保证匹配的精度，又想提升优化的计算速度，但是该方式中的能量函数建立与求解过程中还有很多问题需要解决和完善。

5.1.2 Hg_Census 立体匹配方法

在这里，首先给出 Census 变换的基本原理，并通过具体实例分析说明其存在的问题，然后提出 Census 变换的一种改进方法，即 Hg_Census 变换，并提出基于 Hg_Census 的立体匹配方法。

1. Census 变换原理

Census 变换 [10,11] 的基本原理是将一个邻域窗口内的中心像素与其邻域像素通过一定的计算方式映射成一组位串 (bit string)。如果邻域像素的像素值大于或等于中心像素的像素值，则将该像素对应的位置设为 0；反之则设为 1。位串的排列顺序是从变换窗口的第一行最左的像素点开始向右移动，接着从上往下遍历窗口的每一行。其定义为

$$I_{\mathrm{C}}(x, y) = \underset{-\frac{M}{2} < i < \frac{M}{2}, \ -\frac{N}{2} < j < \frac{N}{2}}{\text{bit string}} \delta\left(I(x, y), I(x + i, y + j)\right),$$ (5-1)

$$i, j \text{ 是整数且 } i, j \text{ 不同时为 } 0$$

$$\delta(m_1, m_2) = \begin{cases} 0, & m_1 \leqslant m_2 \\ 1, & m_1 > m_2 \end{cases}$$ (5-2)

其中，$I(x, y)$ 表示图像中 (x, y) 像素点处的灰度值；$M \times N$ 表示以 (x, y) 为中心的矩形窗口。

为了更好地理解上述式 (5-1) 和式 (5-2) 的具体操作，这里选择了一个实例进行说明，如图 5.3 所示。分别选取左右图像中相对应同样大小的一个 3×3 窗口进行操作，为了更好地区别左右两幅图像，这里设定左图像为参考图像，右图像为目标匹配图像，后文中未作特殊说明的地方，都默认为该设置。如图 5.3 所示，将两幅图像中选取的窗口分别按照上述式 (5-1) 和式 (5-2) 进行计算，即可得到参考图像的位串 $I_{\mathrm{CR}}(x, y)$ 和目标图像 1 的位串 $I_{\mathrm{CT}}(x + d_1)$。从图中可以看到，参考图像的位串 $I_{\mathrm{CR}}(x, y)$ 数值为 "01000001"，目标图像 1 的位串 $I_{\mathrm{CT}}(x + d_1, y)$ 数值也同样是 "01000001"，然后选择合适的相似性测度函数进行计算。在 Census 变换中最常使用的相似性测度函数是汉明 (Hamming) 距离，其定义为

$$C(x, y, d) = \sum_{(i,j) \in U} I_{\mathrm{CR}}(x + i, y + j) \otimes I_{\mathrm{CT}}(x + i + d, y + j)$$ (5-3)

其中，$\otimes$ 是异或运算符。

由于参考图像的位串 $I_{\mathrm{CR}}(x, y)$ 数值与目标图像 1 的位串 $I_{\mathrm{CT}}(x + d_1, y)$ 数值相同，因而通过上述式 (5-3) 的计算，可以得到其汉明距离数值为 0，即可以进行后续匹配计算。

然而，Census 变换的计算方式对于含有干扰的相似性纹理目标来说，其结果的鲁棒性较差，很容易造成误匹配，具体可以通过一个实例说明。这里选取了一个与目标图像 1 具有相似性纹理的并含有一定噪声干扰的目标进行计算，如图 5.3 中的目标图像 2。对该目标进行 Census 变换计算，可以得到目标图像 2 的位串 $I_{\mathrm{CT}}(x + d_2, y)$ 数值为 "01000001"，然后通过式 (5-3) 得到其汉明距离数值也为 0。理论上讲，对于两个不同的目标图像，通过 Census 变换计算之后得到的结果应该不同，即不同目标图像与参考图像的汉明距离不同，这样才可以实现相应位置的一对一匹配，不会出现误匹配的发生。

通过图 5.3 中的结果可以看到，不同目标图像经过 Census 变换的结果是一样的，汉明距离数值是相同的。这种情况下，在相应位置的一对一匹配中，参考

图像就无法准确地定位应该匹配哪个目标图像，进而造成误匹配的发生。

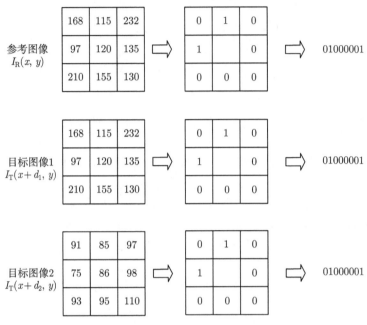

图 5.3　Census 变换

2. Hg_Census 匹配代价计算

为了解决上述 Census 变换造成的鲁棒性差的问题，这里提出了一种改进的 Census 变换，即基于六边形网格的 Hg_Census 变换。

按照上述，以左图像 I_1 作为参考图像，以右图像 I_r 作为目标图像，则基于 Hg_Census 变换的匹配代价计算公式定义为

$$C_{\mathrm{hg\_r}}(x,y,d) = I_{\mathrm{hg\_lc}}(x,y) \otimes I_{\mathrm{hg\_rc}}(x+d,y) \tag{5-4}$$

其中，$I_{\mathrm{hg\_lc}}(x,y)$ 表示参考图像进行 Hg_Census 变换计算得到的在像素 (x,y) 处的位串值；$I_{\mathrm{hg\_rc}}(x+d,y)$ 表示目标图像进行 Hg_Census 变换计算得到的在像素 $(x+d,y)$ 处的位串值。

Hg_Census 方法的重要特征是六边形网格的确定，该方法的基本操作为邻域窗口下比较中心的确定。选定窗口大小 (一般为奇数，如 7×7 窗口)，以窗口中心的像素为基准点，向四周扩散划分六边形网格，如图 5.4 所示。其中空白像素点位置，即为进行 Hg_Census 变换时的比较基准。

为了更清楚地说明 Hg_Census 变换的操作流程，这里以 7×7 窗口下的 Hg_Census 变换为例，给出其计算示例，如图 5.5 所示。考虑到六边形网格的组成，

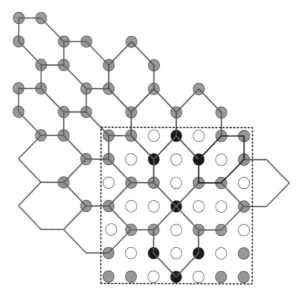

图 5.4 扩散的六边形网格 (彩图见封底二维码)

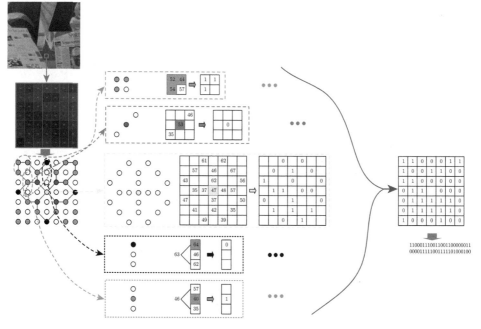

图 5.5 Hg_Census 变换的计算示意图 (彩图见封底二维码)

在提取的 7×7 窗口中, 以中心像素为区域中心在六边形网格点处分别提取五类不同的比较元素。这五类不同比较元素是源于以下三个不同方面的分析: 中心元素、边缘元素以及对角元素 (包括水平、竖直、斜向等)。

中心元素：该元素以黄色中心像素点为比较基准，将区域内空白的像素点与基准 (即黄色中心像素) 进行比较，如果其像素灰度值大于或等于基准点的像素灰度值，那么将其位置数值标记为 0；反之标记为 1。

边缘元素：该元素由窗口内四组绿色边缘角落构成，并以相近的空白的像素点为比较基准进行计算，如果绿色边缘像素点的灰度值大于或等于基准点的像素灰度值，那么将其位置数值标记为 0；反之标记为 1。

对角元素：该元素主要由以下三个不同方向组成，即水平、竖直、斜向。这里根据实际的分布情况，分别将其定义为红色斜向元素、黑色横纵元素以及蓝色横纵元素。首先分析红色斜向元素，红色像素点位置以倾斜共线的两侧相邻的两个空白像素点的均值为比较基准，如果红色像素点的灰度值大于或等于基准点的像素灰度值，那么将其位置数值标记为 0；反之标记为 1。然后分析黑色横纵元素，黑色像素点位置以垂直或水平共线的一侧的紧邻的两个空白像素点为比较基准 (即黑色像素点与远离的空白点两者像素值的均值为基准)，如果黑色像素点的灰度值大于或等于基准点的像素灰度值，那么将其位置数值标记为 0；反之标记为 1。最后分析蓝色横纵元素，蓝色像素点以水平或者竖直相邻的两个空白像素点的均值为比较基准，如果蓝色像素点的灰度值大于或等于基准点的像素灰度值，那么将其位置数值标记为 0；反之标记为 1。

经过以上计算可以得到最终的二值分布图，将该图中的数值按行顺序排列，即可得到最终的 Hg_Census 位串值。

3. 匹配代价聚合与视差优化

完整的立体匹配方法在匹配代价计算完成之后，还必须要进行匹配代价的聚合与视差优化。在这里，为了改善匹配代价聚合与视差优化的鲁棒性，将递归边缘感知滤波器与随机游走方法加入提出的立体匹配方法中，其详细描述见以下内容。

1) 匹配代价聚合

在匹配代价聚合方法中，最常使用基于超像素分割的代价聚类方式，但是该方式获得的结果需要考虑很多参数的设置和调整 (包括分割窗口尺寸等)，因而需要耗费大量的时间和精力去试验。

为了避免该问题，这里选用了基于递归边缘感知滤波器 (REAF)[5] 的匹配代价聚合方法。该方法的处理流程相对简单，运行效率较高，鲁棒性较强，可以更快更好地获得期望的聚合结果。REAF 方法的基本理论源于边缘感知滤波器和递归操作两者的融合，其关键是通过像素之间的距离计算获得相互影响的权重，并以该权重系数为重要依据，结合递归操作而获得最终的匹配代价聚类结果。

对于研究的二维图像而言, 其递归系统通常采用双向递归方式, 其定义为

$$\begin{cases} \overrightarrow{y}_i = \beta_i x_i + \alpha_{i-1} \overrightarrow{y}_{i-1} \\ \overleftarrow{y}_i = \beta_i x_i + \alpha_{i+1} \overleftarrow{y}_{i+1} \end{cases} \tag{5-5}$$

其中, α 和 β 为相关性权重系数, 其取值的大小与递归速率有关。而递归速率是由滤波方向上相邻像素的相似性计算获得的, 具体定义为

$$\begin{cases} \alpha_i = f\left(|x_i - x_{i-1}|\right)/\sigma \\ f\left(x\right) = \mathrm{e}^{-x} \end{cases} \tag{5-6}$$

其中, σ 是平滑因子。

2) 视差优化

通过 REAF 获得代价聚合后的结果, 通常还需要选择合适的视差优化方法获得最优的视差。视差优化的方式有很多, 考虑到运行效率的因素, 这里选取了胜者为王 (WTA) 的方法。该方法的基本操作原理是选取视差取值范围内不同视差的匹配代价的最小值, 并将最小值对应的视差作为最终的视差。

为了更好地说明该方法的操作, 图 5.6 给出了 WTA 方法的示意图, 即选取参考图像中任意一行极线上的待匹配点, 并根据前述匹配代价的式 (5-4) 计算出各个位置上的聚合代价。图中的纵坐标表示了聚合代价数值, 而横坐标表示不同的视差值。从图中可以清晰地看到, 聚合代价在 d^* 处的对应位置数值最小, 因而 d^* 就是待匹配点处的视差值。

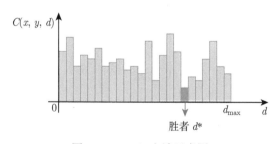

图 5.6 WTA 方法示意图

4. 视差后处理

大多数视差优化处理得到的初始视差图中含有一定量的噪声干扰等冗余信息 (如斑点、歧义峰谷、高斯等), 通常需要再进行一步视差后处理操作, 即对初始视差进行精细化处理。常用的视差后处理操作主要包括交叉检测、亚像素插值以及图像滤波。由于现在使用的大多数匹配方法都已经将前两大类操作 (即交叉检测

和亚像素插值) 集成到其匹配方法中，则只需要进行图像滤波处理即可。图像滤波处理不仅可以将噪声干扰等冗余信息去除，还可以将初始视差图中不连续的地方进行平滑，进而得到更加精细的视差图，提升匹配方法的整体性能。

最早应用在视差后处理中的图像滤波方法是基于线性平移不变性 (linear translation-invariant，LTI) 的滤波器，这类滤波器具有明确的设计规则，主要包括均值滤波、高斯滤波以及拉普拉斯滤波等。然而，这类滤波器在实际应用中的效果并不好，其主要原因是该类滤波器将噪声、纹理和结构等信息没有进行详细区分而直接处理，该类型的滤波器也可以称为内容盲目型 (content blind) 滤波器。为了解决上述问题，研究者们提出将一些引导信息 (如原图像本身) 加入滤波器中以避免内容的盲目，这类滤波器称为引导滤波器 (guided filter，GF)。在引导滤波类型中，双边滤波 (bilateral filtering，BF)[12] 是最传统的一个，然而该滤波器在滤除纹理时也会遇到一些区域发生梯度逆转的问题。为了改善双边滤波，研究者们提出了各种改进的方法，包括联合双边滤波 (joint bilateral filtering，JBF)[13] 和引导图像滤波 (guided image filtering，GIF)[14]。JBF 和 GIF 都取得了非常好的实验结果，这也暗示了引导图像信息在滤波中的重要作用。然而，JBF 和 GIF 方法都忽略了在不同条件和状态下获得的视差图像与引导图像结构的不一致性，进而产生引导错误，导致较高的错误率。

这里需要处理的视差图像为深度图像，而滤波引导图像大都是原二维图像 (彩色或灰度)，考虑到这两者的结构不一致性，这里引入了一个最新的引导滤波方法：交互引导图像滤波 (MuGIF)[6]。该方法充分考虑了视差图像与引导图像之间的结构不一致性，分析其相对结构信息，并通过建立交互引导的优化模型获得最终结果。

交互引导图像滤波方法的关键操作在于两幅图像之间相对结构 (relative structure) 信息的交互处理，因此，需要先清楚相对结构的概念。对于两幅给定的尺寸相同的图像 T 和 R，T 关于 R 的相对结构 $\Re(T, R)$ 可以定义为

$$\Re(T, R) = \sum_i \sum_{d \in \{h,v\}} \frac{|\nabla_d T_i|}{|\nabla_d R_i|} \tag{5-7}$$

其中，∇_d 表示计算一阶导数 (包括水平 (horizontal) 和竖直 (vertical) 两个方面，即 $d \in \{h, v\}$)；$|\cdot|$ 表示绝对值运算。

基于上述相对结构，这里给出了引入的 MuGIF 的理论模型，具体定义为

$$\begin{aligned} \arg\min_{T,R} \ & \alpha_t \Re(T, R) + \beta_t \|T - T_0\|_2^2 + \\ & \alpha_r \Re(R, T) + \beta_r \|R - R_0\|_2^2 \end{aligned} \tag{5-8}$$

其中，α_t，β_t，α_r，β_r 都是非负的常数，主要用来平衡其对应位置的匹配项；$\|\cdot\|_2$ 表示 l_2 范数。保真项 $\|T - T_0\|_2^2$ 和 $\|R - R_0\|_2^2$ 的引入避免了平凡解，也就是约束图像 T 和 R 不要太偏离输入图像 T_0 和 R_0。采用 l_2 范数是因为其计算速度较快。

由于上述优化模型比较复杂，直接进行优化求解比较困难。因此 MuGIF 为相对结构引入了一个替代函数，然后将目标模型分解为几个二次多项式和非线性项，并利用交互迭代操作而求得最终的有效解。

通过上述视差后处理即可得到最终的视差图像，为了更清楚地表达提出的立体匹配方法，这里将方法的整个计算流程进行了梳理，并绘制了如图 5.7 所述的示意图。

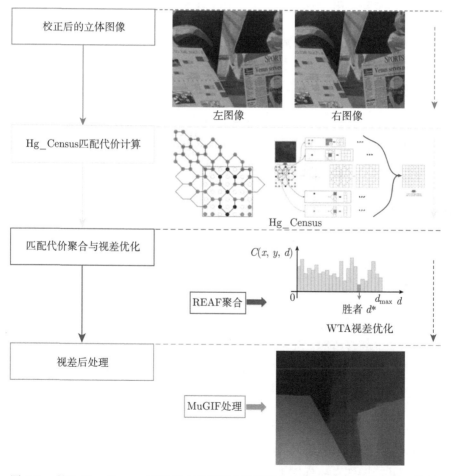

图 5.7 基于 Hg_Census 变换的立体匹配方法的整个计算流程 (彩图见封底二维码)

5.1.3　实验结果与分析

在这里，为了评估提出的基于 Hg_Census 变换的立体匹配法 (以下简称这里提出的立体匹配方法) 的性能，首先选取了国际上通用的立体匹配方法数据库，即 Middlebury 数据库进行验证，详细的描述见下文。同时，这里提出的立体匹配方法在这些数据库里也与其他方法进行了对比。而且，这里提出的立体匹配方法对噪声干扰的鲁棒性也进行了实验。最后给出了使用这里提出的立体匹配方法对高温态金属板坯的实验结果。

1. Middlebury 数据库

在本实验中，Hg_Census 选用了 7×7 大小的实验窗口，REAF 聚合方法中的边缘递归类型和顺滑参数都采用了原作者推荐的设置，即分别为 1 和 16。而 MuGIF 中的参数设置也默认为其原始推荐的参数。

国际通用的 Middlebury 数据库 [15] 主要用来评估各种不同立体匹配方法的性能。Middlebury version 2 版本由四组立体图像对组成，即 Cones、Teddy、Venus、Tsukuba (锥体、泰迪熊、金星、筑波)。这四组图像对的基础属性如表 5.1 所示。

表 5.1　Middlebury 数据库中的四组立体图像对的基础属性

图像名称	图像分辨率	视差范围	尺度
Tsukuba	384 像素 ×288 像素	15	16
Venus	434 像素 ×383 像素	19	8
Teddy	450 像素 ×375 像素	59	4
Cones	450 像素 ×375 像素	59	4

为了对比这里提出的立体匹配方法的性能，这里选取了几个代表性的立体匹配方法：像素灰度差的绝对值和 (SAD)、图分割 (GC)、置信传播 (belief propagation，BP) 以及 Census 方法。使用该数据库进行实验的匹配结果如图 5.8 所示。从图中可以看出，这里提出的立体匹配方法获得了非常好的实验结果。

然而，上述实验的四组图像并没有光照和曝光等干扰的影响，不能检测立体匹配方法对干扰的鲁棒性。为了解决该问题，Middlebury 2005 数据库利用结构光技术，获得了多个不同曝光和不同光照下的立体图像并进行实验，即 Art、Books、Dolls、Laundry、Moebius、Reindeer (美术作品、书、玩偶、洗衣物、莫比乌斯、驯鹿摆件) 等。所有这些图像都是在三个不同光照和不同曝光下获得的。对于 "Art" 图像，图 5.9 给出了在三个不同光照 (即 Illum1，Illum2，Illum3) 和不同曝光 (Exp0，Exp1，Exp2) 下获得的图像。从图中可以看出，九幅图像中的信息差异很大，这给立体匹配方法提出了很大的挑战，能够很好地评估各立体匹配方法对干扰的鲁棒性。图 5.10 给出了另外 5 对立体匹配图像与其真实视差图像的比较，

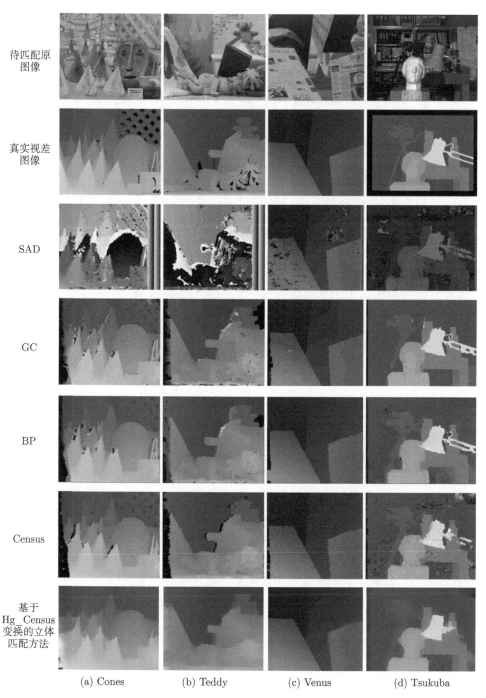

待匹配原
图像

真实视差
图像

SAD

GC

BP

Census

基于
Hg_Census
变换的立体
匹配方法

(a) Cones (b) Teddy (c) Venus (d) Tsukuba

图 5.8 不同方法在 Middlebury 数据上的立体匹配结果 (彩图见封底二维码)

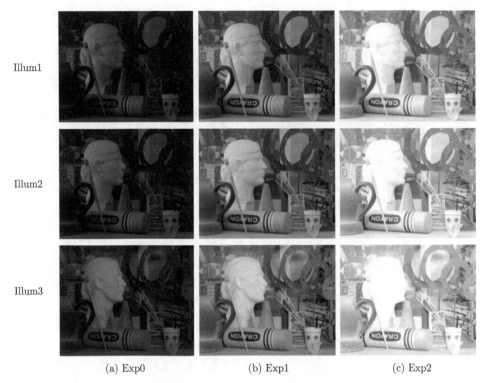

| | (a) Exp0 | (b) Exp1 | (c) Exp2 |

图 5.9 "Art" 图像在不同光照和不同曝光下的图像 (彩图见封底二维码)

即 Books、Dolls、Laundry、Moebius、Reindeer。这些图像中的目标信息在不同曝光下的差异也很明显。

虽然 Middlebury 2005 数据库的这些图像包含了不同光照和不同曝光等干扰的影响，但是并没有考虑噪声的干扰。为了更全面地考验这里提出的立体匹配方法对干扰的鲁棒性，这里在 Middlebury 2005 数据库的 6 对立体图像中人为加入了一定量的高斯噪声 (即 SNR = 10)，然后分别使用 Census 方法和这里提出的立体匹配方法进行立体匹配。这里对原始的 6 对立体图像进行了降采样处理，处理后的图像分辨率为 460 像素 ×370 像素，视差范围为 80。

同时，为了量化评估的结果，实验结果与真实视差图像的对比误差将作为实验的参数，这里误差像素的个数设置为 3。图 5.11 给出了 Middlebury 2005 数据库的 6 对立体图像在噪声干扰下的立体匹配结果，图中横坐标的 I1E0 表示在光照 Illum1 和曝光 Exp0 以及噪声干扰后的实验图像，纵坐标表示误匹配率 (误匹配率数值越低，表示该方法的鲁棒性能越好)。从图中可以看到，加入的噪声干扰较多即信噪比 (SNR) 较低，导致所有方法的误匹配率都稍高。但是这里提出的立体匹配方法对所有 6 对立体匹配图像的误匹配率都低于 Census 方法，这也验证了这里提出的立体匹配方法在各种干扰下更具鲁棒性。

(a) Exp0　　　　　(b) Exp1　　　　　(c) Exp2　　　　　(d) 真实视差图像

图 5.10　Middlebury 2005 数据库里的 5 对立体图像与其真实视差图像 (彩图见封底二维码)

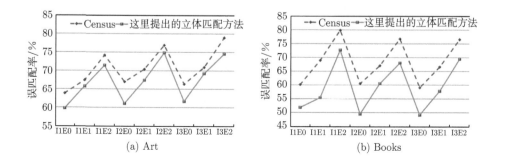

(a) Art　　　　　　　　　　　　　(b) Books

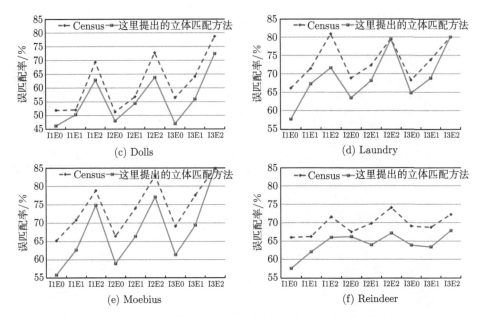

图 5.11　Middlebury 2005 数据库里的 6 对立体图像在噪声干扰下的立体匹配结果

2. 金属板坯实验结果

上述 Middlebury 数据库的实验结果验证了这里提出的立体匹配方法在各种干扰 (光照、曝光、噪声) 下更具鲁棒性的特点, 为了验证这里提出的立体匹配方法的可应用性, 这里选取了几个金属板坯样本进行实验, 同时调整相机与物体的距离, 尽可能充分获得金属板坯的整体结构信息。而且, 在进行立体匹配之前, 需要利用立体视觉原理对左右图像进行校正, 获得校正后的左右图像后再进行匹配。

同样根据目标物的特征将金属板坯分为两大类: 凸起目标 (convex objects), 主要包括三个样本, 即 Con_1, Con_2, Con_3; 凹陷目标 (sunk objects), 也包括三个样本, 即 Sunk_1, Sunk_2, Sunk_3。

凸起目标的立体匹配实验结果如图 5.12 所示。从图中可以看出, 样本 Con_1 的左图像完整地获取到目标物体的所有信息, 由于视场所限, 右图像中丢失了部分目标物体信息, 立体匹配后的视差图像也丢失了缺少的那部分内容; 同样的情况也出现在样本 Con_2 和 Con_3 上。但除了那些缺少的小部分内容, 这里提出的立体匹配方法基本上都获得了不错的视差图像。从样本 Con_1 的视差图像可以看到, 部分凸起目标的纹理信息较少 (如图中黑色的垫片目标), 且与背景相似, 这部分内容的误匹配率较高, 导致视差图中出现了部分视差丢失的情况。发生该问题的原因在于被动立体匹配方法本身的缺陷, 即仅对纹理信息丰富的图像处理结果较好; 反之则误匹配率较高。但是该问题可以通过融入主动相位匹配的方式解决, 具体解决方法将在 5.2 节中详细介绍。

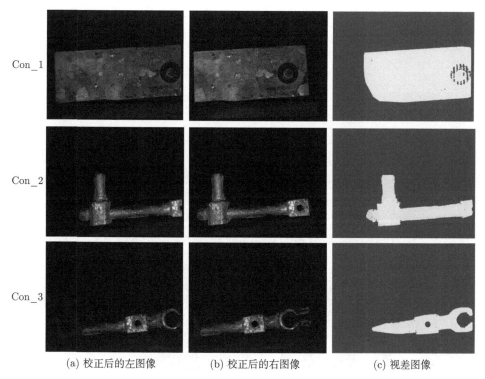

(a) 校正后的左图像　　　　(b) 校正后的右图像　　　　(c) 视差图像

图 5.12　　凸起目标的立体匹配实验结果 (彩图见封底二维码)

　　由于凹陷目标样本较小，这里进一步调整了相机与物体的距离，能够尽可能多地获得样本的细节信息。凹陷目标的立体匹配实验结果如图 5.13 所示。从图中

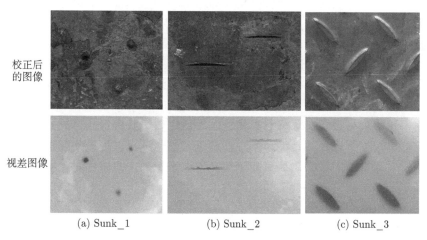

(a) Sunk_1　　　　　　(b) Sunk_2　　　　　　(c) Sunk_3

图 5.13　　凹陷目标的立体匹配实验结果 (彩图见封底二维码)

可以看到，这里提出的立体匹配方法在所有凹陷目标上都获得了非常好的视差图像，这也进一步验证了本立体匹配方法的有效性，以及在具体复杂工况下的实用性。

5.2　多源融合匹配的三维重构

格雷编码方法需要投射大量的条纹图案，消耗大量的时间，并不利于其实际应用的推广，如图 5.14(a) 所示。被动立体匹配方法只需要一对未投射条纹图案的图像就可以重构物体的三维形貌，该方法对纹理丰富的图像信息部分处理结果较好，但是对纹理欠缺的部位匹配效果较差，如图 5.14(b) 所示的视差图像。为了解决以上问题，研究了相移轮廓测量 (phase shifting profilometry，PSP) 技术，并给出了一种省时高效的融合被动立体匹配与主动条纹的三维重构方法。

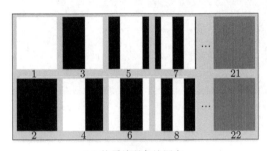
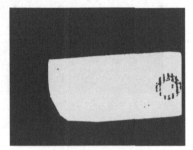

(a) 格雷编码条纹图案　　　　　　　　　　　　(b) 被动立体匹配视差图像

图 5.14　格雷编码条纹图案与被动立体匹配视差图像 (彩图见封底二维码)

相移轮廓测量技术作为一种高精度的主动结构光三维轮廓测量技术，已经被广泛地应用于各个领域。该技术一般只需要投射 3~4 幅具有一定相移的条纹图像，就可以高精度地重构出物体的三维轮廓。在保证三维重构精度的基础上，该技术比格雷编码方法投射的图案更少，更能够节省时间。同时，该技术不是直接使用图像灰度信息解码重构，而是利用相位计算进行重构，对环境光照的影响比较鲁棒，非常适合于本节中的研究工况。

相移轮廓测量技术在求解包裹相位之后还需要对其进行相位展开，以求得绝对相位，该相位展开步骤是该技术中非常重要的一环，直接影响到最终重构的效果。相位展开方法的精度需要很多个前提条件来保障，即需要对投射装置进行高精度标定，同时需要非常准确的误差补偿计算等。以上各项要求限制了该技术在复杂工况中的应用可能性。

为了解决该问题，这里将被动立体匹配技术与主动相移轮廓测量技术相融合，充分利用两者的优势获得高精度的三维重构效果。具体操作中，首先采用被动立体匹配方法获得初始视差图像，然后利用相移轮廓测量技术 (为了节省时间，这里采用三步相移) 获得包裹相位，最后将初始视差图像与包裹相位结合，进行精细化匹配而获得最终的视差图像。整个方法中仅需要投射三幅条纹图案，左右两个相机共拍摄获取四幅图像对 (即一对被动未投射条纹的图像，三对条纹图像) 即可完成，大大节省了时间。

5.2.1 三步相移轮廓测量原理

在相移轮廓测量技术中，根据相移条纹调制理论，至少需要 3 幅具有一定相移量的图像才可以求解出包裹相位。在实际应用中，一般投射的条纹图案个数是 3~4 幅。为了减少时间的消耗，这里仅投射 3 幅条纹图案，即采用三步相移方法。以下将从两个方面对三步相移轮廓测量原理进行分析：条纹调制与相位计算、相位展开。

1. 条纹调制与相位计算

Creath 在文献 [15] 中给出了三步相移条纹调制数学公式的一般式，其中相移量的间隔为 θ(即分别为 $-\theta$、0、θ)，条纹调制图像的数学表达式为

$$\begin{cases} I_1(x,y) = A(x,y) + B(x,y)\cos(\varphi(x,y) - \theta) \\ I_2(x,y) = A(x,y) + B(x,y)\cos(\varphi(x,y)) \\ I_3(x,y) = A(x,y) + B(x,y)\cos(\varphi(x,y) + \theta) \end{cases} \tag{5-9}$$

其中，$I_1(x,y)$、$I_2(x,y)$ 和 $I_3(x,y)$ 分别代表三幅调制条纹图像中的光强值 (即图像中像素点的灰度值)；$A(x,y)$ 代表背景光强，也就是平均光强值，其计算方法为

$$A(x,y) = \frac{I_1 + I_2 + I_3}{3} \tag{5-10}$$

$B(x,y)$ 表示调制结构光图像的幅值，其计算方法为

$$B(x,y) = \frac{\sqrt{3(I_1 - I_3)^2 + (2I_2 - I_1 - I_3)^2}}{3} \tag{5-11}$$

$\varphi(x,y)$ 是待求解的调制相位，也就是包裹相位，其取值范围在 $-\pi \sim \pi$。联立三个方程即可以求解出其数值：

$$\varphi(x,y) = \arctan\left[\frac{(1 - \cos\theta)(I_1 - I_3)}{\sin\theta(2I_2 - I_1 - I_3)}\right] \tag{5-12}$$

从以上公式可以看出，式 (5-9) 中的方程组的三个式子可以求得三个未知量 (即 $A(x, y)$、$B(x, y)$ 和 $\varphi(x, y)$)，而且是唯一确定的，因此奠定了后续相位展开的基础。

此外，在后续相位展开操作中，通常会用到一个用来衡量条纹图像质量的参数，叫调制量 (理想状态下其数值为 1)，其定义为

$$\gamma(x,y) = \frac{B(x,y)}{A(x,y)} = \frac{\sqrt{[(1 - \cos\theta)(I_1 - I_3)]^2 + [\sin\theta(2I_2 - I_1 - I_3)]^2}}{(I_1 + I_3 - 2I_2\cos\theta)\sin\theta} \qquad (5\text{-}13)$$

通常情况下，相移量的间隔 θ 最常使用 $2\pi/3$，因此其相移量分别为 $-2\pi/3$、0 和 $2\pi/3$。此时，调制相位 $\varphi(x, y)$ 和调制量 $\gamma(x, y)$ 分别为

$$\varphi(x,y) = \arctan\left[\frac{\sqrt{3}(I_1 - I_3)}{2I_2 - I_1 - I_3}\right] \qquad (5\text{-}14)$$

$$\gamma(x,y) = \frac{B(x,y)}{A(x,y)} = \frac{\sqrt{3(I_1 - I_3)^2 + (2I_2 - I_1 - I_3)^2}}{I_1 + I_2 + I_3} \qquad (5\text{-}15)$$

为了更直观地解释条纹调制原理，这里给出了一个具体的例子，如图 5.15 所示。图中给出了三幅条纹图像 (即图中 I_1、I_2、I_3)，随机取其中一行 (例如取第 380 行) 绘制其曲线图像，并将三条曲线放在一起进行对比。从局部放大后的对比图像可以看到，三条具有一定相移量的条纹曲线周期性分布。

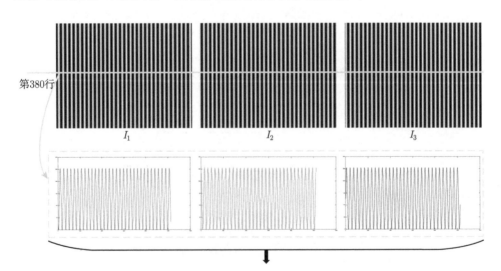

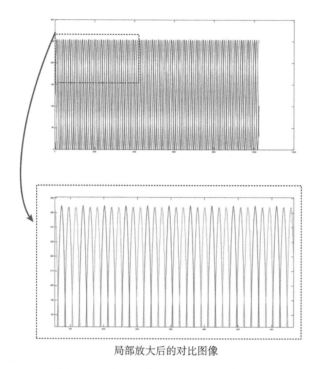

局部放大后的对比图像

图 5.15 条纹图像 (彩图见封底二维码)

2. 相位展开

相位展开, 也称为相位恢复, 其目的是消除包裹相位中的 2π 相位跳变, 获得绝对相位, 进而重构得到物体三维点云数据。具体来讲, 相位展开的主要步骤包括: 首先通过上述条纹特性分析求解出其对应的包裹相位 φ, 其数值范围在 $-\pi \sim \pi$, 如图 5.16(a) 所示, 其中横坐标 y 表示像素坐标; 然后将包裹相位 φ 向上平移 π, 也就是将其数值范围调整到 $0 \sim 2\pi$, 如图 5.16(b) 所示; 最后, 采用各种相位展开技术将包裹相位 φ 展开成单调变化的相位, 即获得绝对相位 Φ, 如图 5.16(c) 所示。此外, 包裹相位与绝对相位的关系也可以用下式进行表示 (即对包裹相位 φ 增加 2π 的整数倍获得绝对相位 Φ):

$$\Phi(x,y) = k(x,y)2\pi + \varphi(x,y) \tag{5-16}$$

其中, $k(x,y)$ 是一个整数, 表示条纹的序号。

将得到的绝对相位与立体标定中的参数进行计算, 即可获得最终的三维点云数据, 为了更清晰地说明三步相移轮廓测量原理的基本流程, 图 5.17 给出了一个具体实例在各个操作过程的示意图像。

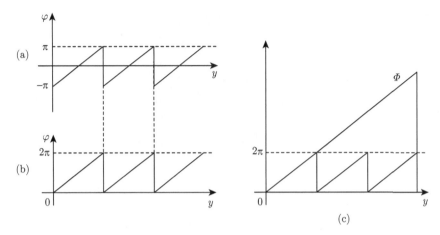

图 5.16 包裹相位与绝对相位示意图

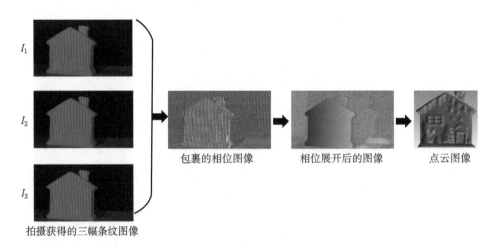

图 5.17 三步相移轮廓测量的基本流程 (彩图见封底二维码)

相位展开是相移轮廓测量技术中非常重要的一环, 展开结果的好坏将直接影响最终的重构结果。为了保证相位展开的精度, 一般需要多个前提条件进行保障, 包括: 对投射装置的高精度标定、非常准确的误差补偿计算等。然而, 这些要求反而限制了相移轮廓测量技术在复杂工况中的应用可能性。

5.2.2 融合被动匹配与主动条纹的三维重构

这里将被动立体匹配技术与主动相移轮廓测量技术相融合, 充分利用两者的优势获得高精度的三维重构效果。并且分别从以下两个部分进行介绍: 初始视差图像与包裹相位图像的获取, 以及初始视差与包裹相位局部融合匹配方法。

1. 初始视差图像与包裹相位图像的获取

1) 初始视差图像的获取

这里将被动立体匹配后的视差图像作为本初始视差图像。尽管初始视差图像中有一些纹理欠缺的部位匹配效果很差，但是该视差图像的绝大部分视差值 d 都是准确的，因此可以将该数值作为一个重要的约束条件，用于后续的精确匹配。

为了保障后续融合匹配的精度，这里将使用 5.1 节的基于 Hg_Census 变换的立体匹配方法获取初步视差图像。图 5.18 给出了使用 5.1 节的立体匹配方法获取视差图像的一个具体实例，并通过该实例说明立体匹配图像与视差图像之间的关系。图 5.18(b) 中的待匹配点 $R(x, y)$，与图 5.18(a) 中相同位置的点 $L(x+d, y)$ 之间相差的数值就是视差值 d。虽然该视差值包含一定量的误匹配量，不能作为本节中最终的视差结果，但是可以将其作为一个初始参量为后续精细化操作提供服务。

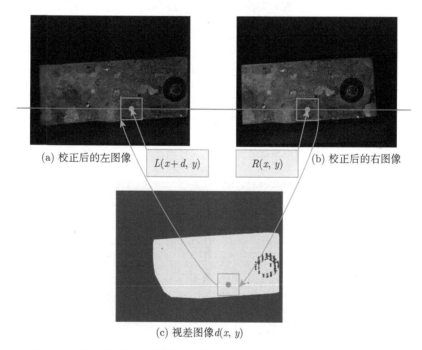

(a) 校正后的左图像　$L(x+d, y)$　$R(x, y)$　(b) 校正后的右图像

(c) 视差图像$d(x, y)$

图 5.18　被动立体匹配图像与视差图像之间的关系 (彩图见封底二维码)

2) 包裹相位图像的获取

使用三步相移轮廓测量原理对实验样本进行操作，可获得如图 5.19 所示结果。图 5.19(a)~(c) 分别为左相机拍摄获得的三幅条纹图像 I_1、I_2、I_3。将以上三幅条纹图像代入公式 (5-14) 中进行计算，即可得到包裹相位 $\varphi(x,y)$，如图 5.19(d)

所示。从包裹相位图像可以看到，其结果受光照等干扰因素的影响较小，可以作为核心的匹配量与初始视差量进行融合，以充分发挥其优势。具体来说，可以将获得的左右两幅包裹相位图像作为最终匹配的核心，以获得最终的 (final) 视差值 df，如图 5.20 所示。

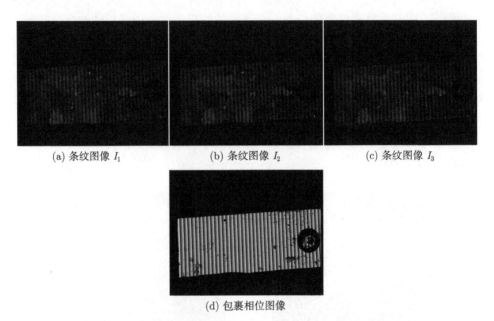

(a) 条纹图像 I_1　　　　　　　(b) 条纹图像 I_2　　　　　　　(c) 条纹图像 I_3

(d) 包裹相位图像

图 5.19　三步相移轮廓测量的条纹图像与包裹相位图像

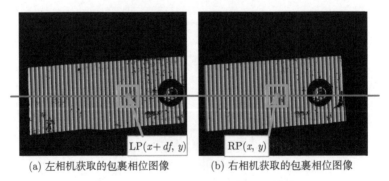

(a) 左相机获取的包裹相位图像　　　　　(b) 右相机获取的包裹相位图像

图 5.20　包裹相位图像之间的匹配关系

图 5.20(b) 中的待匹配点 $\mathrm{RP}(x, y)$ 与图 5.20(a) 中相同位置的点 $\mathrm{LP}(x+df, y)$ 之间相差的数值就是最终的视差值 df。由于包裹相位中的 2π 相位跳变，如果将左右两幅包裹相位图像不进行相位展开而直接进行匹配，则无法准确匹配到正确的范围区间内。因此，需要对匹配范围进行一定的限定约束。

2. 初始视差与包裹相位局部融合匹配方法

上述采用包裹相位图像作为最终匹配的核心获得最终的视差，然而该操作需要对包裹相位的匹配范围进行一定的限定约束，才能够避免误匹配。为了解决该问题，这里提出了初始视差与包裹相位局部融合匹配 (initial disparity and wrapped phase local fusion matching，IDWPLFM) 方法。该方法将初始视差图像作为约束条件，在包裹相位的待匹配点处提取一个局部窗口，并在窗口内代入其对应位置的初始视差值进行寻优匹配，进而获得最终优化后的视差图像。

图 5.21 给出了初始视差与包裹相位局部融合匹配方法的示意图。为了缩小匹配过程中的搜索范围，以左图待匹配点 LP$(x+df,y)$ 为中心提取了一维局部窗口 w (即 $[-i, i]$ 范围内的整数，这里 i 设置为 2)，并将右图待匹配点 RP(x,y) 的值与窗口内的值，按照下式分别进行计算，求得最小值：

$$\mathrm{PM}\,(t_{\min}, y) = \min\{\mathrm{abs}\,(\mathrm{LP}\,(x+d+i, y) - \mathrm{RP}\,(x, y))\}, \quad i = 0, \pm 1, \pm 2, \cdots \quad (5\text{-}17)$$

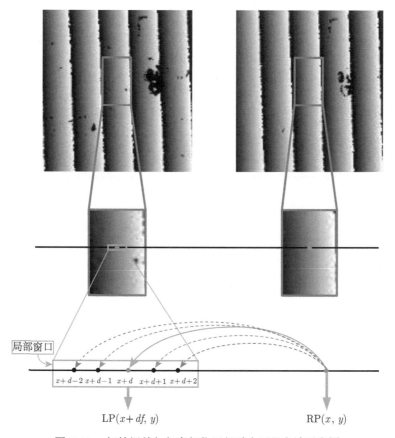

图 5.21　初始视差与包裹相位局部融合匹配方法示意图

其中，最小值 $\mathrm{PM}\,(t_{\min}, y)$ 即为最佳匹配点，而其横坐标 $t_{\min} = x + d + i$，而最终的视差值 $df = t_{\min} - x = d + i$。

然而，上述的计算方式依然是在像素级进行操作，为进一步提高匹配的精度，这里针对相位周期递增接近直线的特点，采用线性比例关系计算，获得亚像素级的视差值 [16]。

首先，这里定义一个临时横坐标量 $t = x + d$，而上文中已知最佳匹配点的横坐标值 $t_{\min} = x + d + i$，因此，与 t 相比，$t_{\min}$ 的数值可能会出现三种情况，即大于、小于和等于。

然后，将最终计算得到的亚像素级横坐标量定义为 $t_{\mathrm{sub\_pixel}}$。

最后，对可能出现的三种情况分别进行分析。

当两者数值相等，即 $t_{\min} = t$ 时，则 $t_{\mathrm{sub\_pixel}} = t$。

当 $t_{\min} > t$ 时，如图 5.22(a) 所示，由线性比例关系可以计算得到 $t_{\mathrm{sub\_pixel}}$ 为

$$t_{\mathrm{sub\_pixel}} = \frac{\mathrm{LP}\,(t_{\mathrm{sub\_pixel}}, y) - \mathrm{LP}\,(t, y)}{\mathrm{LP}\,(t_{\min}, y) - \mathrm{LP}\,(t, y)}\,(t_{\min} - t) + t \tag{5-18}$$

当 $t_{\min} < t$ 时，如图 5.22(b) 所示，由线性比例关系可以计算得到 $t_{\mathrm{sub\_pixel}}$ 为

$$t_{\mathrm{sub\_pixel}} = \frac{\mathrm{LP}\,(t_{\mathrm{sub\_pixel}}, y) - \mathrm{LP}\,(t_{\min}, y)}{\mathrm{LP}\,(t, y) - \mathrm{LP}\,(t_{\min}, y)}\,(t - t_{\min}) + t_{\min} \tag{5-19}$$

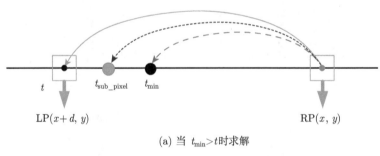

(a) 当 $t_{\min} > t$ 时求解

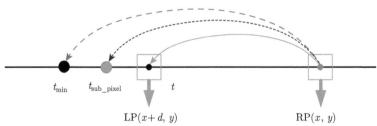

(b) 当 $t_{\min} < t$ 时求解

图 5.22 $t_{\min}$ 与 t 的求解关系图

其中，LP $(t_{\text{sub\_pixel}}, y)$ 的值即为精确匹配值，其数值等于图 5.22(b) 中的 RP(x, y)。

因此，通过上述公式即可求得亚像素级横坐标量 $t_{\text{sub\_pixel}}$ 的数值，进而获得最终亚像素级视差值 $df_{\text{sub\_pixel}}$ 为 $df_{\text{sub\_pixel}} = t_{\text{sub\_pixel}} - x$。

5.2.3 实验结果与分析

这里对提出的融合被动匹配与主动条纹的三维重构方法进行实验验证。在给出具体实验结果之前，先对该方法的完整操作流程进行总结分析，这里以凸起目标样本 Con_1 为例进行操作展示，如图 5.23 所示。

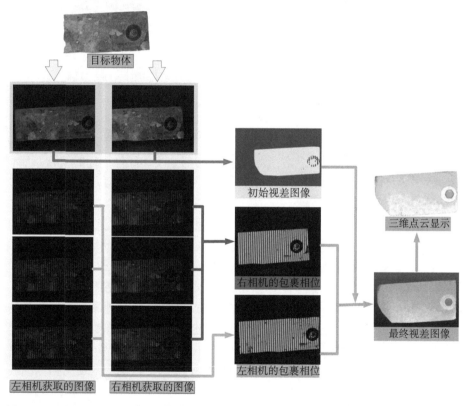

图 5.23 融合被动匹配与主动条纹的三维重构方法的完整操作流程 (彩图见封底二维码)

从图中可以看到，左右相机分别获取了四幅图像对，包括一对被动未投射条纹的图像和三对条纹图像。首先使用基于 Hg_Census 变换的立体匹配方法对被动图像进行计算，获取初始视差图像；然后利用三步相移轮廓测量技术计算，获得两幅包裹相位图像；最后使用初始视差与包裹相位局部融合匹配方法，获得最终视差图像。此外，利用标定参数可以将最终视差图像转换为可视化的三维点云进行显示。与格雷编码方法相比, 三维重构方法只需要投射四幅图像对, 大大节省了时间。

图 5.23 未详细展示三维点云的细节, 为了更好地看清重构的效果, 这里使用 CloudCompare 软件对凸起目标样本 Con_1 的完整点云进行显示, 如图 5.24 所示。

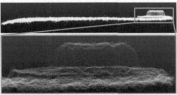

(a) 三维点云图像　　　　　　　　　　　　　　　　　(b) 三维点云侧视图

图 5.24　凸起目标样本 Con_1 的三维点云图像 (彩图见封底二维码)

从图 5.24(a) 可以看到, 整个样本的重构比较完整, 点云密集度比较高, 尤其是重点关注的凸台位置, 凸起的部位完全被重构出来了, 解决了 5.1 节的基于 Hg_Census 变换的立体匹配方法无法准确重构部分凸起部位目标的问题。而本节重点关注的物体高度信息可以从图 5.24(b) 侧视图看到, 重构方法能够准确地获得目标物体的高度信息。

点云图像主要反映的是点云的欧几里得空间分布情况, 对物体形貌轮廓的显示不太直观。为了更好地与实际物体形貌进行对比, 这里继续使用 CloudCompare 软件对点云数据进行曲面拟合, 可获得 3D 网格 (mesh) 图像。图 5.24 的 3D 网格图像如图 5.25(a) 所示, 其中图 5.25(b) 显示了 3D 网格侧视图, 相比于点云图像, 网格图像更能够直观反映物体的形貌。为了更清楚地看到高度信息的差异, 这里对 3D 网格进行了伪彩色化处理, 也就是用不同的颜色体现不同的高度, 图 5.25(a) 的伪彩色化处理结果如图 5.25(c) 所示, 图 5.25(b) 的伪彩色化处理结果如图 5.25(d) 所示。从上述伪彩色图像中可以更直观地区别出物体的高度情况。

继续对凸起目标样本 Con_2 进行实验, 并选取左相机获得的图像展示, 主要结果如图 5.26 所示。

其中, 图 5.26(a)~(c) 分别展示了左相机获得的三幅条纹图像, 图 5.26(d) 显示了左相机获取的未投射条纹图像, 而图 5.26(e) 则是通过三步相移轮廓测量技术计算得到的左相机的包裹相位图像。最终获得的视差图像如图 5.26(f) 所示, 从该视差图像的效果可以看到, 物体轮廓视差比较完整, 尤其是被动立体匹配较差的部分信息, 通过融合方法的处理之后得到了有效解决。

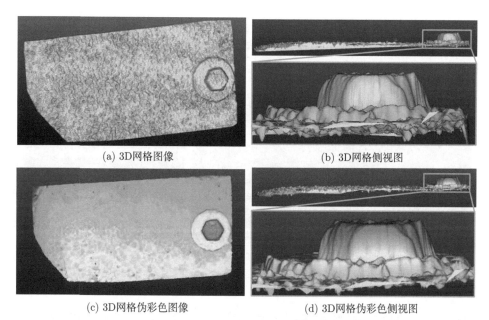

(a) 3D网格图像

(b) 3D网格侧视图

(c) 3D网格伪彩色图像

(d) 3D网格伪彩色侧视图

图 5.25 凸起目标样本 Con_1 的 3D 网格图像 (彩图见封底二维码)

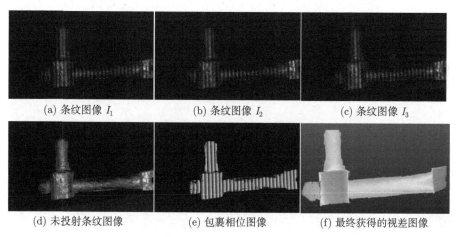

(a) 条纹图像 I_1

(b) 条纹图像 I_2

(c) 条纹图像 I_3

(d) 未投射条纹图像

(e) 包裹相位图像

(f) 最终获得的视差图像

图 5.26 凸起目标样本 Con_2 的实验结果 (彩图见封底二维码)

为了更好地显示重构效果, 图 5.27 给出了凸起目标样本 Con_2 的完整点云图像。图 5.27(a) 非常清楚地展现了目标样本的完整点云信息, 而图 5.27(b) 的侧视图对局部细节信息进行了展示, 以上图像使用点云数据进一步验证了方法的有效性。

同时, 为了更好地与实际物体形貌进行对比, 图 5.28 给出了样本 Con_2 的

3D 网格图像。从图 5.28(a) 的整体形貌图像以及图 5.28(b) 的 3D 网格侧视图可以清楚地看到，本节方法不仅获得了完整的形貌轮廓，而且可以很好地区别其高度差异。

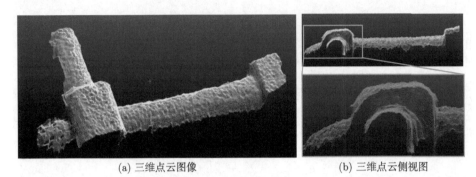

(a) 三维点云图像　　　　　　　　　　　　　　(b) 三维点云侧视图

图 5.27　凸起目标样本 Con_2 的三维点云图像 (彩图见封底二维码)

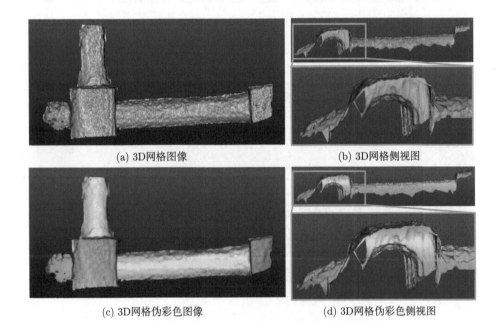

(a) 3D网格图像　　　　　　　　　　　　　　(b) 3D网格侧视图

(c) 3D网格伪彩色图像　　　　　　　　　　　(d) 3D网格伪彩色侧视图

图 5.28　凸起目标样本 Con_2 的 3D 网格图像 (彩图见封底二维码)

还对凸起目标样本 Con_3 进行了实验，也选取左相机获得的图像展示，主要结果如图 5.29 所示。三幅条纹图像如图 5.29(a)~(c) 所示，未投射条纹图像如图 5.29(d) 所示，计算得到的包裹相位图像如图 5.29(e) 所示，而图 5.29(f) 给出了最终获得的视差图像。

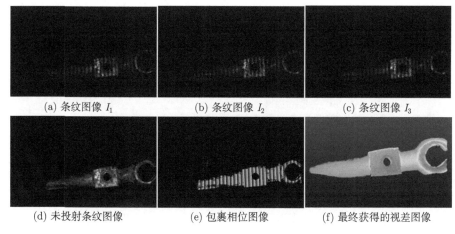

(a) 条纹图像 I_1 (b) 条纹图像 I_2 (c) 条纹图像 I_3

(d) 未投射条纹图像 (e) 包裹相位图像 (f) 最终获得的视差图像

图 5.29 凸起目标样本 Con_3 的实验结果 (彩图见封底二维码)

与前两个实验相似,这里也给出了凸起目标样本 Con_3 的完整点云图像,如图 5.30 所示。同时,也给出了该样本的 3D 网格图像,如图 5.31 所示。从以上展示的图像可以观察到,本节方法在凸起目标样本 Con_3 上依然获得了非常好的重构效果,这也进一步验证了本节方法在凸起目标上的有效性。

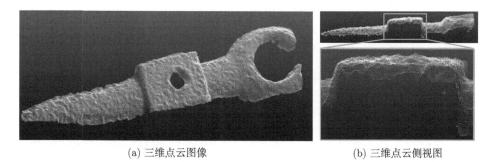

(a) 三维点云图像 (b) 三维点云侧视图

图 5.30 凸起目标样本 Con_3 的三维点云图像 (彩图见封底二维码)

除了上述凸起目标,还实验了三个凹陷目标 (sunk objects) 样本,即 Sunk_1,Sunk_2,Sunk_3。

与凸起目标相比,凹陷目标由于尺寸较小,则获得的点云数据量要小一些,因此就可以使用 MATLAB 软件自带的网格功能进行显示。为了更直接地观察重构效果,这里直接展示重构后的 3D 网格图像。

图 5.32 展示了凹陷目标样本 Sunk_1 的 3D 网格图像,其中图 5.32(a) 和图 5.32(b) 分别给出了样本的整体 3D 网格伪彩色图像及其侧视图。从侧视图可以清楚地看清重构物体的高度分布差异,较好地反映了物体的形貌轮廓特征。此

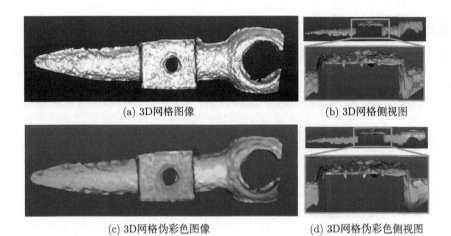

(a) 3D网格图像　　　　　　　　　　　　　　(b) 3D网格侧视图

(c) 3D网格伪彩色图像　　　　　　　　　　　(d) 3D网格伪彩色侧视图

图 5.31　凸起目标样本 Con_3 的 3D 网格图像 (彩图见封底二维码)

外，这些差异还将有利于后续感兴趣目标的提取。将 3D 网格图像的部分区域进行放大，可以看到形貌的更多细节信息，如图 5.32(c) 所示，该局部图像清楚地展示本节方法重构获得了非常高密度的形貌轮廓，且能够分辨更小的高度信息。

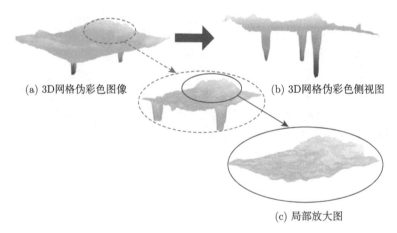

(a) 3D网格伪彩色图像　　　　　　　　　　　(b) 3D网格伪彩色侧视图

(c) 局部放大图

图 5.32　凹陷目标样本 Sunk_1 的 3D 网格图像 (彩图见封底二维码)

　　继续对其余的凹陷目标样本进行实验，图 5.33 和图 5.34 分别给出了凹陷目标样本 Sunk_2 和 Sunk_3 的 3D 网格图像。从图 5.33(a)，(b) 可以看到，物体的形貌重构得很完整，尽管有一些小的噪点，但是感兴趣区域的高度信息可以准确地分辨出来。同时，图 5.33(c) 的局部放大图也展示了重构方法的高密度与微小高度的可分辨性。同样，图 5.34(a)～(c) 的重构效果图也验证了上述结论，因此，上述所有凹陷目标进一步验证了本节方法在凹陷目标上的有效性。

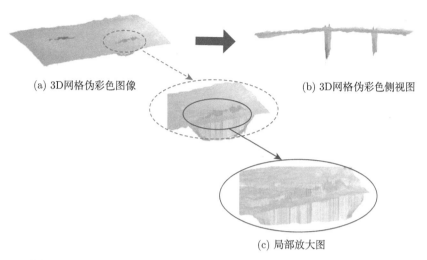

图 5.33 凹陷目标样本 Sunk_2 的 3D 网格图像 (彩图见封底二维码)

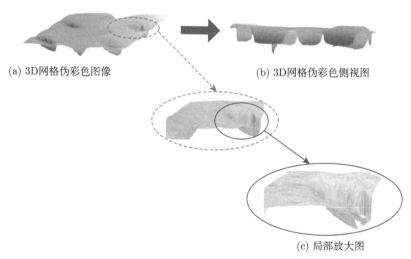

图 5.34 凹陷目标样本 Sunk_3 的 3D 网格图像 (彩图见封底二维码)

这里分别对样本各进行十次实验，详细的实验数据如图 5.35 所示。从图中可以看出，实验结果更加接近真实的高度参数，平均误差均小于 1mm。

综上所述，通过对凸起目标和凹陷目标分别进行实验，验证了融合被动立体匹配与主动条纹的三维重构方法的有效性，以及在具体复杂工况下的实用性。

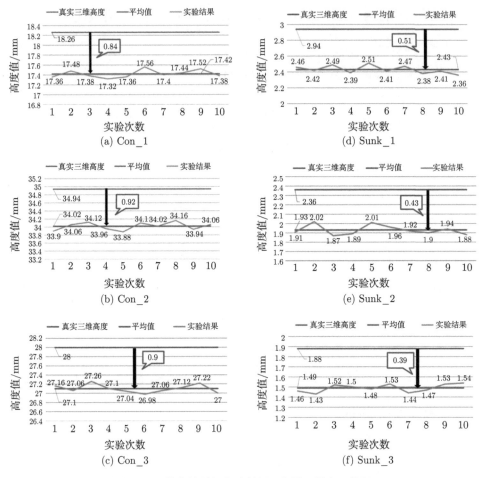

图 5.35　样本的详细实验数据 (彩图见封底二维码)

参 考 文 献

[1] Hirschmüller H, Innocent P R, Garibaldi J. Real-time correlation-based stereo vision with reduced border errors[J]. International Journal of Computer Vision, 2002, 47(1-3): 229-246.

[2] Achanta R, Shaji A, Smith K, et al. SLIC superpixels compared to state-of-the-art superpixel methods[J]. IEEE Transactions on Pattern Analysis and Machine Intelligence, 2012, 34(11): 2274-2282.

[3] Lee S, Lee J H, Lim J, et al. Robust stereo matching using adaptive random walk with restart algorithm[J]. Image and Vision Computing, 2015, 37: 1-11.

[4] Jin L H, Zhu Z L, Song E M, et al. An effective vector filter for impulse noise reduction based on adaptive quaternion color distance mechanism[J]. Signal Processing, 2019, 155:

334-345.

[5] Çiğla C. Recursive edge-aware filters for stereo matching[C]. 2015 IEEE Conference on Computer Vision and Pattern Recognition Workshop, Boston, United States, 2015: 27-34.

[6] Guo X, Li Y, Ma J, et al. Mutually guided image filtering[J]. IEEE Transactions on Pattern Analysis and Machine Intelligence, 2018: 1-1.

[7] Mattoccia S, Tombari F, Di Stefano L. Fast full-search equivalent template matching by enhanced bounded correlation[J]. IEEE Transactions on Image Processing, 2008, 17(4): 528-538.

[8] Di Stefano L, Mattoccia S, Tombari F. ZNCC-based template matching using bounded partial correlation[J]. Pattern Recognition Letters, 2005, 26(14): 2129-2134.

[9] Zabih R, Woodfill J. Non-parametric local transforms for computing visual correspondence[C]//European Conference on Computer Vision. Berlin: Springer-Verlag, 1994: 151-158.

[10] Bhat D N, Nayar S K. Ordinal measures for visual correspondence[C]. IEEE Conference on Computer Vision and Pattern Recognition, San Francisco, United States, 1996: 351-357.

[11] Chen J, Paris S, Durand F. Real-time edge-aware image processing with the bilateral grid[J]. ACM Transactions on Graphics, 2007, 26(3): 103.

[12] Petschnigg G, Szeliski R, Agrawala M, et al. Digital photography with flash and no-flash image pairs[J]. ACM Transactions on Graphics, 2004, 23(3): 664.

[13] He K M, Sun J, Tang X O. Guided image filtering[J]. IEEE Transactions on Pattern Analysis and Machine Intelligence, 2013, 35(6): 1397-1409.

[14] http://vision.middlebury.edu/stereo/eval3/.

[15] Creath K. V phase-measurement interferometry techniques[J]. Progress in Optics, 1988, 26: 349-393.

[16] Song K, Hu S, Wen X, et al. Fast 3D shape measurement using Fourier transform profilometry without phase unwrapping[J]. Optics and Lasers in Engineering, 2016, 84: 74-81.

光度立体篇

第 6 章 光度立体下的缺陷检测

6.1 基于法线图的复杂特征测定技术

复杂特征关键点测定问题是指根据输入数据估计出复杂特征关键点坐标。在无法依赖法线图进行表面重建的前提下，就必须直接从法线图估计关键点坐标。因此，基于法线图的复杂特征关键点测定实际上属于关键点回归问题。关键点回归作为工业检测领域的重要技术，可以用于对复杂特征的定位、识别、检测或测量。传统的关键点回归技术的研究往往基于普通图像。对于复杂特征，使用普通图像往往难以实现高准确率的关键点回归。这里以白车身上的五种复杂特征为例，利用光度立体产生的表面法向量图，结合深度学习技术，提出了一种能够满足在线检测要求的复杂特征测定技术。

6.1.1 复杂特征关键点回归问题

图 6.1 为五种具有复杂特征的焊接零件，其中，红色圆圈代表了关键点的位置。这些复杂特征无法使用常规在线测量手段进行测量，因此，为了更好地提高产品质量，有必要研究一种能够满足在线检测要求的高效复杂特征检测技术。

○ 关键点

P型特征　　　　B型特征　　　　N型特征　　　　T型特征　　　　S型特征

图 6.1　五种常见复杂特征 (彩图见封底二维码)

视觉测量作为一种高效的测量方式，被广泛地应用于工业检测中。尽管计算机视觉技术在许多工业领域的快速检测方面取得了巨大成功，但复杂特征在线检测仍然是一个未被完美解决的问题。除了感知难度，复杂特征数量众多，测量效率也是复杂特征在线测量问题的难点之一。例如，德国卡尔蔡司公司[1] 提出了一种柱状复杂特征测量专利。Wu 等 [2] 针对这一问题提出了一种基于单目视觉的方法。这些系统相对来说比三坐标测量机快，但对在线测量来说不够高效。由于传感器只能在被测特征的正上方工作，因此系统只能测量每个摄像头位置的一个复杂特征。携带摄像机的机器人必须在测量每个复杂特征后移动。两个摄像机位置之间的转换通常需要比测量更长的时间。因此，这些系统由于效率低而无法实现复杂特征在线测量。为了实现复杂特征在线测量，系统必须能够在一个摄像机位置测量多个复杂特征，这样就可以减少摄像机位置之间的转换时间，并且该系统可以有效地进行复杂特征在线测量。图 6.2 是以两种方式测量多个复杂特征的图示。其中，图 6.2(a) 在正上方测量单个特征，相机必须在两个位置之间移动。图 6.2(b) 用一个位置测量多个特征。这样，图像不是在复杂特征的正上方拍摄的，无法使用类似于文献 [1] 和 [2] 的技术，因此必须使用关键点回归技术来定位复杂特征的关键点。

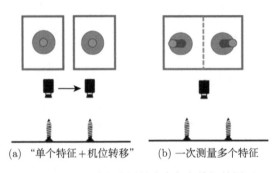

(a) "单个特征＋机位转移"　　　(b) 一次测量多个特征

图 6.2　以两种方式测量多个复杂特征的图示

　　这里提出了复杂特征在线测量系统 (sophesiticated-feature orinated measuring system，SOMS)，以实现准确、高效的复杂特征在线测量。为了实现准确的测量，SOMS 使用法线图，该法线图是通过光度立体算法获得的。传统的基于光度立体的测量方法需要从法线图重建表面，但是，当对象具有较大的深度变化范围时，重建是不准确的。SOMS 不依赖于表面重建，而是直接使用建议的法线图回归网络 (normal map regression network，NMRN) 来定位复杂特征的关键点。NMRN 是基于卷积神经网络的深度学习模型，其包含一个融合模块 (fusion block，FB) 以适应法线图输入。根据复杂特征的标称位置将原始图像分离为多个小图像块，通过光度立体技术转换成法线图，通过关键点回归得到关键点坐标，最后通过坐标转换，可以将测得的关键点位置与名义位置进行比较，实现复杂特征检测。

　　这项工作的主要贡献可以概括如下。

　　(1) 这里提出的 NMRN 是第一个为法线图输入设计的关键点回归网络。借助融合模块，NMRN 可以利用法线图中包含的信息，并且在实验中超越了现有的关键点回归网络的性能。

(2) 在 SOMS 中，法线图由深度神经网络直接处理。与从法线图重建表面网格的常规方法相比，SOMS 可以处理各种深度的对象。

(3) SOMS 可以在一个摄像机位置测量多个复杂特征，因此满足复杂特征在线测量的效率要求。

6.1.2 复杂特征在线测量系统架构

1. 问题描述

SOMS 使用一个摄像头来拍摄照片，用一组发光二极管阵列提供不同方向的光源。如图 6.3 所示，光源和相机由机器人携带。白车身是固定的，机器人可以将设备对准白车身的不同区域来测量所有的复杂特征。

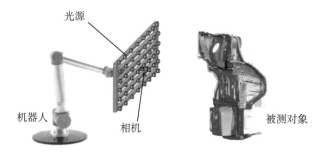

图 6.3　SOMS 系统示意图

在整个测量过程中，只考虑多个相机位置中的一个。在 K 种不同的光源下拍摄原始图像 $I_1, I_2, \cdots, I_K$ 作为问题的输入。

本系统的目标是估计关键点的三维坐标。举例说明，考虑一个白车身上的带有头尾两个关键点的柱状复杂特征。如图 6.4 所示，平面 OXY 代表白车身上

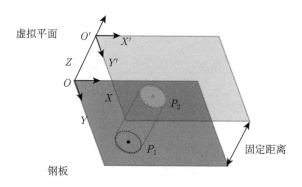

图 6.4　复杂特征关键点坐标的定义 (彩图见封底二维码)

的钢板平面，圆柱代表复杂特征。平面 $O'X'Y'$ 是一个与平面 OXY 平行的虚拟平面。一个复杂特征包含两个关键点，其中，底部的关键点为 P_1，尖端的关键点为 P_2。值得注意的是，P_1 必须在平面 OXY 上，因为复杂特征焊接在平面上。假设 P_2 在平面 $O'X'Y'$ 上，因为焊接工具和焊接工艺可以保证 P_2 与钢板平面的距离不变。

图 6.5 说明了判断复杂特征尺寸公差的标准。对于一个复杂特征来说，如果至少有一个关键点超出公差，则说明其有缺陷。一个关键点的公差范围是一个圆心为该关键点的标称位置，直径为其公差范围的圆。根部的关键点在钢板平面上有其公差范围圆，顶端的关键点在虚拟平面上有其公差范围圆。II 型特征 (图 6.5 中的第二个特征) 只有一个关键点，因此只有一个公差圆。

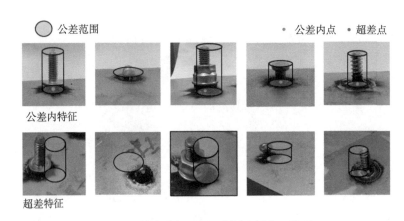

图 6.5　缺陷特征示例 (彩图见封底二维码)

图 6.6 给出了 SOMS 从输入数据到输出测量结果所包含的四个过程：偏差范围对准、法线图估计、二维姿态估计和坐标映射。

在车身车间中，成熟的焊接工艺可以将偏差限制在距离标称位置几厘米的范围内。因此，特征不会超出标称位置的小邻域。SOMS 可以根据其偏差范围，将整张白车身图像裁剪成小的图像块，每个图像块只包含一个复杂特征目标，以减小计算复杂度。如果 S 个目标出现在摄像头的视野中，拍摄的原始图像将被切成小块 $r_{i,j} \in \mathbb{R}^{T \times T} | i = 1, 2, \cdots, S; \ j = 1, 2, \cdots, K$，每个小图像块都以单个目标的标称位置为中心。$T$ 值取决于根据复杂特征工艺预计的最大偏差范围。在图 6.6 中，该过程称为公差范围对准。

对于每个小图像块，光度立体算法会将同一复杂特征的 K 个图像块转换为一个法线图。总共将生成 S 个法线图 $N_i = PS\left(r_{i,1}, r_{i,2}, \cdots, r_{i,K}\right)$，其中 $N_i \in \mathbb{R}^{160 \times 160 \times 3} | i = 1, 2, \cdots, S$。该过程在图 6.6 中称为法线图估计。

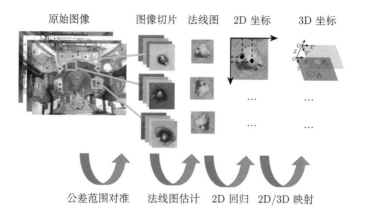

图 6.6 系统的数据流 (彩图见封底二维码)

然后将法线图输入定位网络 $\text{NN}(\theta)$ 以估计热图 (heat-map)S：

$$H_i = \text{NN}(N_i|\theta) \in \mathbb{R}^{160 \times 160 \times 2} \tag{6-1}$$

目标二维姿态可以估计为

$$\hat{x}_{i,k}, \hat{y}_{i,k} = \arg\max_{x,y}(h_i^{x,y,k}), \quad i = 1, 2, \cdots, S; k = 1, 2 \tag{6-2}$$

将目标的姿态定义为

$$\hat{P}_i \triangleq \begin{bmatrix} \hat{x}_{i,1} & \hat{x}_{i,2} \\ \hat{y}_{i,1} & \hat{y}_{i,2} \end{bmatrix}, \quad i = 1, 2, \cdots, S \tag{6-3}$$

其中，$[\hat{x}_{i,1} \quad \hat{y}_{i,1}]^{\text{T}}$ 和 $[\hat{x}_{i,2} \quad \hat{y}_{i,2}]^{\text{T}}$ 代表目标的两个关键点，位于相机的图像平面参考系下。该过程在图 6.6 中表示为 2D 回归。

最后，将估计的二维姿态映射到估计的三维坐标：

$$\hat{Q}_i = \begin{bmatrix} \hat{P}_{1,i} \\ \hat{P}_{2,i} \end{bmatrix} = \begin{bmatrix} \hat{x}_{i,1} & \hat{y}_{i,1} & \hat{z}_{i,1} \\ \hat{x}_{i,2} & \hat{y}_{i,2} & \hat{z}_{i,2} \end{bmatrix}^{\text{T}}, \quad i = 1, 2, \cdots, S \tag{6-4}$$

公式 (6-3) 是基于白车身参考系。估计的三维坐标可与标称三维坐标进行比较，以判断复杂特征焊接是否存在缺陷。该过程在图 6.6 中表示为 2D/3D 映射。

2. 范围偏差对准

图 6.7 展示了与偏差范围对准相关的不同坐标参考系。将棋盘格标定板和白车身固定在夹具上，相机由机器人携带。首先，相机移动到棋盘的前面并拍照以校准相机。然后相机移动到当前位置拍摄复杂特征的照片。

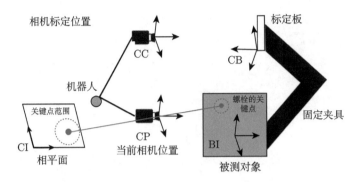

图 6.7　范围偏差对准示意图

基于白车身参考系，考虑照片中一个复杂特征关键点的标称位置：

$$G_{\mathrm{BI}} = \begin{bmatrix} gx & gy & gz \end{bmatrix}^{\mathrm{T}} \tag{6-5}$$

假设夹具是刚性的，并且在生产前测量了所有尺寸，坐标可以从白车身参考系转移到棋盘格参考系：

$$G_{\mathrm{CB}} = T_{\mathrm{Fix}}(G_{\mathrm{BI}}) \tag{6-6}$$

通过标定获得的外部参数可以将坐标 G_{CB} 传递到标定相机位置参考系中：

$$G_{\mathrm{CC}} = T_{\mathrm{Ext}}(G_{\mathrm{CB}}) \tag{6-7}$$

两个相机位置之间的转换可以从机器人的操作系统中获得：

$$G_{\mathrm{CP}} = T_{\mathrm{Rob}}(G_{\mathrm{CC}}) \tag{6-8}$$

然后根据相机的内参数，得到关键点对应的像素坐标 $G_{\mathrm{CI}} = [px \quad py]^{\mathrm{T}}$。

$$G_{\mathrm{CI}} = T_{\mathrm{Int}}(G_{\mathrm{CP}}) \tag{6-9}$$

将该关键点的最大偏差 G_{BI} 表示为 D。考虑一个半径为 D 以 G_{BI} 为中心的球体，可以根据公式 (6-6)~ 公式 (6-9)，先将该球体映射为半径为 D 的圆，再将该图映射到像平面上。在圆上均匀分布 1000 个点 $\{(pcx_k, pcy_k)|k = 1, 2, \cdots, 1000\}$。考虑偏差最大为 D' 的另一个关键点 G'_{CI}，在圆中取样另一组点 $\{(pcx'_k, pcy'_k)|k = 1, 2, \cdots, 1000\}$。这两个圆应包含在以点 (xc, yc) 为中心的小图像块中，该点是图像平面上线段的中心点 $G_{\mathrm{CI}}G'_{\mathrm{CI}}$，宽度最小为 T^*。

$$
\begin{aligned}
T^* &= \arg\min(T) \\
\mathrm{s.t.} &\begin{cases}
\max(|xc - pcx_k|, |yc - pcy_k|) < T \\
\max(|xc - pcx'_k|, |yc - pcy'_k|) < T \\
k = 1, 2, \cdots, 1000
\end{cases}
\end{aligned} \tag{6-10}
$$

这个宽度 T^* 可以通过从 500 到 0 的穷举搜索粗略地选择。由于机器人在生产过程中重复相同的程序，因此在生产过程中，每个复杂特征图像块的中心 G_{CP} 和宽度 T 不会发生变化。每个复杂特征小图像块的这些参数可以在程序中被硬编码 (hard-coded)，因此整个过程只需在系统架设阶段计算一次，而不必每次测量都计算。

3. 法线图估计

首先，需要通过光度立体算法将小图像块转换为法线图。假设物体与光源之间有足够的距离，环境光也可能对光度立体感有很大的影响。在实际生产中，通常通过覆盖测量站或使用特殊光源和滤光片来隔离环境光。因此，这里不考虑由环境光引起的误差。

根据朗伯 (Lambert) 模型，一幅图像中任意像素 $p(x,y)$ 的强度可以描述为

$$i_j(x,y) = \rho_{(x,y)} n_{(x,y)} l_j \tag{6-11}$$

其中，$i_j(x,y)$ 是图像中一个像素在光源 j 下的行 x 和列 y 的强度；ρ 是位于像素对应点 $p(x,y)$ 的材料表面的反照率；$l_j = [x_j, y_j, z_j]^{\mathrm{T}}$ 是表示光源 j 入射方向的归一化单位向量。设 $n_{(x,y)}$ 为像素对应点 $p(x,y)$ 的法向量，其中，

$$n_{(x,y)} = \left(\frac{-a}{\sqrt{a^2+b^2+1}}, \frac{-b}{\sqrt{a^2+b^2+1}}, \frac{1}{\sqrt{a^2+b^2+1}} \right) \tag{6-12}$$

$$a = \frac{\partial d(x,y)}{\partial x}, \quad b = \frac{\partial d(x,y)}{\partial y} \tag{6-13}$$

其中，$d(x,y)$ 是像素 $p(x,y)$ 的深度。

对于有 j 个光源的系统，方程 (6-11) 有矩阵形式：

$$I = \rho n L \tag{6-14}$$

其中，$L = [l_1, l_2, \cdots, l_j], I(x,y) = [i_1(x,y), i_2(x,y), \cdots, i_j(x,y)]$。

由于 ρ 是标量，而曲面法线的方向是正交的，可以计算 $I \times L^{-1}$ 的长度并将其规格化为单位向量。SOMS 包含 64 个光源，因此，光矩阵 $L \in \mathbb{R}^{3 \times 64}$ 不会有其逆矩阵。最小二乘法可用于求解该超定系统。可以得到像素 $p(x,y)$ 的表面法线估计值 $\hat{n}$。为了获得整个法线图，对每个像素重复该过程。对于其他不同光源分布与光源环境的场景，也可以使用其他法线图估计方法。这里以此方法为例，其他法线图估计方法得到的结果也可以使用类似的手段进行后续处理。

4. 复杂特征的二维定位

在得到法线图后，需要利用神经网络估计关键点的二维坐标。这里提出了 NMRN 来完成这项任务。

NMRN 的架构如图 6.8 所示。卷积层的设计基于沙漏样式，这种样式在关键点回归任务中被广泛使用。法线图通过两条路径进行处理。在主路线中，法线图从 160×160 下采样至 40×40，然后向上采样到 160×160。通过下采样，提取不同尺度的表征。大尺度表征包含更多的区域信息，有助于从背景中识别复杂特征。小尺度表征包含更多的细粒度信息，有助于准确定位关键点。

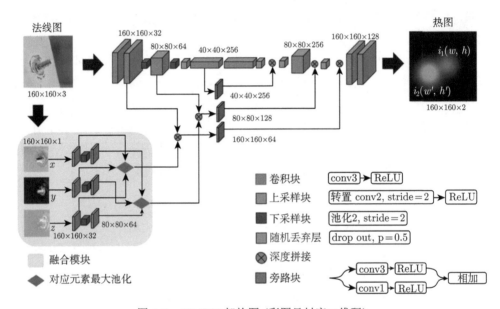

图 6.8　NMRN 架构图 (彩图见封底二维码)

第二条路径经过融合 (PF) 块，这是为了使神经网络适应法线图输入。融合块分别处理法线图的三个通道。每个通道连接到一个卷积层，然后通过最大池化层将其下采样到 80×80。下采样前的张量将被复制，然后通过元素最大池 (EWMP) 合并，其定义为

$$\text{EWMP}(A, B, C) = O, \quad A, B, C, O \in \mathbb{R}^4 \tag{6-15}$$

O 的每个元素为

$$d_{x,y,z,t} = \max(a_{x,y,z,t} b_{x,y,z,t}, c_{x,y,z,t}) \tag{6-16}$$

EWMP 的输出张量的每一个元素都等于三个输入张量中对应位置的三个元素的最高值。下采样后的张量被另一个卷积层处理，然后被 EWMP 合并。通过

卷积层提取的几何特征被 EWMP 层融合，从而选择每个维度中最显著的特征。

然后将融合块的输出与主路径中提取的特征连接起来，并发送到相应分辨率的旁路块。注意，即使低采样特征具有相同的分辨率，也不应将其直接连接到较高级别的上采样特征。算法希望高层级的表征只包含关键点的位置信息，而低级特征可能包含任何关于法线图的低层级信息。旁路块被用来填补相同分辨率的两个表征所包含信息层级的差距。

网络的输出是一个热图，它指示了复杂特征关键点的位置。热图中一个像素的值意味着该像素为关键点的概率。在训练数据集中，每个通道的热图值服从二维高斯分布。

$$f(x) = \frac{\exp\left[-\frac{1}{2}(x-u)^{\mathrm{T}}\Sigma^{-1}(x-u)\right]}{\sqrt{(2\pi)^k \det\Sigma}} \tag{6-17}$$

其中，$x = (x_1, x_2) \in \mathbb{N}^2, 1 < x_1 < 160, 1 < x_2 < 160$ 是热图中的二维像素坐标；$u = (w, h)$ 是关键点的坐标。协方差矩阵是一个单位矩阵乘以一个控制离散程度大小的常数。对于只有一个关键点的复杂特征，标签是相同的两个通道。将损失函数定义为真热图与预测热图之间的均方误差 (MSE)，数学公式如下：

$$L_{\mathrm{MSE}} = \|H_{\mathrm{p}} - H_{\mathrm{g}}\|_2 \tag{6-18}$$

NMRN 对于所有通道上的损失值均取其平均值。NMRN 使用 Adam(adaptive moment estimation，适应性矩估计) 优化方法训练 640 轮次，学习率每 96 轮次衰减一半，从 0.001 衰减到 3.125×10^{-5}。

5. 二维/三维坐标映射

在产品标准中，复杂特征的标称位置由复杂特征关键点的三维坐标定义。复杂特征 $i_1 = (w_1, h_1)$ 和 $i_2 = (w_2, h_2)$ 的二维姿势必须映射到三维坐标以进行比较。图 6.9 所示为具有两个关键点的复杂特征示例。

假设相机符合小孔成像模型，在图 6.9 中，红色符号表示二维中的像素坐标 (即二维图像平面参考系 O_1WH)。绿色符号表示三维中的相机坐标系 (即参考系 O_2UVT)。黑色符号表示局部白车身三维坐标 (即参考系 G_1XYZ)。绿色圆柱代表复杂特征的标称位置，黄色圆柱代表其实际位置。由于复杂特征的偏差范围较小，所以 G_1 和 P_1 同处一个相邻区域的小平面，这样可以假定关键点 P_1 在平面 G_1XY 上。从白车身的三维模型可以得到白车身参考系到局部白车身参考系的转换 T_{Loc}：

$$\begin{bmatrix} G_1 & G_2 \end{bmatrix} = T_{\mathrm{Loc}}\left(\begin{bmatrix} G_{\mathrm{BI},1} & G_{\mathrm{BI},2} \end{bmatrix}\right) \tag{6-19}$$

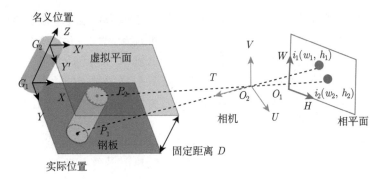

图 6.9　SOMS 坐标系统符号图 (彩图见封底二维码)

只要得到 $P_1(x_1, y_1, z_1)$ 和 $P_2(x_2, y_2, z_2)$，就可以与 G_1 和 G_2 进行比较。因此，坐标映射的关键问题是根据 $i_1(w_1, h_1)$ 和 $i_2(w_2, h_2)$ 在局部白车身坐标和 $P_2(x_2, y_2, z_2)$ 下估计相应的三维坐标。

考虑到图 6.7 中的硬件设置和图 6.9 中的坐标符号，对于第一个关键点 $P_1(x_1, y_1, z_1)$，可得到 $P_1(x_1, y_1, z_1)$。

$$t_1 \begin{bmatrix} w_1 \\ h_1 \\ 1 \end{bmatrix} = \begin{bmatrix} f_x & 0 & u_0 \\ 0 & f_y & v_0 \\ 0 & 0 & 1 \end{bmatrix} \begin{bmatrix} u_1 \\ v_1 \\ t_1 \end{bmatrix} \tag{6-20}$$

其中，坐标 (u_1, v_1, t_1) 表示相机坐标系下的点 $P_1(u_1, v_1, t_1)$；标量 f_x, f_y, u_0, v_0 是通过标定获得的相机内参数。

$$P_1(x_1, y_1, z_1) = T_{\mathrm{Loc}} \left[T_{\mathrm{Fix}}^{-1} \left(T_{\mathrm{Ext}}^{-1} \left\{ T_{\mathrm{Rob}}^{-1} \left[P_1(u_1, v_1, t_1) \right] \right\} \right) \right] \tag{6-21}$$

由于公式 (6-21) 中提到的所有变换都是仿射变换，若干仿射变换可等价于一个仿射变换 (R, T)，因此可以简化为

$$[x_1, y_1, z_1]^{\mathrm{T}} = T_{\mathrm{Map}}([u_1, v_1, t_1]) = R[u_1, v_1, t_1]^{\mathrm{T}} + T \tag{6-22}$$

旋转矩阵 $R_{3\times 3}$ 和平移向量 $T_{3\times 1}$ 可由公式 (6-4)~ 公式 (6-9) 以及公式 (6-19) 得到。因为 P_1 点在平面 $G_1 XY$ 上，因此可得

$$z_1 = 0 \tag{6-23}$$

考虑公式 (6-20)~ 公式 (6-22)，坐标 $P_1(x_1, y_1, z_1)$ 可以求解。求解过程可看作求射线 $i_1 O_2$ 与平面 $G_1 XY$ 的交点。只要相机不平行于车体平面，交点 P_1 就可以求解。对于 P_2，考虑公式 (6-20)~ 公式 (6-22)，以及

$$z_2 = \mathrm{Depth} \tag{6-24}$$

其中，Depth 代表从 P_2 到平面 G_1XY 的距离，该距离由焊接工艺保证。则点 P_2 也可以用类似的方法来解决。这可以解释为求射线 i_2O_2 与平面 G_2XY 的交点。在估计出 P_1 和 P_2 之后，可以与名义位置 G_1 和 G_2 进行比较，判断关键点位置是否超差。

二维到三维映射的一个有效实现方法是以相似的方式计算图像中每个像素对应的三维坐标。然后，在正式开始之前，创建从每个二维像素到三维坐标的映射。根据这里所涉及的数据结构和平台，映射只需占用 100kB~1MB 的内存。一个现代化的工控机可以轻松地在内存中存储数千种映射，这些映射足以存储一辆白车身上的所有复杂特征。在生产过程中，计算机只需要从映射上查找相应的三维值，这将节省大量的计算时间。

6. 准确率分析与相机位置约束

SOMS 系统依赖于相机获取位置，相机标定误差会影响 SOMS 系统的准确率。尽管相机标定的误差通常很小，但在不受约束的情况下，二维/三维坐标映射过程会放大误差。下面分析标定误差的影响，并给出相机位置的约束来限制这种影响。

将相机标定的重投影误差表示为 $\Delta e = [\Delta w, \Delta h, 0]^{\mathrm{T}}$。假设这个误差对二维姿态的影响程度相同。考虑到图 6.9 中的位置 CP 中的相机，影响可以描述为

$$t\Delta e = P_{\mathrm{in}}\Delta C \tag{6-25}$$

其中，P_{in} 表示相机的固有参数矩阵；t 表示相机基准下关键点坐标 $C = [u, v, t]^{\mathrm{T}}$ 的三维值；$\Delta C = [\Delta v, \Delta u, \Delta t]^{\mathrm{T}}$ 表示相机坐标参考下的三维坐标误差。将白车身基准下关键点的未受影响的三维坐标表示为 $X = [x, y, z]^{\mathrm{T}}$。根据公式 (6-22)，得到

$$X^* = X + \Delta X = R(C + \Delta C) + T \tag{6-26}$$

$$X = RC + T \tag{6-27}$$

其中，ΔX 表示白车身基准下由相机标定误差引起的估计误差；X^* 表示受影响的三维坐标。考虑公式 (6-26) 与公式 (6-27)：

$$\Delta X = R\Delta C \tag{6-28}$$

由于旋转矩阵 R 不改变矢量 ΔC 的大小，因此可以用 $\| \Delta C \|_2 = \sqrt{\Delta u^2 + \Delta v^2 + \Delta t^2}$ 估计标定误差对 $\| \Delta X \|_2$ 的影响。图 6.10 展示了图 6.9 的简化侧视图。

为了简化问题，假设重投影误差的最大值为 $\| \Delta e \|_2 = g$，因此关键点 i 的影响二维位姿位于半径为 g 的圆内，并以未受影响的二维位姿 i' 为中心。此圆将作

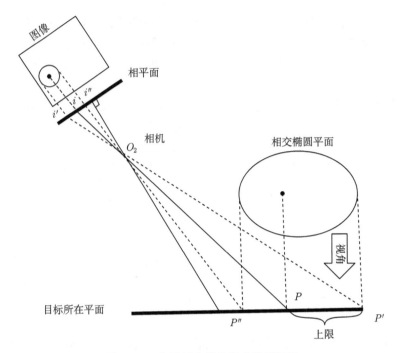

图 6.10   分析标定误差影响的侧视图

为圆锥体投影到三维空间。这个圆锥体和目标平面的交点 (图 6.9 中可以是 G_1XY 或 G_2XY，下面的分析适用于两者) 形成一个椭圆。未受影响的关键点 1 是椭圆的两个焦点之一。因此，由标定误差引起的误差不能大于线段 $\parallel pp' \parallel_2 = h \geqslant \Delta C$ 的长度。为了限制标定误差的影响，有必要找出相机位置与三维误差上限 h 之间的关系。

图 6.11 显示了用于分析由角度 α 和距离 d 确定的相机位置与误差上限 h 之间关系的符号。

考虑 $\triangle O_0 O_2 i \sim \triangle SO_2 P$，得到

$$\frac{e}{f} = \frac{u}{t} \tag{6-29}$$

考虑 $\triangle PO_3 S$，得到

$$u = (t - d)\tan\alpha \tag{6-30}$$

联合公式 (6-29) 与公式 (6-30)，得

$$et = a(t - d) \tag{6-31}$$

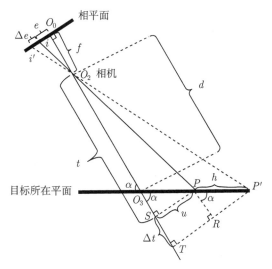

图 6.11 相机位置与误差上限关系图

其中，$a = f\tan\alpha$。将 i 替换为 i'，P 替换为 P'，公式 (6-30) 可转换为

$$(e + \Delta e)(t + \Delta t) = a(t + \Delta t - d) \tag{6-32}$$

考虑 $\triangle PP'R$，得到

$$\Delta t = h\cos\alpha \tag{6-33}$$

联合公式 (6-31)~ 公式 (6-33)，得

$$h = \frac{ad\Delta e}{(a + e)(a - e - \Delta e)\cos\alpha}, \quad a = f\tan\alpha \tag{6-34}$$

考虑一个典型的工业相机的焦距 $f = 35\text{mm}$，标定最大重投影误差 $\Delta e = 5 \times 10^{-4}\text{mm}$，可以得出相机位置之间的关系。该位置关系由目标平面与相机光轴的角度 α 以及相机与目标平面的距离 d 决定。目标标称位置图像到光轴中心的距离用 e 表示，图 6.12 中的误差上限定义为 h。

如图 6.12 所示，如果相机位置被限制在 $\alpha > 40\text{mm}, d < 600\text{mm}, e < 4\text{mm}$，则由标定误差引起的最大误差可以被限制在 0.015mm 以下，对于白车身测量系统，这是可以接受的。在测量系统用于正式生产之前，必须对每个测量位置手动检查此约束。这里所有实验的相机位置都满足这一约束条件。

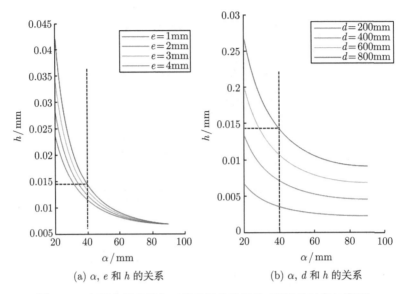

(a) α, e 和 h 的关系　　　　　　(b) α, d 和 h 的关系

图 6.12　相机位置参数与三维坐标估计误差 (彩图见封底二维码)

6.1.3　实验结果与分析

这里设计三个实验以证明 SOMS 的优越性。第一个实验将 SOMS 与基准架构进行比较。第二个实验对使用法线图和使用原始图像作为网络输入来定位复杂特征进行比较。第三个实验利用模拟的生产数据对 SOMS 的性能进行进一步的仿真研究。

1. 实验环境与数据集

为了简化操作，实验中没有使用工业机器人来抓取一辆真正的白车身用于测量，而是使用了一个固定的摄像头和一组钢板上的复杂特征样品。复杂特征的焊接工艺与真实的白车身上使用的工艺相同。实验中使用的钢板与制造白车身的钢板完全相同。因此，实验结果对实践者具有一定的参考价值。这种简化方法被学界广泛接受，且同样被用于其他焊接复杂特征的测量研究[2]。图 6.13 展示了该系统和其中一块承载复杂特征样品的钢板。

为了清晰地看到实验设备，图 6.13 中的照片是平板在正常光源下拍摄的。为了避免环境光的影响，实验过程中隔绝了环境光。考虑到在生产线上为光学测量设备建立一个环境光隔离单元是一个普遍接受的概念，实验中假设环境光可以被理想地隔离。附在复杂特征样品上的棋盘格仅用于校准相机和标记复杂特征的真实位置，并未用在关键点回归过程中。整个数据库由 1427 个复杂特征图片组成，每个包含 64 种不同光照下的单个复杂特征的图像。这些复杂特征含有不同的类型、尺寸、观察角度, 带有不同程度的黑烟、铁锈或污油。每个法线图由 64 张不同光源下的灰度图像通过光度立体算法生成。所有图像按复杂特征类型分为 5 个数据集。每个数据集的 80% 用于训练, 20% 用于测试。每个复杂特征的类型及其标称位置通常可用, 因此, NMRN 将在每个数据集上单独进行训练和测试。实验中的所有测试组均使用上述将二维姿态转换为三维姿态的相同坐标对准过程。

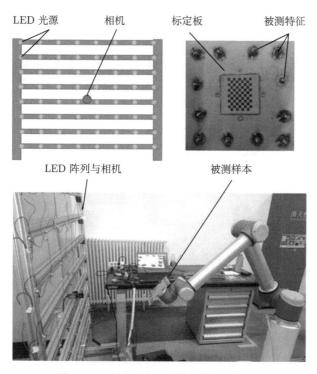

图 6.13 实验平台 (彩图见封底二维码)

2. 神经网络架构验证

在第一个实验中, 比较 NMRN 与两个基准测试在架构方面的差异。选择 Hourglass 模型 [3] 作为代表基于热图的方法的基准。文献 [4] 中的网络结构代表了直接回归方法。图 6.14 示出了这些架构中的区别。为了与基于机器学习 (而非深度学习) 的目标检测方法进行比较, 还提出了一种基于方向梯度直方图 (HOG) 和支持向量机 (SVM) 的基准算法。对于基准算法, 关键点及其周围的像素块大小为 32×32 的区域被视为要检测的对象。关键点的估计位置是边界框的中心。实验中的所有算法共享相同的数据用于训练和测试。

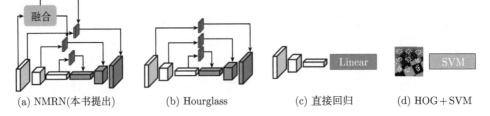

图 6.14　神经网络架构

　　每个网络被独立地训练和测试，以法线图为输入。每个网络被训练了 640 轮，学习率从 0.001 下降到 3.125×10^{-5}，每 96 个周期下降一半。通过水平和垂直翻转来增补训练数据。实验结果见表 6.1。

表 6.1　三个网络的误差

特征类型	误差的平均值/变化			
	NMRN(本书提出)	HG	DR	baseline(基线方法)
N 型特征	**0.30/0.05**	0.42/0.07	0.38/0.08	1.99/1.77
P 型特征	**0.27/0.03**	0.36/0.03	0.63/0.18	2.98/2.26
S 型特征	**0.21/0.01**	0.23/0.02	0.21/0.02	1.09/1.26
T 型特征	0.23/**0.03**	**0.22**/0.03	0.38/0.08	1.62/2.06
B 型特征	0.17/0.01	0.16/0.01	**0.16/0.01**	1.04/1.83
平均	**0.22/0.02**	0.31/0.06	0.40/0.11	1.74/1.83

注：误差以毫米为单位，HG 表示 Hourglass 模型，DR 表示直接回归。

　　基于深度学习方法的性能明显优于基线方法。由此可见，复杂特征关键点的回归问题过于复杂，传统的机器学习方法无法有效解决。深度学习算法的学习能力更强，因此具有更好的性能。对于五种复杂特征中的三种，NMRN 的误差比其他三种低。在 T 型特征子集中，NMRN 的平均误差值略高于最低值，但 NMRN 的方差较小。在 B 型特征子集中，直接回归网络的误差小于 NMRN。值得注意的是，B 型特征子集中的误差相对低于其他子集中的误差，并且所有三个网络都具有类似的良好性能。这可能是由于 B 型特征的几何构成较为简单。平均而言，NMRN 的表现超过了另外两个网络 (HG 和 DR)。图 6.15 示出由两个基于热图的网络预测的一组热图，(a)～(j) 对应于测试集中的不同样本。

　　第一行中的法线图是以伪彩色显示的输入。第二和第三行是 Hourglass 模型和 NMRN 网络预测的热图，关键点的真实热图在第四行。每个热图包含两个通道 (红色和绿色通道)，对应两个关键点。B 型特征只有一个关键点，因此热图的两个通道相同。图中的矩形表示预测热图中的异常及其在输入中的相应位置。总的来说，NMRN 预测的热图更接近二维高斯分布，这表明 NMRN 的收敛性优于 Hourglass 模型。在图 6.15(a) 和 (d) 中，Hourglass 模型的预测在用红色表示的第一关键点的中心附近具有一些低值。Hourglass 模型无法将关键点与背景分开，对关键点的位置置信度不足。在图 6.15(b)、(e) 和 (h) 中，Hourglass 模型预测的热图包含远离关键点的高值。Hourglass 模型被背景中的螺丝分散了注意力。而通过 PF 块，NMRN 学习到了更可靠的几何表征，避免了干扰。在图 6.15(c) 和 (f) 中，Hourglass 模型两点的预测相互影响。在图 6.15(c) 中，绿色点的预测扩展到属于红色的区域，在图 6.15(f) 中，红色点的预测延伸到绿色的区域。在图 6.15(g) 中，焊接产生的黑烟导致法线图不准确。Hourglass 模型预测了一个损坏的热图，而 NMRN 预测了一个更好的热图。实验结果表明，与最初设计用于原始图像处理的 Hourglass 模型相比，NMRN 能够更好地适应法线图输入。

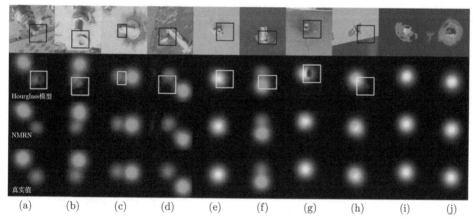

图 6.15 所有组的输入与预测热图和真实热图 (彩图见封底二维码)

3. 法线图的输入优越性的验证

另一个实验是对使用法线图作为输入和使用原始图像进行比较。本实验由三组测试组成：一组是法线图 (NM)，另一组是原始图像。基准组被命名为原始图像 (raw image，RI) 和多个原始图像 (raw image multiple，RIM)，前者用于每个相机位置仅使用一个图像 (每张照片都是在相同的光源下拍摄的)，后者用于使用训练数据中的所有图像 (测试和训练数据包含在不同光源下拍摄的照片)。每个组由四个测试和四个体系结构组成。所用的超参数与第一个实验相同。实验结果见表 6.2。

NM 组的错误率明显低于其他两组，实验结果展示了使用法线图作为输入的优点。图 6.16 示出了所有组中的所有网络的误差分布。纵轴表示百分比，横轴表示误差阈值。图中的一个点 (x, y) 表示对应组中小于 x 毫米的误差的 $y\%$。为了简化图形，合并了所有类型复杂特征的数据。如图 6.16 所示，与使用原始图像的对应

表 6.2　　网络误差

特征类型	误差的平均值/方差		
	NM	RI	RIM
N 型特征	**0.822/0.985**	2.085/2.725	2.106/2.616
P 型特征	**1.134/1.596**	1.275/1.392	1.188/1.048
S 型特征	**0.464/0.493**	1.481/1.417	1.490/1.266
T 型特征	**0.677/1.310**	0.827/0.961	1.086/1.106
B 型特征	**0.428/1.017**	1.077/0.948	0.746/1.131
平均	**0.705/1.081**	1.349/1.489	1.323/1.469

注：误差以毫米为单位。

方法相比，使用法线图作为输入的方法具有显著更好的性能。可以得出结论，法线图比原始图像具有多的几何信息。NMRN 在法线图组表现最好，然而，它并不是原始图像组中最好的。当使用原始图像时，输入通道将具有相同的值。融合过程，即 EWM 层，将不能正确处理原始图像。如果没有正常工作的融合过程，NMRN 的性能不会比基准测试好。这一现象表明，PF 块的价值不仅在于为网络增加层数与参数，而且还在于其合理地利用通道融合机制。

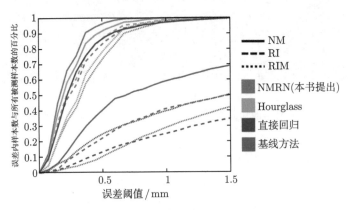

图 6.16　　小于特定值的误差百分比 (彩图见封底二维码)

　　图 6.17 显示了一些测试样品的输入和预测热图，(a)∼(j) 对应于测试集中的不同样本。第一行为以伪彩色表示的法线图。对应的原始图像在第二行。其余几行显示了预测热图的第一个通道。白色矩形强调预测热图中的异常及其在输入中的相应位置。矩形图 6.17(c) 和 (d) 显示由焊接造成的黑煤烟所引起的干扰；相反，这些干扰在法线图上并不明显。因此，具有法向图输入的 NMRN 可以避免干扰。图 6.17(f) 呈现出一种不寻常的黑色煤烟图案。在法线图上可以观察到，带有原始图像的 NMRN 分散了注意力，基准测试也稍微分散了注意力。然而，NMRN 设法避免了干扰。对这一现象的直觉是，在普通图像中，靠近黑煤烟的明亮区域

看起来像一个复杂特征底部的图案模式 (特征与黑煤烟相比也是明亮的)。但是,在法线图中,它与复杂特征有明显不同,因此网络可以在法线图中不被干扰。图 6.17(g)~(j) 是由背景中其他螺帽引起的干扰。法线图输入的 NMRN 避免了大多数干扰。这也可能因为螺帽在黑暗的环境中是一个亮点,在原始图像中看起来像一个复杂特征;相反,它在法线图中更易区分。在图 6.17(i) 中,所有组均被胶水分散了注意力,但 NMRN 的影响较其他组小。其他例子没有在热图中包含可观察到的缺陷,它们只是在细粒度准确率上有所不同。

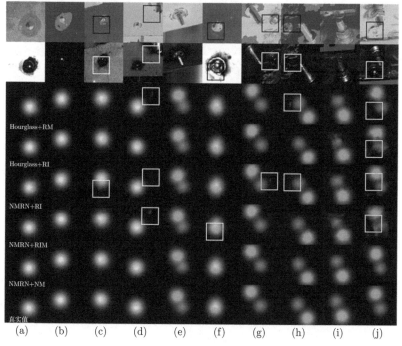

图 6.17　部分测试样本的输入和结果 (彩图见封底二维码)

4. 复杂特征异常检测仿真

这里设置了一个虚拟的缺陷复杂特征检测任务,以具有两个基准点的原始图像作为输入,评估了 NMRN 方法的性能。基准测试没有使用法线图作为输入,因为它们最初被提出时使用的是原始图像。Hourglass 模型用单个原始图像 (表示为 RI) 和多个原始图像 (表示为 RIM) 作为输入,因为它在第二个实验中对原始图像输入的性能最好。在测试集中为每个样本生成 1000 万个复杂特征关键点的标称位置,以模拟实际生产中复杂特征的随机偏差。

$$G_{\mathrm{n}} = G_{\mathrm{i}} + \xi, \quad \xi \sim N(\mathbf{0}, \sigma E) \tag{6-35}$$

其中, G_n 是模拟的标称关键点位置; G_i 是图像中模拟的实际位置; ξ 是从高斯分布采样的模拟偏差; $\mathbf{0}$ 是零向量; E 是单位矩阵; σ 是方差因子。真实标签被假定为实际位置。假设预测位置为测量位置。如果复杂特征偏差超过阈值, 则检测到复杂特征异常。在模拟中, 测量真实数据集中的每个复杂特征, 并与标称值进行比较。设 P_{pred} 为复杂特征的预测位置, T_p 为检验算法的阈值, T_i 为产品标准的公差。将四类结果及其标准定义如下:

$$D_i = \|G_i - G_n\|_2 \tag{6-36}$$

$$D_p = \|P_{\text{pred}} - G_n\|_2 \tag{6-37}$$

$$\text{result} = \begin{cases} \text{TN}, & D_i < T_i, D_p < T_p \\ \text{FN}, & D_i < T_i, D_p > T_p \\ \text{FP}, & D_i > T_i, D_p < T_p \\ \text{TP}, & D_i > T_i, D_p > T_p \end{cases} \tag{6-38}$$

其中, TN 代表真阴性; TP 代表真阳性; FP 代表假阳性; FN 代表假阴性。如果复杂特征异常并预测为正常, 则为假阴性预测。另外, 如果复杂特征正常并且预测异常, 则这是一个假阳性预测。将召回率 (recall) 与准确率 (precision) 定义为

$$\text{recall} = \frac{\text{TP}}{\text{FN} + \text{TP}} \tag{6-39}$$

$$\text{precision} = \frac{\text{TP}}{\text{FP} + \text{TP}} \tag{6-40}$$

为了在召回率和准确率之间进行权衡, 算法增加了一个偏移量来调整阈值:

$$T_p = T_i + \varepsilon \tag{6-41}$$

实施仿真 20 次, 设置 ε 从 -0.9 增加到 1, $T_p = 5$, $\sigma = 1.1$。图 6.18 显示召回率和准确率。表 6.3 显示了图 6.18 中的一部分重要值。如图 6.18 所示, NMRN 在 $\varepsilon \in (0,1)$ 中具有较高的召回率和全局较高的准确率。NMRN 的最大优势表现在偏移量 $\varepsilon = 0.4$ 附近。当偏移量小于 0 时, 该方法的召回率低于其他基准方法。如果偏移量小于 0, 则可以判断正常复杂特征有缺陷。当偏移量小于 0 时, 由于其他基准方法的方差较大, 所以基准方法具有较高的召回率。负偏移值可以提高准确率, 但代价是降低召回率, 当误报预测的成本高于误报预测时, 将采用该方法。然而, 在生产中, 假阴性预测通常比假阳性预测造成更大的损失, 因此偏移量通常设置为大于 0。综上所述, 该方法在实际偏移量范围内具有较好的召回率和准确率。优势在偏移量 $\varepsilon = 0.4$ 处最大化。

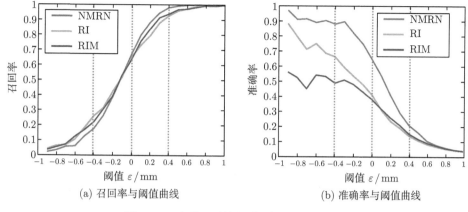

(a) 召回率与阈值曲线 (b) 准确率与阈值曲线

图 6.18 实验 III 结果 (彩图见封底二维码)

表 6.3 召回率和准确率结果

偏移值	召回率/准确率		
	NM	RI	RIM
0.4	**0.980/ 0.208**	0.926/0.151	0.938/0.138
0	**0.667/0.646**	0.648/0.409	0.632/0.378
−0.4	0.174/**0.880**	**0.258**/0.662	0.218/0.488

依据 BMW GS 96005 1-4 标准, 本实验被测对象的独立在线检测召回率要求为 90%。对于两种基准方法, 需要将 ε 设置在 0.4 以上, 而 NMRN 只需设置为 0.2。在同样满足标准召回率的前提下, NMRN 的准确率相比基准方法提高了约 130%。

5. 测量速度分析

这里通过对测量速度的分析, 论证 SOMS 实现在线测量的可能性。测量效率取决于两个主要因素: 图像处理速度和系统速度。图像处理速度取决于处理算法和计算机硬件。系统速度取决于系统在循环时间内测量的复杂特征数量。

对于图像处理速度, 以 SVM 基线算法为基准方法。处理速度比较如表 6.4 所示。包含一个复杂特征的单个法线图面片的计算时间。第一行是基线方法。第二行和第三行分别是在 GPU 和 CPU 上运行的算法。实验是在一台装有英特尔 i7 5930K CPU 和英伟达 1080Ti GPU 的台式计算机上进行的。

该算法在 CPU 上也比基准算法快。这是因为基线方法使用滑动窗口来查找目标, 并学习对目标和背景进行分类。为了获得较高的准确率, 滑动窗口的步长必须很小, 因此需要更多的计算量。这里提出的 NMRN 方法直接学习输入图像与输出热图之间的映射关系, 因此只需要一次前向网络传递。另外, 这两种方法的计算时间都是可以接受的, 因为拍照和移动摄像机到每个位置都需要更多的时间。

表 6.4　计算时间结果

设定	计算时间/s	
	GPU	CPU
基准方法	N/A	0.812
单次测量	0.013	0.741
批次测量	0.005	0.457

在图像处理速度方面, 以下分析以卡尔蔡司公司复杂特征测量方案为基准, 该方案通常由工业机器人和其携带的摄像头传感器[1] 或其变体的传感器组成。基准方法可以测量每个摄像机位置的一个复杂特征。根据白车身上复杂特征的密度, 假设 SOMS 可以在每个摄像头位置平均测量 4 个复杂特征。测量过程的时间线如图 6.19 所示。

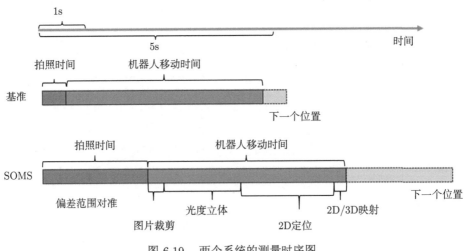

图 6.19　两个系统的测量时序图

两个系统都需要在各个位置之间移动, 以测量整个白车身。测量和运动交替进行。每次移动平均需要 4s。基准测试的拍照时间为 0.5s, SOMS 的拍照时间为 2s。注意, 处理时间不是测量过程的瓶颈, 因为计算可以在机器人移动过程中执行。在实验使用的带有英特尔 i7 CPU 和英伟达 1080Ti GPU 的桌面上, 光度立体和二维定位只需不到 3.5s。偏差范围校准和 2D/3D 映射都可以在生产前准备好, 因为它们在生产过程中不会改变。通过这种方式, 偏差范围对齐和 2D/3D 映射在生产阶段花费不到 0.1s 的时间。因此, 所有的计算可以在下一组照片拍摄之前完成。这里分析了循环时间为 60s 的白车身生产线的两种解决方案, 即基准方法和 SOMS。如表 6.5 所示，PME 表示每次测量的时间，PMO 表示每次移动的时间，P_num 表示测量整个白车身所需的摄像机位置数，Time 表示整个白车身测量所需的总时间，Parallel 表示执行复杂特征在线测量所需的平行站数量。该基准方法需要 15 个平行站，以 60s 的周期在一条生产线上实现复杂特征在线测量。在相同的条件下，SOMS 只需要 5 个并行站。

表 6.5 测量方案分析

对比组	PME/s	PMO/s	P_num/s	Time/s	Parallel/个
基准方法	0.5	4	200	900	15
SOMS	2	4	50	300	5

综上分析所述，这里提出的 SOMS 系统，无论是从单纯的计算时间角度衡量还是从系统综合测量效率角度衡量，都能满足在线测量的需求。

6.2 样本受限的复杂特征测定技术

6.1 节提出了基于光度立体视觉与监督学习的高效复杂特征测定方法。其中，从二维法线图中回归关键点坐标是该方法的核心算法。尽管该方法有理想的效率与精度，但训练过程需要大量带有关键点位置标签的法线图。为了获得法线图，需要拍摄大量多光源下的复杂特征照片，并使用光度立体技术进行表面法向量重建。为了获得关键点位置的标签，需要进行烦琐的三维测量与坐标系转换计算。所需训练数据的获取需要付出相当大的成本。当无法获得大量有标签的表面法线图，或无法承受获取如此大量数据所需的代价时，6.1 节所提出的方法无法有效工作。因此，如何在带有标签的法线图样本数量受限的条件下进行复杂特征检测，成为一个具有挑战性的课题。

6.2.1 方法概述

为了解决这个挑战，这里提出了一种高数据效率的深度学习方法用来解决基于法线图的复杂特征关键点回归问题。所使用的模型由两部分构成：特征提取器与回归器。所需要的训练数据包括很少量的有标签表面法线图与无标签的复杂特征原始图像。后者相比于前者，无须通过测量来获得标签，同时不需要多光源的复杂特征照片，也不需要光度立体算法要求的运算，因此更容易低成本地大量采集。这里提出使用一种域无关的自监督学习 (domain-invariant-self-supervised, DISS) 方法。其中，特征提取使用一种基于拼图 (jig-saw) 的自监督前置任务 (pretext-task，也译作"代理任务")，同时利用有标签与无标签数据进行训练。为了消除原始图像与表面法向量间的域距离 (domain distance)，本算法使用了一个判别器来辅助训练。通过对抗训练，可以缩小原始图像与表面法向量的概率分布间的 KL 散度。回归器的训练完全使用有标签的数据进行。在一系列实验中，提出方法的性能超越了监督学习方法与常规自监督学习方法。本节的贡献与创新点总结如下所述。

(1) 提出了一种高样本效率的基于表面法线图的复杂特征关键点回归方法。该方法仅需要少量的带有标签的表面法线图数据。

(2) 提出了 DISS 方法来训练特征提取器。该方法使得提取自表面法线图的特征与提取自原始图像的特征具有很小的域距离，从而使利用大量无标签原始图像训练的特征提取器能用于输入为表面法线图的下游任务。

(3) 提出的算法在仅有少量带标签法线图的实验中的性能超越了使用相同网络架构的监督方法与常规自监督学习方法。

6.2.2　域无关的自监督学习框架

1. 训练数据与问题描述

这里提出的 DISS 框架是为了解决带标签的表面法线图数据缺少的问题。给定少量带标签的法线图数据 $D_t = \{(x_i^t, y_i^t)\}_{i=1}^{m_t}$，其中，$m_t$ 表示表面法线图数据的数量，x_i^t 表示表面法线图，y_i^t 表示对应的标签。给定大量无标签的原始图像数据 $D_s = \{(x_i^s)\}_{i=1}^{m_s}$，其中，$m_s$ 表示原始图像数据的数量，x_i^s 表示原始图像。根据这里问题的假设，有 $m_s \gg m_t$。给定测试集 $D_v = \{(x_i^v, y_i^v)\}_{i=1}^{m_v}$，其中，$m_v$ 表示测试数据的数量，x_i^v 表示表面法线图，y_i^v 表示对应的标签。DISS 的目标为只利用 D_t 与 D_s 进行训练，并且最小化测试集 D_v 的误差。DISS 训练过程分为两阶段：针对特征提取器的前置任务训练，以及针对回归器的下游任务训练。

2. 前置任务训练

在自监督学习中，通常会在无标签数据中获取伪标签以构成前置任务。前置任务的设计必须满足两个条件：① 能够让神经网络收敛；② 同时要学习到有用的知识。举例来说，如果前置任务设计得太简单，神经网络可以轻易收敛，却无法学习到有用的知识；而如果前置任务设计得太复杂，神经网络可能无法收敛。典型的前置任务包括：jig-saw 拼图，图像旋转，图像上色，图像补全，等等。在本问题中，jig-saw 拼图最为适合。由于表面法向量图是从原始图像通过光度立体算法得到，数据集 D_t 中每一张法向量图都至少对应一张原始图像，将这些原始图像组成数据集 $D_r = \{(x_i^r, y_i^r)\}_{i=1}^{m_r}$。给定训练数据集 D_t、D_r 与 D_s，将其中的 x_i^s、x_i^r 与 x_i^t 分解成 m_p 块 jig-saw 拼图。如图 6.20 所示，将这 9 张图片随机打乱顺序，并且将打乱后的不同顺序做 one-hot 编码 (独热编码) 形成伪标签 y_i^{s*} 与 y_i^{t*}，形成新的数据集 $D_t^* = \{(x_{i,j}^t, y_i^{t*})_{j=1}^{m_p}\}_{i=1}^{m_t}$，$D_r^* = \{(x_{i,j}^r, y_i^{r*})_{j=1}^{m_p}\}_{i=1}^{m_t}$ 与 $D_s^* = \{(x_{i,j}^s, y_i^{s*})_{j=1}^{m_p}\}_{i=1}^{m_s}$ 用来训练前置任务。

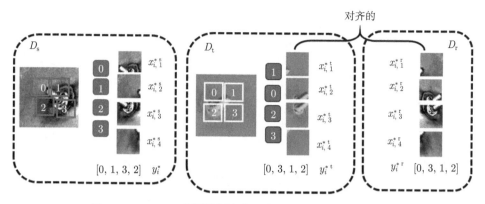

图 6.20　jig-saw 拼图前置任务示意图 (彩图见封底二维码)

如果特征提取器能够正确地分辨出拼图的顺序，那么该提取器所提取出的特征也必然包含物体的不同部位之间关系的某种表征。含有这种信息的特征将有助于下游的关键点回归任务。

3. 网络架构

神经网络的架构如图 6.21 所示。网络总共分为四个部分：特征提取器 Ext，排序器 Sort，域判别器 Dis 与回归器 Reg，将提取器的输出称为被提取表征。

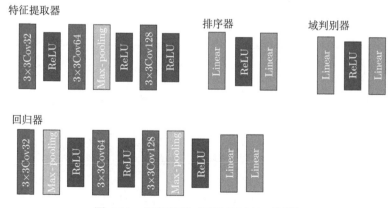

图 6.21　网络架构 (彩图见封底二维码)

特征提取器的作用是从输入中提取出对下游任务有用的表征。特征提取器由若干层卷积神经网络构成。特征提取器只包含 3 个卷积层和最大池化层 (Max-pooling)，其中的卷积层都使用 3×3 的小卷积核。这是因为前置任务所学习到的特征必须是低层次的表征，这些特征将被用作下游任务，过多的卷积层将会导致过拟合，使得特征只适用于前置任务而无法较好地适用于下游任务。适用小卷积核的原因是，下游任务为对复杂特征的关键点位置进行回归。小卷积核对细小的局部特征较为敏感，有助于提高回归准确率。

排序器用于前置任务，它将特征提取器提取出的特征进行排序。通过学习，强迫特征提取器提取出物体结构的信息，例如物体的某一部分在某部分的上边或下边。这种特征有助于下游任务。排序器使用了一个全连接层与归一化指数函数 (softmax) 层作为分类器，来预测前置任务中 jig-saw 被打乱的顺序。这里没有使用更复杂的网络结构的原因是，希望卷积层提取的特征能够含有足够显示的信息，以至于简单的全连接层也能够正确地进行分类。值得注意的是，为了获取更为细致的物体不同部位间的关系表征，拼图块数通常会选择 9 块以上。然而，作为一个分类问题，前置任务的总类别数与 jig-saw 拼图块数的阶乘相等，这将导致分类类别非常多，例如 9! = 362880，16!=20922789888000。过多的类别会导致训练困难，因此通常会在所有可能的乱序组合中抽取少量，再进行 one-hot 编码，在本问题中，取 50 种不同的乱序。

本问题中假设大量无标签样本来自原始图像数据集，其数据分布与测试用到的表面法线图数据集存在域距离。引入域判别器与对抗训练，能够减小从原始图像域与表面法线图域提取出的特征之间的距离。域判别器用来判别被提取特征是来自 D_t 或者 D_s，其由两层全连接层组成。其没有使用更复杂结构的原因是，使用特别复杂的判别器将使得提取器难以骗过域判别器，从而使得模型收敛更困难。

回归器用于通过提取出的特征估计复杂特征关键点位置。其使用了三层卷积神经网络与一层全连接层。回归器使用卷积层的原因是，特征提取器提取出来的特征为局部浅层表征，需要通过卷积层进一步提取，以获得更高维度的信息。

4. 训练过程

DISS 的训练过程分为三个阶段：前置任务阶段，训练回归器阶段，微调 (fine-tune) 阶段。

在前置任务阶段，使用数据集 $D_t^* = \{(x_{i,j}^t, y_i^{*t})_{j=1}^{m_P}\}_{i=1}^{m_t}$，$D_r^* = \{(x_{i,j}^r, y_i^{*r})_{j=1}^{m_P}\}_{i=1}^{m_t}$ 与 $D_s^* = \{(x_{i,j}^s, y_i^{*s})_{j=1}^{m_P}\}_{i=1}^{m_s}$ 来训练特征提取器、域判别器与排序器。其过程如图 6.22 所示。

为了简化说明，图 6.22 中的例子为 4 块拼图的情况。表面向量图 x_i^t 被分解为 4 块小图片。这 4 块小图片经过特征提取器 Ext 得到 4 个一维特征向量。4 块向量按照顺序 y_i^{*t} 被打乱，并拼接至一维，形成表征：

$$f_i^{*t} = \text{Cat}(\{\text{Ext}(x_{i,j}^t)\}_{j=1}^{m_P}) \tag{6-42}$$

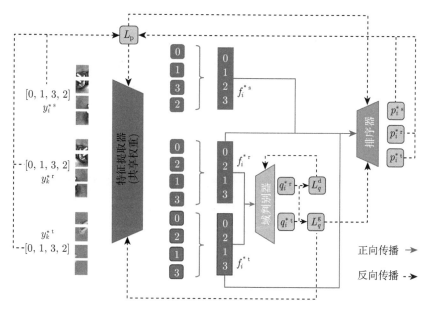

图 6.22 前置任务阶段数据流 (彩图见封底二维码)

其中，Cat() 表示向量拼接操作。对 D_r^* 与 D_s^* 做同样的处理，得到表征:

$$f_i^{*r} = \text{Cat}(\{\text{Ext}(x_{k,j}^r)\}_{j=1}^{m_p}) \tag{6-43}$$

$$f_i^{*s} = \text{Cat}(\{\text{Ext}(x_{k,j}^s)\}_{j=1}^{m_p}) \tag{6-44}$$

其中，由于数据集大小不相等，需要循环使用 D_r^* 中的数据匹配 D_s^*，$k = \text{mod}(m_s, m_t)$。

特征被提取出后，需要让排序器对其进行排序。表征 f_i^{*t} 被输入排序器:

$$p_i^{*t} = \text{Sort}(f_i^{*t}) \tag{6-45}$$

无论输入图像来自哪个数据集，都需要它们包含有用的特征信息，同样地，输入表征 f_i^{*r}, f_i^{*s}:

$$p_i^{*s} = \text{Sort}(f_i^{*s}) \tag{6-46}$$

$$p_i^{*r} = \text{Sort}(f_i^{*r}) \tag{6-47}$$

至此得到了对三组来自不同数据集的小块图片的排序预测值。注意，这里的特征提取器与排序器在处理来自不同数据集的数据时共享同一组参数。域判别器需要判别 f_i^{*r} 与 f_i^{*t} 分别来自哪个域 (原始图像或表面法线图)，将特征输入域判别器，得到

$$q_i^{*r} = C(f_i^{*r}), \quad q_i^{*t} = C(f_i^{*t}) \tag{6-48}$$

这里，没有使用 f_i^{*s} 作为判别器的输入，原因是 f_i^{*r} 与 f_i^{*t} 只有域不同，而 f_i^{*t} 与 f_i^{*s} 不仅域不同，图片中的物体与位置也不同，为判别器训练与对抗训练增加了难度。使用成对的 f_i^{*r} 与 f_i^{*t} 进行对抗训练更容易收敛，效果也更好。

定义排序损失函数 L_p 为

$$L_p = \sum_{i=1}^{m_s} \mathrm{Ce}(p_i^{*r}, y_i^{*r}) + \mathrm{Ce}(p_i^{*t}, y_i^{*t}) + \mathrm{Ce}(p_i^{*s}, y_i^{*s}) \tag{6-49}$$

其中，Ce() 为交叉熵损失函数；mod 为求余数操作。该损失函数衡量了前置任务中对来自三个不同数据库的三种输入的排序任务的准确性。

定义判别域损失函数 L_q^d：

$$L_q^d = \sum_{i=1}^{m_s} -\log(1 - q_i^{*r}) - \log(q_i^{*t}) \tag{6-50}$$

此损失函数为交叉熵损失，用于衡量域判别器的准确性。

定义提取器域损失函数 L_q^g：

$$L_q^g = \sum_{i=1}^{m_s} -\log(1 - q_i^{*t}) \tag{6-51}$$

假设判别器的输出代表了特征来自某一域的概率，那么该损失函数代表了两个特征都来自表面法线图的负对数似然。最小化该损失函数能够迫使特征提取器从任意数据中提取出与域无关的表征。因为公式 (6-50) 中的 $\log(q_i^{*t})$ 项与域损失函数中对应项具有相反的符号，将域损失函数加入特征提取器的损失函数中并交替训练特征提取器与域分类器的方法称为对抗训练 (adversarial training)。这种对抗训练被广泛地应用于生成对抗网络、域自适应方法等领域。

训练前置任务时，特征提取器与排序器同时训练，域判别器与其他两个神经网络交替训练。

前置任务训练完成后，还要进行下游任务的训练。这里所研究问题的下游任务为复杂特征关键点回归问题。下游任务的训练分为两阶段：训练回归器与微调模型。

训练回归器仅使用数据集 $D_t = \{(x_i^t, y_i^t)\}_{i=1}^{m_t}$。将数据集中的法线图输入前置任务训练好的提取器中，得到表征：

$$f_i = \mathrm{Ext}(x_i^t) \tag{6-52}$$

将特征输入回归器，得到关键点的预测坐标：

$$\hat{y}_i = \mathrm{Reg}(f_i) \tag{6-53}$$

计算回归损失：

$$L_{\mathrm{r}} = \sum_{i=1}^{m_{\mathrm{t}}} \mathrm{MSE}(\hat{y}_i, y_i^{\mathrm{t}}) \tag{6-54}$$

训练过程总共包含 δ 轮。其中前 δ_{f} 轮为训练回归器阶段，冻结特征提取器的模型参数。第 δ_f 轮后，进入微调阶段，同时训练特征提取器与回归器。

6.2.3 实验结果与分析

1. 数据集的获取

为了评价提出的 DISS 框架的性能，这里进行了一系列实验，实验使用之前所提出的复杂特征数据库。其中原始图像数据的标签被完全隐去，法线图部分的标签被部分隐去，以此来模拟数据标签缺失的情况。图 6.23 描述了如何从数据集中得到实验所用到的四组数据集。

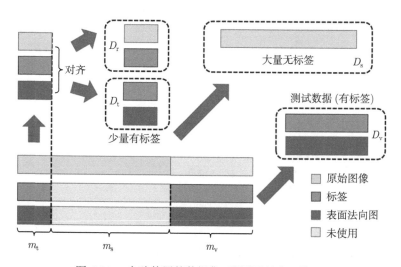

图 6.23　实验使用的数据集 (彩图见封底二维码)

数据集包含原始图像、表面法向图以及标签，这里称为原始数据集。由于表面法线图是从原始图像生成而来，它们自然是对齐的同时也共享同样的标签。从原始数据集中取出 m_{t} 组包含表面法向图与标签的数据，组成带有标签的原始图像数据集 D_{t}。从该数据集中取出 m_{t} 组包含原始图像与标签的数据，组成带有标签的原始图像数据集 D_{r}。注意，这里的 D_{t} 与 D_{r} 是对齐的，因此它们可以使用相同的标签数据。从原始数据集中取出 m_s 组原始图像数据，组成 D_s。根据这里的假设，这种无标签的原始图像数据是容易获得的，因此 $m_t \ll m_s$。最后，从原始数据集中取出 m_v 组包含表面法向图与标签的数据用于验证算法的准确性。

2. 复杂特征关键点回归实验

实验中，所有的方法都使用相同的训练方式与超参数。每一组实验中，这里提出的 DISS 方法都与基准方法进行了对比。基准方法包括：SL(supervised learning) 以及 RSS(raw images self-supervised)，NRSS(normal maps and raw images self-supervised)。对照组 SL 使用之前所提到的直接回归方法 DL(direction regression)，仅使用有标签数据 D_t 进行训练。RSS 方法使用基于 Jig-saw 拼图的自监督方法，使用无标签数据 D_s 进行前置任务训练。NRSS 方法不使用对抗训练与域判别器。不同方法的对比如表 6.6 所示。

表 6.6   实验中不同方法对比

方法	特点			
	使用原始图像	表面法向图	自监督	对抗训练
SL	无	有	无	无
RSS	有	有	无	无
NRSS	有	有	有	无
DISS	有	有	有	有

实验一采用 $\beta = 5\%$，结果如表 6.7 所示。

表 6.7   实验一误差

特征类型	平均误差/像素			
	DISS	SL	RSS	NRSS
N 型特征	**9.22**	11.88	10.82	11.12
P 型特征	**9.87**	12.42	10.61	10.79
S 型特征	**8.23**	9.33	8.88	8.94
T 型特征	**8.55**	8.87	8.75	8.76
B 型特征	7.43	**7.42**	7.44	7.56
平均	**8.66**	9.98	9.30	9.43

实验中，DISS 拥有最低的平均误差。在四种复杂特征上，DISS 拥有最低的误差。在球头螺栓 (Ball-stud) 上，DISS 的误差值非常接近最低。实验结果充分体现了 DISS 的优势。通过自监督训练，DISS 能够利用大量无标签数据在前置任务中学习到关于复杂特征几何特征的有用信息，从而在下游任务中取得优势。对比同样使用自监督学习的 RSS 与 NRSS，DISS 仍然具有显著的优势。RSS 虽然使用了自监督学习，但在前置任务与后续任务中，输入数据来自不同的域，这种

域间偏差导致了自监督对最终性能的有限提升。对比 RSS 与 NRSS 可以发现, 不使用域判别器与对抗训练的情况下, 加入 D_t 中的表面法向图并没有提升网络在下游任务中的表现。这是因为, 尽管判别器能够对来自两种不同域的输入数据进行正确的前置任务排序, 却无法保证来自两种不同域的输入被提取出相同的表征。特征提取器在前置任务中学习到的复杂特征结构信息掺杂了来自两种域的不同信息, 进而无法确保从下游任务中来自单一域的输入数据中提取出有用的信息。

对比 SL 方法, DISS 在 N 型特征, P 型特征与 S 型特征上的优势更为明显。其原因是这三种复杂特征的体积较大且具有丰富的纹理与几何特点, 相比之下 T 型特征与 B 型特征体积较小, 同时为中心对称形状。在前置任务中, 大体积、表面信息丰富的复杂特征更容易分辨, 小体积中心对称的复杂特征则难以分辨。

自监督问题中, 无标签样本的数量往往远大于有标签样本。无标签数据与有标签数据的比例会影响自监督方法对性能提升的贡献。为了表示无标签数据与有标签数据的比例, 定义

$$\beta = \frac{m_t}{m_s} \tag{6-55}$$

实验二针对三种不同的 β 取值进行了对比。表 6.8 呈现了实验二的结果, 为了简洁, 这里只展示了所有种类复杂特征的误差的平均值。

表 6.8 不同 β 取值下的误差均值

β 取值	平均误差/像素			
	DISS	SL	RSS	NRSS
5%	**8.66**	9.98	9.30	9.43
10%	**7.69**	9.07	8.23	8.20
20%	**5.88**	6.38	6.40	6.48
40%	**4.52**	4.68	6.62	6.59

实验二的结果表明, 随着有标签数据量的增加, DISS 对比 SL 的优势逐渐减小。这是因为, DISS 的第四阶段与 SL 的最后几轮具有同样的效果, 随着有标签样本数量的逐渐增多, 自监督的效果逐渐被监督学习掩盖。

3. 提取特征主成分分析

为了进一步分析 DISS 对特征提取器的影响, 这里进行了提取特征的主成分分析 (primary components analysis, PCA) 实验。

主成分分析是一种将高维数据投影至低维空间的技术。它能够保留数据的最显著表征 (主成分)。将特征提取器提取出的特征降维至二维, 可以更直观地分析 DISS 提取出的表征。将某一个数据集中的图像 x_i 输入特征提取器, 得到所有样

本的表征, 后将其展开成 n 维向量 $\boldsymbol{f}_i' \in \mathbb{R}^{n \times 1}$, 将所有被提取的特征表示为矩阵:

$$F' = [f_1', f_2', \cdots, f_m'] \tag{6-56}$$

将数据规范化:

$$f_{i,j} = \frac{f_{i,j}' - \bar{f}_i'}{\sqrt{s_{i,i}}}, \quad i = 1, 2, \cdots, n; j = 1, 2, \cdots, m \tag{6-57}$$

其中, $f_{i,j}$ 代表规范化后的矩阵 F 中的元素。计算其样本相关矩阵为

$$R = \frac{1}{n-1} F F^{\mathrm{T}} \tag{6-58}$$

计算其特征值与特征向量, 取其中最大的两个特征值 λ_1, λ_2 对应的特征向量 α_1, α_2。将这两个特征向量组成矩阵再与原始规范化后的矩阵 F 相乘:

$$\begin{bmatrix} \tilde{x} \\ \tilde{y} \end{bmatrix} = \begin{bmatrix} \alpha_1 \\ \alpha_2 \end{bmatrix} F \tag{6-59}$$

其中, $\tilde{x}, \tilde{y} \in \mathbb{R}^{1 \times m}$ 分别为所有降维后数据的横纵坐标。

为了分析原始图像与表面法向图提取出的特征的不同, 需要对它们使用相同的映射。将数据集中的原始图像与表面向量图分别输入特征提取器后得到

$$\boldsymbol{f}_i^{\mathrm{s}}, \boldsymbol{f}_i^{\mathrm{r}} \in \mathbb{R}^{n \times 1}, \quad i = 1, 2, \cdots, m_{\mathrm{p}} \tag{6-60}$$

将两个向量拼接成一个矩阵:

$$F^{\mathrm{a}} = [\boldsymbol{f}_1^{\mathrm{s}}, \boldsymbol{f}_2^{\mathrm{s}}, \cdots, \boldsymbol{f}_i^{\mathrm{s}}, \boldsymbol{f}_1^{\mathrm{r}}, \boldsymbol{f}_2^{\mathrm{r}}, \cdots, \boldsymbol{f}_i^{\mathrm{r}}] \in \mathbb{R}^{n \times 2m_{\mathrm{p}}}, \quad i = 1, 2, \cdots, m_{\mathrm{p}} \tag{6-61}$$

按照上述方法对 F^{a} 进行主成分分析, 得到来自不同域的降维后的表征。

这里将原始图像与法向图输入不同方式预训练的特征提取器中, 并将被提取特征进行主成分分析而降至二维, 图 6.24 展示了不同种类的复杂特征的结果。

从实验结果容易发现, DISS 方法提取出的来自法向图的特征与来自原始图像的特征更难以区分; 相反, RSS 与 NRSS 方法提取出的特征带有明显的域信息。例如, RSS 与 NRSS 方法提取出的来自法向图的特征会聚集在一起, 与之相比, 来自原始图像的特征会更发散; DISS 方法提取出的特征不具备这个特点。RSS 与 NRSS 方法提取出的来自法向图的特征会拥有较小的横坐标, 而原始图像的特征会有较大的横坐标, 这种模式在 DISS 方法提取出的特征上不明显。总体来说, DISS 方法提取出的来自两个域的输入的特征分布更相近。相比之下, RSS

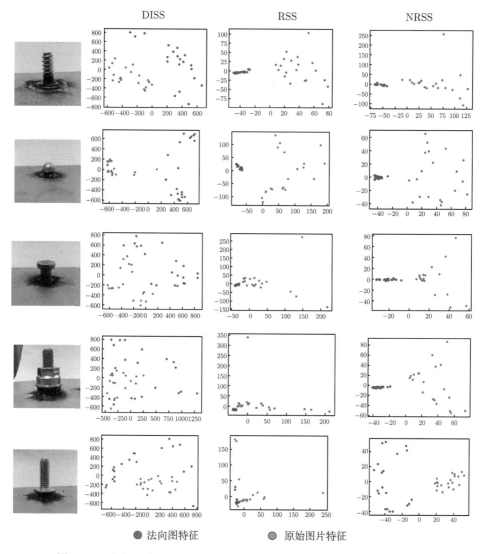

图 6.24 来自两种输入的被提取特征的主成分分析 (彩图见封底二维码)

与 NRSS 提取的特征带有明显的域信息。在前置任务的训练中，原始图像数据的
数量远大于法向图数据的数量，如何有效利用从原始图像提取出的特征，是自监
督学习的关键问题。DISS 方法提取出的特征不带有明显的域信息，这使得从原始
图像学习到的特征也能够用于使用法向图的下游任务中。而 RSS 与 NRSS 方法
提取出的特征带有明显的域信息，两种域中提取出的特征的分布存在明显的距离，
从而使得从原始图像学习到的特征难以被下游任务所利用。

参 考 文 献

[1] Vorrichtung zum berührungsfreien Vermessen: Germany Patent DE202006021170U1[P]. May 2005.

[2] Wu B, Zhang F, Xue T. Monocular-vision-based method for online measurement of pose parameters of weld stud [J]. Measurement, 2015, 61: 263-269.

[3] Newell A, Yang K, Deng J. Stacked Hourglass networks for human pose estimation [C]. European Conference on Computer Vision, 2016: 483-499.

[4] Carreira J, Agrawal P, Fragkiadaki K, et al. Human pose estimation with iterative error feedback[C]. 2016 IEEE Conference on Computer Vision and Pattern Recognition, 2016: 4733-4742.

多模态融合篇

第 7 章　三维/二维融合的缺陷检测

7.1　融合灰度和深度信息的板坯复杂表面 ROI 检测

三维重构方法主要是获得物体的三维高度信息 (也称深度信息), 这些深度信息为解决复杂表面感兴趣区域 (ROI) 检测难题提供了重要的数据支撑。金属板坯在成型加工的过程中, 其表面不可避免地会出现各种缺陷 (例如裂纹等), 这些缺陷严重影响了产品的性能, 因而需要对其进行实时检测, 并反馈给控制系统进行生产工艺的调整改进。这些待检测的表面缺陷是视觉检测系统重点关注的目标。从机器视觉技术的角度来讲, 这些表面缺陷是由多个 ROI 组合而成, 表面 ROI 目标的检测是表面缺陷检测技术的核心内容。所谓感兴趣区域是指, 在机器视觉处理中, 对被处理的图像以方框、圆、椭圆或不规则多边形等方式勾勒出需要处理的区域, 这些区域是目标分析所关注的重点, 圈定该区域后可以进一步实现识别处理。

与冷态下的板坯表面不同, 高温态板坯的表面状况非常复杂, 因而对其表面进行 ROI 检测需要解决多项困难挑战, 具体来讲主要包含以下三个方面。

(1) 需要解决杂乱背景干扰的问题。如图 7.1(a) 所示, 二维灰度图中的背景十分杂乱, 且无序地分布在整幅图像。对该图使用 Canny 算子 [1] 进行边缘检测, 结果如图 7.1(b) 所示。其中, 椭圆形区域为杂乱的背景干扰区域, 这些干扰增加了 ROI 检测的难度。因而, 如何解决杂乱背景干扰的问题是面临的第一个挑战。

(2) 需要解决伪 ROI 干扰的问题。在图 7.1(a) 中, 有三个不同的 ROI, 如图 7.1(c) 所示, 即 ROI_1、ROI_2 和 ROI_3。然而, 在这三个 ROI 周边存在很多的伪 ROI, 如图 7.1(d) 中虚线标记区域所示。这些伪 ROI 与真正的 ROI 在二维灰度等特征信息上具有较大的相似性, 检测算法很容易将其判定为 ROI, 进而增加了误检率。因此, 如何解决伪 ROI 干扰的问题是面临的第二个挑战。

(3) 需要解决 ROI 目标弱对比度边缘的问题。在很多情况下, ROI 目标的纹理灰度特征与其周围的背景特征较为相似, 导致目标边缘的对比度较弱, 进而增加了检测的难度, 例如图 7.1(c) 中的 ROI_3 就是其中一个代表。为了更直观地说明该问题, 这里使用当前国际上权威的边缘检测算法 Edge Boxes[2](边缘框), 对图 7.1(c) 进行检测。图 7.1(e) 和 (f) 分别展示了使用不同数量的边框的检测结果, 即 100 个边框与 500 个边框。从图中可以看出, 即使增加了边框的个数, ROI_3

依然没有被检测出来。因此，如何解决 ROI 目标弱对比度边缘的问题是面临的第三个挑战。

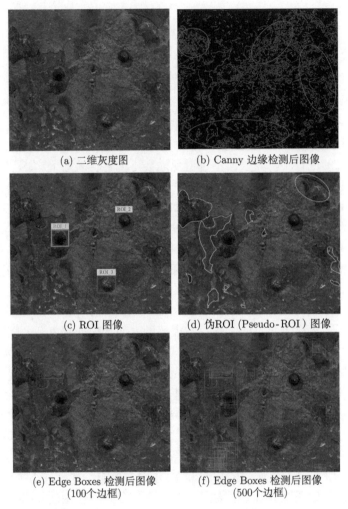

(a) 二维灰度图　　　　　　　　　　(b) Canny 边缘检测后图像

(c) ROI 图像　　　　　　　　　(d) 伪ROI (Pseudo-ROI) 图像

(e) Edge Boxes 检测后图像　　　　　(f) Edge Boxes 检测后图像
(100个边框)　　　　　　　　　　　　(500个边框)

图 7.1　高温态板坯复杂表面 ROI 检测所面临的困难挑战 (彩图见封底二维码)

　　为了解决上述问题，这里采用了一种融合灰度和深度信息 (fusing the gray image and 3D depth information，GIDI) 的 ROI 检测方法。该方法首先利用超像素分割算法构建各个子分割区域的网络图，即它们之间的潜在关系；然后融入深度信息进行 ROI 粗糙紧密性度量操作，获得粗糙 ROI 目标图像；接着采用 ROI 种子提取与局部对比处理，获得精细化的显著性图像；最后提出一个 ROI 分割方法来提取最终的 ROI。

7.1.1 GIDI 检测方法

融合灰度和深度信息 (GIDI) 的 ROI 检测方法主要由四个部分组成: 首先, 利用超像素分割算法构建各个子分割区域的网络图, 获取各个部分之间的潜在关系; 然后, 融入深度信息进行 ROI 粗糙紧密性度量操作, 获得粗糙 ROI 目标图像; 而后, 采用 ROI 种子提取与局部对比处理, 获得精细化的显著性图像; 最后, 使用 ROI 分割方法来提取最终的 ROI。综上所述, GIDI 方法的整体处理流程如图 7.2 所示。

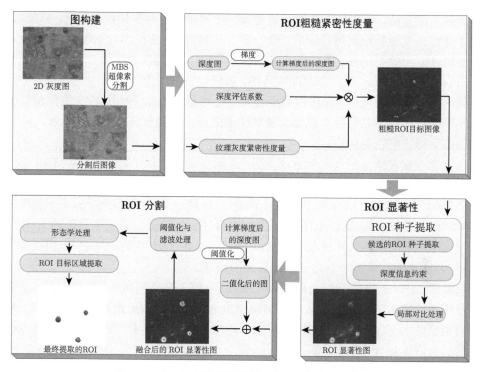

图 7.2 GIDI 方法的流程图 (彩图见封底二维码)

1. 图构建

由于图像的像素层处理通常不能直接提取有效的结构信息, 因而使用超像素对图像进行处理再获取结构相关的信息。一个优秀的超像素分割方法应该具有非常好的目标边界与紧密性。然而, 对于当前大部分超像素分割方法, 这两方面性能还不能让人满意。

为了获取更好的目标边界与紧密性, Achanta 等 [3] 使用 k-means 聚类, 提出了一个简单线性迭代聚类 (simple linear iterative clustering, SLIC) 方法获取有效的超像素,该方法在谷歌学术的引用次数已经超过 4000 次。显然,SLIC 方法已经成为很多目标检测方法中必备的前处理操作。然而,针对高纹理杂乱背景图像,该方法的分割处理结果并不好。为了解决该问题,Hu 等 [4] 提出了一种基于最小障碍超像素 (minimum barrier superpixel,MBS) 的分割方法,获取超像素单元。

与 SLIC 方法相比,MBS 方法有以下三方面的优点。第一,在处理高纹理背景的图像分割时,MBS 方法比 SLIC 方法具有更强的鲁棒性。MBS 方法的这种鲁棒性源于其核心的最小障碍距离 (minimum barrier distance,MBD)[5] 的变换,即一种度量方法,该度量方法比其他度量方法对干扰更具鲁棒性。因此,MBS 方法才能够有效地抵挡纹理背景的干扰。第二,MBS 方法在提取 ROI 目标超像素的紧密性方面效果更好。不同于 SLIC 的聚类操作,MBS 方法将一个紧密性因子 (compactness factor) 引入 MBD 变换中,以获取分割图像。第三,由于 MBS 方法中使用了一个分层架构 (即在相邻层之间进行传播处理),因而 MBS 方法能够柔性地平衡目标边界贴合度与超像素紧密性的关系,获得更好的结果。此外,MBS 方法的运行速度也更快些。

为了更直观地区别这两种方法,图 7.3 给出了一个例子。SLIC 和 MBS 方法的分割结果分别如图 7.3(a) 和 (b) 所示,其中,这两个方法中分割的超像素个数是一样的。图 7.3(a1)~(a3) 和 (b1)~(b3) 分别展示了从图 7.3(a) 和 (b) 提取的三个 ROI 目标区域。从以上图中可以看出,MBS 能够提取出更加精确的 ROI 中心核区域 (即橙色椭圆形区域)。同时,图 7.3(a4)~(a6) 和 (b4)~(b6) 也展示了 MBS 方法能够获取更好的边界信息和分割区域。

经过 MBS 超像素分割之后,板坯图像被分割为多个同质紧密的区域块。为了能够有效地提取这些超像素区域的结构相关信息,因而需要进行图构建处理,即获得构建的图 $G = (V, E)$,其中 V 表示超像素区域的集合,E 表示相邻超像素区域的关联性集合。

为了计算超像素区域 v_i 和超像素区域 v_j 之间的相关性,定义 g_{ij} 的欧几里得距离如下:

$$g_{ij} = \|g_i - g_j\| \tag{7-1}$$

其中,g_i 和 g_j 分别对应超像素区域 v_i 和超像素区域 v_j 的均值。在实际使用中,该距离矩阵需要进行数据归一化,即归一化到 [0, 1]。而且,超像素区域 v_i 和超像素区域 v_j 之间的相似性矩阵 a_{ij} 可以定义为

$$a_{ij} = e^{-\frac{g_{ij}}{\sigma^2}} \tag{7-2}$$

其中,σ^2 为一个固定参数,这里设置为 0.1。因而,密切矩阵 $\boldsymbol{W} = [w_{ij}]_{N \times N}$ 可

以定义为

$$w_{ij} = \begin{cases} a_{ij}, & \text{若} j \in \Omega_i \\ 0, & \text{其他} \end{cases} \tag{7-3}$$

其中, Ω_i 是超像素区域 v_i 的邻域集合。

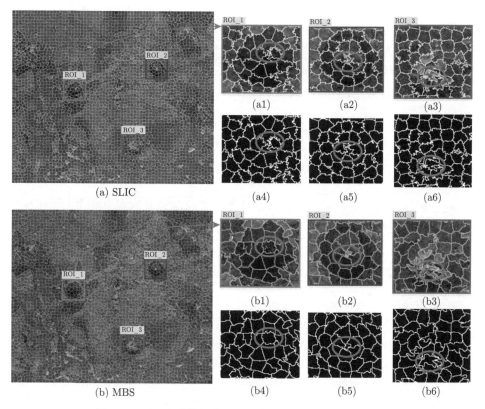

图 7.3 不同方法的超像素分割结果 (彩图见封底二维码)

为了更精确地描述其相似性关系, 这里采用了流行排序 (manifold ranking) 方法 [6] 来调整相似矩阵 $\boldsymbol{A} = [a_{ij}]_{N \times N}$。调整后的相似性关系定义为

$$\boldsymbol{H}^{\mathrm{T}} = (\boldsymbol{D} - \alpha \boldsymbol{W})^{-1} \boldsymbol{A} \tag{7-4}$$

其中, $\boldsymbol{H} = [h_{ij}]_{N \times N}$ 是调整后的相似性矩阵; $\boldsymbol{D} = \mathrm{diag}\{d_{11}, d_{22}, \cdots, d_{NN}\}$, 这里 d_{ii} 是超像素区域 v_i 的度 (degree), 即 $d_{ii} = \sum_j w_{ij}$; α 是一个参数, 表示来自于邻域和初始排序值对其排序值的相关贡献。

2. ROI 粗糙紧密性度量

由于提取的结构相关信息有一些背景干扰，因而这里需要去除这些干扰信息并凸显 ROI 目标。为了实现该目标，这里采用了一个新的 ROI 粗糙紧密性度量 (coarse compactness metric，CCM) 方法获取粗糙的 ROI 目标图像。考虑到深度信息的重要性，将深度梯度图引入 CCM 方法中。同时，提出了一个深度评估系数来控制深度变化对于整个 CCM 方法的影响。由于板坯表面包含复杂纹理信息，因而提出将一个纹理描述子融入 CCM 中的方法。此外，还计算了灰度空间变化并将其融合到 CCM 中。综上可知，CCM 方法考虑了多方面的影响，即集成了多个因子：深度、纹理和灰度空间变化。

ROI 粗糙紧密性度量的定义如下：

$$I_{\text{CCM}}(i) = \text{Norm}(I_{\text{TGCM}}(i) \cdot C_{\text{DHE}} \cdot \text{DG}(i)) \tag{7-5}$$

其中，Norm 是归一化函数；$I_{\text{TGCM}}(i)$ 是纹理灰度紧密性度量；C_{DHE} 是深度评估系数；$\text{DG}(i)$ 是深度梯度图。

1) 纹理灰度紧密性度量

对于板坯图像，灰度和纹理在紧密性度量中扮演着非常重要的作用。在这里，纹理灰度紧密性度量 (texture gray compactness metric，TGCM) 的定义如下：

$$I_{\text{TGCM}}(i) = 1 - \text{Norm}(\text{tgsv}(i)) \tag{7-6}$$

其中，$\text{tgsv}(i)$ 表示纹理灰度空间变化 (texture gray spatial variance)，其详细定义见后续公式 (7-8) 描述。

为了提高 CCM 方法的鲁棒性，这里将纹理信息融入调整后的相似性矩阵 $\boldsymbol{H}$ 中。鉴于局部二值模式 (local binary pattern，LBP)[7] 在纹理表示中的优越性能，这里也将使用 LBP 纹理描述子来分析板坯图像纹理。然而 LBP 对噪声比较敏感，为了增强描述子对噪声干扰的鲁棒性，Song 等提出了相邻评估的局部二值模式 (adjacent evaluation local binary patterns，AELBP)[8]。但是，对于大量椒盐噪声干扰的情况，AELBP 描述子的处理结果并不有效。为了解决该问题，这里采用了一个改进的 AELBP 描述子来抵抗椒盐噪声的干扰。AELBP 将评估窗口的平均值赋给评估中心值 a_{p}，而改进的 AELBP 将评估窗口的中值赋给评估中心值。这一解决思路来源于图像去噪处理中的中值滤波。

融合纹理信息后的相似矩阵 $\boldsymbol{TE}$ 的定义如下：

$$\boldsymbol{TE} = [h_{ij} \cdot t_{ij}]_{N \times N} \tag{7-7}$$

其中，h_{ij} 是调整后的相似性；$t_{ij} = \dfrac{|\boldsymbol{f}_i^{\text{T}} \boldsymbol{f}_j|}{\|\boldsymbol{f}_i\| \|\boldsymbol{f}_j\|}$ 是纹理信息，这里 $\boldsymbol{f}_j$ 表示对于超像素 v_j 使用改进后的 AELBP 的直方图频率。

为了充分利用纹理和灰度信息，这里给出一个空间变化的具体定义，即纹理灰度空间变化，其定义为

$$\text{tgsv}(i) = \frac{\sum\limits_{j=1}^{N} te_{ij} \cdot n_j \cdot \|\boldsymbol{b}_j - \boldsymbol{\mu}_i\|}{\sum\limits_{j=1}^{N} te_{ij} \cdot n_j} \tag{7-8}$$

其中，n_j 表示归属于超像素 v_j 的像素个数；$\boldsymbol{b}_j = [b_j^x, b_j^y]$ 表示超像素 v_j 的图心 (centroid)；$\boldsymbol{\mu}_i = [\mu_i^x, \mu_i^y]$ 表示纹理灰度空间均值，即

$$\mu_i^x = \frac{\sum\limits_{j=1}^{N} te_{ij} \cdot n_j \cdot b_j^x}{\sum\limits_{j=1}^{N} te_{ij} \cdot n_j} \tag{7-9}$$

$$\mu_i^y = \frac{\sum\limits_{j=1}^{N} te_{ij} \cdot n_j \cdot b_j^y}{\sum\limits_{j=1}^{N} te_{ij} \cdot n_j} \tag{7-10}$$

2) 深度评估系数

尽管上述提到的深度信息在 ROI 检测中扮演着非常重要的角色，但是有些低质量的深度信息对 ROI 检测没有太多贡献。这里采用了一个深度评估系数，用来计算深度信息对于 ROI 检测的贡献程度。该评估系数是基于直方图熵构建的，因此称为深度直方图熵 (depth histogram entropy，DHE) 系数。

该系数的主要计算步骤如下所述。首先，对于输入的深度图像使用统计方法获取其直方图 HI。然后，按照以下公式计算直方图的熵值：

$$E = -\sum_{i=1}^{R} P_i \log(P_i) \tag{7-11}$$

其中，R 为直方图 HI 中每一个灰度层级的频率之和；$P_i = \dfrac{fv_i}{Q}$，这里 fv_i 是在 i 层的频率值，v 为直方图 HI 的层的个数。

最后，为了方便后续算法的计算，这里使用逻辑函数 (logistic function) 将熵值 E 处理到 0~1，即得到最终的评估系数 C_{DHE} 的定义：

$$C_{DHE} = \frac{1}{1 + e^{-E}} \qquad (7-12)$$

3) 深度梯度图

鉴于深度图像不仅包含一些有用的 ROI 信息，同时也包含了一定量的背景干扰，所以深度图像在用于 ROI 检测之前通常需要进行一些预处理操作。根据深度图像的实际统计分析可知，深度梯度图像更适合用来表示深度信息。对于一幅深度图像，其梯度操作的定义为

$$DG = \sqrt{G_x^2 + G_y^2} \qquad (7-13)$$

其中，G_x 和 G_y 分别表示深度图像在 x 方向和 y 方向的梯度。

3. ROI 显著性

在 ROI 粗糙紧密性度量处理之后，即可得到一个粗糙的 ROI 目标图像。然而，该目标图像需要被进一步精细化以获得更精准的 ROI 显著性图像。在这里，精细化处理主要包括两部分：ROI 种子提取，局部对比处理与获取 ROI 显著性。

1) ROI 种子提取

为了提取 ROI 种子，这里采用了考虑深度信息的方法，其主要步骤包括以下两部分。

A. 候选的 ROI 种子提取

为了提取候选的 ROI 种子，这里对之前获得的粗糙的 ROI 目标图像 I_{CCM} 设置一个阈值 T_{CCM}。如果图像 I_{CCM} 中的值大于阈值 T_{CCM}，那么这些值将被定义为候选的种子，进而组成一个候选 ROI 种子集 $\{\Psi_C\}$。

根据对图像 I_{CCM} 的统计分析可知，背景信息占据了图像的大部分区域，可以设置一个较大的阈值来去除这些背景信息。根据前期统计分析，可以采用拉依达准则 (即 3σ 准则) 设置阈值，进而滤除背景信息，即阈值 T_{CCM} 的定义如下：

$$T_{CCM} = m_c + 3 \times \gamma \qquad (7-14)$$

其中，m_c 是图像 I_{CCM} 的均值；γ 是图像 I_{CCM} 的标准差。

B. 深度信息约束

由于深度图像信息包括了一些重要的 ROI 信息，因此这里采用深度信息对候选的 ROI 种子集 $\{\Psi_C\}$ 进行精细化提取。

先对属于候选的 ROI 种子集 $\{\varPsi_{\mathrm{C}}\}$ 中的区域，计算其深度图像的均值 m_{d}。再将该均值设置为阈值去进一步精细化候选的 ROI 种子，即如果种子集 $\{\varPsi_{\mathrm{C}}\}$ 中的深度图像值大于阈值 m_{d}，那么这些候选的种子将被选中成为最终的 ROI 种子，组成 ROI 种子集 $\{\varOmega_{\mathrm{S}}\}$。

2) 局部对比处理与获取 ROI 显著性

对于上述得到的 ROI 种子集 $\{\varOmega_{\mathrm{S}}\}$，这里可以使用局部对比处理进一步精细化 ROI 目标，其定义如下：

$$I_{\mathrm{LC}}(i) = \sum_{j \in \varOmega_{\mathrm{S}}} \left(a_{ij} \cdot p_{ij} \cdot n_j \right) \tag{7-15}$$

其中，$\varOmega_{\mathrm{S}}$ 为 ROI 种子集；p_{ij} 表示位置度量，其定义为

$$p_{ij} = \mathrm{e}^{-\frac{\|\boldsymbol{b}_i - \boldsymbol{b}_j\|}{\sigma^2}} \tag{7-16}$$

其中，$\|\boldsymbol{b}_i - \boldsymbol{b}_j\|$ 表示超像素位置之间的欧几里得距离。

继续使用之前用到的流行排序方法，将局部对比图像 I_{LC} 和深度梯度图像 DG 融合在一起，获得最终的 ROI 显著性图像 I_{S}：

$$I_{\mathrm{S}} = \mathrm{Norm}\left[(\boldsymbol{D} - \alpha\boldsymbol{W})^{-1} \cdot I_{\mathrm{LC}} \cdot \mathrm{DG} \right] \tag{7-17}$$

4. ROI 分割

对于之前得到的最终的 ROI 显著性图像，虽然 ROI 目标已经被凸显，但是还没有被精确地提取。为了精确地提取 ROI 目标，这里提出了一个 ROI 分割方法。该方法的处理流程如图 7.4 所示。具体来讲，该方法主要包括以下三个部分：融入二值化的深度梯度 ROI 显著性图像，阈值化与滤波处理，形态学处理与 ROI 目标区域提取。

1) 融入二值化的深度梯度 ROI 显著性图像

为了精确地提取 ROI 目标，这里采用深度梯度图像对 ROI 显著性图像进行精细化。由于 ROI 目标已经在显著性图像中凸显，所以这里对深度梯度图像进行全局阈值的二值化处理，并将处理后的结果融入 ROI 显著性图像。这样操作能够尽可能地避免有效 ROI 信息丢失的问题。

对深度梯度图像 DG 全局阈值的二值化处理，其定义如下：

$$I_{\mathrm{BDG}}(x, y) = \begin{cases} 0, & \mathrm{DG}(x, y) \geqslant T_{\mathrm{DG}} \\ 1, & \mathrm{DG}(x, y) < T_{\mathrm{DG}} \end{cases} \tag{7-18}$$

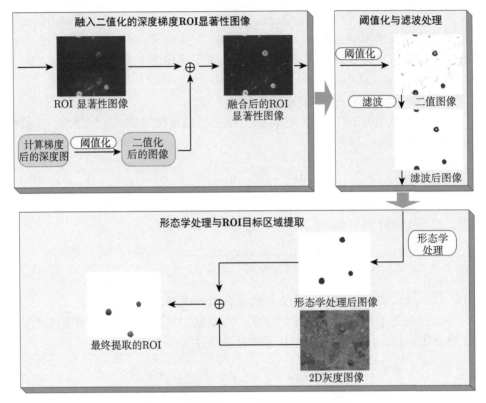

图 7.4 提出的 ROI 分割方法的流程图

经过上述处理可以得到二值化后的深度梯度图像 I_{BDG}，如图 7.4 中所示 (其中，阈值 T_{DG} 的取值为 0.05)。

再将得到的图像 I_{BDG} 融入 ROI 显著性图像 I_{S} 中，进而得到融合后的 ROI 显著性图像 I_{FS}。完整的处理过程如图 7.4 所示。

2) 阈值化与滤波处理

从融合后的 ROI 显著性图像 I_{FS} 中可以看出，ROI 目标已经被明显地增强，尤其是图 7.4 中的目标 ROI_3(已经在图 7.1 中定义过)。为了进一步完成 ROI 目标的分割，这里继续使用公式 (7-18) 的全局阈值化方法，将融合后的 ROI 显著性图像 I_{FS} 转换为二值图像 (其中，阈值的取值为 0.2)。经过阈值化操作之后，即可得到如图 7.4 所示的二值图像 I_{B}。

由于二值图像 I_{B} 中包含了一些干扰信息，因此采用中值滤波 (这里滤波窗口设置为 21) 处理这些干扰。经过处理之后，即可得到滤波后的图像 I_{F}，如图 7.4 所示。从滤波后的图像 I_{F} 中可以看到，干扰信息已经被完全滤除了。

3) 形态学处理与 ROI 目标区域提取

尽管三个 ROI 目标已经在滤波后的图像 I_F 中被清楚地提取，然而这些 ROI 目标的内部仍然存在一些空洞，也就是说，ROI 目标的提取还不完整。为了解决该问题，采用形态学处理继续对其操作，即形态学的 "开" 运算。在定义形态学的 "开" 运算之前，首先需要给出膨胀和腐蚀操作的定义 [9]。

对于图像 I_F，使用结构元素 e 的膨胀操作，可表示为 $I_F \oplus e$，其定义为

$$(I_F \oplus e)(x, y) = \max \left\{ I_F(x - x', y - y') + e(x', y') | (x', y') \in D_e \right\} \tag{7-19}$$

其中，D_e 表示结构元素 e 的维度。

与膨胀操作的定义相似，对于图像 I_F，使用结构元素 e 的腐蚀操作，可表示为 $I_F \ominus e$，其定义为

$$(I_F \ominus e)(x, y) = \min \left\{ I_F(x + x', y + y') - e(x', y') | (x', y') \in D_e \right\} \tag{7-20}$$

对于图像 I_F，使用结构元素 e 的 "开" 运算，可表示为 $I_F \circ e$，其定义 (即先用结构元素 e 对图像 I_F 进行腐蚀操作，然后再使用结构元素 e 对图像 I_F 进行膨胀操作) 为

$$I_F \circ e = (I_F \ominus e) \oplus e \tag{7-21}$$

为了增强处理的效果，采用尺度大小为 80 的正方形 (square) 结构元素 e 进行 "开" 运算。

通过上述形态学 "开" 运算处理，即可得到形态学图像 I_M。如图 7.4 中的图像 I_M 所示，所有 ROI 目标内的空洞都已经被填满，即完整地提取到了 ROI 目标。

由于 ROI 检测的最终任务是从 2D 灰度图像中提取 ROI 目标区域，因此，这里将上述得到的形态学图像 I_M 作为引子，投射到 2D 灰度图像，进而提取到最终的 ROI 目标区域。图 7.4 中展示了最终提取到的 ROI 目标区域。

7.1.2 实验结果与分析

为了评估 GIDI 方法对复杂表面 ROI 目标的检测性能，这里分别从以下两个方面进行了对比实验，即 2D 显著性方法的对比实验结果与分析，以及融合深度信息后的对比实验结果与分析。

1. 实验执行细节

GIDI 方法中的一些基本参数的设置如下：MBS 超像素分割方法中的超像素个数 k 与紧密性参数 α 均按照作者原文推荐的参数设置，即分别设置为 400 和 0.1。流行排序方法中的参数 α 均设置为 0.99。

正如前文所述，显著性检测方法已经成为非常通用且有效的目标检测方法。同时，也是 GIDI 方法的重要组成部分。因此，这里选取了多个代表性的优秀显著性检测方法与 GIDI 方法进行对比实验[10]。根据下文两个不同的实验目的，这里将这些方法分为两大类：第一类是 2D 显著性检测方法，第二类是融合了深度信息后的显著性检测方法。

对于第一类方法，这里选取了 10 个代表性的 2D 显著性检测方法，即亮度对比 (luminance contrast，LC) 方法、频谱残差 (spectral residual，SR) 方法、频率调谐 (frequency-tuned，FT) 方法、全局引导 (global cues，GC) 方法、直方图对比 (histogram-based contrast，HC) 方法、区域对比 (region-based contrast，RC) 方法、基于背景图的单层细胞自动机优化 (background-based map optimized via single-layer cellular automata，BSCA) 方法、稠密稀疏重构 (dense and sparse reconstruction，DSR) 方法、基于图的流行排序 (graph-based manifold ranking, GBMR) 方法以及多示例学习 (multiple instance learning, MIL) 方法。

对于第二类方法，这里选取了 3 个代表性的融合了深度信息后的显著性检测方法，即各向异性的中心环绕差异 (anisotropic center-surround difference, ACSD) 方法，深度置信与多重引导 (depth confidence and multiple cues, DCMC) 方法，以及多层反向传播显著性检测 (multilayer backpropagation saliency detection, MBSD) 方法。

2. 图像数据集的构建

凹陷类金属板坯作为最常见且最典型的板坯类型，其表面具有复杂程度较高的特性，ROI 检测难度相对更大。本实验对象选用了凹陷类金属板坯样本，来检验提出的 ROI 检测方法的性能。

由于凸起类金属板坯的 ROI 目标与背景相差较大，表面形貌特征明显，其复杂表面 ROI 的检测相对更加容易，这里不做更多研究。

凹陷目标虽然是板坯表面最常见和最典型的 ROI 目标，但是该类目标在轮廓形态等方面具有较大的差异。这里选取了三个轮廓形态差异较大的样本分别进行实验，即 Sunk_1、Sunk_2、Sunk_3。

ROI 检测方法综合性能的验证需要足够的图像数据做支持，这里采取如图 7.5 所示的方式移动样本以获取更多的图像数据。在可重构区域相机视场范围内的不同位置处采集样本的图像，并利用之前的方法计算得到其深度图像。

由于三个样本的尺寸大小不同，因而移动的位置个数也不一样，对于尺寸较小的样本 Sunk_1 和 Sunk_2 各采集获得了 15 组图像数据对 (包括左右相机灰度图像及其深度图像)，而尺寸较大的样本 Sunk_3 则采集到了 40 组图像数据对。将以上图像数据组合在一起构建了 Sunk-70 图像数据集，其部分左相机获得的灰度图像如图 7.6 所示。由于篇幅所限，从数据集中的不同样本里随机挑选一幅图像进行实验结果的展示。

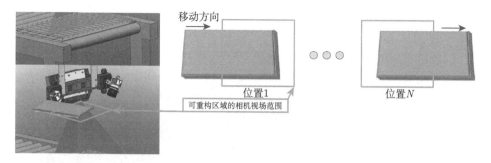

图 7.5   移动样本构建图像数据集的示意图 (彩图见封底二维码)

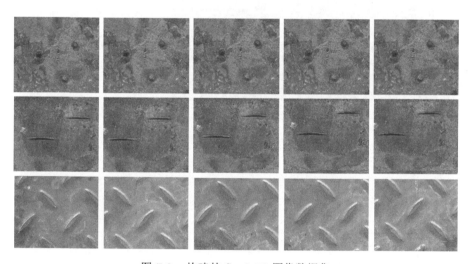

图 7.6   构建的 Sunk-70 图像数据集

3. 2D 显著性方法的对比实验结果与分析

分别给出 Sunk-70 图像数据集中每个样本在使用 GIDI 方法各阶段的主要图像，然后给出 10 个代表性的 2D 显著性检测方法的实验结果，进行对比分析。

1) 样本 Sunk_1 的实验结果与分析

图 7.7(a) 即为样本 Sunk_1 的 2D 灰度图像，使用 GIDI 方法对其进行检测，其各阶段主要指示图像如图 7.7 所示。

从图 7.7(i) 中可以看出，ROI 目标区域被完整地提取。为了凸显 GIDI 方法的优越性，这里将 10 个代表性的 2D 显著性检测方法的实验结果进行对比分析。

由于 GIDI 方法融合后的 ROI 显著性图像 (图 7.7(e)) 中融合了深度信息,为了公平地比较,这里将 ROI 显著性图像 (图 7.7(d)) 作为对象与其他方法进行对比。同时,在获得 ROI 显著性图像的所有步骤中,并未融入任何深度信息。所有对比方法的实验结果如图 7.8 所示。

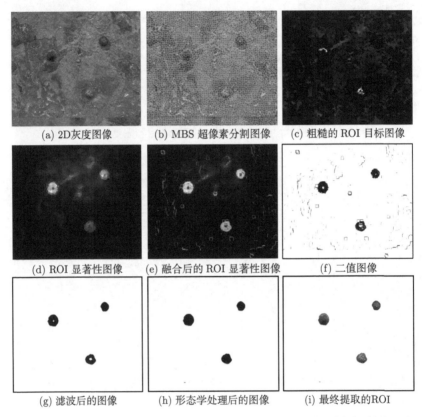

(a) 2D 灰度图像　　　　(b) MBS 超像素分割图像　　　　(c) 粗糙的 ROI 目标图像

(d) ROI 显著性图像　　　(e) 融合后的 ROI 显著性图像　　　(f) 二值图像

(g) 滤波后的图像　　　　(h) 形态学处理后的图像　　　　(i) 最终提取的ROI

图 7.7　GIDI 方法对样本 Sunk_1 操作的各阶段主要指示图像 (彩图见封底二维码)

从图 7.8(b),(d),(e),(f) 的结果中可以看出,ROI 目标并未被检测出来,而只是图像的对比度被调整了,其原因与这些方法自身的计算原理直接相关。对于图 7.8(c),也就是 SR 方法,也并未检测出期望的 ROI 目标。图 7.8(g),(h),(j),(k) 都凸显了一些目标,但是这些目标并不是希望得到的 ROI 目标。而且,由于图像中心先验设置的影响,图 7.8(h) 和 (j)(BSCA 方法和 GBMR 方法) 凸显的目标几乎都位于图像的中心,这与实际的 ROI 目标分布是不相符的。虽然图 7.8(i),也就是 DSR 方法,能够检测其中一个 ROI 目标,但也同时检测出了太多的干扰目标。图 7.8(l) 即 GIDI 方法面对复杂表面背景的困难挑战时,不仅凸显了所有的 ROI 目标,而且还有效去除了干扰信息。

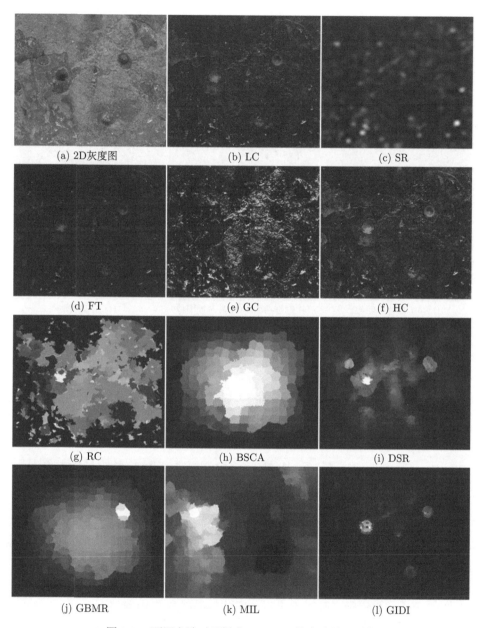

(a) 2D灰度图   (b) LC   (c) SR

(d) FT   (e) GC   (f) HC

(g) RC   (h) BSCA   (i) DSR

(j) GBMR   (k) MIL   (l) GIDI

图 7.8   不同方法对于样本 Sunk_1 的实验结果图像

2) 样本 Sunk_2 的实验结果与分析

鉴于样本 Sunk_1 表面复杂度较高, 以至于对比的许多方法不能检测出 ROI 目标, 因此, 这里选取了一个比样本 Sunk_1 表面复杂度稍微低一些的样本进行实验，即样本 Sunk_2，如图 7.9(a) 所示。

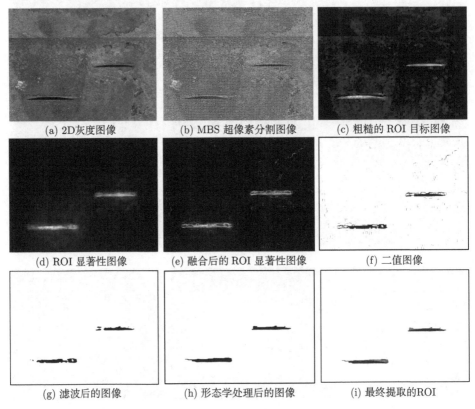

(a) 2D灰度图像　　　　　(b) MBS 超像素分割图像　　　　(c) 粗糙的 ROI 目标图像

(d) ROI 显著性图像　　　　(e) 融合后的 ROI 显著性图像　　　　(f) 二值图像

(g) 滤波后的图像　　　　(h) 形态学处理后的图像　　　　(i) 最终提取的ROI

图 7.9　GIDI 方法对样本 Sunk_2 操作的各阶段主要指示图像 (彩图见封底二维码)

使用 GIDI 方法对样本 Sunk_2 进行检测，其各阶段主要指示图像如图 7.9
所示。如图 7.9(i) 所示，GIDI 方法完整地检测出了两个 ROI 目标。这也证明了
GIDI 方法不仅能够应用于复杂度较高的表面 ROI 目标检测，而且对复杂度稍低
的样本图像一样有效。

与样本 Sunk_1 类似，这里也同样选取了 10 个代表性的 2D 显著性检测方
法对样本 Sunk_2 进行实验对比分析，实验结果如图 7.10 所示。

如图 7.10(b)，(d)，(f)，(g)，(h)，(i)，(k) 所示，虽然这些方法能够凸显 ROI
目标，但是太多的背景干扰信息也同时被检测出来了。图 7.10(j)，也就是 GBMR
方法尽管去除了干扰的背景信息，但同时也丢失了 ROI 目标的部分信息。

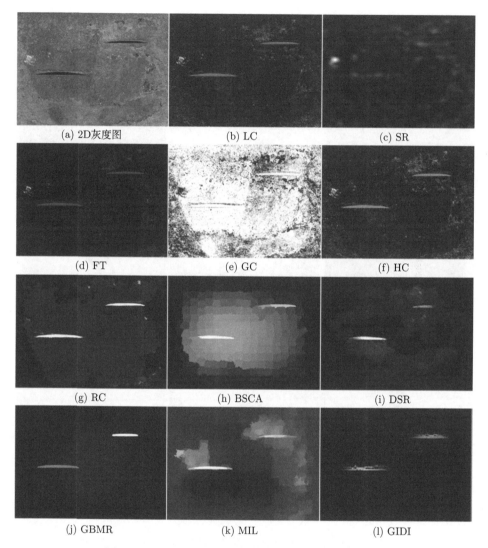

图 7.10 不同方法对于样本 Sunk_2 的实验结果图像

3) 样本 Sunk_3 的实验结果与分析

这里选取一个包含更多 ROI 目标 (7 个目标) 的样本作为实验图像进行验证, 即样本 Sunk_3, 如图 7.11(a) 所示。使用 GIDI 方法对样本 Sunk_3 进行检测, 其各阶段主要指示图像如图 7.11 所示。如图 7.11(i) 所示, GIDI 方法完整地检测出了所有的 7 个 ROI 目标。这也验证了 GIDI 方法即使在样本图像中包含很多 ROI 目标的情况下, 也依然表现出良好的检测性能。

同样按照样本 Sunk_1 和样本 Sunk_2 的操作, 这里也给出了 10 个代表性的 2D 显著性检测方法对样本 Sunk_3 进行实验的结果, 如图 7.12 所示。

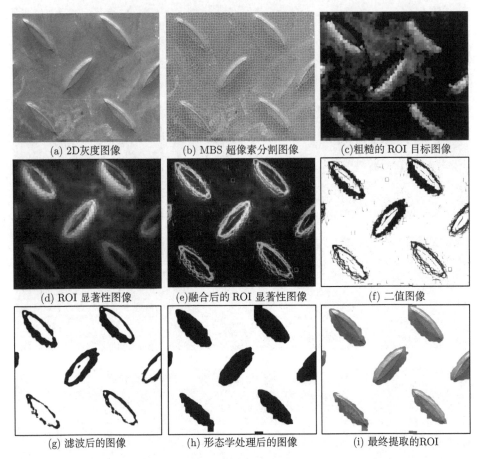

图 7.11　GIDI 方法对样本 Sunk_3 操作的各阶段主要指示图像 (彩图见封底二维码)

从图 7.12 中可以看出, 大部分显著性方法未能检测出全部的 ROI 目标, 这与样本 Sunk_1 的实验结果类似, 即对于这种表面复杂度较高的样本, 这些方法的结果并不好。但是, GIDI 方法不仅能够有效地凸显了 ROI 目标, 还有效抑制了表面背景的干扰。上述所有结果都验证了 GIDI 方法的有效性。

4. 融合深度信息后的对比实验结果与分析

GIDI 方法融合了深度信息来获取最终的显著性图像, 因此, 这里选取了同样融合了深度信息的 3 个代表性的显著性检测方法来进行实验对比分析。为了公平地对比, 将 GIDI 方法中融合后的 ROI 显著性图像, 作为对比图像与上述 3 个方法结果图像进行对比分析。对于三个不同样本, 不同方法的实验结果如图 7.13

所示。为了更可视化地对比观察，图 7.13(f1)～(f3) 分别给出了样本的真实标注 (ground truth) 图像。

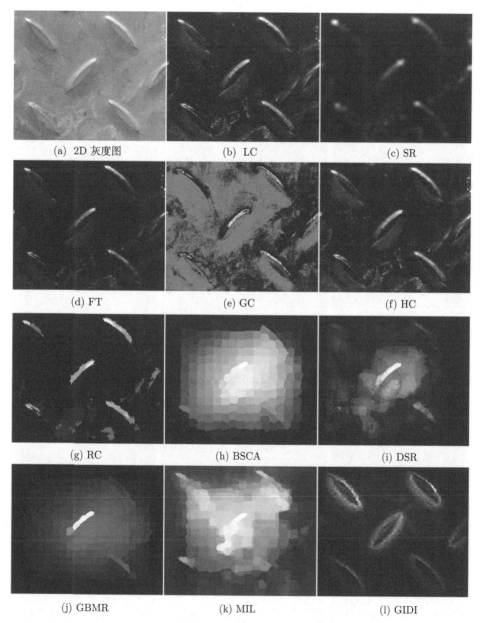

(a) 2D 灰度图　　(b) LC　　(c) SR

(d) FT　　(e) GC　　(f) HC

(g) RC　　(h) BSCA　　(i) DSR

(j) GBMR　　(k) MIL　　(l) GIDI

图 7.12　不同方法对于样本 Sunk_3 的实验结果图像

如图 7.13(b1)～(b3) 所示，ACSD 方法只是凸显了样本 Sunk_3 中的部分

ROI 目标，而对其余两个样本并没有效果。从图 7.13(c1)～(c3) 中展示的结果可以看到，尽管 DCMC 能够检测出样本 Sunk_2 中的两个 ROI 目标，但该方法仍然不能准确提取出所有样本中的 ROI 目标，尤其是对于含有较多 ROI 目标的样本 Sunk_3，DCMC 方法的结果非常差。如图 7.13(d1)～(d3) 所示，MBSD 方法能够有效地抑制表面背景的干扰，但同时也去除了期望检出的 ROI 目标。然而如图 7.13(e1)～(e3) 所示，GIDI 方法凸显了所有的 ROI 目标，与同样融合了深度信息的三个显著性检测方法相比，以上所有性能对比结果都进一步验证了 GIDI 方法的有效性和优越性。

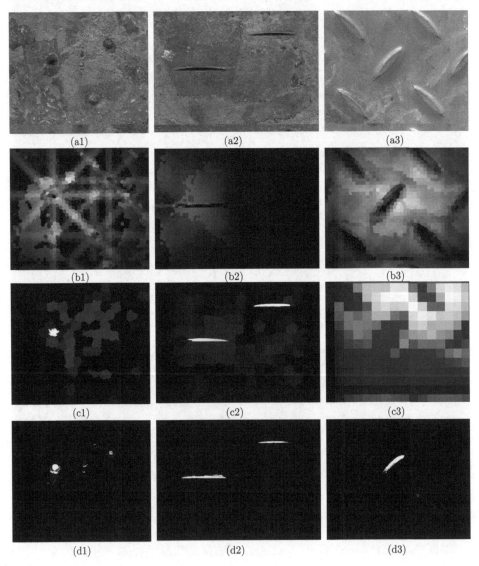

(a1)　　　　　　　　　　　(a2)　　　　　　　　　　　(a3)

(b1)　　　　　　　　　　　(b2)　　　　　　　　　　　(b3)

(c1)　　　　　　　　　　　(c2)　　　　　　　　　　　(c3)

(d1)　　　　　　　　　　　(d2)　　　　　　　　　　　(d3)

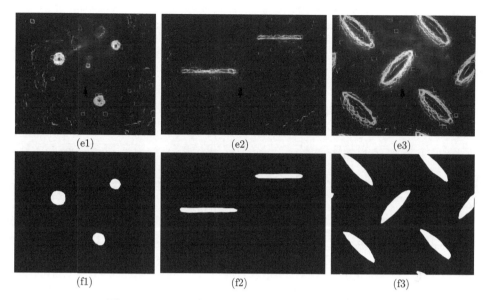

(e1)　　　　　　　　　　(e2)　　　　　　　　　　(e3)

(f1)　　　　　　　　　　(f2)　　　　　　　　　　(f3)

图 7.13　对于三个样本使用不同方法的实验结果图像

5. 定量评估

上述实验结果已经从视觉上验证了所提出方法的有效性，为了进一步定量地评估方法的性能，这里选取了一些度量参数对实验结果图像进行分析。

1) 评估的度量参数

这里选取了 5 个当前国际上通用的评估度量参数，即准确率–召回率曲线 (PR 曲线)，接受者操作特征 (ROC) 曲线，ROC 曲线下面积 (AUC)，平均绝对误差 (MAE)，以及 F 值曲线。

准确率 (precision) 的定义是：显著性像素被正确分配的百分比；召回率 (recall) 的定义是：正确检测到的显著性像素与所有真实显著性像素的比值。F 值是准确率 (P) 和召回率 (R) 的加权调和平均值，其定义为

$$F_\beta = \frac{(1 + \beta^2)\, P \cdot R}{\beta^2 P + R} \tag{7-22}$$

其中，参数 β 按照文献 [11] 的推荐，这里设置为 0.3 以增强准确率。

ROC 曲线由计算 PR 曲线时得到的真阳性率 (true positive rate，TPR) 和假阳性率 (false positive rate，FPR) 生成。而 AUC 是 ROC 曲线下的面积。

然而以上评估参数都忽略了非显著性像素被正确分配的效果情况，也忽略了完整性检测的重要性。为了弥补该短板，这里引入了 MAE 度量参数，即显著性

图像 S 与二值 ground truth 图像 GT 的平均绝对误差:

$$\text{MAE} = \text{mean}(|S - \text{GT}|) \tag{7-23}$$

2) 评估结果

根据以上评估参数, 使用不同方法的定量评估结果如图 7.14 所示。

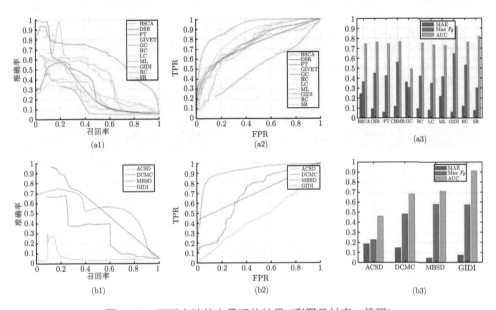

图 7.14　不同方法的定量评估结果 (彩图见封底二维码)

其中, 图 7.14(a1)~(a3) 展示了不同的 2D 显著性检测方法的评估结果, 这里使用的实验对比图像来自于图 7.8、图 7.10 和图 7.12。而图 7.14(b1)~(b3) 展示了不同的融合了深度信息的显著性检测方法的评估结果, 这里使用的实验对比图像则来自于图 7.13。从图 7.14(a1) 和 (b1) 中可以看出, 由于实验样本数量所限, PR 曲线显得不那么平滑, 但是 GIDI 方法表现出了非常好的性能。同理, 图 7.14(a2) 和 (b2) 中的 ROC 曲线也验证了 GIDI 方法的良好性能。此外, AUC、MAE 以及 F_β 的数据结果也验证了 GIDI 方法的综合性能在所有方法中是最好的。

7.2　基于三维及彩色信息的钢轨表面缺陷检测

7.2.1　检测算法

这里采用了一种融合全局对比度和局部约束线性编码的显著性检测算法 GLSOD(a salient object detection algorithm incorporating global contrast and locally constrained linear coding)。首先，利用简单线性迭代聚类 SLIC 方法对图像进行多尺度超像素分割，在每个尺度下提取超像素区域的 RGB 颜色特征、CIE-Lab 颜色特征、LBP 特征、HOG 特征以及深度信息五种特征计算显著性值，然后使用秩-1 约束进行多尺度显著性图融合得到全局显著图，最后融合基于局部约束线性编码的局部显著图和全局显著图得到最终的显著图 (即钢轨缺陷图)，图 7.15 为显著性检测算法流程图。

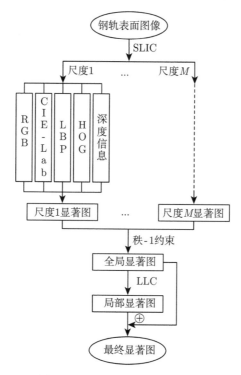

图 7.15 显著性检测算法流程图

1. 图像特征

图像的低级特征如颜色、亮度、纹理和方向等被广泛应用于显著性检测算法中。

1) 颜色特征

图像显著性检测中最能引起人眼关注的低级特征就是颜色特征。颜色特征是一种描述图像中物体表面性质的全局特征。但是颜色特征不能很好地捕捉图像中对象的局部特征，因为其对于图像或图像区域的方向、大小等变化不够敏感[12]。

近年来，颜色特征的使用主要包括两种：第一种是颜色直方图，它描述的是不同颜色在图像中所占的比例，首先对区域的颜色直方图进行统计，然后利用直方图的欧几里得距离、巴塔恰里亚 (Bhattacharyya) 距离或者卡方距离来计算测量区域之间的差异性。由于颜色直方图不会受图像旋转的影响，也不会受图像平移变化的影响，并且直方图归一化后还可以不受图像尺度变化的影响，因此特别适合描述难以自动分割的图像和不需要考虑物体空间位置的图像[13]。第二种就是计算区域颜色的平均值，使用颜色均值代替此区域的颜色特征，然后将此区域当作一个像素点进行处理，这种方法能够使算法速度大幅度提升。

通常使用颜色空间来进行颜色特征的量化描述，主要用到 RGB 颜色空间以及 CIE-Lab 颜色空间。

A. RGB 颜色空间

图像处理中最常用的颜色空间就是 RGB 颜色空间，它由三种基本颜色 R(红色)、G(绿色)、B(蓝色) 加性混合组成。三维正交向量空间的基向量为三个基本颜色，零向量表示黑色，如图 7.16 所示。

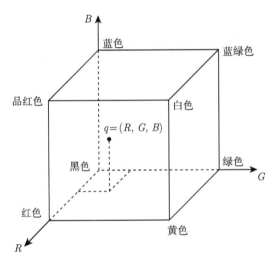

图 7.16　RGB 颜色空间

在 RGB 颜色空间中，任何颜色都可以被视为基向量的线性组合。对于彩色数字图像 I，其中每个图像像素由三个向量分量 R、G、B 组成：

$$I(x,y) = [R(x,y), G(x,y), B(x,y)]^{\mathrm{T}} = (R, G, B)^{\mathrm{T}} \tag{7-24}$$

B. CIE-Lab 颜色空间

CIE-Lab 颜色空间基于生理特性建立，与 RGB 颜色空间相比，CIE-Lab 更接近人类的生理视觉感知[14]；CIE-Lab 颜色空间的色域最宽广，包含 RGB 颜色空间及其以外的大部分颜色 [15]。因此，在计算机视觉领域尤其是显著性检测中，CIE-Lab 颜色空间应用十分广泛。CIE-Lab 颜色空间如图 7.17 所示。

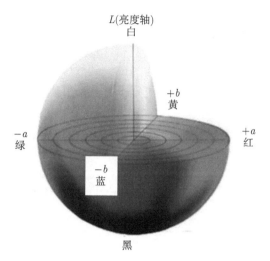

图 7.17　CIE-Lab 颜色空间 (彩图见封底二维码)

RGB 和 CIE-Lab 颜色空间之间的相互转换要用到 XYZ 空间 [16]，当 RGB 颜色空间需要转换为 CIE-Lab 颜色空间时，过程为 RGB→XYZ→CIE-Lab。其中 RGB 空间到 XYZ 空间的转换公式如下：

$$
\begin{bmatrix} X \\ Y \\ Z \end{bmatrix} = \begin{bmatrix} 0.412453 & 0.357508 & 0.180423 \\ 0.212671 & 0.715160 & 0.072169 \\ 0.019334 & 0.119191 & 0.950227 \end{bmatrix} \begin{bmatrix} R \\ G \\ B \end{bmatrix} \tag{7-25}
$$

XYZ 空间到 CIE-Lab 空间的转换公式如下：

$$
\begin{aligned}
L &= 116Y^* - 16 \\
a &= 500(X^* - Y^*) \\
b &= 200(Y^* - Z^*)
\end{aligned} \tag{7-26}
$$

$$
\begin{aligned}
X^* &= \begin{cases} \sqrt[3]{X/X_n}, & X/X_n > 0.008856 \\ 7.787(X/X_n) + 0.138, & X/X_n \leqslant 0.008856 \end{cases} \\
Y^* &= \begin{cases} \sqrt[3]{Y/Y_n}, & Y/Y_n > 0.008856 \\ 7.787(Y/Y_n) + 0.138, & Y/Y_n \leqslant 0.008856 \end{cases} \\
Z^* &= \begin{cases} \sqrt[3]{Z/Z_n}, & Z/Z_n > 0.008856 \\ 7.787(Z/Z_n) + 0.138, & Z/Z_n \leqslant 0.008856 \end{cases}
\end{aligned} \tag{7-27}
$$

其中，X_n、Y_n、Z_n 为白色参考点，代表在标准施照体 D65 下的一个完美无光泽白色物体。

2) LBP 特征

局部二值模式 (LBP) 是一种经常用来描述图像局部纹理特征的算子[17]。LBP 算子会在每个区域周围计算局部纹理，获得 LBP 二进制码，然后通过模式与对比度编码来定义纹理[18−20]。LBP 利用局部纹理周围的直方图创建描述子或纹理模型[21]。LBP 算子容易计算、占用内存小，并且可以用于纹理分析、兴趣点检测和特征描述[22]。

LBP 的目的是构造一个二进制编码邻域描述子来对像素进行描述。使用 ">" 运算符将一个像素与其邻域进行比较，可以得到 (1,0) 组成的二进制向量[21]。LBP 通过将二进制权重值分配给局部邻域的每个像素，然后将像素的比较结果相加作为二进制值，如图 7.18 所示。

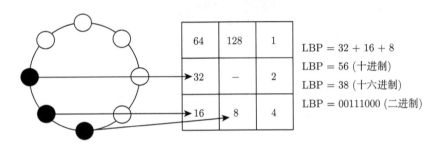

图 7.18　分配给 LBP 的权重值

如果想要使用一个 3×3 邻域描述 LBP，则可以用 3×3 矩形区域与圆形区域进行比较，并且在圆上，两个相邻像素之间的角度为 45°。每个像素将形成核与其邻域像素进行比较，并且形成核用于决定与哪些邻域像素进行比较。在图 7.19 中，形成核 (全为 1) 表示所有的邻域像素都需要进行比较。如果中心像素比邻域像素大，那么二进制值为 1，否则是 0。

基于一个图像区域的每个 LBP 描述子都被记录在描述累积纹理特征的直方图中。每个均匀的 LBP 直方图由 59 个分箱组成。

3) HOG 特征

2005 年，Dalal 和 Triggs 提出了梯度直方图 (HOG) 方法[23]。HOG 方法一经提出就被广泛应用于图像分类领域的研究。HOG 特征是在重叠块的稠密网格上对局部区域梯度进行计算。HOG 特征的提取流程如图 7.20 所示。

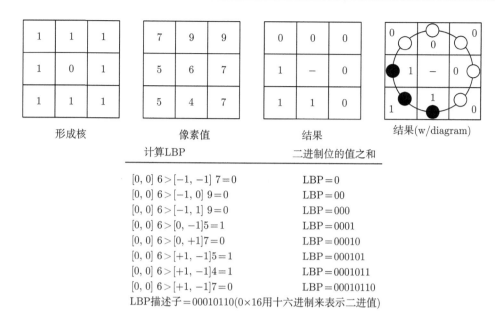

计算LBP

$[0, 0] 6 > [-1, -1] 7 = 0$ LBP = 0
$[0, 0] 6 > [-1, 0] 9 = 0$ LBP = 00
$[0, 0] 6 > [-1, 1] 9 = 0$ LBP = 000
$[0, 0] 6 > [0, -1] 5 = 1$ LBP = 0001
$[0, 0] 6 > [0, +1] 7 = 0$ LBP = 00010
$[0, 0] 6 > [+1, -1] 5 = 1$ LBP = 000101
$[0, 0] 6 > [+1, -1] 4 = 1$ LBP = 0001011
$[0, 0] 6 > [+1, -1] 7 = 0$ LBP = 00010110

LBP描述子 = 00010110(0×16用十六进制来表示二进值)

图 7.19   LBP 邻域比较

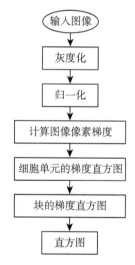

图 7.20   HOG 特征的提取流程

2. 超像素分割

超像素分割就是利用像素间特征的相似性将图像分为多个图像子区域 (也就是超像素) 的过程。超像素分割使得同一区域的像素具有某种共同特性，并且一般不会破坏物体边界信息。在显著性检测中，使用数量较少的超像素代替图中所有的像素来表达图像特征，图像后处理的复杂度被大大降低了，因此使用超像素分割来提高检测效率。

超像素分割主要可以分为两类 [24]：一类是基于图的超像素分割方法，包括 SLIC 方法、归一化分割、GS-FH 方法、SL 方法；另一类是基于梯度上升的超像素分割方法，包括 Mean-shift、快速漂移、分水岭方法、Turboxpixels 方法。

这里主要使用 SLIC 方法，其基于 CIE-Lab 空间中的 L、a、b 三分量以及 x、y 像素坐标来创建超像素。

SLIC 方法将希望产生的超像素数目作为输入，对灰度图像和 RGB 彩色图像都很适应。SLIC 方法流程如图 7.21 所示。

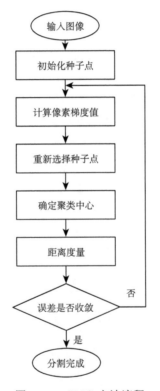

图 7.21　SLIC 方法流程

初始化种子点就是根据需要的超像素数量在图像内均匀地分布聚类中心，重新选择种子点是为了避免种子点落在梯度较大的轮廓边界上。

3. 全局显著性

1) 深度信息

深度信息的计算对于钢轨的缺陷检测具有重要的作用，尤其是对于轧疤、裂纹、凸块、凹坑等深度信息变化较为明显的缺陷,可以提供较好的信息。但是深度图的质量对于深度信息的使用非常重要[25]。良好的深度图可以提供准确的深度信息,有利于显著性检测。相反,较差的深度图可能导致错误的检测。

通过观察深度统计特征可以发现,在较好的深度图中,深度信息一般集中在较小的区域;而比较差的深度图中,深度信息分布在较大的区域。因此,通过计算深度图的平均值可以区分深度图的可靠性。引入变异系数来评估数据的离散程度,引入深度频率熵来评估深度信息的随机性。所以定义深度信息度量如下:

$$\lambda_{\mathrm{d}} = \exp[(1 - m_{\mathrm{d}}) \cdot \mathrm{CV} \cdot \mathrm{Hd}] - 1 \tag{7-28}$$

式中,m_{d} 是深度图的平均值;$\mathrm{CV} = m_{\mathrm{d}}/\sigma_{\mathrm{d}}$ 是变异系数,这里 σ_{d} 是深度图的标准偏差;Hd 是深度频率熵,表示深度分布的随机性,可以定义如下:

$$\mathrm{Hd} = -\sum_{i=1}^{J} \mathrm{P}_i \log(\mathrm{P}_i) \tag{7-29}$$

式中,$P_i = n_i/n_\Sigma$ 是深度图中的像素个数,这里 n_i 是级别 J_i 中的像素数;J 是深度图的级别数。

输入的深度图首先被标准化为 [0,1]。然后使用 $J-1$ 阈值,将深度图划分为 J 个级别。λ_{d} 越大则代表输入的深度图越可靠。

2) 图的构建

使用 SLIC 方法将图像分成 N 个超像素区域,从而有效捕捉图片的结构信息。然后建立一个图 $G = (V, E)$,其中 V 表示图的节点,对应于 SLIC 方法生成的超像素,E 表示相邻节点之间的链接集。对于每个超像素区域 v_i,提取五种特征,也就是 3 维 RGB 特征、3 维 CIE-Lab 特征、59 维 LBP 特征、8 维 HOG 特征以及 1 维深度信息特征。对于 RGB、CIE-Lab 以及深度信息特征,我们计算每个超像素的平均值;而对于 LBP 和 HOG 特征,我们计算每个超像素的标准化直方图。然后得到 74 维归一化后的特征向量[26],$[f_i^0, f_i^1, \cdots, f_i^{73}], i = 1, 2, 3, \cdots, N$。
表 7.1 为 74 维特征向量的详细信息。

表 7.1　74 维特征向量 f

特征向量 f 索引	特征	维度	取值范围
0~2	RGB 均值	3	[0,1]
3~5	CIE-Lab 均值	3	[0,1]
6~64	LBP 直方图	59	[0,1]
65~72	HOG 直方图	8	[0,1]
73	深度值均值	1	[0,1]

基于对应的归一化后的特征向量在 RGB、CIE-Lab、LBP、HOG 和深度空间中计算两个超像素区域 v_i 和 v_j 之间的欧几里得距离分别为

$$
\begin{aligned}
l_{ij}^{\mathrm{R}} &= \left\| c_i^{\mathrm{R}} - c_j^{\mathrm{R}} \right\| \\
l_{ij}^{\mathrm{C}} &= \left\| c_i^{\mathrm{C}} - c_j^{\mathrm{C}} \right\| \\
l_{ij}^{\mathrm{L}} &= \left\| c_i^{\mathrm{L}} - c_j^{\mathrm{L}} \right\| \\
l_{ij}^{\mathrm{H}} &= \left\| c_i^{\mathrm{H}} - c_j^{\mathrm{H}} \right\|
\end{aligned}
\tag{7-30}
$$

$$
d_{ij} = |d_i - d_j| \tag{7-31}
$$

式中，l_{ij}^{R} 为在 RGB 空间中的欧几里得距离，c_i^{R} 和 c_j^{R} 分别是超像素区域 v_i 和 v_j 中 RGB 颜色空间的均值；l_{ij}^{C} 为在 CIE-Lab 空间中的欧几里得距离，c_i^{C} 和 c_j^{C} 分别是超像素区域 v_i 和 v_j 中 CIE-Lab 颜色空间的均值；l_{ij}^{L} 为在 LBP 空间中的欧几里得距离，c_i^{L} 和 c_j^{L} 分别是超像素区域 v_i 和 v_j 中 LBP 特征直方图；l_{ij}^{H} 为在 HOG 空间中的欧几里得距离，c_i^{H} 和 c_j^{H} 分别是超像素区域 v_i 和 v_j 中 HOG 特征直方图；d_{ij} 是在深度空间中的欧几里得距离，d_i 和 d_j 是两个超像素区域 v_i 和 v_j 中深度信息均值。

两个超像素之间的相似性可以被定义为

$$
a_{ij} = \exp\left(-\frac{l_{ij}^{\mathrm{R}} + l_{ij}^{\mathrm{C}} + l_{ij}^{\mathrm{L}} + l_{ij}^{\mathrm{H}} + \lambda_d d_{ij}}{\alpha^2} \right) \tag{7-32}
$$

式中，α^2 是控制相似度强度的参数，在这里中设置 $\alpha^2 = 0.1$。

因此可以得到密切矩阵 $\boldsymbol{W} = [w_{ij}]_{N \times N}$。

$$
w_{ij} = \begin{cases} a_{ij}, & \text{若 } j \in \Omega_i \\ 0, & \text{其他} \end{cases} \tag{7-33}
$$

其中，Ω_i 是超像素区域 v_i 的邻域集合。

为了更加精准地描述超像素之间的相似性，这里使用流行排序来传播相似性。

$$
\boldsymbol{H}^{\mathrm{T}} = (\boldsymbol{D} - \alpha\boldsymbol{W})^{-1}\boldsymbol{A} \tag{7-34}
$$

式中，$\boldsymbol{A} = [a_{ij}]_{N \times N}$；$\boldsymbol{H} = [h_{ij}]_{N \times N}$ 是扩散之后的相似度矩阵；$\boldsymbol{D} = \mathrm{diag}\{d_{11}, d_{22}, \cdots, d_{NN}\}$，这里 $d_{ii} = \sum_j w_{ij}$；β 为平滑约束参数，设置 $\beta = 0.9$。

该图像区域 v_i 的显著值计算公式如下：

$$S_{cs}(i) = 1 - \text{norm}(cs(i)) \tag{7-35}$$

$$cs(i) = \frac{\sum\limits_{j=1}^{N} h_{ij} \cdot n_j \cdot \|b_j - u_i\|}{\sum\limits_{j=1}^{N} h_{ij} \cdot n_j} \tag{7-36}$$

式中，n_j 是超像素 v_j 的像素数；b_j 是超像素 v_j 的质心；$u_i = [u_i^x, u_i^y]$ 为空间平均值。

$$u_i^x = \frac{\sum\limits_{j=1}^{N} h_{ij} \cdot n_j \cdot b_j^x}{\sum\limits_{j=1}^{N} h_{ij} \cdot n_j} \tag{7-37}$$

$$u_i^y = \frac{\sum\limits_{j=1}^{N} h_{ij} \cdot n_j \cdot b_j^y}{\sum\limits_{j=1}^{N} h_{ij} \cdot n_j}$$

3) 多尺度融合

由于钢轨图像中的缺陷大小不一，许多尺度上都可能出现缺陷目标，因此采用多尺度融合方法，多次进行超像素分割，每次分割的个数分别为 $N = 50$、100、150、200、250，然后分别计算每个尺度上的显著图，可以得到一组多幅单尺度显著图。通过每组中相应的显著性图提取每个图像中的显著区域，使用矩阵来组合所有的显著区域。在理想状况中，这些显著区域是相似且一致的，因此矩阵为低秩矩阵。将这种一般一致性标准形式化为秩-1 约束，并使用一致性能量来测量矩阵秩与 1 之间的近似程度 [27]。将多个弱显著性图组合在一起，并在秩-1 约束下自适应地加权这些图，以进一步生成显著图。

A. 显著区域提取

每幅图像具有 M 个显著图 $S_{cs}^j (1 \leqslant j \leqslant M)$。多个显著图中的显著区域应该是相似的。因此，可以计算图像中的所有前景 (显著区域) 的一致性。

首先，将图像 I 分为两部分：$I = F_j + B_j$。F_j 是显著性图 S_{cs}^j 中的显著区域，B_j 是显著性图 S_{cs}^j 中的背景区域。

通过自适应阈值方法来获得显著区域 F_j：

$$F_j = S_j > 2 \times \text{means}(S_{\text{cs}}^j) \tag{7-38}$$

S_j 的权重由显著区域 F_j 的一致性决定。对于每个显著区域 F_j，使用直方图来描述其特征。将直方图表示为 H_j。如果 F_j 中的显著区域相似，则 H_j 应该是线性相关，这意味着矩阵 H_j 中的任何向量都可以由其他向量线性表示。因此，在理想状况中，H_j 的秩为 1。但在实际中，初步的显著性检测无法将显著区域与原始图像完全分开，并且每个显著图中的显著区域也存在着一些差别。故 H_j 是一个低秩矩阵，秩近似 1。H_j 的秩越接近 1，则 F_j 具有更高的一致性，将此称为秩-1 约束。

通过奇异值分解 (SVD) 方法将矩阵 H_j 分解：

$$H_j = [u_1 \cdots u_N] \begin{bmatrix} \sigma_1 & & \\ & \ddots & \\ & & \sigma_N \end{bmatrix} \begin{bmatrix} v_1^{\text{T}} \\ \vdots \\ v_K^{\text{T}} \end{bmatrix} = \sum_{i=1}^{N} \sigma_i A_i \tag{7-39}$$

式中，$A_i = u_i v_i^{\text{T}}$，并且 $||A_i||_2 = 1$。

由此，可以得到一个奇异值矩阵 σ，并且 σ_i 为矩阵对角线上的奇异值。根据 F 范数可知，$\tilde{H}_j^{(K)}$ 为 H_j 的 K 阶近似矩阵：

$$\tilde{H}_j^{(K)} = \sum_{i=1}^{k} \sigma_i A_i \tag{7-40}$$

根据公式 (7-39) 提出具有秩-1 约束的一致性能量：

$$E_j = \sigma_2 / \sigma_1 \tag{7-41}$$

式中，σ_1 和 σ_2 是公式 (7-39) 中的前两个奇异值。

矩阵的秩等于其非零奇异值的数量。如果 H_j 的秩为 1，则矩阵 σ 只有一个非零奇异值 σ_1，并且 $E_j = 0$，那么 $\tilde{H}_j^{(1)} = H_j$。如果 H_j 的秩为 $k(k \geqslant 2)$，矩阵 σ 具有 k 个非零奇异值，那么 $\tilde{H}_j^{(K)}$ 仅仅是近似于 H_j。基于秩-1 约束，H_j 近似于 $\tilde{H}_j^{(1)}$，所以 $\tilde{H}_j^{(K)}$ 近似于 $\tilde{H}_j^{(1)}$。如果 σ_2 小到足以忽略其他奇异值，则 $\tilde{H}_j^{(K)}$ 主要由 σ_1 决定。另一方面，如果 $\tilde{H}_j^{(K)}$ 与 $\tilde{H}_j^{(1)}$ 不相似，则 F_j 具有低一致性。仅使用 σ_1 和 σ_2 的比率来粗略地评估 $\tilde{H}_j^{(K)}$ 和 $\tilde{H}_j^{(1)}$ 之间的近似程度，其表示 H_j 的秩与 1 的近似程度。

B. 显著性分配

通过矩阵 H_j 的一致性能量 E_j 来测量显著区域 F_j 的相似性。将每个显著性图的权重设为

$$\omega_j = \frac{\exp(-E_i)}{\sum\limits_{j=1}^{M} \exp(-E_j)} \tag{7-42}$$

式中，$0 \leqslant \omega_j \leqslant 1$，$\sum\limits_{j=1}^{M} \omega_j = 1$。

每个显著图组 S_{cs}^{j} 的权重由矩阵 H_j 的一致性能量 E_j 来确定，并且随输入图像而变化。较低的一致性能量意味着由显著图获得的显著区域是相似的，并且这些区域应该在显著图融合中占有更大比重。因此使用指数函数来加强 E_j，以使具有较低能量的显著图具有较高的权重。可以得到每个图像的全局显著图：

$$S_g = \sum\limits_{j=1}^{M} \omega_j \times S_{cs}^{j} \tag{7-43}$$

4. 局部显著性

基于稀疏表示的编码算法已经在显著性检测领域中得到广泛的应用 [28,29]。在图像显著性算法中，局部约束性的优先级要高于稀疏性，这是因为局部约束性一定会导致稀疏性，然而稀疏性却不一定引起局部约束性 [15]。基于局部约束线性编码 (local linear coding, LLC) 的显著性检测算法只选择与测试样本接近的字典进行编码，该方法拥有更好的检测效果、更短的编码时间，并且计算复杂度较低，因此计算效率更高。

1) 局部约束线性编码算法

使用局部约束线性编码 (LLC) 算法结合局部约束来取代稀疏约束，并且利用局部约束将每个描述符投影到其局部坐标系中。传统的基于 LLC 算法的计算公式如下：

$$\min_{C} \sum_{i=1}^{N} \|f_i - \boldsymbol{B} c_i\|^2 + \lambda \|ds_i \odot c_i\|^2 \tag{7-44}$$
$$\text{s.t.} \quad 1^T c_i = 1, \quad \forall i$$

式中，f_i 是一组从图像中提取的局部描述符，表示每个超像素区域的 74 维特征向量；$\boldsymbol{B}$ 是字典集合；$\boldsymbol{C} = [c_1, c_2, \cdots, c_N]$ 是 f_i 的代码集合；λ 是用来控制惩罚项与正则项权重的平衡参数；$\odot$ 是点乘符号；约束项 $1^T c_i = 1$ 满足 LLC 的条件；

ds_i 为局部适应因子，为每个字典样本赋予不同的权重，与字典样本和输入的 74 维特征向量的相似度成比例，计算公式如下：

$$ds_i = \exp\left[\frac{\text{dist}(f_i, \boldsymbol{B})}{\tau}\right] \tag{7-45}$$

式中，$\text{dist}(f_i, \boldsymbol{B}) = [\text{dist}(f_i, b_1), \text{dist}(f_i, b_2), \cdots, \text{dist}(f_i, b_{K_0})]^{\text{T}}$ 表示 f_i 与 b_i 之间的欧几里得距离，这里，b_i 为字典集合 $\boldsymbol{B}$ 中的样本向量，K_0 是字典中样本的数量；τ 是调整局部自适应因子权重衰减速度的参数。

为了获得较好的分类性能，编码方案应该为相似的图像信息生成相似的特征编码系数。LLC 为此提供了可能。

(1) 更好的重构性：LLC 算法寻找相似的基向量 (字典元素) 作为编码向量 (局部字典)，可以通过基向量表示图像特征向量，并且 LLC 通过基向量来捕获相似图像特征向量之间的相关性。

(2) 局部稀疏平滑：LLC 算法通过使用 k 近邻寻找相似的基向量作为编码向量 (局部字典)，使得相似图像特征向量之间具有相似的编码向量。

(3) 解析解：LLC 的求解可以通过以下方式得到

$$\tilde{c}_i = 1/(C_i + \gamma \text{diag}(d)) \tag{7-46}$$

$$c_i = \tilde{c}_i/(1^{\text{T}}\tilde{c}_i) \tag{7-47}$$

式中，$C_i = (B - 1f_i^{\text{T}})(B - 1f_i^{\text{T}})^{\text{T}}$ 表示特征的协方差矩阵；γ 是正则项参数，这里设置 $\gamma = 0.9$。

2) 改进的 LLC 算法

求解方程 (7-44) 实际上是在为每个描述符选择一个局部基础以形成局部坐标系。可以使用 LLC 算法的近似值来加速编码过程，这里采用改进的 LLC 算法。从公式 (7-44) 中的向量 c_i 可以看出，只存在少数几个非零值，因此该向量可以被认为是稀疏的。通过选择测试样本的 K 个空间邻域来构建局部字典 B_i，其中 $K < K_0$，K_0 为原始字典中样本的数量。将公式 (7-44) 转化为

$$\min_C \sum_{i=1}^{N} \|f_i - Bc_i\|^2 \tag{7-48}$$
$$\text{s.t.} \quad 1^{\text{T}}c_i = 1, \quad \forall i$$

由于 K 通常很小，求解方程 (7-48) 的速度非常快。

最后，通过计算重构误差得到区域 v_i 的显著值：

$$S_l(v_i) = \|f_i - Bc_i\|^2 \tag{7-49}$$

3) 字典的构造

基于 LLC 方法计算重构误差时需要构建一个字典，传统字典的获取需要人工进行标记选取样本，为避免此复杂过程，根据之前得到的显著图 S_l 构建字典。另外，为了得到更加准确的结果，设置两个阈值 λ_1 和 $\lambda_2(\lambda_1 < \lambda_2)$ 来构建背景字典和前景字典。前景字典样本为显著值大于 λ_2 的超像素，而背景字典样本为显著值小于 λ_1 的超像素。由于字典集合对 λ_1 值并不敏感，因此 λ_1 选取为一个非常小但大于 0 的值。λ_2 的值为图像显著图均值的 T 倍。每个输入图像的字典中样本数量随满足阈值条件的超像素数量而变化。

7.2.2 实验装置

钢轨缺陷检测实验平台如图 7.22 所示。

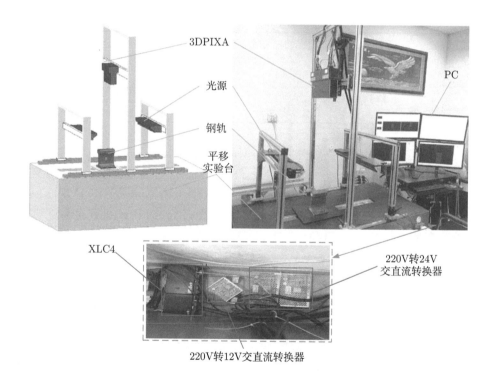

图 7.22 钢轨缺陷检测实验平台 (彩图见封底二维码)

表 7.2 为钢轨缺陷检测实验平台的硬件组件清单和功能描述。

表 7.2　　钢轨缺陷检测实验平台硬件及其功能

名称	数量	功能
3DPIXA	1	双目线阵相机，图像采集
平移实验台	1	平移运动，固定相机、光源
光源	2	提供光照
XLC4	2	光源控制器
220V 转 24V 交直流转换器	2	为光源供电
220V 转 12V 交直流转换器	1	为 3DPIXA 线阵相机供电
Silicon 图像采集卡	2	采集相机拍摄的图像，传给个人计算机 (PC)
增量型编码器	1	控制相机采集频率和平移台速度的配合
PC	1	图像处理

表 7.3 为钢轨缺陷检测实验平台软件清单及功能描述。

表 7.3　　钢轨缺陷检测实验平台软件及其功能

名称	功能
XLC4 控制器	连接 XLC4 与 PC，控制光源
相机设置工具	相机配置
图像采集板卡	图像采集
三维重构及可视化模块	图像校正和三维重构
MATLAB	图像处理，缺陷检测

3DPIXA 为双目彩色线阵相机，型号为 3DPIXA dual 70μm，硬件参数如表 7.4 所示；图像采集卡为德国 Silicon Software 公司的 microEnable 系列的采集卡，型号为 microEnable IV AD4-CL；光源型号为 Corona II，使用 XLC4 光源控制器来控制光源亮度；增量型编码器的型号为 Sendix Base KIS40；PC 处理器为英特尔 (R) Core(TM) i7-7700 CPU @ 3.60 GHz，16GB 内存。

表 7.4　　3DPIXA 相机参数信息

性能规格	参数
光学分辨率	70μm/像素
视场	500mm
像素数	7142
像元尺寸	10μm × 10μm
高度分辨率	14μm
高度范围	52.3mm
自由工作距离	796.9mm
最高速度	1480mm/s

为了得到较好的钢轨表面图像，需要根据现场环境调整相机曝光增益等参数，并且要有充足的照明。首先，使用 MicroDisplay 软件控制 3DPIXA 双目彩色线阵相机获取钢轨表面图像，如图 7.23 所示。

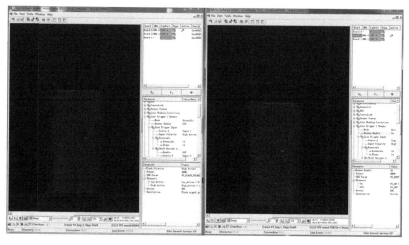

图 7.23   图像采集软件界面 (彩图见封底二维码)

为了取得理想的照明效果，得到清晰的钢轨图像，保证图像处理及三维重构的精度，需要使用 XLC4Commander 软件对光源亮度进行调节，如图 7.24 所示。

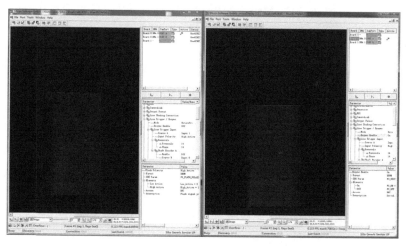

图 7.24   光源控制软件界面 (彩图见封底二维码)

最后利用 CS3D Viewer 软件对获取的钢轨表面图像进行校正和三维重建，得到校正后的图像和深度图，如图 7.25 所示。

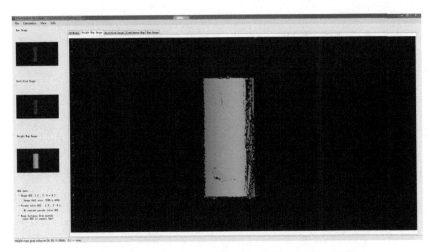

图 7.25　　CS3D Viewer 软件界面 (彩图见封底二维码)

7.2.3　基于显著性的钢轨缺陷检测

1. 钢轨表面图像的获取

为了验证 GL-SOD 算法在钢轨缺陷检测中的有效性,这里使用由钢轨缺陷检测实验平台采集的图片进行实验和结果分析。

首先,在实验平台上采集钢轨表面图像,由于实验条件的限制,实验台的平移速度最大为 0.3m/s;3DPIXA 双目彩色线阵相机垂直于钢轨运动平面,相机安装高度为 796mm;通过编码器调整线阵相机采集频率和平移台速度,使其相互配合。经过对相机曝光、增益和线扫描速率的调节,得到包含缺陷的钢轨表面彩色图像,如图 7.26 所示。可以看出,图中存在钢轨以外的背景干扰区域,这是因为想要保证钢轨的完整成像,就需要使相机的成像视野大于钢轨表面宽度。因此需要进一步提取钢轨区域,去除干扰区域,以减少不必要区域的处理时间。利用深度图采用阈值分割方法提取钢轨区域,处理结果如图 7.27 所示。

由于钢轨数量的限制,本实验中采集到钢轨表面缺陷图像 110 张,缺陷类型主要为轧疤、划痕、凹坑、凸起。

2. 基于显著性的钢轨缺陷检测

基于全局和局部的显著性检测,主要分为四步。第一步,在单尺度下提取图像的颜色特征、纹理特征以及深度信息,得到单尺度显著图;第二步,将单尺度显著图进行多尺度融合,得到全局显著图;第三步,基于第二步得到的全局显著图,利用 LLC 进行显著性目标检测,得到局部显著图;第四步,将第二步和第三步得到的显著图融合得到最终的显著图,即钢轨表面缺陷图。如图 7.28 所示,为各个部分所得到的显著图。

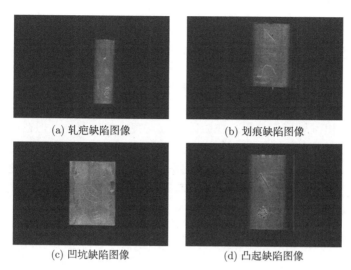

(a) 轧疤缺陷图像   (b) 划痕缺陷图像

(c) 凹坑缺陷图像   (d) 凸起缺陷图像

图 7.26 实验平台采集的图像 (彩图见封底二维码)

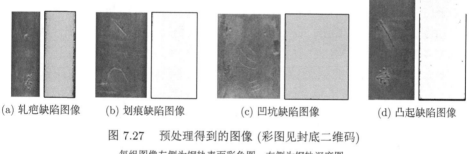

(a) 轧疤缺陷图像   (b) 划痕缺陷图像   (c) 凹坑缺陷图像   (d) 凸起缺陷图像

图 7.27 预处理得到的图像 (彩图见封底二维码)

每组图像左侧为钢轨表面彩色图, 右侧为钢轨深度图

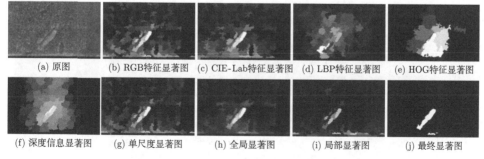

(a) 原图   (b) RGB特征显著图   (c) CIE-Lab特征显著图   (d) LBP特征显著图   (e) HOG特征显著图

(f) 深度信息显著图   (g) 单尺度显著图   (h) 全局显著图   (i) 局部显著图   (j) 最终显著图

图 7.28 检测过程中各阶段显著图 (彩图见封底二维码)

图 7.28(a) 为钢轨表面缺陷原图, 图 7.28(b) 为由 RGB 特征得到的显著图, 图 7.28(c) 为由 CIE-Lab 特征得到的显著图, 图 7.28(d) 为由 LBP 特征得到的

显著图，图 7.28(e) 为由 HOG 特征得到的显著图，图 7.28(f) 为由深度信息得到的显著图，图 7.28(g) 为单尺度显著图，图 7.28(h) 为多尺度融合得到的全局显著图，图 7.28(i) 为基于全局显著图利用局部约束线性编码算法得到的局部显著图，图 7.28(j) 为最终得到的显著图，即钢轨缺陷。

由图 7.28(a)~(f) 可看出，基于 RGB 颜色特征、CIE-Lab 颜色特征和深度信息的检测表现出了较好的效果，在缺陷区域有突出的显著性，但在缺陷区域之外还检测出一些杂乱的显著区域；而基于 LBP 和 HOG 特征的显著性检测在缺陷检出中效果不太理想，检出的显著区域过于模糊，但在检出显著区域中也包含了钢轨缺陷。因此，在钢轨缺陷检测中需要增大 RGB 颜色特征、CIE-Lab 颜色特征和深度信息的权重，减小 LBP 和 HOG 特征的权重。

由图 7.28(g)~(j) 可看出，单尺度显著图较基于单个图像特征的显著图有了比较明显的改进，但是还不能达到理想效果。因此，将多个单尺度显著图进行融合，得到全局显著图，全局显著图已经可以将缺陷区域和无缺陷区域较为明显地区分。但是，缺陷周围区域也被检测出一些不明显的显著性，所以基于此全局显著图利用 LLC 算法得到局部显著图，最后将全局显著图和局部显著图融合，得到最终的显著图。最终的显著图可以将钢轨缺陷完全检出，并且可以检出缺陷所在位置和形状大小。

由图 7.28 还可以看出，在 GL-SOD 算法检测过程中，钢轨缺陷区域检出效果越来越好，说明 GL-SOD 算法每个阶段都对最终的结果有提升作用。

基于全局和局部的显著性检测不仅对单个缺陷有非常好的检测效果，如图 7.29 所示；同时对于多个同类型缺陷也能够检出，如图 7.30 所示；还能够避免将氧化铁皮、阴影等伪缺陷误检为缺陷，如图 7.31 所示。

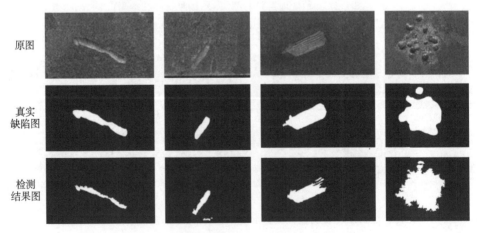

图 7.29　钢轨单缺陷检测结果 (彩图见封底二维码)

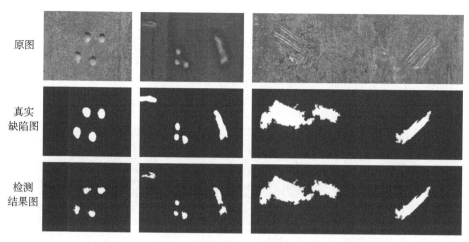

图 7.30　钢轨多缺陷检测结果 (彩图见封底二维码)

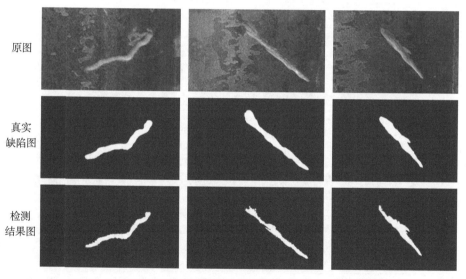

图 7.31　钢轨伪缺陷和缺陷混杂检测结果 (彩图见封底二维码)

7.2.4　实验对比

1. 定性比较

图 7.32 显示了 GL-SOD 算法和其他 5 种显著性算法对钢轨表面缺陷检测所生成的显著图的样本。其中, Itti 是图像显著性领域最有代表性的算法, 其利用多尺度图像特征得到显著图 [30]; CA 是一种基于上下文感知的显著性检测算法 [31]; DRFI 是把显著图计算看作是一个回归问题, 基于多尺度图像分割, 使用监督学

习方法将区域特征向量映射到显著性分数，最后将显著性分数多尺度融合，得到显著图 [32]；MC 是通过图像模型上的吸收马尔可夫链形成显著图 [33]；GLC 是结合了局部与全局的信息，通过构建两种显著图，即自底向上的显著图以及自顶向下的显著图，最后将其融合得到最终的显著图 [26]。

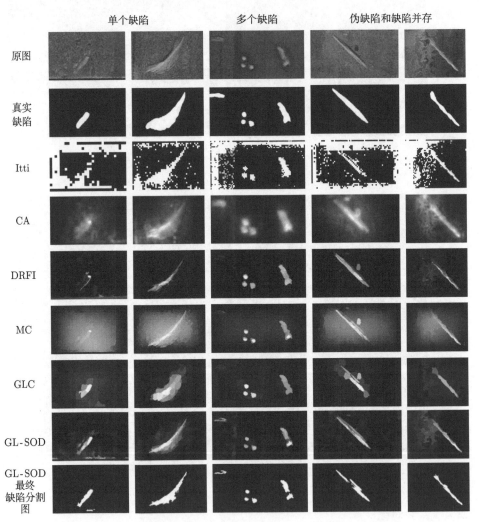

图 7.32　　不同显著性算法对钢轨缺陷检测的结果 (彩图见封底二维码)

在多数情况下，GL-SOD 算法对于钢轨缺陷检测具有最好的效果，与现有技术相比，能够较为完整地显示缺陷位置、形状、大小，并且能够避免将氧化铁皮、阴影等伪缺陷误检为缺陷。对于单个缺陷，大部分显著性算法都能够对缺陷大概位置进行检出，但是周围会有误检区域，并且不能很好地显示缺陷的具体信息；对于多个缺陷，只有 CA 和 GL-SOD 算法能够将缺陷全部检出，其他算法都存在漏检现象；对于阴影等伪缺陷，大部分检测算法会将其误检为缺陷。

2. 定量比较

1) PR 曲线

PR 曲线是描述检测结果与图像真值之间准确率和召回率大小关系的曲线。准确率是指正确检出的显著区域像素占总检出显著区域像素的百分比，召回率是指正确检出的显著区域像素占真值图像中显著区域像素的百分比，两者的取值均在 [0,1] 区间。准确率和召回率的计算公式分别如下：

$$\text{precision} = \frac{|R_{\text{sal}} \cap R_{\text{GT}}|}{|R_{\text{sal}}|} \tag{7-50}$$

$$\text{recall} = \frac{|R_{\text{sal}} \cap R_{\text{GT}}|}{|R_{\text{GT}}|} \tag{7-51}$$

式中，R_{sal} 是图像中被检测为显著区域中的像素集合；R_{GT} 是真值图像显著区域中的像素集合；$|R|$ 是集合 R 中像素数量。

准确率可以用来衡量显著图成功检测出的目标数量，而召回率用于评价显著图能否全面且没有遗漏地检测出目标。显著图越好，PR 曲线中对应的曲线就越高。

2) AUC 值

AUC 值是指 ROC 曲线下的面积。ROC 曲线是以真阳性率 (TPR) 为纵坐标，假阳性率 (FPR) 为横坐标得到的。真阳性率和假阳性率的计算公式分别为

$$\text{TPR} = \frac{|R_{\text{sal}} \cap R_{\text{GT}}|}{|R_{\text{GT}}|} \tag{7-52}$$

$$\text{FPR} = \frac{|R_{\text{sal}} \cap R_{\text{GT}}|}{|R_{\text{sal}} \cap R_{\text{GT}}| + |\overline{R_{\text{sal}}} \cap R_{\text{GT}}|} \tag{7-53}$$

式中，$\overline{R_{\text{sal}}}$ 和 $\overline{R_{\text{GT}}}$ 分别为显著图 R_{sal} 和真值图像 R_{GT} 取反得到的。

可以看出，召回率和真阳性率的公式是完全相同的。ROC 曲线和 PR 曲线的计算方法相似并且原理相同，因此对于显著性算法的评价 AUC 值与 PR 曲线基本一致。但是由于 PR 曲线描述的是很多阈值下该算法的性能，会存在不同算法结果的 PR 曲线相互缠绕在一起的情况，对于显著性算法的评测不够直观。而 AUC 值是将二维评价结果转化为更直观的一维结果，可以更好地判别算法的综合性能。

3) F 值

大部分情况下，较高的准确率和召回率不能同时得到，则除了根据 PR 曲线评测显著性算法的结果，还可以根据 F 值来检验检测效果。F 值的计算公式为

$$F_\eta = \frac{(1+\eta^2) \times \text{precision} \times \text{recall}}{\eta^2 \times \text{precision} + \text{recall}} \tag{7-54}$$

式中，η 为权衡准确率和召回率的参数，这里设置 $\eta^2 = 0.3$。

F 值是准确率和召回率的加权调和平均值，综合考虑了准确率和召回率的情况。并且 F 值越高，图像显著性检测效果越好。

图 7.33 为 GL-SOD 算法与其他算法的 PR 曲线比较，GL-SOD 算法对应的 PR 曲线在前半段相比于其他算法的 PR 曲线较高，后半段几种算法的 PR 曲线相互缠绕在一起。

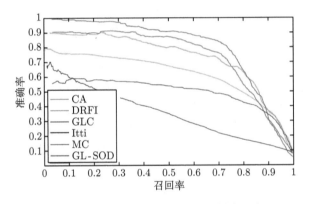

图 7.33   PR 曲线对比结果 (彩图见封底二维码)

图 7.34 为 GL-SOD 算法与其他算法的 ROC 曲线比较，在假阳性率小于 0.15 左右时，GL-SOD 算法的 ROC 曲线要高于其他所有算法；假阳性率大于 0.15 之后，CA 算法的 ROC 曲线稍微高于 GL-SOD 算法。

图 7.35 为 GL-SOD 算法与其他算法的准确率/召回率/F 值/AUC 柱状图，GL-SOD 算法的 F 值和 AUC 值对应的柱状图是最高的。

为了更为直观地展示 GL-SOD 算法与其他算法的准确率值、召回率值、F 值以及 AUC 值的对比情况，将其具体数据提取，如表 7.5 所示。GL-SOD 算法的准确率值为 0.8165，高于其他显著性检测方法，说明 GL-SOD 算法的误检率低；召回率值为 0.5141，在全部算法中排在第 3 位；F 值为 0.6187，AUC 值为 0.9450，高于其他算法，说明 GL-SOD 算法对于钢轨缺陷检测比其他算法更为优越。

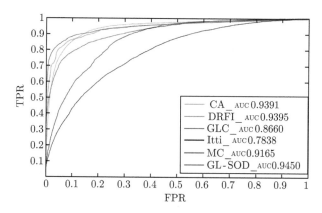

图 7.34 ROC 曲线对比结果 (彩图见封底二维码)

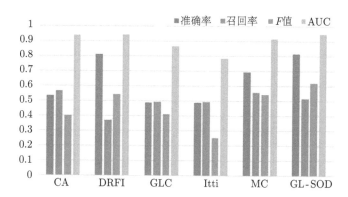

图 7.35 准确率/召回率/F 值/AUC 柱状图对比结果 (彩图见封底二维码)

表 7.5 GL-SOD 算法与其他算法的准确率值、召回率值、F 值、AUC 值的量化比较

算法	准确率值	召回率值	F 值	AUC 值
CA	0.5345	0.5677	0.4008	0.9391
DRFI	0.8105	0.3706	0.5426	0.9395
GLC	0.4881	0.4922	0.4102	0.8660
Itti	0.4881	0.4922	0.2553	0.7838
MC	0.6914	0.556	0.5427	0.9165
GL-SOD	0.8165	0.5141	0.6187	0.9450

为了说明 GL-SOD 算法各阶段过程的必要性，进行各阶段显著图的定量比较。图 7.36 为 GL-SOD 算法主要阶段显著图对应的 PR 曲线，包括基于特征对比度的全局显著图、基于 LLC 的局部显著图以及最终显著图三个阶段。

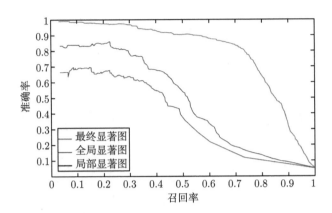

图 7.36   GL-SOD 算法主要阶段的 PR 曲线 (彩图见封底二维码)

图 7.37 为 GL-SOD 算法主要阶段显著图对应的 ROC 曲线。

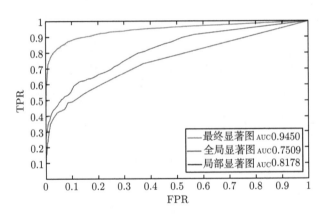

图 7.37   GL-SOD 算法主要阶段的 ROC 曲线 (彩图见封底二维码)

图 7.38 为 GL-SOD 算法主要阶段显著图对应的准确率/召回率/F 值/AUC 柱状图。

从图 7.36 和图 7.37 中可以看出，随着算法的不断进行，每一阶段的曲线都在变好，尤其是最终显著图的曲线有了非常明显的提高。表 7.6 更为直观地展示了 GL-SOD 算法主要阶段显著图对应的准确率值、召回率值、F 值以及 AUC 值，其中最终显著图的各项值都是最大的。这说明了 GL-SOD 算法中使用 LLC 的必要性，以及最后融合全局对比度和局部对比度的重要性。

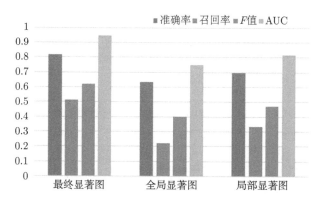

图 7.38　GL-SOD 算法主要阶段的准确率/召回率/F 值/AUC 柱状图 (彩图见封底二维码)

表 7.6　GL-SOD 算法主要阶段的准确率值、召回率值、F 值、AUC 值的量化比较

过程	准确率值	召回率值	F 值	AUC 值
全局显著图	0.6356	0.2228	0.3998	0.7509
局部显著图	0.6943	0.3348	0.4712	0.8178
最终显著图	0.8165	0.5141	0.6187	0.9450

参 考 文 献

[1] Canny J F. A computational approach to edge detection[J]. IEEE Transactions on Pattern Analysis and Machine Intelligence, 1986, 8(6): 679-698.

[2] Zitnick C L, Dollár P. Edge boxes: locating object proposals from edges[C]. European Conference on Computer Vision, Zurich, 2014: 391-405.

[3] Achanta R, Shaji A, Smith K, et al. SLIC superpixels compared to state-of-the-art superpixel methods[J]. IEEE Transactions on Pattern Analysis & Machine Intelligence, 2012, 34(11): 2274-2282.

[4] Hu Y, Li Y, Song R, et al. Minimum barrier superpixel segmentation[J]. Image and Vision Computing, 2018, 70: 1-10.

[5] Strand R, Ciesielski K C, Malmberg F, et al. The minimum barrier distance[J]. Computer Vision and Image Understanding Cviu, 2013, 117(4):429-437.

[6] 贾兴华. 锻件热态尺寸视觉测量中的图像处理关键技术 [D]. 大连: 大连理工大学, 2010.

[7] Ojala T, Pietikäinen M, Mäenpää T. Multiresolution gray-scale and rotation invariant texture classification with local binary patterns[J]. IEEE Transactions on Pattern Analysis and Machine Intelligence, 2002, 24(7): 971-987.

[8] Song K, Yan Y, Zhao Y, et al. Adjacent evaluation of local binary pattern for texture classification[J]. Journal of Visual Communication and Image Representation, 2015, 33: 323-339.

[9] 冈萨雷斯. 数字图像处理 [M]. 3 版. 北京: 电子工业出版社, 2017.

[10] 温馨. 基于三维形貌重构的高温态板坯表面 ROI 检测方法研究 [D]. 沈阳：东北大学, 2019.

[11] Achanta R, Hemami S, Estrada F, et al. Frequency-tuned salient region detection[C]. 2009 IEEE Conference on Computer Vision and Pattern Recognition, 2009: 1597-1604.

[12] 夏凯. 双目视觉立体匹配技术研究及其应用 [D]. 西安: 西安建筑科技大学, 2015.

[13] 陈剑雄, 张蓓. 简析图像检索系统中的 CBIR 技术 [J]. 情报探索, 2010(7): 98-100.

[14] 陈丽雪, 陈昭炯. 基于 Lab 空间的图像检索算法 [J]. 计算机工程, 2008, 34(13): 224-226.

[15] 陈昌涛, 仇国庆, 杨平, 等. Lab 空间色彩分割在快速车牌定位中的应用 [J]. 计算机应用研究, 2010, 27(8): 3191-3193.

[16] 李磊. 基于 MATLAB GUI 的数字图像处理系统设计 [D]. 成都: 成都理工大学, 2012.

[17] Liao S, Chung A C S. Texture classification by using advanced local binary patterns and spatial distribution of dominant patterns [C]. 2007 IEEE International Conference on Acoustics, Honolulu, HI, USA, 2007.

[18] Ojala T, Pietikainen M, Harwood D. Performance evaluation of texture measures with classification based on Kullback discrimination of distributions [C]. Proceedings of 12th International Conference on Pattern Recognition, 1994: 582-585.

[19] Ojala T, Pietikäinen M, Harwood D. A comparative study of texture measures with classification based on featured distributions [J]. Pattern Recognition: The Journal of the Pattern Recognition Society, 1996, 29(1): 51-59.

[20] Zhao G Y, Ahonen T, Matas J, et al. Rotation-invariant image and video description with local binary pattern features[J]. IEEE Transactions on Image Processing: A Publication of the IEEE Signal Processing Society, 2012, 21(4): 1465-1477.

[21] 杜佳慧. 基于图像内容理解的图片自动管理方法研究 [D]. 北京: 北京交通大学, 2018.

[22] Pietikäinen M. Computer Vision Using Local Binary Patterns[M]. London: Springer, 2011.

[23] Dalal N, Triggs B. Histograms of oriented gradients for human detection [C]. 2005 IEEE Computer Society Conference on Computer Vision and Pattern Recognition, San Diego, CA, USA, 2005.

[24] 侯彬. 基于三维及彩色信息的钢轨表面缺陷检测 [D]. 沈阳：东北大学, 2018.

[25] Cong R, Lei J, Zhang C, et al. Saliency detection for stereoscopic images based on depth confidence analysis and multiple cues fusion [J]. IEEE Signal Processing Letters, 2016, 23(6): 819-823.

[26] 佟娜. 基于引导学习和局部约束线性编码的显著性检测算法研究 [D]. 大连: 大连理工大学, 2015.

[27] Cao X, Tao Z, Zhang B, et al. Saliency map fusion based on rank-one constraint [C]. 2013 IEEE International Conference on Multimedia and Expo, San Jose, CA, USA, 2013.

[28] Yang C, Zhang L, Lu H, et al. Saliency detection via graph-based manifold ranking [C]. Computer Vision & Pattern Recognition, Portland, OR, USA, 2013.

[29] Qin Y, Lu H, Xu Y, et al. Saliency detection via cellular automata [C].2015 IEEE Conference on Computer Vision and Pattern Recognition, Boston, MA, USA, 2015.

[30] Draréni J, Roy S, Sturm P. Plane-based calibration for linear cameras [J]. International Journal of Computer Vision, 2011, 91(2): 146-156.

[31] Goferman S, Zelnik-Manor L, Tal A. Context-aware saliency detection[J]. IEEE Trans. Pattern Anal. Mach. Intell., 2012, 34(10): 1915-1926.

[32] Wang J D, Jiang H Z, Yuan Z J, et al. Salient object detection: A discriminative regional feature integration approach [C]. 2013 IEEE Conference on Computer Vision and Pattern Recognition, Portland, OR, USA, 2013.

[33] Jiang B, Zhang L, Lu H, et al. Saliency detection via absorbing Markov chain [C]. 2013 IEEE International Conference on Computer Vision (ICCV), Sydney, NSW, Australia, 2013.